国家出版基金项目
NATIONAL PUBLICATION FOUNDATION

中国抗战大后方分省研究丛书

总主编：潘洵　周勇

抗战大后方的陕西

赵国壮　主编

建红英　杜乐秀　陈志刚　副主编

陕西

西南大学出版社
SWUP
国家一级出版社　全国百佳图书出版单位

图书在版编目（CIP）数据

抗战大后方的陕西 / 赵国壮主编 . -- 重庆：西南
大学出版社，2024. 10. --（中国抗战大后方分省研究丛
书）. -- ISBN 978-7-5697-2737-1

Ⅰ . K265.06

中国国家版本馆 CIP 数据核字第 20249N32X8 号

中国抗战大后方分省研究丛书

总主编　潘洵　周勇

抗 战 大 后 方 的 陕 西
KANGZHAN DAHOUFANG DE SHANXI

赵国壮　主编

建红英　杜乐秀　陈志刚　副主编

出　品　人：张发钧

图书策划：黄　璜　段小佳

责任编辑：张昊越

责任校对：段小佳

排　　版：张　祥

书籍设计：观止堂＿未氓

出版发行：西南大学出版社（原西南师范大学出版社）

　　　　　地址：重庆市北碚区天生路 2 号

　　　　　邮编：400715

　　　　　http://www.xdcbs.com

经　　销：全国新华书店

印　　刷：重庆美惠彩色印刷有限公司

成品尺寸：170mm × 240mm

印　　张：22.25

字　　数：440 千字

版　　次：2024 年 10 月　第 1 版

印　　次：2024 年 10 月　第 1 次

书　　号：ISBN 978-7-5697-2737-1

定　　价：98.00 元

作者简介

　　赵国壮,1980年生,男,汉族,河南南阳人。西南大学历史文化学院教授、博导、院长。主要从事中国近代史、中国(东亚)糖业史、中国抗战大后方历史等方面的教学与研究工作,先后在《历史研究》《中国经济史研究》等学术刊物上发表论文40余篇,出版《抗日战争时期大后方糖业统制研究——基于四川糖业经济的考察》(科学出版社,2015)《抗战时期四川手工行业融资问题研究》(重庆出版社,2015)《抗战大迁徙实录丛书·工业重塑》(合著,陕西师范大学出版社,2020年)《东亚糖业史研究》(科学出版社,2021年)《抗战烽火中的中华大学》(合著,重庆出版社,2023年)等多部学术著作。

总　序①

潘　洵

　　战略后方是"赖以执行自己的战略任务,达到保存和发展自己、消灭和驱逐敌人之目的的战略基地。没有这种战略基地,一切战略任务的执行和战略目的的实现就失掉了依托"②。"抗战大后方"是抗日战争时期与根据地、沦陷区相对应的战时中国的三大政治版图之一,是支持和支援前方对日作战的战略保障基地,为抗日战争的最终胜利做出了巨大的历史贡献。当前,随着抗日战争研究备受国家重视,特别是西南大学中国抗战大后方研究中心成立以来,在学界同仁持之以恒的关心、支持和参与下,有关抗战大后方的研究越来越受到学界关注,已成为抗日战争史研究的一个新热点,无论是史料整理还是专题研究,均已取得相当可观的研究成果,在海内外产生了良好反响。

---

① 总序参考《论抗战大后方战略地位的形成与演变——兼论"抗战大后方"的内涵和外延》(《西南大学学报》,2012年第2期)、《抗战大后方研究的新进展及新趋向》((《光明日报》2020年8月13日)。

② 毛泽东:《抗日游击战争的战略问题》,《毛泽东选集》第2卷,人民出版社1991年版,第418页。

一、关于"抗战大后方"的内涵与外延

任何研究首先必须要有明确的研究对象。如果一项研究工作没有对其研究对象的明确界定,往往会导致"越界"研究或出现研究"盲区",不仅不能达到深化研究的初衷,而且也容易造成不良的学术和社会影响。长期以来,虽然涉及抗战大后方史研究的论著甚多,但对其内涵、外延并没有形成共识,主要是从"国统区"的政治性视角或"西南""西北"等区域性视角进行研究,而很少将抗战大后方作为一个特定的研究对象来开展研究。

所谓"大后方"或"后方",是与"前线"或"前方"相对应的一个概念,专指远离战区的地区,包括后方地域及其区域内的军事、政治、经济、文化、科技等的建设与发展和对战争的支持、支援力量。因此,"抗战大后方"或"抗战后方"便主要是指抗日战争时期支持和支援对日作战的战略基地。

"抗战大后方"是抗战时期中国各派政治势力和社会各界普遍使用的概念,在抗战时期的文献及后来的学术研究中,"抗战大后方"与"抗战后方"的表述基本同义,"大后方"只是强调其后方地域的广大而已。关于"抗战大后方"或"大后方"这个概念,是何时由何人最先提出的,已难以考证。就笔者目力所及,蒋介石最早提及"大后方"是在1936年5月4日,在前往芜湖的军舰上修正《峨眉训练集》时谈及四川"能否作为大后方之根据,尚当煞费心力也"。[1]而作为抵抗日本侵略之根据地的"后方"一词,蒋介石则是在《国府迁渝与抗战前途》一文中正式提出的:"到了二十四年进入四川,这才找到了真正可以持久抗战的后方。"[2]

---

[1] 蒋介石:《蒋中正总统档案·事略稿本》,卷36,"国史馆"印行,2008年10月,第514页。
[2] 蒋介石:《总统蒋公思想言论总集》卷14演讲,中国国民党中央委员会党史委员会1984年印,第653页。

"大后方"比较多地出现在报刊文献中,是在1940年以后,如《建国月刊》1940年第2期发表署名"子明"的文章《今日中国的西南大后方》,《经济周报》1941年第11期发表署名"孟宪章"的文章《迅速跃进中之大后方采金业》,《大众生活》1941年第22期发表的《大后方民主运动的信号》,等等。在正式的官方讲话和文件中,较多使用的是"后方",而较少使用"大后方"的表述。

与"抗战大后方"或"抗战后方"表述相关的概念还有"西部""华西""内地""国统区""民族复兴根据地""民族复兴的基础"等。在抗战以前蒋介石或国民政府对后方的经营,均没有使用"大后方"或"后方"的概念,更多的是使用"根据地"的概念。而在抗战时期,虽然"后方"的表述使用频繁,但"西部""华西""内地"等概念也同样流行,如翁文灏《开发内地》、简贯三《开发华西产业与产业革命》、胡焕庸《我国西部地理大势与公路交通建设》,均谈及大后方的建设问题,但"西部""华西"和"内地"完全属于地理概念。"民族复兴根据地""民族复兴的基础"的表述则主要强调了国防上的意义。另外,"国统区"的表述是在抗战胜利以后才逐步使用的,主要是一个政治概念。"抗战大后方"或"抗战后方"与抗战时期地域性的"西部""华西""内地"和政治性的"国统区"等概念虽有联系,但内涵具有本质区别。

"抗战大后方"也是中国共产党话语体系中的重要概念。1938年5月,中共驻共产国际负责人任弼时向共产国际提交的报告中正式出现了"大后方"的提法。[①]1938年10月,毛泽东在中共六届六中全会的政治报告,首次明确提出了中共的抗战"大后方"概念,强调大后方是"敌无

① 任弼时:《中国抗日战争的形势与中国共产党的工作和任务》(1938年5月17日),中共中央文献研究室,中央档案馆:《建党以来重要文献选编(1921-1949)》第15册,北京:中央文献出版社,2011年,第333页。

法占领"的云、贵、川等地,指出"在云、贵、川等省大后方中,尚有许多城市与许多工业,尚可与外国联络,尚可建设"。①1939年3月,周恩来在分析全国形势时,表示"西北、西南可以成为我们的大后方"。②周恩来1941年在《"七七"四年》一文中讲道:"抗战的后方——中国的整个西部和各战区的后方,成为全中国人民所重视的国防生产和战争动员的根据地。"③这里的"后方"包括了整个西部地区和未被敌人占领的战区。特别是在抗战后期,中共大量文献涉及抗战大后方,如1943年八路军留守兵团政治部摘录编印的《大后方生活相》,1944年抗战日报社编印的《大后方舆论》,1944年12月8日董必武应约在陕甘宁边区参议会上做的报告《大后方的一般概况》。中共中央大量的文件也使用"大后方"概念,如《关于大后方文化人整风问题的意见》(1945年1月18日),《中共中央关于开展大后方农村工作给周恩来的指示》(1945年1月28日),《王若飞关于目前大后方民主运动概况及今后方针给毛泽东等的电报》(1945年5月30日)。1945年4月,在延安召开的中共七大上还设置了专门的"大后方代表团",叶剑英、陈铁铮(即孔原)任代表团正副主任。包括周恩来、叶剑英、邓颖超、吴玉章等南方局领导人和大后方各省负责人,正式代表58人,候补代表26人。④

综合各方面的论述,关于"抗战大后方"的内涵与外延,大致可以从三个方面进行界定。

① 毛泽东:《论新阶段——抗日民族战争与抗日民族统一战线发展的新阶段》(1938年10月12日—14日),中共中央文献研究室,中央档案馆:《建党以来重要文献选编(1921—1949)》第15册,北京:中央文献出版社,2011年,第599—600页。
② 周恩来:《目前形势和新四军的任务》(1939年3月),中共中央文献编辑委员会:《周恩来选集》(上卷),北京:人民出版社,1980年,第102页。
③ 周恩来:《"七七"四年》(1941年7月7日),中共中央文献研究室、中国人民解放军军事科学院:《周恩来军事文选》第2卷,北京:人民出版社,1997年,第351页。
④ 中共中央党史研究室第一研究部:《中国共产党第七次全国代表大会代表名录》(下),北京:中共党史出版社,上海:上海人民出版社,2005年,第727页。

首先是价值边界。"抗战大后方"或"抗战后方"的核心价值属于国防战略的范畴,是抗日战争时期支持和支援前线战争的战略基地。从严格意义上讲,没有战争,就没有战略后方。从这个意义上讲,抗战大后方是与沦陷区、战区相对应的一个概念,是战区、沦陷区以外的地区,是战争时期的"民族复兴的根据地"或"民族复兴的基础"。

其次是空间边界。关于"抗战大后方"的空间地域众说纷纭,有讲四川为"大后方"的,有讲西南为"大后方"的,有讲西南西北为"大后方"的,还有讲国民政府控制区域为"大后方"的。作为战略后方基地,根据国民政府战略考虑的差异,"抗战大后方"空间地域大致可以分为三个层次,即核心地区,重庆、四川[①];拓展地区,包括西南的云南、贵州、广西和西康,西北地区的陕西、甘肃、宁夏、青海;[②]外围地区,包括上述地区以外的国民政府控制的地区。在抗战时期国民政府的相关文献中,有后方15省(川滇黔湘粤桂闽浙赣鄂豫陕甘宁青)[③]、20省(川康滇黔桂粤闽湘赣浙苏皖陕甘青宁绥鄂豫晋)[④]等多种说法。

最后是时间边界。"抗战大后方"还是一个动态的时间范畴,其战略地位随抗战的兴起而确立,随抗战的发展而演变,也随抗战的结束而结束。在不同的历史时期,其地域空间重心也在随着局势的变化而发生变动。

---

① 1939年重庆从四川行政区划中独立出来,成为行政院直辖市。
② 关于抗战大后方的空间地域,当时即没有统一的认识,有学者认为后方大致即指西南的川、黔、滇、康、藏和西北的陕、甘、宁、青、疆共10省区(陈长蘅:《论战时人口变动与后方建设》,《财政评论》1940年第3卷第1期)。
③《中国战后之粮食问题》,《中华民国史档案资料汇编》第五辑第二编,财政经济(八),南京:江苏古籍出版社,1997年,第284页。
④《经济部统计处关于战时后方工业统计报告》(1943年5月),《中华民国史档案资料汇编》第五辑第二编,财政经济(六),南京:江苏古籍出版社,1994年,第340页。

二、关于抗战大后方战略地位的形成与演变

毋庸讳言,抗战大后方战略地位的形成、演变与日本侵华造成的民族危机密不可分,也与国民政府对日本侵略、中国抗战实力与形势的认识和判断有密切关系,其形成和演变大致可以划分为四个阶段。

第一阶段,西北后方根据地的筹划。1931年"九一八"事变后,鉴于日本的局部侵华和中国首都南京的危险境地,国民政府开始筹划在中国内陆地区寻求一个安全的战略基地,并初步打算以西北为长期抵抗之后方根据地。1932年"一·二八"事变爆发后,面对日本的步步紧逼,蒋介石和国民政府开始酝酿迁都,并加强了对西北根据地的经营。在1932年"一·二八"事变的次日,蒋介石在日记中表示,"余决心迁移政府于洛阳与之决战……否则随时受其威胁,必作城下之盟也"。①1932年1月29日,国民党政府主席林森和行政院长汪精卫联合发表《国民政府移驻洛阳办公宣言》,谓:"兹者政府为完全自由行使职权,不受暴力胁迫起见,已决定移驻洛阳办公。"②国民党中央在洛阳召开四届二中全会,决议:一、以长安为陪都,定名西京。二、以洛阳为行都。三、关于陪都之筹备事宜,应组织筹备委员会,交政治会议决定。③为此,很快成立了西京筹备委员会,加紧对陪都长安(即西安)的筹划与建设,并先后讨论通过了蒋介石提议的《切实进行长安陪都及洛阳行都之建设事宜案》和行政院秘书长褚民谊等人提出的《开发西北案》,决定设立行政院直辖的西北拓殖委员会,负责陕、甘、绥、宁、青、新各行省全境及外蒙西部等处的开发建设。国民政府对西北根据地的重视直接引发了"开发西北"

---

① 蒋介石:《蒋介石日记》(手稿本),1932年1月29日。
② 军事科学院军事历史研究部:《中国抗日战争史》(上卷),北京:解放军出版社,1991年,第215页。
③ 荣孟源:《中国国民党历次代表大会及中央全会资料》(下册),北京:光明日报出版社,1985年,第156页。

的热潮,并取得了一定成绩,为后来抗战时期成为支持支援前线的战略基地奠定了重要的基础。

由此可见,在"一·二八"事变后,当时的南京国民政府是以西安为陪都、以西北为战略后方准备对日作战的。然而,国民政府选择西北地区,只是根据当时具体的历史情况和政治经济环境进行的战略考虑。西北地区经济落后,自然条件较差,文教相对落后,人力资源不足;在地理上,西安靠近华北,一旦华北沦陷,西安和西北地区容易受到威胁;加之西北地区接近社会主义国家苏联,对于坚持反苏、反共的国民政府来说,其感受到的威胁并不小于日本;再者,西北地方军阀一直未被国民政府完全控制,也是一块不小的心病。因此,将西安作为未来的战时首都,将西北作为未来抗战的核心后方基地并不是一个理想的选择。

第二阶段,西南政局变动与抗日后方根据地的调整。由于西北地区条件所限,国民政府一直谋求新的战略大后方。不少有识之士鉴于日本扩大对华侵略的不可避免和中国当时的政治、经济、军事状况,逐渐认识到四川及西南地区在未来战争中的重要地位及其与国家治乱、民族复兴的关系。于是以四川为中心的西南地区成为国民政府的又一重要选择。

实际上,自1935年起,以蒋介石为首的国民党中央势力即利用追剿长征中的红军的机会进入并逐步掌控西南地区,使西南政局发生了重大变化:四川的防区制趋于解体,川政归于统一,川军整编也渐次推进;与此同时,国民党又加强了对贵州、云南的直接控制,这种政局的变化成为抗日大后方发生转移的重要前提条件。

1935年,蒋介石先后两度入川,遍历西南诸省,其理想中的抗日后方根据地随之由西北地区转向西南地区。自3月2日蒋介石由武汉飞抵重庆，到10月7日离开成都前往西安，在长达7个多月的时间里，蒋介石围绕抗战根据地问题形成了较为明确的思路，提出了"对倭应以长江以南与平汉线以西地区为主要阵线，而以川黔陕三省为核心，甘滇为后方"。①10月6日，蒋介石在成都行辕对四川各高级将领讲演《四川治乱为国家兴亡之关键》时提出："今后的外患，一定日益严重，在大战爆发以前，华北一定多事，甚至要树立伪政府都不一定。但是我们可以自信，只要四川能够安定，长江果能统一，腹地能够建设起来，国家一定不会灭亡，而且定可以复兴！日本人无论在东四省或者将来再在华北弄什么伪组织，都不相干，都不足以致我们的死命。我们今后不必因为在华北或长江下游出什么乱子了，就以为不得了，其实没有什么！只要我们四川能够稳定，国家必可复兴！"②很明显，此时蒋介石已经明确将日本侵略与四川及西南之地位联系起来，完全形成了以四川及西南作为抗战重要根据地的思想，这充分表明了国民政府的抗战后方基地的重心逐渐由过去的西北地区转向西南地区。此后，蒋加紧了对抗战后方基地的筹建，开始把将西南地区建成抗战大后方的思想付诸行动，重点经营西南抗战根据地。

第三阶段，西南地区大后方战略地位的确立。1937年全面抗战爆发后，随着平津等重要城市的陷落与华东局势的日益紧张，首都南京的安全引起国民党高层的关注，迁都是亟须直面的问题。此时，位于西南后方的重庆成为国民政府迁都的不二之选。

重庆是一座具有悠久历史的文化名城，是西南地区最大的工商业

---

① 薛光前：《八年对日战争之国民政府》，台北：台湾商务印书馆，1978年，第59页。
② 蒋介石：《总统蒋公思想言论总集》卷13演讲，中国国民党中央委员会党史委员会1984年印，第480页。

城市和经济中心,与西南各省联系密切,具有丰富的人力、物力资源;两江环抱,三面临山,具有绝佳的天然屏障;且有西南、西北两大国际交通线为依托,加之此时四川省主席刘湘大力支持国府迁渝抗战,可以说国府迁渝的基本条件业已具备。

1937年8月13日,日军大举进攻上海,淞沪会战爆发。10月下旬,淞沪战事急转直下,首都南京危在旦夕,政府已不能正常办公,转移国都已迫在眉睫。1937年10月29日,蒋介石在南京召开国防最高会议,正式决议国民政府迁往重庆办公。11月20日,国民政府公开发布《国民政府移驻重庆宣言》,宣布移驻重庆。12月8日,蒋介石率军事委员会办公厅、委员长侍从室及其他有关军事人员迁驻重庆办公,其他各军事机关也相继迁抵重庆。直至此时,国民政府迁都重庆的过程才得以最终完成,重庆也成为名副其实的中国战时首都。

国民政府迁都重庆,意义重大而深远,表明了以四川为中心的大后方的战略地位得以正式确立。"长江南北各省既多数沦为战区,则今后长期抗战之坚持不懈,必有赖于西南、西北各省之迅速开发,以为支持抗战之后方。"[1]此后,以四川为中心,以西南其他省区为重点,包括西南与西北的抗战大后方,成为支持抗日战争的战略基地。国民政府的西迁,带动了中国沿海和中部地区工厂、企业、高校、文化机构等大规模内迁,给抗战大后方经济、科技、文化的发展创造了一个特殊的、前所未有的机遇。通过对西南、西北的建设,建立了一个长期抗战的战略后方基地,为支撑长期抗战,争取抗战最后胜利奠定了坚实的基础。

第四阶段,太平洋战争爆发后抗战大后方战略地位的变化。西迁

---

① 荣孟源:《中国国民党历次代表大会及中央全会资料》(下册),北京:光明日报出版社,1985年,第556页。

后,国民政府抗战大后方的重心一直放在以战时首都重庆为中心的西南地区,当地军民亦为支援抗战做出了重大的历史贡献。然而,随着国内外形势的发展,特别是太平洋战争的爆发,抗战大后方的战略地位又发生了重要变化:一方面,国民政府由此前注重后方建设、自力更生为主,逐步转变为重点依靠外援争取抗战胜利;另一方面,由相持阶段前期重点加强西南大后方建设逐步转向关注西北地区的建设。

在太平洋战争爆发以前,国民政府的主要注意力集中在后方根据地的建设上,尽可能动员后方人力、物力、财力,以苦撑待变。但由于国民政府对后方准备本不充分,战时建设又受种种限制,战争消耗巨大,加之国民政府的政策失误,到太平洋战争爆发前,西南大后方的种种危机开始暴露:通货膨胀、物价高涨已严重影响经济的发展和民众的生活,田赋征实、征借已使后方民众不堪重负,各项生产能力也难以满足战时的需要。若单纯只是依靠西南大后方则难以继续维持国民政府的抗战。因此,在太平洋战争爆发后,中国终由单独抗战进入与同盟国联合作战阶段,国际形势对中国越来越有利。在蒋介石看来,“中国抗战与世界反侵略战争业已联成一片,此诚我中国转危为安,转败为胜重要之时机”。[①]“今后我国之处世之道,反形简单,即对内建设根据地,对倭更作持久抗战到底,以待世界战争之结果而已。”[②]在此形势下,蒋介石和国民政府的内外政策均有调整,其大后方战略也在此背景下发生了变化。

太平洋战争爆发前后,日本迫使法国、英国先后封锁了滇越铁路、越桂公路和滇缅公路,而香港沦陷,缅甸被占,致使西南国际援华陆路交通线完全断绝。西北的资源开发、拓殖增产、文化再发扬,都足以补

① 蒋介石:《总统蒋公思想言论总集》卷18演讲,中国国民党中央委员会党史委员会1984年印,第438页。
② 张其昀:《党史概要》第5册,台北:中央文物供应社,1979年,第1759页。

助抗战根据地西南的不足。①尤其是在抗战胜利已成定局的情况下,西北的"共产党问题"已成为蒋介石和国民政府的"一大隐忧"。②于是西北的战略地位变得更加重要。

1942年冬,蒋介石巡视西北,8月17日,蒋介石出席甘肃各界扩大纪念周时,发表了《开发西北的方针》的演讲。回到重庆后曾大力宣扬"西南是抗战的根据地""西北是建国的根据地",引起了强烈反响。在蒋介石的倡导下,"开发西北"的声势再次高涨了起来,时人称"自总裁于去冬巡视西北归来后,'开发西北''建设西北'等口号风起云涌,颇有雨后春笋之势"③。从表面上看,蒋介石似乎是对大后方的西南和西北进行了重新的定位,而实际上此时蒋介石关心的重点已经由如何争取抗战的胜利,转向了如何在抗战中完成"建国"的任务,无疑表明西南抗战大后方的战略地位开始弱化,这种趋势一直持续到抗战的最终胜利。1945年8月15日,日本宣布无条件投降后,虽然在抗战中确立的重庆战时首都之地位仍在,虽然蒋介石对四川、贵州等地建设依旧寄予很大希望,但无可否认的是,抗战大后方的战略地位从日本投降的那一刻起就已正式宣告结束了。

三、关于抗战大后方研究的新进展与新趋向

抗战大后方研究是中国抗日战争史研究的重要组成部分。十余年来,抗战大后方的研究取得了一系列重要学术进展,主要体现在如下方面:

---

① 徐旭:《西北建设论》,上海:中华书局,1944年,第21页。
② 赵宏宇:《如何巩固西北》,《西北论衡》1941年第9卷第6期。
③ 蔡鼎:《从国防观点泛论西北工业建设》,《军事与政治》1943年第4卷第5期。

深化了对抗战大后方的新认识。首先，厘定了"抗战大后方"概念的内涵及外延。长期以来，对抗战大后方概念的内涵、外延并未形成共识，学界很少将抗战大后方作为一个特定的研究对象进行探讨。抗战大后方是抗日战争时期国民政府和后方民众支持和支援前线对日作战的后方战略基地，有着特定的战略价值。其次，形塑了中共的大后方话语体系，充分彰显了共产党在大后方的作用。中国共产党是中国人民抗日战争的中流砥柱，在大后方也发挥了重要作用：努力维系国共合作，争取中间势力，为抗战胜利奠定政治基础；贯彻统一战线经济政策，团结工商界，为抗战胜利壮大进步力量；实践持久战军事战略，联络协调两个战场，为赢得对日作战胜利尽心竭力；推动和领导大后方文化繁荣发展，保存民族文化精英，为抗战胜利凝聚万众一心的精神力量；开展民间外交，推动建立国际反法西斯统一战线，营造有利于中国抗战胜利的国际环境。最后，深化了对抗战大后方战略地位及作用的认识，突破了"抗战大后方是国民党或国民政府的大后方"的认识误区，客观地分析和评价其地位及作用。大后方不仅是中国正面战场的指挥枢纽和战略保障基地，而且是中国共产党领导的抗日民族统一战线的前沿阵地，战时中国与世界的联结点，中国参与世界反法西斯战争指令的发出地，战后代表同盟国接受日本投降命令的下达地，台湾光复的决策地和收复台湾的中国使团组建地与出发地，中国参加联合国制宪会议的代表团的组建地和出发地，以及战时废除中国与英国等西方国家不平等条约及签订新约的地方。

形成了抗战大后方研究的新格局。第一，近十年来，得力于重庆中国抗战大后方历史文化研究与建设工程的推动，抗战大后方研究走向活跃,由传统的侧重于地方史或区域史的研究发展成为国际国内学术界关注的热点话题,成为抗战史研究的重要板块。第二,构建了西南西北大后方研究的学术联盟。2016年以来,西南大学中国抗战大后方研究中心发起成立"中国抗战大后方研究高端论坛",每年举办一次学术论坛,在推动西南、西北乃至全国的抗战大后方研究、打造西部高校抗战研究学术联盟等方面发挥了积极作用。第三,研究并非局限于西南、西北地区,而是逐渐与根据地研究、沦陷区研究形成有效互动。第四,形成中日战争国际共同研究机制。在重庆先后举办了两届中日战争国际共同研究会议。

取得了抗战大后方研究的新成果。出版100余卷的《中国抗战大后方历史文化丛书》,入选《国家哲学社会科学成果文库》并在日本翻译出版产生积极影响的《抗日战争时期重庆大轰炸研究》;出版涉及众多领域的《中国共产党抗战大后方历史》《抗战大后方金融研究》《抗战大后方工业研究》《抗战时期西南大后方城市发展变迁研究》等学术著作,以及《中共中央南方局历史文献选编》《中国共产党关于抗战大后方工作文献选编》《抗战大后方工业史资料丛刊》等档案文献资料。

抗战大后方研究在不断取得新进展的同时,也呈现出一些新的发展趋向,这主要体现在:

在研究视角上,更加注重宏观视野与本体突破。其一,多向多维视角。在横向上,把抗战大后方置于世界反法西斯战争的总体背景和中国抗日战争的发展进程中进行考察;在纵向上,从近代以来中华民族复兴的曲折变迁中来探讨和分析抗战大后方的历史。其二,超时空视域。在空间上,突破大后方的地域范围,更加注重大后方与根据地、沦陷区的互动;在时间上,突破大后方的时间范围,注重战前、战后同一区域发展变迁的联结,深入探讨大后方的变迁及其影响。其三,跨学科聚焦。在学科上,除历史学外,马克思主义理论、经济学、社会学、教育学、艺术学等学科纷纷聚焦抗战大后方研究,多学科、跨学科的研究必将推动抗战大后方研究不断走向深化。

在研究资料上,更加注重新史料的发掘和深度解读。其一,发掘、征集、整理新资料。学界已在抗战大后方党的文献、抗战损失、抗战大后方经济、抗战大后方文学等方面的资料整理上取得了较大成就,但仍有相当数量的地方档案馆、图书馆,海外学术机构典藏的档案文献资料,以及个人传记(口述)资料并未被学界所关注,亟待整理。其二,系统发掘整理专题史料。根据战时后方的实际情况,设定专题史料整理方案,比如侵华日军轰炸、后方国际交通线、大后方科技、大后方艺术等史料,通过专题史料的归类发掘和整理,推进相关专题的深化研究。其三,海量数字资源的处理及利用。建设大后方文献资料数据库,利用大数据技术手段,处理海量数字资源,提高研究整体分析的可能性。

在研究取向上,更加注重在地化的现实关怀。服务国家和地方发展战略,是抗战大后方研究的重要趋向。其一,旨在增进国际社会和海峡两岸的历史认同、构筑政治互信、探索构建人类命运共同体及推动国家统一大业,有关战时反法西斯战争的国际合作以及国共合作等方面的研究必将持续推进。其二,紧扣"一带一路"、西部大开发、成渝双城经济圈及中国(西部)科学城的建设等,抗战大后方的资源调查、经济开发、科技创新等方面的研究仍是热点话题。其三,形塑共同历史记忆、引导公众社会认知的抗战大后方历史文化遗产的研究将持续受到关注,并与区域文化与文明建设形成同频共振。其四,弘扬以爱国主义为核心的伟大民族精神的抗战大后方红色文化、大后方民众抗战及抗战精神等研究将成为新的学术增长点。

显而易见,抗战大后方研究越来越受到社会重视,并且已经取得了丰硕的研究成果。而《中国抗战大后方分省研究丛书》正是在相关研究工作欣欣向荣、蓬勃开展的背景下酝酿、策划、研究、编写而成的。丛书在编写过程中始终坚持以唯物史观为指导,以习近平总书记关于历史研究和抗日战争研究的重要论述为指引,以还原历史真实,彰显抗战地位,弘扬抗战精神为宗旨,坚持国际视野、中国立场和学术标准。

本丛书的重要研究特色为,丛书对抗战时期大后方各省政治、经济、文化、社会等领域的重大问题进行深入系统的研究,特别是把抗战大后方各省历史文化研究放在中国共产党领导的新民主主义革命历史的大背景中去探讨,放在中华民族由衰败走向振兴的重大转折历史进程中去研究,放在世界反法西斯战争的大背景中去审视,从而全面反映抗战时期大后方各省的历史文化面貌,探讨抗日战争给大后方各省带来的重大影响和变化,彰显大后方各省对抗日战争最终胜利的重大贡献。

《中国抗战大后方分省研究丛书》是重庆市社科规划抗战文化重大专项"西部省区市抗战大后方历史系列研究"的最终成果,同时也得到国家社科基金抗日战争研究专项重大项目"中国抗战大后方文献资料整理与研究"和国家出版基金项目的资助,丛书包括《抗战大后方的四川》《抗战大后方的贵州》《抗战大后方的云南》《抗战大后方的广西》《抗战大后方的甘肃》《抗战大后方的宁夏》《抗战大后方的陕西》等,编著者们皆系长期从事中国近代史、抗战大后方历史研究的专家学者。丛书自2012年立项以来，历经近10年的研究、撰写、评审和修改完善，力图全面系统呈现抗战大后方各省区波澜壮阔的历史画卷，对四川、贵州、云南、广西、甘肃、宁夏、陕西等西部7省区进行深入精细的个案研究，对拓展抗战大后方研究领域、改变大后方研究区域失衡、加深中国抗战大后方历史文化研究有重要意义，也是抗战大后方研究突破学术弱项瓶颈、实现"可持续发展"的一次学术创新。

丛书最终得以顺利出版，除了要感谢各卷编著者辛苦耕耘、精诚协作之外，还要感谢西南大学出版社的鼎力支持。同时，也要由衷感谢各位评阅专家提出的真知灼见，编著者们在学习吸收专家们宝贵意见的基础上，不断修改打磨，使丛书以当前更为完善的面貌呈现，顺利付梓。

是为序。

前　言

　　全民族抗战爆发后,国民政府迁都重庆,西南、西北地区成为中国持久抗战的大后方和复兴中华民族的基地。陕西省是西北大后方的重要省份,它虽为后方,但是亦似前线,不仅因国民政府设立西安行营、天水行营以致军事地位凸显,还因系中共陕甘宁边区的重要活动区域而备受关注。

　　陕西省是连接西北、西南整个大后方和国际援华通道的交通枢纽,战略地位极为重要。一直以来,陕西省抗战历史颇受学界关注,不仅是陕西省当地的学者,而且国内其他地方的学者,还有国外的学者亦关注陕西省抗战历史的研究。概观之,学界研究的问题涉及战时陕西省的工业发展、农田水利、教育事业、金融交通、文学艺术等多个方面,并取得了较为丰硕的研究成果。尤其值得称道的是陕甘宁边区的研究成果极为丰富,陕甘宁地区作为中共中央所在地长达13年之久,因此,其在中国现代史和中共党史的研究中备受学者关注。①综合陕西抗战历史已有研究情况，无论是从学术研究层面来看，还是从历史知识普及层面来看，均还有一定的拓展空间。比如，整体论述作为抗战大后方的陕西就不失为一种很不错的尝试。同时，也为了更好地诠释陕西省的抗战贡献和历史地位，西南大学中国抗战大后方研究中心组织研究力量，在充分吸收已有研究成果的基础上，编撰了《抗战大后方的陕西》一书。

在时间安排上，书稿集中论述抗战大后方的陕西，根据抗战大后方的形成时间，故而在时间安排上，主要叙述全民族抗战时期的陕西相关情况。但是，本书所包括的时间并不完全局限于此，在相关章节的论述中对全民族抗战爆发前的情况略有涉及，尤其在关于经济一章，前后的界限并不明显。

本书的最初定位是全面展示1937—1945年陕西省的抗战历史全貌，但是，在具体编写过程中，这一定位与现实操作之间略有一定的距离，即本书主要涉及政治、军事、经济、社会、教科文卫及陕甘宁边区等主要情况，而对于其他方面则未能面面俱到。

根据最初的设想，本书也就可以分为三个部分，共计七章。

第一部分包含第一章，主要讨论全民族抗战爆发前陕西的政治、经济、社会及交通等情况，尤其集中讨论了1931—1937年的具体情况，以期对此一阶段有一个概略性的了解，并借此更好地凸显全民族抗战时期陕西的抗战贡献。第二部分包含第二、三、四、五、六章等内容，主要从政治、军事、经济、社会、教科文卫等5个重要方面来分析陕西省的抗战贡献及历史地位。第三部分包括第七章，主要聚焦陕甘宁边区，用例举法叙述了陕甘宁边区的发展及历史贡献。

---

① 黄正林：《20世纪80年代以来国内陕甘宁边区史研究综述》，《抗日战争研究》，2008年第1期，第218-253页。

本书的成功出版颇为不易,希望其有助于推动抗战大后方分省研究的进一步深入发展。虽然本书希望系统梳理战时陕西省的抗战情况并全面展现最新的研究心得,但是编撰团队成员中的大多数人并非专攻陕西省抗战历史研究,而是首次接触相关史料,故而本书一方面对现有的陕西省抗战历史研究成果多有借鉴,另一方面对陕西省的抗战历史梳理也有较多不尽如人意的地方。不过,总的来看,本书仍有较多亮点和可取之处;不足之处,敬请方家不吝赐教,多多批评指正。

目　录

第一章

全民族抗战爆发前的陕西局势

▲ ▲ ▲

陕西简称"秦"或"陕",是华夏文明的发祥地,被称为"关中天府"和"厥田上上",[1]是中国古代政治文化的中心,在中国历史发展长河中曾长期发挥着举足轻重的作用。全民族抗战爆发前,陕西省政局经历由民国初年的动荡到1937年前较为稳定的过程,同时,1936年西安事变的爆发,也进一步凸显了陕西省的政治地位。1928—1930年的特大旱灾,迫使国民政府及地方政府大规模兴修水利工程,推动了陕西省社会经济的进一步发展,民国中期以后,陕西省经济中心从三原、泾阳等地南移到西安。[2](如图1-1)

一、陕西的政局变化及政治地位

　　二十年来,陕境平安日少,骚扰时多,兵防驻,匪盘结,无一不赖地方给养,丁饷之筹付,县长已用尽全副力量,其他庶政,不过敷衍而已。

　　　　　　　——陕西建设厅:《陕西建设概况》农林篇,陕西建设厅1932年版,第2页。

　　1911年武昌起义后,陕西革命党张凤翙、井勿幕等人联合哥老会,率先响应革命号召,陕西率先独立,然而,因革命党人自身的因素,陕西政权很快落入北洋军阀手中。北洋军阀进入陕西地区控制西安政局,先有陆建章督陕,后有陈树藩乱陕,使陕西政局错综复杂。[3]1925年7月,国民军孙岳部及李云龙部相继从河南进入陕西,与杨虎城部配合,进攻西安,驱走了吴新田。同年8月,在冯玉祥的建议下,段祺瑞政府任命孙岳为陕西军务督办,李云龙为军务帮办,陕西基本上成为国民军的势力范围。[4]1926年1月,李云龙继任陕西督军,同年4月,刘镇华率大军第二次进入陕西,围攻西安,陕西政治瘫痪且生灵涂炭。同年9月,冯玉祥在五

---

① 　行政院农村复兴委员会:《陕西省农村调查》绪言,商务印书馆1934年版,第1页。
② 　张雨新:《民国中期陕西经济中心南移西安的历史考察》,《西北大学学报(哲学社会科学版)》,2010年第1期,第47-50页。
③ 　吴亮:《民国初期的陕西政局》,《新西部》,2014年第21期,第70页。
④ 　中陕西省委党校史教研室、陕西省社会科学院党史研究室编:《新民主主义革命时期陕西大事记述(1919—1949)》,陕西人民出版社1980年版,第79-80页。

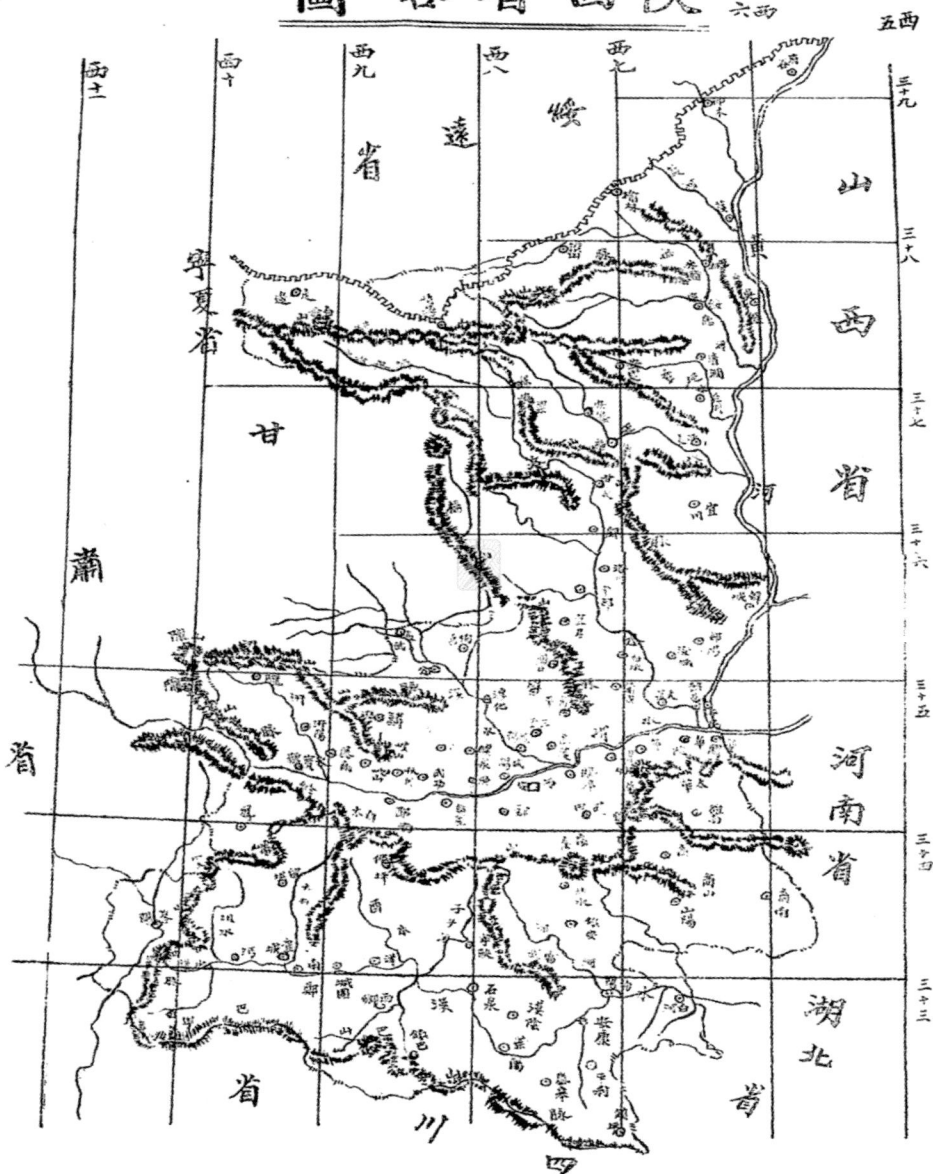

图1-1 陕西省略图（师志真讲述：《陕西经济概要》，出版社不详，1930年）

原誓师,进军西北地区,11月解围西安,占领陕甘地区。冯玉祥占领陕西之后,成立国民军联军驻陕总司令部,以于右任为总司令。1927年1月,冯玉祥组织成立西部临时政治委员会,作为统辖国民军联军和驻陕总部的权力机关,其兼任委员长,任命于右任为副委员长。"四一二"反革命政变后,冯玉祥态度右转,清党分共,同年6月成立陕西省政府委员会,于右任坚辞不就省政府主席,随即改石敬亭代之,此后,宋哲元、田雄飞、刘郁芬先后继任主席。1929年编遣会议后,冯玉祥与蒋介石的矛盾日益尖锐。1930年中原大战后,蒋介石拉拢靖国军出身的杨虎城,分化冯玉祥的国民军,同年10月,国民政府任命杨虎城为陕西省政府主席。[①]

　　杨虎城出任陕西省政府主席后,与蒋介石在陕西乃至西北地区进行一系列的控制与反控制斗争。为了监视杨虎城的举动,1930年11月,蒋介石任命顾祝同为海陆空总司令洛阳行营主任[11月13日,顾祝同在潼关将洛阳行营改名为国民政府陆海空总司令西北行营(陕省称之为潼关行营)],管理西北各省军务,又派陈继承、蒋鼎文两个师分驻华阴、华县及渭南一带,对杨虎城形成军事压力,杨虎城则将部队布置在中央军外围形成包围之势。1932年4月,国民政府考试院院长戴季陶到西北视察,在西安演讲时被打,同时,西安爆发了学生游行示威活动,蒋介石颇为不满,于1933年6月罢免杨虎城省政府主席一职,由邵力子接任。邵力子为人严谨,做事勤勉,因曾与于右任、杨虎城一起共事,而与杨虎城等地方实力派维持了较好的关系,加之曾主政甘肃,对陕西及西北风土人情较为熟稔,其主政陕西3年有余,有较好的政声。他力主国民政府大力开发西北,并为此多次奔走呼吁,"要开发西北先要救济西北"[②],同时大力推进陕西经济建设,另外也努力推进陕西社会及文教事业进步,尤其在行政督察及地方治理方面均有一定作为。中华民国建立之后,实行省、道、县三级制,陕西省政府驻长安,领关中、榆林、汉中三区,自道尹制度废除后,南北两区各县因距离省城较远,不便督察,故而于1935年7月援引豫鄂皖各省先例,将原榆林、汉中两区,划分为6个行政督察区,计第一区为榆林等8县,第二区为绥德等9县,第三区为洛川等6县,第四区为商县等6县,第五区为安康等10县,第六区为南郑等12县,以上各区专署均于是年8月先后成立。1936年8月,因实际需要则划彬县等9县为第七区,以上七区均系专员兼任

① 袁文伟:《民国时期西北土匪问题研究》,陕西师范大学未刊博士论文,2009年。
② 西北导报社编:《邵力子先生民国二十四年演讲集》,西北导报社1936年版,第49页。

区保安司令及区署所在县县长。1937年设立了领有大荔等12县的第八区。1938年设立了领有宝鸡等10县的第九区。1937年设立了领有咸阳等10县的第十区。①陕西省共计92个县，分为一、二、三等，其县政府组织为：一等县，设秘书1人，科长2人，科员6人，书记6人，每月经费规定为800元；二等县，无秘书，科长2人，科员5人，书记5人，每月经费规定为700元；三等县，无秘书，科长1人，科员4人，书记4人，每月经费规定为600元。以上费用均由省款支付，其他财政、教育、建设各股设助理员，一律在县政府办公，不另设科，所需费用由县财政支付。全民族抗战爆发后，各县政务繁忙，原有设定人数不敷使用则均有增加。②由于战乱频仍，很多逃兵游勇甚至整支部队哗变为土匪，导致驻扎陕西的军队匪化严重。驻防在岐山，先后归附郭坚、刘镇华的麻振武部队是典型的匪军，从事拉票、拷票等非法行为，当时流行一些歌谣："舍不得吃，舍不得穿，攒下银子给郭坚，郭坚手下麻司令，既要银子又要命。"③前陕西督军陈百生之旧属张占平，啸聚土匪数千人，业已占领陕南兴安（安康）、汉阴、石泉、平利等地；陕西民军首领甄士刃驻守咸阳，与逆军对峙；刘郁芬二十三师虽对外宣传开赴前线，实际上仍留陕西，但因西安四面皆被土匪包围，有朝不保夕之危机；国民党提出口号，否认西山会议派二届全会，而拥护广东二届全会，是故组织政府之议又陷入停顿状态。④

另外，局部抗战时期，陕西事实上存在着国民党统治区和中共实行武装割据的革命根据地。

1927年八七会议后，中共陕西省委组织贯彻党的实行土地革命、武装反抗国民党反动派的总方针，先后发动了多次武装起义和"交农"斗争，创建了陕甘边、陕北和陕南等革命根据地，由陕甘边、陕北革命根据地发展形成陕甘革命根据地（亦称西北革命根据地），中央红军到陕北后，经过东征和西征，把陕甘革命根据地巩固发展成为陕甘宁边区的前身——陕甘宁革命根据地。

陕甘边革命根据地是以刘志丹、谢子长、习仲勋为代表的中国共产党人、老一辈无产阶级革命家，在党的领导和人民群众的支持下，经过几年的浴血奋战而创

---

① 陕西省民政厅视察室编：《陕西民政概况》，陕西省民政厅视察室1940年版，第1页。
② 陕西省民政厅视察室编：《陕西民政概况》，陕西省民政厅视察室1940年版，第2页。
③ 《岐山文史资料（第2辑）》，第150页，转引自袁文伟：《民国时期西北土匪问题研究》，陕西师范大学未刊博士论文，2009年。
④ 《陕西民军纷起》，《军事杂志》，1930年第28期，第229页。

建的一块十分重要的革命根据地。它被学界誉为既是土地革命战争后期全国"硕果仅存"的革命根据地,也是中共中央和各路红军长征的落脚点,更是八路军三大主力奔赴抗日前线的出发点。[1]"四一二"反革命政变后,中共陕西省委遵照党的八七会议精神,组织领导了清涧起义、渭华暴动、旬邑暴动、两当兵变、靖远兵变、西华池兵变、蒿店兵变等武装起义,虽然这些起义都以失败告终,但是积累了革命斗争经验,培养和锻炼了一批革命骨干力量。1928年3月,中共中央通过《陕西工作决议案》,提出建立苏维埃政权计划,并于同年下半年派刘志丹、谢子长等人返回陕北参加陕北特委工作。1930年10月,刘志丹在陕甘交界的太白镇发动起义,建立了南梁游击队。1931年9月,刘志丹在合水县恢复重建该游击队,同时与西渡黄河进入陕北的晋西游击队合编为西北反帝同盟军,1932年2月,改编为中国工农红军陕甘游击队。随后,根据中共中央指示,陕西省委决定创立陕甘边根据地。1932年9月,陕甘游击队攻占耀县照金镇,拉开了以照金为中心的陕甘边革命根据地建设的序幕。同年12月24日,陕甘游击队改组为中国工农红军第二十六军,并挥师东进和渭北游击队会合,以耀县为中心开展游击活动。1933年3月8日,中共陕甘边区特委在照金成立。同年4月5日,陕甘边第一次工农兵代表大会在照金召开,选举周冬至为主席,习仲勋为副主席兼党团书记,至此,以照金为中心,横跨耀县、淳化、旬邑等县边界的陕甘边根据地基本形成。[2]同年10月16日,照金陷落,陕甘边革命根据地进入以南梁为中心的发展阶段。1934年2月,习仲勋当选陕甘边革命委员会主席;同年11月上旬,陕甘边苏维埃政府成立,习仲勋当选主席。在习仲勋和陕甘边苏维埃政府的支持下,中国工农红军第二十六军粉碎了国民政府军队多次的"围剿",将陕甘边革命根据地发展到东及临镇,西界定边,南接耀县,北依高桥川、宁条梁的革命根据地。1935年春,陕甘边、陕北两块革命根据地在反"围剿"中连成一片,统一为陕甘革命根据地。[3]

1927年大革命失败后,陕南籍中共党员和共青团员回到陕南,在家乡组织革命活动。1929年,中共陕西临时省委派员到陕南领导革命活动。1930年春,省委在陕南成立中共陕南特别委员会。1931年,该特委领导农民打土豪分田地,建

---

① 金冲及:《从陕甘边根据地到陕甘宁边区》,《中共党史研究》,2014年第12期,第23-24页。
② 李蓉:《试论陕甘边革命根据地的地位和作用》,《中共党史研究》,2009年第11期,第12-18页。
③ 袁振武、梁月兰:《论习仲勋对抗日战争的重要贡献》,《中共党史研究》,2015年第9期,第48-55页。

立工农武装,开辟了陕南革命根据地。1932年12月,从鄂豫皖苏区撤出的红四方面军抵达陕南的汉中地区,并拟在城固、西乡、镇巴一带建立革命根据地,中共陕南特别委员会利用这一革命形势,于1933年1月通过《扩大西乡城固边新苏区创造红二十九军的决议》。1933年2月,中国工农红军第二十九军成立,陈浅伦任军长,全军2000余人。川陕革命根据地创立之后,随着川陕革命根据地的建立,该根据地发展成为川陕革命根据地陕南苏区。1933年9月,陕南县委召开第一次工农兵代表大会,决定成立陕南县苏维埃政府,选举康洪礼为主席。①

　　1932年12月,红四方面军1.6万余人从鄂豫皖向西转移,经由陕南,越过巴山、秦岭进入川东北的通江、南江、巴中地区,在川东地方党组织的支持配合下,在通江成立了以旷继勋为主席的川陕省临时革命委员会。1933年2月7日,该革命委员会在通江召开了中共川陕省第一次代表大会,选举成立川陕省委员会。1933年2月中旬,川陕省委员会在通江县城召开川陕省第一次工农兵代表大会,正式成立川陕省苏维埃政府。至此,川陕革命根据地初步形成。在同年2—6月中旬,红四方面军粉碎了田颂尧的三路围攻,川陕革命根据地得到进一步巩固和扩大,其范围北起陕西之镇巴、西乡南部,南至四川之仪陇、江口,东达万源,西抵广元和苍溪,南北长200余里,东西宽300余里,面积近3万平方公里,人口达200多万人,并建立了江口、仪陇、广元、长池、恩陈、苍溪、万源等7个县苏维埃政权。6月底,红四方面军在南江县木门镇召开军事会议,总结反三路围攻经验,并发动了仪(陇)南(部)、营(山)渠(县)、宣(汉)达(县)三次战役,均取得了巨大胜利。10月,红四方面军与川东游击军在宣汉会师,随即将其改编为中国工农红军第三十三军,至此,红四方面军已扩展为5个军,共计8万余人。川陕革命根据地向东扩展到城口,西抵嘉陵江,南达营山、渠县,北至陕南镇巴、西乡、宁强,面积4.2万平方公里,人口700余万人,共建立了23个县和1个市的苏维埃政权,成为全国第二大苏区。②

　　在陕西政局渐趋稳定之际,1935年华北事变爆发,华北地区危在旦夕,受此影响,一二·九运动及西安事变相继爆发。正在"剿共"的国民政府坚持"攘外必先

① 尹行创:《陕南苏区的创建与挫折原因探析》,《传承》,2014年第4期,第34-35页。
② 林超、温贤美:《川陕革命根据地历史的几个问题》,《西南师范学院学报(人文社会科学版)》,1984年第3期,第45-52页,1里=500米;1平方公里=0.25平方千米。

安内"方针,对日本的得寸进尺,百般忍耐,全国人民无不痛心疾首、义愤填膺,抗日救亡的风潮在全国蓬勃兴起。1935年11月,中国共产党成立了由谷景生、李常青、彭涛、周小舟等人组成的中共北平临时工作委员会,在该工作委员会领导下,北平学生组织成立了北平市大中学校学生联合会,积极宣传中国共产党的爱国主张。1935年12月9日,在中共北平临时工作委员会领导下,北平数千名大学生走上街头,呼吁"停止内战,一致对外""反对华北自治"等。游行示威活动虽然遭到了当局的镇压,但是由此点燃的爱国救亡热情却迅速蔓延到天津、上海、武汉、长沙、重庆、成都、广州等城市,并形成了声势浩大的爱国救亡运动。与此同时,到达陕北的中共中央召开了瓦窑堡会议,正式确立了中国共产党关于抗日民族统一战线的基本框架,加强了与张学良的东北军及杨虎城的第十七路军的联系。西北局势的演变以及张学良、杨虎城的动向引起了蒋介石和国民政府的高度关注。同年底,蒋介石赴西安,要求张学良和杨虎城积极"围剿"陕甘宁地区的中共力量。张学良、杨虎城在"剿共"无效、出走无路的情况下,不得已实施了"兵谏",即于1936年12月12日,扣押蒋介石及陈诚等10多名军政大员,并通电全国,言明此次事变的目的在于抗日救国,"对介公为最后之诤谏,保其安全,促其反省",宣布取消"西北剿匪总司令部",成立抗日联军西北临时军事委员会,并提出八项政治主张:第一,改组南京政府,容纳各党各派共同负责救国;第二,停止一切内战;第三,立即释放上海被捕之爱国领袖;第四,释放全国一切政治犯;第五,开放民众爱国运动;第六,保障人民集会结社一切政治自由;第七,确实遵行总理遗嘱;第八,立即召开救国会议。①

　　西安事变是一个举世瞩目的事件,使西安成为当时国内关注的焦点和多重势力的角力场。事变发生后,在国内外相关力量的角逐下,尤其是在中共中央的全力促和下,国内各方力量未发生大规模冲突,得以通过和平方式解决了此次危机。西安事变的和平解决成为时局转换的枢纽,向抗日民族统一战线的实现迈出了关键性的一步。"西安事变和平解决,举国庆幸,从此和平统一团结御侮之方针得以实现,实为国家民族之福。"②

---

① 《张、杨对时局宣言》,《抗日战争·第一卷·从九一八到七七》,四川大学出版社1997年版,第892页。
② 《中国共产党中央致中国国民党三中全会电》,《抗日战争·第一卷·从九一八到七七》,四川大学出版社1997年版,第926页。

二、陕西的经济社会状况

陕省交通梗塞,文化落后,因工商之不振,故十人而九农。农人富于吃苦耐劳之精神,而乏研究改进之技术,籽种退化,听其自然,农具笨拙,不知改良,肥料不讲,土性不察,轮作间作,完全不晓,耗力费时,事倍而功半。如此懵懂务农,岂止影响于收获而已哉。在昔地旷人稀,俭朴是尚,年产额除食用外,犹获耕三余一之蓄,甚或远输以接济邻省。是以偶遇饥馑,第闻呼庚唤癸之声,未见饿殍枕藉之惨。迨及近世,生蕃日蕃,户口增多,治生之需用,较前倍蓰,而农作物之收入,毫无改进增加。昔之所谓耕三余一,接济邻省者,今则反觉自用不足,或且仰给于外来,一遇雨泽延期,人民知饿毙流亡,不堪言状矣。

——陕西建设厅:《陕西建设概况》农林篇,陕西建设厅1932年版,第1页。

陕西地处中国内陆腹地,位于黄河中游,地形复杂多样,从北到南形成了三个各具特色的自然区。北部是逶迤连绵的黄土高原,约占全省总面积的45%,地势西北高而东南低;中部是平坦宽阔的关中平原,西起宝鸡峡,东迄潼关,渭河横贯东西,地势平坦、土质肥沃,是陕西自然条件最好的地区,号称"八百里秦川";南部是雄奇险峻的秦巴山区,水力、矿产资源丰富。[1]时陕西省的总面积为587975平方华里,占中国总面积的1.75%;据1928年统计数据,陕西省人口为11648564人,约占全国人口总数的2.39%,故陕西人口之众多乃与山西、贵州相仿,在国内均称为人口较稀疏的省份。[2]

陕西的谷物,以小麦品质最良,并有余粟接济甘肃与山西。高粱可以酿酒,凤翔的名酒与山西的汾酒齐名。汉水流域又产稻米。渭北多产蓝草,可以供染料。棉花为陕西出口的大宗,产棉最多的地方为东路的临潼、渭南、华县、华阴和渭北的三原,近年因棉价高贵,西路的咸阳、眉县也相率种植。

——傅角今:《陕西省》,商务印书馆1935年版,第17页。

---

① 陕西省人民政府新闻办公室编:《陕西》,五洲传播出版社2003年版,第6页。
② 傅角今:《陕西省》,商务印书馆1935年版,第8页。

1.物产及租佃关系

在陕西,秦岭以南的汉中安康可以说是较接近南方的区域,这里是长江流域的丘陵地,黄土不多,有山河大堰的灌溉,所以水田较为发达,盛产稻米,居民以食米为主。关中渭河流域一带,多属平原,土地肥沃,盛产大小麦、棉花、高粱、玉米、豆类,丰收之年,一年之产可供两年之用。陕北地区因属高原,气候干燥,雨量稀少,农产不丰,所产为大麦、小米、燕麦、高粱、玉米、甘薯、豆类等,丰收之年尚可敷用,唯常苦旱,岁多歉收,人民常感饥馑。陕西省最重要的特产,且能大宗交易者,计有桐油等各种植物油、茶叶、生丝、生漆、木耳,以及桅子等各种药材,生产最多者则为陕南安康。就大体生产区域而言,关中及陕南汉中地区各县,以生产米、麦、棉花为大宗,陕北各县以畜牧皮毛为旺盛,而安康各县,则以各种山货为最富饶。①秦巴诸山,森林极富,矿物以煤炭为最多,他如蓝田之玉、南郑之金沙、旬阳之铅、镇安之铜、略阳之汞、勉县之铁、大荔之盐,皆为著名天产。②

在农村中,租佃关系很是发达,农户中佃农的成分很高,而且这些佃农几乎全是贫农。陕西中部的关中平原,黄土很多,砂土很少,水田也很少,农作物以麦、棉为主,其中特别是棉花,关中所产者占到陕西全省的90%。这是一个小农经济的区域,农村中自耕农占绝对优势。但是1928年秋以降,旱灾持续很久,尤其是扶风、武功、凤翔一带的灾情创历史之新纪录,受此影响,关中的小农经济开始迅速没落。陕北大致也属于黄土高原,不过这一区域中丘陵很多,因此耕地明显很少,农作物以麦子为主,间有水田可以种稻米。此区域的租佃关系相当发达,但较为遗憾的是,20世纪二三十年代全部都种植了鸦片。③据行政院农村复兴委员会王寅生、石凯福、黄国高、勾适生等四人调查,④渭南、凤翔、绥德三县都是贫农占绝大多数,地主很少,只是小地主,且日渐减少,贫农里的租种者以绥德为最多,约占半数,渭南和凤翔虽少,但增加其快。就1928年的情况来看,渭南的富农没有了,凤翔的中农减少了,绥德的贫农更苦了。⑤

---

① 著者不详:《陕西省经济调查报告》,出版社不详,出版时间不详(1945年左右),第18-21页。

② 陇海铁路局编:《陕西实业考察便览》,陇海铁路局1932年版,第3页。

③ 行政院农村复兴委员会编:《陕西省农村调查》绪言,商务印书馆1934年版,第1-2页。

④ 调查的代表县份,关中东部是渭南,西部是凤翔(灾荒区),陕北无定河流域是归德。

⑤ 行政院农村复兴委员会编:《陕西省农村调查》,商务印书馆1934年版,第143-144页。

2.水利设施建设

自1928年起,西北地区遭遇了一场罕见的严重旱灾,灾情持续很久,陕西受灾尤为严重,多地出现了赤地千里、十室九空之惨状。严重的旱灾及其造成的巨大损失,引起了国民政府和地方当局以及各界人士对陕西农田水利建设的重视,这成为水利事业发展的契机。1930年,杨虎城主持陕政后,对水利建设颇为重视,聘请陕籍著名水利专家李仪祉出任建设厅厅长,主持水利建设。与此同时,华洋义赈会也于是年派工程师来陕筹划引泾并提供资金支持。引泾工程分两期进行,一期工程于1930年冬季开工,1932年6月完工放水,并由陕西省政府定名为"泾惠渠"。二期工程于1933年开工,1934年底竣工。建成后的泾惠渠干支渠全长273公里①,灌区南北宽30余里,东西长达百余里,设计灌溉泾阳、三原、高陵、临潼、礼泉五县农田73万亩②。"泾惠渠是民国时期陕西省修建的著名农田水利工程,它不仅是当时陕西乃至全国第一个大型现代化农田水利工程,在近代中国水利史上具有开创性意义;而且建成之后成效显著,对区域社会经济产生了深刻影响,可谓是农田水利事业影响区域社会经济变迁的典型代表。"③关中地区泾惠渠、渭惠渠和梅惠渠等水利工程,灌溉田地约为100万亩,陕南地区褒惠渠、湑惠渠、冷惠渠等水利工程,灌溉田地约30万亩,这些水利工程促进了陕西农业的发展。"灌溉区小麦单位面积产量,较前增加一倍以上,对于本省小麦生产功效殊大。"④

3.农村复兴事业

1922年6月,陕西省实业厅鉴于该省农业日渐退化而非筹设改良机关殊难发展起见,乃就省立树桑公社地址,委任齐以礼创办陕西农事试验场。当时,因财政困难,所试验者仅桑、棉两项。一年之后,改由党荣庆接办。二年之后,仍因财政支绌而无任何成绩。1924年,改由杨恒蔚接任,对于各项工作均有改进,但是唯时局不靖,财力艰窘,在1926年西安被困之时所有设备器具俱毁以致陷入停顿。随后,因实业厅裁撤,农场改由民政厅管辖,该厅将其与棉业试验场合并,更名为陕西农棉试验场,以杨恒蔚为厂长,马天叙为副场长。1927年3月,陕西省建设厅成立,接手该场,其组织仍照旧,分为农艺、园艺、植棉、推广、宣传等六部,每月经

---

① 1公里=1千米。
② 1亩≈667平方米。
③ 石涛:《近代水利之兴:民国陕西泾惠渠与区域社会经济变迁研究》,《史学月刊》,2021年第6期,第55—63页。
④ 李国桢主编:《陕西小麦》,南京美吉印刷社1948年版,第16页。

费615元。1928年11月,该场奉令迁移到西关原棉业试验场旧址。1928年4月,建设厅委任张建平接任。1930年12月,建设厅委任李国桢接任。[1]

自1928年旱灾之后,陕西省农业厅为复兴农村事业,多方动员,于1931年12月1日成立了陕西省农业推广委员会,遵照国民政府颁布的组织大纲拟具具体步骤,指派农业专家为指导员,前赴长安、临潼等县督导人民组织信用消费及灌溉等各种合作社。1933年8月,陕西省农业厅派员在长安县第二区土门村举办示范农田,借此提倡增加生产,特约农户朱庚子等13家遵照该厅规定的"推广示范农田办法"及指导员的指导,播种小麦、豌豆等53亩,以便与其他农民农田的收获进行比较。1934年8月,又增加特约农户8家,播种小麦、豌豆等93亩。1935年8月,又在长安县第六区增加特约农户4家,共计播种小麦、豌豆等101亩。综合各年示范农田的收获量,与普通农田比较,增产五分之一。

4. 小麦种植及加工

小麦为陕西省的主要粮食作物,从统计结果来看,约占陕西省作物栽培面积的41.80%,冬作栽培面积的70.17%,事关陕西民生问题。又据中央农业实验所1934年、1935年、1936年估计结果,陕西省平均每年种植小麦的面积约为14467000亩,产额约为21809000担[2],分别占全国的4.77%及4.89%,在21省中位列第8位和第9位。陕西各地虽均有小麦种植,但是尤以关中为最多。陕西省小麦产量,丰年则可自足,歉收则需要甘肃、河南、山西等省输入粮食。[3]全民族抗战爆发前,陕西省已产粮食,当年均可自足,虽交通艰难,运输工具简陋,但是各地均能沟通,相互补救。[4]陕西食粮以小麦为主,其产量之多寡及品质之优劣,莫不与国计民生息息相关,因此,自20世纪20年代末开始,陕西一直从事小麦品种研究改良及繁殖、推广等工作,以增加小麦产量,先后有金陵大学西北农事试验场、西北农学院、农林部西北推广繁殖站等机构进行小麦改良。[5]

5. 棉花种植及棉业发展

陕西是中国主要的粮棉产区之一,尤其是关中地区,棉花种植面积较大,但是

① 陕西建设厅秘书处编辑股编:《陕西建设概况》农林篇,1932年版,第13-14页。
② 1担=50千克。
③ 李国桢主编:《陕西小麦》,南京美吉印刷社1948年版,第19页。
④ 李国桢主编:《陕西小麦》,南京美吉印刷社1948年版,第26页。
⑤ 李国桢主编:《陕西小麦》,南京美吉印刷社1948年版,第1页。

多为手工纺织,是故各州县向外输出棉花而从外省购进棉布。20世纪30年代初,关中地区主要种植灵宝棉、小洋花等传统品种。1933年,陕西省建设厅农棉试验场经试验发现,脱字棉成熟早、产量高、品质佳,且适合关中的土壤与气候。陕西省建设厅随即选择泾惠渠沿岸永乐店附近设立模范植棉区,灌区在棉花改良推广方面,成就更突出的是斯字棉。斯字棉原产自美国,1933年由中央农业试验所引入中国进行区域试验,泾阳即为试验区之一。1934年,陕西棉产改进所成立,主持陕西棉产改进工作。该年组织的合作社有固市、斗口、中西、赤水、新市、下庙、广阳、鲁桥、乐阳、龙背、大荔二区、交雨、未央、合阳三区等16区,该所派员进行指导。[①]陕西棉产改进所泾阳棉作试验场自1934年起开始进行试验,发现四号斯字棉不仅产量更高,而且品质优良,为其他棉种望尘莫及,因而推广之后深受农民欢迎。据统计,陕西省棉花产量居全国第6位,1934年植棉面积为194万市亩,皮棉产量65万市担。[②]泾惠渠灌区自1936年起推广四号斯字棉,推广工作从未中断,使该区成为全国棉种推广改良之最有成绩之中心地区。灌区棉花产量与品质大幅提高,成为陕西和全国优良的高产棉区。[③]尽管陕西为中国产棉最重要的区域之一,且有设立纺织厂的提议,但因种种阻碍,直到1932年其仍未有现代化的机器纺织厂。

6.矿业调查及开发

陕西山脉纵横,蕴藏丰富的矿产资源,20世纪30年代已经开采者,仅有延长的石油,同官、韩城等县的煤炭,凤县、洛南等县的铁矿。石油因财力有限未能大规模开采,铁煤开采亦不过是土法人工而已,出产甚微,颇有"地蕴难宣,拥金坐毙,其今日陕西之谓乎?"[④]。韩城县北乡,沿黄河一带,盛产煤矿,南北约100里,东西约20里,煤层倾斜极缓。陕北油田分布极广,北迄佳县米脂,南达宜君县同官,西抵安塞,东临黄河,广袤700余里,面积占陕西全省油田半数之多。石油官厂设在延长县西门外,分东西两厂,中隔深沟,东厂为制炼储油处所,西厂专为凿井取油之地。[⑤](如图1-2)

① 陕西棉产改进所编:《陕西棉产改进所推行合作事业报告》,陕西棉产改进所1936年版,第3页。
② 著者不详:《陕西省经济调查报告》,出版社不详,出版时间不详(1945年左右),第18页。
③ 石涛:《近代水利之兴:民国陕西泾惠渠与区域社会经济变迁研究》,《史学月刊》,2021年第6期,第55-63页。
④ 陕西建设厅秘书处编辑股编:《陕西建设概况》矿冶篇,1932年版,第1页。
⑤ 陕西建设厅秘书处编辑股编:《陕西建设概况》矿冶篇,1932年版,第19页。

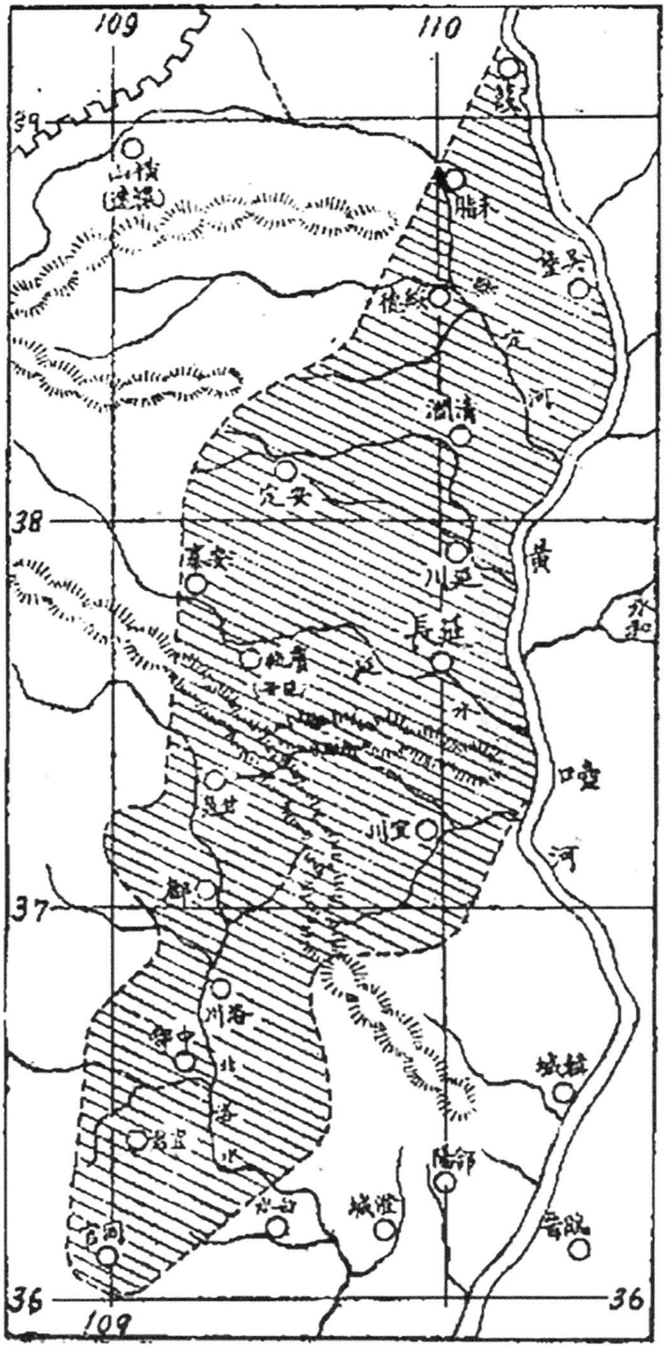

图1-2　陕北石油分布图(傅角今:《陕西省》,商务印书馆1935年版)

7.近代机器工业发展

西安近代工业发端于1869年左宗棠设立的西安机器局。但在此后长达半个多世纪的时间里，由于交通不畅、战争不断、政权更迭频繁等，西安近代工业发展十分缓慢。除西安机器局（后演变为陕西机器局）外，在此间开办的近代工厂屈指可数，只有民国初年成立的陕西省印刷局、1924年成立的新履革履股份有限公司、1933年成立的西安集成三酸厂、1934年成立的西安利秦工艺社机器漂染厂等10余家。这些工厂不仅规模小，而且资金少、技术薄弱，在艰难的环境下惨淡经营，难以为继。1935年以后，西安近代工业迎来了其发展历史上的黄金时期。仅在1935年一年内，就有西京电厂等11家近代工厂在西安设立。1936年又有大华纱厂等4家工厂落户西安。[1]大华纱厂资本300万元，年产纱2.1万余包，布60万匹。[2]

8.现代金融机构建立

1930年，陕西省银行成立，计有榆林、绥德、韩城、合阳、朝邑、潼关、大荔、蒲城、渭南、三原、咸阳、彬县、乾县、兴平、长武、武功、周至、凤翔、陇县、宝鸡、城固、南郑、西乡、安康、白河、商县等办事处。1934—1935年，中中交农四行及金城银行、上海银行等各银行相继在陕西重要地点设立分支机构，金融机构组织日渐完备。[3]整体来看，全民族抗战爆发前，随着各项事业的推动发展，清代以降一直作为陕西经济中心的三原、泾阳地区，自民国中期以后（1927—1945年），经济发展缓慢，而西安经济则发展迅速，逐渐取代了三原、泾阳的陕西经济中心地位。[4]

---

① 张雨新：《民国中期陕西经济中心南移西安的历史考察》，《西北大学学报（哲学社会科学版）》，2010年第1期，第47-50页。
② 李贻燕讲述：《西北经济（陕甘宁青）》，陕西省战时行政人员训练所印，出版年份不详，第12页。
③ 李贻燕讲述：《西北经济（陕甘宁青）》，陕西省战时行政人员训练所印，出版年份不详，第25页。
④ 张雨新：《民国中期陕西经济中心南移西安的历史考察》，《西北大学学报（哲学社会科学版）》，2010年第1期，第47-50页。

三、陕西的交通及军事地位

陕西的名称，是因他的地位恰在河南陕县（昔名陕州）的西边，故名陕西。从前又叫关中，就是居于四塞之中的意思。四塞者，东叫潼关（通洛阳），南叫武关，西叫散关（都在秦岭，一下汉水，一入栈道），北叫萧关（在六盘山，属甘肃，通宁夏）。

——傅角今：《陕西省》，商务印书馆1935年版，第1页。

关中自古为中国劲兵健马之地，关中之地，险固饶沃，足食足兵，因此成为古代中国建都的首选。关中位于秦岭以北，长城以南，黄河以西，陇山（六盘山）以东，为一大盆地，有渭水流贯其间，至潼关附近入黄河。陇山高达9000尺[①]，为盆地的西边。黄河自皋兰到潼关，迂道而行近1200里。[②]（如图1-3）

---

① 1尺≈0.33米。
② 傅角今：《陕西省》，商务印书馆1935年版，第2页。

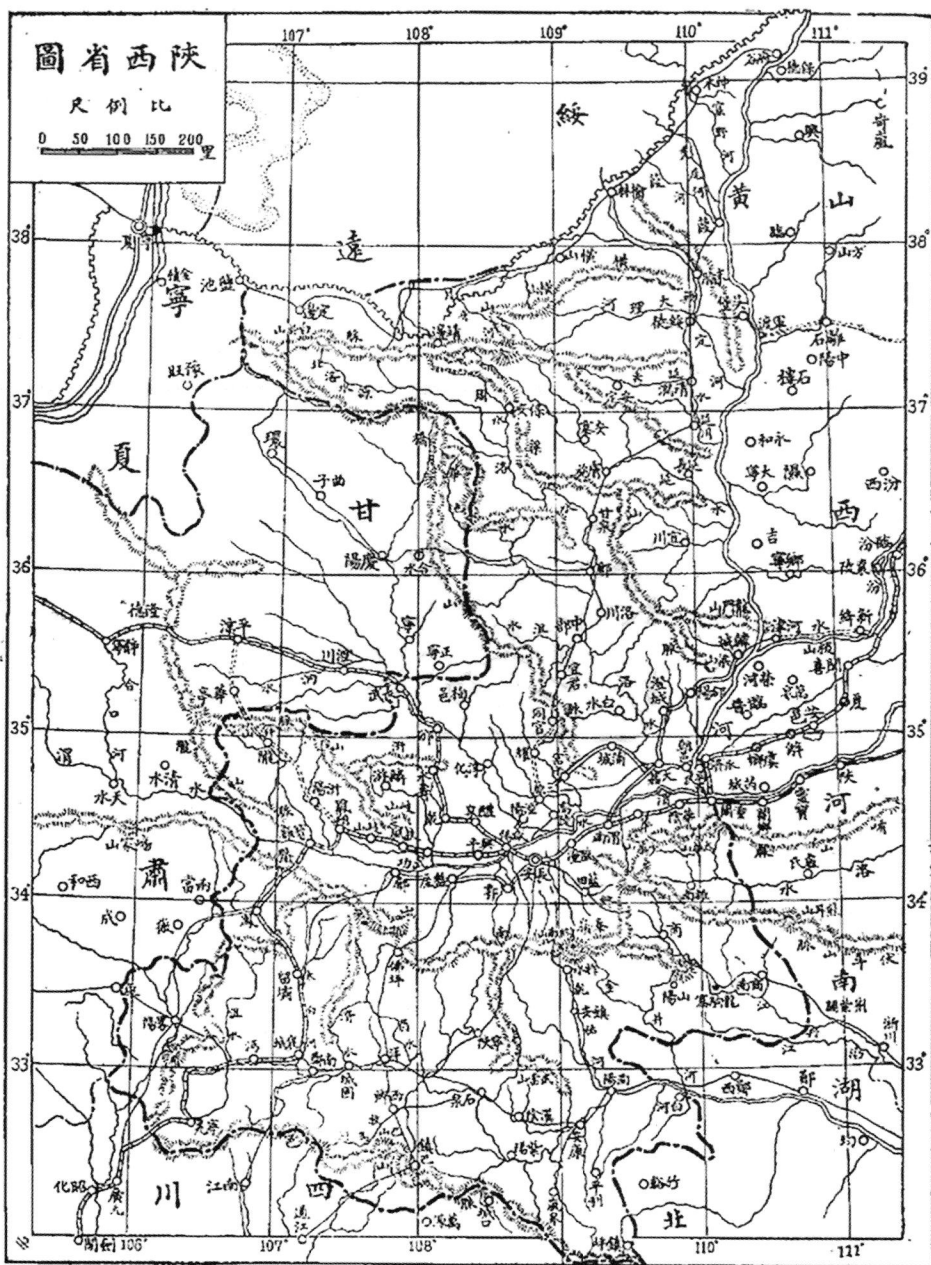

图1-3 1935年陕西省图（傅角今：《陕西省》，商务印书馆1935年版）

1. 水陆交通地理

陕西为四塞之地，全境甚少平原，或丘陵起伏，或山川险阻，交通向称不便。西安贯居六大孔道的中心：由西安东至洛阳，计程800里(西安至潼关280里)；东南至龙驹寨，计程440里(西安至萧关200里)；西南至成都2200里(西安至大散关500里)；西至天水800余里；北至皋兰1400里(西安至平凉600里)；东北至延长880里。而自洛阳经西安到皋兰一带，素为中国西北部的大孔道。[①]栈道为川陕交通的唯一孔道。成都、汉中、西安的高度均在1500尺左右，而大巴山路高达4000尺以上，其间阴峪穷谷，一落千丈，乔木夹道，仅仅可以通人，路的绝处则用木头连续。栈道有南北二线，在大巴山的栈道叫作南栈道，又叫蜀栈；在终南山的栈道，叫作北栈道，又叫秦栈。[②]

2. 水运

陕西地处干旱之区，雨泽较少，故河流虽多，大半皆平时干涸，或水量无定，能够用于水运的仅为汉水、渭河、北洛水及黄河。汉水发源于宁强县之嶓冢山，东流经勉县、南郑、城固、洋县、石泉、紫阳、安康、旬阳，至白河入湖北，复经老河口、襄阳等重镇，至汉口汇入长江，为长江上游的重要支流，其在陕南(汉中)部分，滩多流急，舟行困难，通行民船之最大承载量仅为500担。渭河发源于甘肃渭源县，入陕西后，经虢镇、咸阳、草滩、交口、白杨寨等重要渡口，至三河口入黄河。平常航行咸阳以下者多为近千担的民船；虢镇至咸阳间，在洪水时节始能通过300担之民船。渭河横贯陕西省，其水运对于关中工商业发展作用甚大。北洛河发源于陕西北部的定边县，经保安、安塞、甘泉等13县至三河口入黄河，所经各地均为陕西省物产丰富之地区，但是航运不兴，物产亦无法输出。[③]

3. 公路运输

全民族抗战爆发前，中国公路运输多作为铁路的辅助手段，发展较为缓慢。据统计战前中国共有公路11万公里，有路面者仅有43521公里，为日本的八分之一。汽车方面则都依赖进口，截至1936年全国共有汽车44800辆，其中南京、北平、上海、天津、青岛、广州等六地即占一半以上。包括陕西省在内，整个西北地区公路干线只

---

① 傅角今：《陕西省》，商务印书馆1935年版，第9—10页。
② 傅角今：《陕西省》，商务印书馆1935年版，第11页。
③ 陕西建设厅秘书处编辑股编：《陕西建设概况》交通篇，1932年版，第8—10页。

有12700公里,且几乎未做铺垫,[1]而就陕西省公路状况而言,较东部诸省公路发展迟缓。1921年后才有军政长官乘坐私人汽车来陕,1926年后,渐有军用汽车运输军需用品。此后风气大开,商人陆续购买汽车,经营客货运输业务。1930年4月,陕西省汽车管理局成立,主持公路修筑事宜。1930年12月,陕西省公路局成立,以后接办了陕西省汽车管理局的业务。1936年7月,该局改名为陕西省公路管理局。[2]

截至1932年,公路主干道仅5条,全长1230里,具体情况如下。西潼路,由西安至潼关,全长约290里,系旧驿道改修而成,路幅平均30尺,为陕西省交通唯一之要道,东迄潼关,接河南灵潼公路,该路线大体甚佳。西长路,由西安西行,至长武,全长约420里,亦系旧驿道改修而成,路幅平均约30尺,为通向甘肃路线之一,由长武西行,可抵达甘肃平凉等地,全路情形略如西潼路,唯西端山坡太陡,车行往往遇险。西凤路,由西安西行至凤翔,全长约360里,路幅平均为20尺,为陕西省通往甘肃路线之一以及通向汉中等地要道。咸原路,由咸阳北行,至三原县,全长约80里,路幅平均为20尺,为计划之咸榆线中间一段。原耀路,由三原北行,至耀县,全长约80里,路幅平均30尺,为计划之咸榆线中间一段,未能通行汽车。[3]其余支线共计西原路(西安至三原)、原大路(三原至大荔)、大潼路(大荔至潼关)、原交路(三原至交口镇)、西眉路(西安至眉县)、渭韩路(渭南至韩城)、西蓝路(西安至蓝田)、西午路(西安至子午镇)等8条,全长1172里。

1935年1月成立的西北国营公路管理局,将陕西西安至长武一段公路及甘肃泾川至兰州一段公路划为西兰公路,由西北国营公路管理局统筹管理,开始有国道及省道之分别;1936年,由陕西省建设厅与全国经济委员会共同建筑汉中至宁强公路;1937年,全国经济委员会筑成凤翔至汉中公路。[4]

4.陇海铁路

该路原名陇秦豫海铁路,简称陇海铁路,所计划路线,东自海州,西迄兰州,中经苏、豫、陕、甘四省,共长1600余里,关系政治、国防、经济等各个方面至为重大。该路分段修筑,颇为复杂,开封至洛阳段最早修筑,彼系光绪末年向比利时借款修

---

① 田霞:《抗日战争时期的陕西经济》,中国矿业大学出版社2002年版,第121页。
② 陕西省银行经济研究室编:《十年来之陕西经济》,陕西省银行经济研究室1942年版,第219—220页。
③ 陕西省城有汽车总站,管理各线汽车分站,办理一切行车事务。陕西建设厅秘书处编辑股编:《陕西建设概况》交通篇,1932年版,第1—3页。
④ 西北公路运输管理局编:《陕西之公路》,西北公路运输管理局1942年版,第4页。

筑,于宣统二年(1910年)通车。开封至徐州段于1915年通车,洛阳至观音堂段于1916年通车。1920年,北京政府向荷兰、比利时两国银行贷款,修筑完成徐州至运河段铁路,于1923年通车。运河至海州段于1925年通车,观音堂至陕州段于1926年通车。陕州至潼关段于1924年秋季动工,1931年才通车。[①]1935年1月1日,潼关至西安段举行通车典礼,计长135公里,当年6月移交陇海铁路管理局。[②]

> 陕西以我国本部言之,位居本部之西北,以全国疆域言之,位居我国之中央,地据黄河中流,在河套之南,巴山之北,因在陕原(河南陕县)之西,故称曰陕西,北以长城界绥远,东隔黄河界山西,西以梁山、桥山及嶓冢山,接宁夏、甘肃,南以巴山之脉界四川,东南以新开岭、蜡竹山等山界河南、湖北。四塞险固,形势天成。
>
> ——著者不详:《陕西省经济调查报告》,出版社不详,出版时间不详(1945年左右),第1页。

5.军事作战地理

1938年日本参谋本部对陕西省"用兵观察"如下:陕西省基本位于中国的中央地域,是南北中国政治、经济的分水岭,即从北方政权的角度,该省背靠山西、绥远等地,进可得新疆、宁夏、甘肃等地资源,西北各省即可望风归入北方政权势力范围。反过来,该省如若为南方政权掌握,更可通过山西、绥远等地从背后扰乱北方政权,并且可保障经新疆、甘肃通向四川的物资运输道路及中苏联络通畅。[③]

陕西省是中国西北边疆和中部地区的要冲。陕南一带地形险峻,是从北方对四川方向的天然防御屏障。陕西失守,日军则对山西、绥远、河南西部构成威胁,同时,中苏联络被切断。陕西省中部,位于秦岭山脉和陕北高原之间,有一片东西向大约200千米、南北向约为30千米的东西走向的大平原,渭河从中穿过,被称为渭河地带。该地带的地势较为平坦,交通网络发达,可以进行大兵团作战。一旦西安、宝鸡附近地域失陷,四川、甘肃等地则暴露在兵锋之下。陕西省北部是黄土高原地带,土

---

① 陇海铁路局编:《陕西实业考察便览》,陇海铁路局1932年版,第12页。
② 陇海铁路管理局总务处编译课:《陇海铁路旅行指南(第3期)》,文华美术图书印刷公司1935年印,第3页。
③ 日军参谋本部:《陕西省兵要地志概说》,1938年5月31日印发,全32页,附表22张,附图9幅,转引自沈尼克:《侵华日军兵要地志揭秘——100年来日本对中国的战场调查》,生活·读书·新知三联书店2021年版,第170页。

地贫瘠。陕西省南部则是秦岭、巴山,地势险要且错综复杂,秦岭、巴山形成了天然的防御屏障。另外,黄河天险既是阻击日军侵略西北地区的天然防线,也是沟通陕西与华北各省的交通要道。守住黄河防线,对于保障西北地区的安全至关重要。

西安居于关中沃野之上,为西北重镇,市廛栉比,物阜人庶。自陇海铁路通车后,西安为铁路、公路之枢纽。全民族抗战爆发后,大批工商业迁移至此,新兴工业及新组商店先后崛起,工商业发达,居地理上及经济上之重要地位。宝鸡为扼川、陕、甘交通之要冲,全民族抗战爆发后,工商荟萃,市面日趋繁荣,形成西北工业区域,1942年,中央银行在此设立发行分局,宝鸡更为西北金融调拨运输之中心。南郑当川陕交通之孔道,为陕南各种货物之集散地,地位仅次于西安,而与宝鸡相当。安康当陕鄂水陆要冲,为各种山货运销之区。咸阳毗邻西安,扼水陆交通之枢纽,工业发达。泾阳为产棉要区,又为兰烟、湖茶转运地。渭南亦为产棉之区,交通便利。至于陕北之榆林,自全民族抗战爆发以来,在防线上,扼晋、陕、绥、宁之咽喉,为大西北之门户,成为北战场重要的军事据点,又为伊克昭盟各旗羊毛集散地,部队机关林立,支应浩繁。[①]

四、西京陪都的筹划及初步建设

1931年9月18日,在长期精心准备和周密策划后,日本关东军发动了震惊中外的九一八事变,日本侵略者迅速占领中国东北。为转移国际视线,并图谋侵占中国东部沿海富庶区域,1932年1月28日,日本帝国主义又对上海发动了进攻,制造了一·二八事变。面对日军的猛烈进攻,与上海近在咫尺的南京已全然处于日军兵锋威胁之下,危在旦夕。国民政府不得不作出临时迁都洛阳的决定,以应对时局变化。1932年1月30日,国民政府颁布了《国民政府移洛办公宣言》,宣布"兹者政府为完全自由行使职权,不受暴力胁迫起见,已决定移驻洛阳办公,望我各省、区行政长官及军队长官,同心协力,各尽所职,以靖地方而安人民;尤望我全

---

① 著者不详:《陕西省经济调查报告》,出版社不详,出版时间不详(1945年左右),第33页。

国民众以勇毅沉着之精神,共赴国难,勿嚣张,勿畏葸,务使暴力无所使,正义得以伸。国家安危,悉系于此,愿共勉之"①。

国民政府迁都洛阳只是一时的权宜之举,洛阳虽处于中国中心地带,但多为平原,并不是最佳的退守之地。但面对东北尽失,华北、华东渐受侵凌,西南地区仍处于军阀割据的局面,国民政府便把战略撤退的目光放在了西北地区的西安。为此,国民党中常会对相关提案做了专门的说明:"此次中央党部及国民政府迁至洛阳办公,其理由详于国民政府主席林森、行政院长汪兆铭一月三十日通电。窃以南京为中华民国之首都,载诸约法,本无疑问;但按诸目前情形,实有以洛阳为行都之必要。行政院已设有行都筹备委员会经理其事。至于陪都之设定,在历史地理及国家将来需要上,终以长安为宜;请定名为'西京',并由中央特派专员担任筹备,从本年三月起,以一年为期,筹备完毕。"②1932年3月5日,国民党召开第四届中央执行委员会第二次全体会议,通过了《国民党中央确定行都与陪都地点决议案》。议案主要涵盖三个方面的内容:一是以长安为陪都,定名为西京;二是以洛阳为行都;三是关于陪都之筹备事宜,应组织筹备委员会,交政治会议决定。③

为了加快陪都的规划与建设,经国民党中央执行委员会第302次会议讨论决定,正式推举张继为西京筹备委员会的委员长,并推举诸委员人选,于3月7日函告相关人员。居正、覃振、刘守中、杨虎城、李协、褚民谊、陈璧君、王陆一、何遂、戴愧生、石青阳、黄吉宸、李次温、李敬斋、贺耀组、邓宝珊、恩克巴图、陈果夫、焦易堂等人为西京筹备委员会委员。④次日,以张继为首的西京筹备委员会成员在洛阳的河洛图书馆召开首次筹备会,其会议主要内容就是商讨西京陪都的建设计划。为便于工作,决定在西安设筹备处,在洛阳设通信处。4月17日,出于工作需要,西京筹备委员会在西京市的陕西省民政厅训政楼设置办公场所,后又迁至东木头市2号,以其为正式办公场地。⑤

经过筹划,国民政府于5月3日正式公布了《西京筹备委员会组织条例》,具体内容如下:

① 《国民政府移洛宣言》,《筹建西京陪都档案史料选辑》,西北大学出版社1995年版,第1-2页。
② 《国民党中常会以洛阳为行都以长安为陪都案》,《筹建西京陪都档案史料选辑》,西北大学出版社1995年版,第2-3页。
③ 《国民党中央确定行都与陪都地点决议案》,《筹建西京陪都档案史料选辑》,西北大学出版社1995年版,第5页。
④ 《国民党中央政治会议为组织西京筹备委员会致张继函》,《筹建西京陪都档案史料选辑》,西北大学出版社1995年版,第6页。
⑤ 罗宏才:《西京筹委会与民国时期陕西文物的保护》,《文博》,1998年第3期,第87-93页。

第一条　西京筹备委员会直隶于国民政府。

第二条　本会设委员长一人,委员十五人至二十五人,由国民政府聘任之。

第三条　本会会议由委员长召集之,开会时以委员长为主席。

第四条　本会决议案之执行以委员长名义行之。

第五条　本会会址设于西京,并于国民政府所在地设置办事处。

第六条　本会设秘书处,置秘书长一人,秘书二人,技正一人,技师二人至四人,必要时得酌用雇员。

第七条　本会于必要时,得聘任专家为专门委员或顾问。

第八条　本会各种建设方案之实行,得与关系机关合作办理。

第九条　本会于必要时得向各机关调用技术人员。

第十条　本会各项办事规则另订之。

第十一条　本条例自公布之日施行。①

上述条例直接明确了西京筹备委员会的地位和性质、组织构成与人员的基本配备情况。紧接着,出于加强西京筹备委员会力量的考虑,又于5月4日对条例规定的人员数量进行轻微修正。

1932年6月,国民政府正式聘请了以张继为委员长的西京筹备委员会成立伊始推举的相关19名人员为西京筹备委员会委员。②

为便于工作的开展,加强与西京市相关机构的协调运作,1933年9月,又增设当时的陕西省政府主席邵力子为西京筹备委员会委员。国民政府认为:西京筹备委员会设在西京,"即在陕西之省会",因此,各项建设工作"莫不与该省政府及绥靖公署有关"。此前,曾担任西安绥靖公署主任、陕西省政府主席的杨虎城即为西京筹备委员会的委员。陕西政府改组后,"似宜加聘新任邵主席为本会委员",以便协商各项会务,而且"邵主席学识经验备极宏深,倘得资为臂助,则西京筹备工作庶可早观阙成"。③但是,邵力子以节省建设经费为由,婉拒了中央的聘请。邵力子认为:中央建设西京是巩固国民党根本的重大事件,自己的才能不足以胜任该职位。协助西京筹备委员会建设西京本就是自己的职责所在,无须中央"另加

---

① 《西京筹备委员会组织条例》,《筹建西京陪都档案史料选辑》,西北大学出版社1995年版,第7页。

② 《张继为西京筹备委员会等启用印信呈国民政府主席文》,《筹建西京陪都档案史料选辑》,西北大学出版社1995年版,第9页。

③ 《西京筹备委员会加聘邵力子为委员呈国民政府文》,《筹建西京陪都档案史料选辑》,西北大学出版社1995年版,第9页。

聘任"。此外,中央、地方正值"极端艰窘"之时,应尽可能地精简建设机构、职员,节省建设经费,"徒增筹备人员,于事仍无裨益"。①1933年10月25日,国民党中央执行委员会再次给邵力子发函,明确表示:现在正值西京创建之际,"经纬万端,正赖长才硕画,共策进行,所请辞职之处,应毋庸议"②。至此,邵力子正式被国民政府聘任为西京筹备委员会委员。

通过观察西京筹备委员会的人员组成情况,就可以看到国民政府对于陪都西京的筹划、建设是相当重视的。这些人员当中既有国民党的元老,也有陕西地方政府要员,这样的安排不仅有利于西京陪都的建设工作得到中央、地方及国民党内部各派系的共同支持,而且可以保证西京陪都建设工作的顺利推进。总的来说,这对于西京筹备委员会积极开展各项工作还是颇有裨益的。

1932年11月,为了加快西京陪都的建设,蒋介石专门就陪都的规划及经费事宜向国民党中央第四十次常委会提议:"长安改为行政院直辖之市,兼负建设陪都之专责,根据陪都计划,划定适当区域为市区,并由国库筹拨经费。"经国民党中央政治会议第三三七次会议讨论后,形成相关决议:

(一)西京应设直隶于行政院之市。

(二)西京市之区域,东至灞桥,南至终南山,西至沣水,北至渭水。

(三)西京市之经费,暂由国库拨发,每月三万元。

(四)西京市设市长,其下先设测量处,办理全市土地测量事项;次设土地处,办理土地估价等事项;次设工程处,办理筑路水利等事项。俟办理具有规模时,再将长安县并入。

(五)西京筹备委员会为设计机关,西京市为执行机关。③

这些决议的制订,可体现西京作为陪都的地位及性质,包括西京作为陪都所规划的范围,以及西京筹备委员会具备的行政职能与工作任务分配。不过西京的建设工作一直处于筹备阶段,并未像国民党会中计划的用一年的时间筹备完毕,

---

① 《邵主席呈辞西京筹委职,并有建议》,《西北文化日报》,1933年10月5日,第5版。
② 《国民党中央政治会议为辞西京筹备委员会委员职致邵力子函》,《筹建西京陪都档案史料选辑》,西北大学出版社1995年版,第10页。
③ 林森、宋子文:《国民政府训令·第五号》,《国民政府公报》第1023号(1933年1月9日)。

作为所谓"执行机关"的西京市并没有正式成立,西京筹备委员会一直以来既是设计机关又是"执行机关",从实际工作来看,"执行机关"的角色体现得更加明显一些。正是因为这种情况,西京筹备委员会自成立之日起,就遵循边设计边建设的原则,正式的都市规划设计工作开展得相对较晚。

小结

从1912年中华民国建立到1937年全民族抗战爆发,陕西省政局经历北洋军阀控制到国民军统治再到国民政府统治的变化,整体上看是民国初年政局较为动荡,之后渐趋稳定,尤其是西安事变之后国民政府控制了陕西的政局,在某种程度上有利于统一抗战局面的形成。

全民族抗战爆发前,经过各方势力的博弈,尤其是西安事变后,张学良、杨虎城所辖部队被瓦解,杨虎城被逼出国考察,陕西省政府主席邵力子被免职后,陕西军政大权由西安行营主任顾祝同掌控,陕西政局完全为国民政府所控制。在经济方面,在遭受20世纪20年代末30年代初的大旱之后,陕西大规模兴修水利工程设施,推动了陕西社会、经济的进一步发展。另外,就军事地理位置来看,陕西自古是兵家必争之地,是中国西北边疆和中部地区的要冲,所处位置颇为重要。

第二章

全民族抗战时期的陕西政局

陕西作为西北政治、经济、文化中心,在地理上外连山西、河南和湖北,内接甘肃、内蒙古和新疆,政治、军事地位十分重要。1930年蒋冯战争结束后,蒋介石虽形式上统一了全国,但陕西仍是地方势力杨虎城的统治区域。为此,南京国民政府先后借"开发西北"和"剿共"之机,试图掌控陕西乃至西北。蒋介石为此虽与杨虎城产生不小摩擦,但直到全民族抗战爆发初期,蒋介石仍在为控制陕西乃至西北而努力。从抗战形势看,一方面陕西处于后方,九一八和一·二八后,国民政府为应付时局变化,筹建西京洛阳,作为陪都;另一方面陕西又在前线,日本"进据晋南后,曾几次企图渡河袭陕,而未得逞,但其对陕西之威胁仍未减"[①]。从战时陕西的政治力量看,陕西的延安、甘泉、清涧和米脂等18个县,甘肃的庆阳和合水等4个县,宁夏的盐池,共计23县从1937年10月到12月由国民政府先后划为陕甘宁边区管辖,不久宁夏的豫旺和甘肃的镇原、环县又被划为八路军募补区。然而,陕甘宁边区境内的各县在很长一段时间都存在两套政权班子,一套是边区政府委派的县长和政府工作人员,一套是国民政府委派的县长和政府官员。国民政府的各级官员大多数都是搞"反共摩擦"的行家里手。直到1940年,边区政府才将境内的由国民政府委派的县长和政府官员"礼送"出境。这些历史与现实的因素,左右着抗战时期的陕西政局。

一、西京陪都的建设及裁撤

随着红军长征落脚陕北及华北事变的发生,陕西的军事地位发生了较大变化,在此影响下,西京作为战时陪都的地位受到了较大冲击,虽然其部分建设活动仍在持续,但是建设力度则被大大减弱。全民族抗战爆发后,京、津相继沦陷及侵华日军兵锋直抵山西,国民政府放弃迁都西京的选择,转而选择了西南地区的重庆作为战时的陪都,至此,计划中的西京陪都的历史使命告一段落,其建设力度进一步被削弱,之后随着战局的明朗而被裁撤。

---

① 西北研究社编:《抗战中的陕西》,西北研究社1940年版,第76页。

（一）西京陪都的进一步建设

1934年9月，为了方便实际运作，组织协调各界的力量，西京筹备委员会、陕西省政府、全国经济委员会西北办事处联合组织成立西京市政建设委员会。在西京市政建设委员会的指导下，西京筹备委员会制定了《西京筹备委员会工作大纲》[1]，具体内容如下：

一、测量　先测西京附近地形图，供将来都（市）设计之需。

甲、精度　城关附近用五千分之一尺度，其余用万分之一尺度。

乙、范围　东至临潼，西至咸阳，北至渭河，南至终南山。

丙、程序　先由西城关开始，继续向外推展。

二、饮料　井泉之考查，自来水之设计。

三、电气　电灯、电车、无线电。

四、金融　现状及其改革方案。

五、土地　现状及买卖习惯，并研究整理方案。

六、市内交通　现状及改善方案。

七、市民生活　现在及将来。

八、都市设计　俟测量完竣再办。

九、农业。

十、林业。

十一、矿业。

十二、畜牧。

十三、商业。

十四、工业。

十五、交通。

十六、水利、水力。

十七、农村经济。

十八、西北各省经济调查。

---

[1]　西安市档案局、西安市档案馆编：《筹建西京陪都档案史料选辑》，西北大学出版社1995年版，第153-154页。

十九、西北各省社会调查。

二十、调查名胜古迹。

二十一、编辑西京指南。

这一工作大纲，内容丰富，涵盖了社会、经济及文化等各个方面。但在国民政府迁都重庆之后，面对侵华日军愈加猛烈的攻势，确实难以按照此计划全面实施。根据档案资料记载，西京筹备委员会的实际工作主要有以下方面。

1. 地形勘测

西京筹备委员会成立不久，立即组织建立了西京测量队，测量人员分别从南京参谋本部陆地测量总局和陕西陆地测量局中选拔，开始对西京市区的四至、气象、地形及面积、公共建筑物地点及名称、名胜古迹、人口、保甲村落之区分，以及现有经济状况、道路交通状况等进行了一系列调查研究与评估。测量队还根据航空测绘技术，完成了很多测绘任务，例如西安城关五千分之一地形图、西京胜迹图、关中胜迹图及茂陵、昭陵所辖区地形图等，这在西安历史上罕见。

2. 路桥建设与水利建设

从1935年11月到1938年3月，西京筹备委员会在西京四郊先后修筑了20条公路，如汤峪路、仓颉路等，其道路宽度均在5米以上，道路总长度超过367里，并翻新修建了沣峪河桥等5座桥梁。到1939年，西京筹备委员会已修建公路里程达到700余里。截止到1940年12月，又对青龙寺路、清凉寺便路、兴教寺便路等路段完成了修筑，这些路段属于风景路段，总计达751里。1941年，为适应城区商业发展需要，西京筹备委员会在城区各个方向修建了道路，如东西方向的自强路8条，南北方向的抗战路9条、建国路8条，总计40多公里。以后的数年中，筑路工作坚持建筑为主，修补为辅，并一直延续这种原则。在西京筹备委员会的13年中，在西京市内及四郊修筑公路总计920余里。水利建设方面，西京筹备委员会计划采用引水入城的方案，以解决西京城市居民供水问题，于1940年底完成了大峪、库峪、汤峪等河流入西京的测量工作，同时借助城东南蓝田县境内汤峪温泉水源的药用功效，修建了一座用于伤兵疗养的浴池。

3. 城市绿化

1935年11月到1938年3月，西京筹备委员会在新修筑的10余条路旁，栽种了杨、柳、榆、槐、香椿等树木,成活达14000余株。这一时期还建成未央、杜公祠、含元殿3个林场和城南、茂陵、昭陵、太液池、张家村5个苗圃以进行大规模的育苗造林工作。早在西京筹备委员会成立之初,即提出"广植树木,并设法长期引水入城,以资改进城市风景,调剂市民精神"的方针,作为市政建设工作的重点。截至1944年4月,西京筹备委员会累计在公路两旁栽植行道树164930余株。[①]

4.文物保护

西京市作为周、秦、汉、唐四个朝代的国都,流传下来的文物古迹品类繁多。对于保护和积极拯救这些物质文化遗产,西京筹备委员会非常重视。委员会成立之初,就把调查西京市的名胜古迹列入实际工作当中。为了便于识别和保护文物,委员会在多处古迹设置标志,比如隋唐曲江遗址、唐大明宫、苻秦宫城、阿房宫等,并在这些名胜古迹周围分别种植风景树、果树等用以保护。西安附近各县的文物古迹,也尽可能地给予保护,先后以公函的形式告知户县、眉县、蓝田县、韩城县等地,对当地的沣桥牌楼、草堂寺、太史公祠、太白山等众多名胜古迹给予保护。在抗战时期社会动荡的年代,许多名胜古迹正是通过委员会的呼吁和保护,才免去被破坏的厄运。

西京筹备委员会以及后来的下属执行机构西京市政建设委员会,在陕西地方政府的协调帮助下,为当时古城西安的城市建设做了不少具有基础性意义的工作,特别是在公路的修筑、植树育苗、新市区土地的整理、水利工程的建设、文物古迹的保存、基础教育的发展、书刊的编撰、地图的绘制等方面都取得了不错的成绩。1936年张继来西京视察建设工作时也向记者谈道"西京市面较前繁荣,已增数倍,近郊农村",亦渐有"活跃气氛",西京筹备委员会对西京的建设至今"已有相当之成效"。[②]总体来看,西京的整体面貌有了较大的改善,整个西京都处在"欣欣向荣"[③]的发展中。

(二)西京陪都的裁撤

1944年,世界反法西斯战争形势发生了历史性转折,中国战时机构的设置也

---

① 朱士光:《古都西安》,西安出版社2003年版,第495页。
② 《张溥泉定日内视察西京建设》,《西北文化日报》,1936年3月16日,第5版。
③ 陈庚雅:《欣欣向荣之西京市》,《市政评论》,1935年第3卷第10期(1935年5月16日)。

根据实际情况开始进行相应的调整。1945年3月19日，国民政府党渝文字第188号令根据当时全国政治形势的变化，宣布了国民党中央设计局关于裁定撤销及调整机构设置的总建议，其中明确规定裁定撤销西京筹备委员会，原有工作归属陕西省政府接替办理。西京筹备委员会于3月23日接到这个命令以后，立刻奉命办理。4月，行政院致电陕西省政府，又明确批示西京筹备委员会裁定撤销，原有工作归属西安市政府接替办理。由于西京筹备委员会筹备陪都历经时间长，工作涵盖面广，又有不少隶属机构，许多重要文字卷宗、图书档案分存于长安、礼泉，也有远在陕西褒城者，裁定撤销后的工作人员安排也是费尽周折，所以办理结束手续非常复杂，相关移交工作一直延续到6月30日才真正结束。从1932年3月7日正式成立，至1945年6月30日正式结束为止，西京筹备委员会前后服务了13年零3个多月。

特别需要关注的是，虽然一直到1945年国民党中央才作出裁定撤销西京筹备委员会的决定，但取消把西京作为陪都的计划在几年前就已经开始讨论了。1937年7月7日卢沟桥事变爆发后，中国进入全民族抗战时期。随着淞沪失陷与日军西进南京，迁都问题摆在国民政府的面前。出于军事战略上的考虑以及对地方实力派的担忧，深思熟虑之后，1937年10月31日国民政府最终决定迁都重庆，因为这里具备天时、地利，并且人文方面更具优势。1938年5月5日，国民政府发布命令，升重庆为直隶行政院的直属市。1940年4月1日，大重庆市建设达成会在重庆市临时参议会第二次会议上推出《重庆市建设方案》并获得通过，此方案第一次提出了将重庆定为陪都的设想："宜由重庆市临时参议会呈请行政院转呈国民政府及国防最高委员会，请明令重庆市为中华民国战时之行都，战后永远之陪都，俾待将来抗战胜利，还都南京之后，重庆仍能在政治上保留其确定之地位。"8月15日，国防最高委员会通过决议，明定重庆为"永久陪都"。9月6日，国民政府发布渝字第290号令，宣布"四川古称天府，山川雄伟，民物丰殷；而重庆缩毂西南，控扼江汉，尤为国家重镇……今行都形势，益臻巩固。战时蔚成军事政治经济之枢纽，此后自更为西南建设之中心。恢闳建置，民意金同。兹特明定重庆为陪都，着由行政院督饬主管机关，参酌西京之体制，妥善久远之规模，借慰舆情，而彰懋典"。除西安之外的另一座陪都就这样应时而生。

重庆在1940年9月被确定为陪都之后，陪都西京计划就开始受到一定的影响。1942年1月1日,西安市政处正式启动,开始接替办理原由西京筹备委员会开展的部分工作。1944年6月30日,国民政府行政院颁布命令,为整顿西安行政工作,撤销原陕西省西安市政处,组织成立西安市政府,直属于陕西省管辖。9月1日,西安市政府正式成立,陆翰芹是第一任市长,办公地址位于西安市西大街路北公字3号。直属于陕西省的西安市的正式成立,实际上表明国民党中央已经摒弃初衷,准备结束陪都西京计划,转而专注于新陪都重庆的各项建设。这样,1945年西京筹备委员会完成自己的历史使命,就成为不可避免的结局。

在中华民族生死存亡的危难关头,国民政府把西北地区看作长期抗战的战略要地,一度将西安确立为陪都,并组织成立西京筹备委员会,从1932年3月至1945年6月,开展了长达13年多的策划准备工作。这一战略选择,虽然作为一个后备方案,实施空间有限,但是纵观中国抗日战争史,它仍然是一个重大历史事件,具有举足轻重的作用。1932年到1945年,这13年,是西安在近代历史上发生巨大变化的时期。在中国东部沿海城市频频失守、经受日军践踏之时,受位于西北地区,再加上西京陪都的筹建、国民政府的政策保护与倾斜、抗战时期东部沿海地区工商业内迁及陇海铁路向西延伸到西安等因素的影响,这一时期的西安社会经济发展很快,表现为人口急剧增加,工业化程度不断提高,社会生活达到空前水平,并最终由一座军事战略要地转变为日趋完善的近现代工商业城市。在全国处于抗日战争的历史背景下,西安因位于抗战大后方,城市的发展没有受到战争的不利影响而出现倒退或停滞不前的现象,反而表现出相当的繁荣。综上所述,抗战时期对西京开展的陪都建设工作,对西安城市的发展产生了一定的影响,具体表现为几个方面。

(1)对西安城市规划的影响。西京市分区方案,是西京筹备委员会借鉴国外先进都市规划经验并结合当时的陪都建设需要而制定的,有一定的科学性、前瞻性。其具体的分区方案如下:

西京市分区计划说明

查西京市区域南以终南为屏障,北有渭河之濒绕,西有沣皂之襟带,东有浐灞之雄抱,集崇山峻岭、高原平川于一地,而为历代首都者达一千七百余年,气象雄深,殆非其他都会所能及。本会爰就山河形势及名胜古迹之所在,划分为六区:

（一）文化古迹区

在省城西北十余里之汉城，系惠帝所建，西魏、北周亦皆建都于此，隋更建新都，此城遂废，惟城基尚在。再西有太液池、阿房宫、镐池、昆明池等；城北有唐代之含元殿，其南一里有丹凤门（即今之丹凤公园也）；城之东南八里有大雁塔、唐曲江池等，均系历代文化所在，是当妥为保存，以留古迹，并栽种树木，加以整理，以增厚游览兴趣。图内着有红色者是为文化古迹区。

（二）行政区

西安城南凤栖原居高临下，距城十余里，面积六万一千余平方市亩，南连翠华，北近商业市区，东至蓝田县，北达户县，交通公路三条，综错其间，于此建设各级官署最为适中。图中着有黄色者便是。

（三）商业区

西京为历代首都，昔日周、秦、汉、唐昌隆之地，素称繁盛，为西北商业之中心，惟以交通不便，至成旧式京华。自陇海铁路通达西京后，东来商客云集，并经各主管机关在市内各马路及四邻，宽辟康衢，日见繁容（荣），并将城之东部扩充，以备商业上之需要。如图着有蓝色者，是为商业区。

（四）工业区

自民国二十三年春陇海铁路通过西京后，各业逐渐发展，东来商客于此集中，市内日见繁盛，各工厂先后在四郊林立，对于市容及管理均感不便。本城北郊系属铁路车站所在，北郊荒僻，设立工厂，在运输堆卸等方面均十分便利。本会曾于三十年春辟筑建国、抗战、自强等路二十余条，现在大华纱厂、华峰面粉厂等，均有伟大之建筑在焉。故将车站之北郊定为工业区，如图所注淡黑者是矣。

（五）农业区

西京南郊神禾原、子午镇一带，土地肥沃，平坦广阔，素为产稻之区，且东临潏河，西濒大浴河、北滨滈河，南至终南山脚，灌溉便利，为天然耕种之区，因利乘便，于此设立农业实验区域最为适宜。如图着淡黄色者便是。

（六）风景区

横亘于西京市之南者，曰终南山，系秦岭之一部，为市南之屏障。其山脉来自户县东南圭峰山，入境至蓝田县西南终止，占长安南界之全部，东西约长八十余里，其间清华、翠微、五台、翠华等山，连绵起伏，山清水秀，林木丛茂，多有建筑，风景绝佳，为历代名胜之区。图中着有绿色者，是为风景区。[①]

　　尽管西安受到当时社会种种因素，特别是全国政治、军事形势变化的影响，城市筹备工作并没有得到充分的实施，但工作的开展依然在西安城市发展史上具有举足轻重的地位，此项计划不仅是西安历史上第一个具有近现代意义的计划，还是比较成熟的城市发展建设规划，并且对抗战胜利以后西安城市发展布局产生了巨大的影响。

　　（2）对西安交通状况的影响。1932年西京陪都筹建工作开始，首先对西京的交通进行建设。除了开通陇海铁路和修筑城市内部的道路以外，西京筹备委员会于1941年4月间在城市的各个方向修建了道路，如东西方向的自强路8条，南北方向的抗战路9条、建国路8条，共计40余公里。尽管这些道路在修筑时所用的是碎石、土和煤渣等原料，路况相对较差，但即使是这样，也让新市区的交通面貌焕然一新。

　　（3）对西安工商业发展的影响。众所周知，完善交通运输系统是发展现代工业的重要条件之一，所以陇海铁路潼西段的建成通车可以算得上是西安工业发展历史上标志性的重要事件。如1937年6月开业的西京机器修造厂总资本高达60万元，是当时西安仅有4家机器工业工厂资本总和的两倍。再如铁路修通前，西安仅有1家面粉厂，修通以后短短5年时间，每年就会新增面粉厂1家。交通运输的快速发展，促进了西安工业的蓬勃发展，经数十年的规划经营，西安市容市貌焕然一新，新兴工业逐渐显现出兴旺发展的气象。全民族抗战爆发之初，为了防止不必要的损失，国民政府鼓励沿海地区的企业与内地企业进行交流合作，支持其技术人员迁往内地发展，因此西安的工业在抗日战争时期有所发展。抗战时期西安工业的萌芽还为今后城市的进一步发展奠定了良好的基础，也从某种程度上影响了全国工业的分布格局。因为在全民族抗战爆发前，中国的工业区主要分布在沿海、沿江城市带，而西安工业的兴起，在客观上改变了全国工业分布不均衡的趋势。工业的崛起，也给整个西安的商业市场带来了发展机遇。陕西省内各县和陕西省外的商业机构大都派人在西安设立办事处或经常来西安采购商品，代理客商经营采购百货的行栈商业也由此而生。西安的商业组织体系完备，分工明确，反映了西安城市化的速度在加快。

---

① 《西京市分区计划说明》，《筹建西京陪都档案史料选辑》，西北大学出版社1995年版，第93—95页。

（4）对西安金融业和人口发展的影响。陇海铁路的建成通车，也带动了西安金融业的发展。除了传统钱庄外，中央和地方也相继在西安开设了银行。中中交农等国家银行相继来西安设置分行。同时，诸多地方银行也来此设置分行或办事处。此外，金融机构还有典当行、信托业、保险业。除了金融业的发展，西安人口也进入了增长的高潮期。1935年，西安市区人口数为151500人，1937年已达到197257人[1]，比1934年的人口增加了一倍。1937年全民族抗战爆发，华北、华东等地的国土大片沦陷，迁入陕西的沦陷区人民络绎不绝，相当一部分工厂、学校移驻陕西，从而促使西安人口增长迎来高潮。大量外来人口的迁入，增加了西安人口的总量，也相应地改变了西安人口的分布格局。

随着西京陪都筹建工作的开展、中央政策的倾斜，西安市的城区划分、交通、金融业、人口状况等发生着显著的变化，而这些变化所带来的影响是深刻而巨大的。

二、陕西省政府主席的更迭

随着日本对中国侵略的加剧，张学良和杨虎城为逼蒋抗日，发动了西安事变。西安事变既是中国革命由国内战争走向抗日战争的转折点，也是国民党中央与陕西地方势力的一次重要调适。西安事变后，蒋介石不失时机地深度介入陕西地方行政：在陕西根底深厚的杨虎城被迫东渡出国，张学良被蒋介石扣押。西安事变后，历届陕西省政府主席更迭背后或多或少都有蒋介石掌控陕西的考量，因此，历届主席主政期间的工作，既有蒋介石权力运作的影子，又融入抗战的大背景之中。

（一）王一山主政时期

1936年12月12日，张学良和杨虎城派兵控制蒋介石落榻的华清池，发动兵谏，扣留了蒋介石及其扈从政要陈诚、陈调元、蒋鼎文，以及陕西省政府主席邵力

---

① 朱士光：《古都西安》，西安出版社2003年版，第502页。

子。邵力子于1933年5月4日就任陕西省政府主席,是蒋介石实现掌控陕西政治继而逐步控制西北目的的重要人物之一。邵力子被扣不久,西安《西北文化日报》刊出《邵力子辞职照准》的要闻:"陕西省政府主席邵力子辞职照准,遗缺暂以民政厅厅长王一山代理。"事实上,王一山是西安事变后才领命民政厅厅长一职的,"民政厅厅长彭昭坚辞照准,遗缺以王一山接充"。①从王一山和杨虎城的交谊看,王一山暂代陕西省政府主席多少有临危受命的意思。这次人事任命实际也是张、杨想借此瓦解蒋介石试图控制西北的布局。

王一山14岁考入西安陆军小学堂,毕业后被保送到陆军中学堂深造,参加过辛亥革命和国民革命。1926年西安被军阀刘镇华围城期间,王一山与杨虎城相识并建立了深厚友谊,两人成为至交。此后,王一山随杨虎城几经征战,屡建战功。杨虎城主政陕西期间,王一山以军参谋长身份出任陕西省政府委员,随后又担任西安绥靖公署参谋长,协助杨虎城治理军务和政务。西安事变发生后,张学良和杨虎城商定,由王一山出任陕西省政府民政厅厅长、代理省政府主席。②除省政府主席和民政厅厅长有变动外,"财政厅厅长朱镜宙辞职照准,遗缺以续式甫接充","省保安处奉令改为保安司令部,杨主任兼任司令"③,杨主任即杨虎城。邵力子主政陕西期间,只主管政务,供他调配的武装只有省保安处,西安绥靖公署主任杨虎城则节制军权,是实际上的掌权者。王一山接任陕西省政府主席后,陕西的军政基本完全被张、杨二人掌控。王一山的主要职责就是应对西安事变可能带来的一些意料之外的事情,而他在非常时期也巧妙地处理好了陕西省的行政事务。不论是改变陕西军政局势的张、杨,还是代理省政府主席的王一山,都是西安事变之时势使然。他们一旦完成和平解决西安事变的历史使命,就因时过势异,难免将遭受蒋介石的变相反击。

(二)孙蔚如主政时期

在中国共产党以及张学良、杨虎城等多方努力下,蒋介石被迫接受"停止内

---

① 《邵力子辞职照准(1936年12月17日)》,《西安事变历史资料汇编1电文(上)》,中央文献出版社2017年版,第20页。
② 《国民革命军第17路军参谋长王一山》《旬阳文史(第四辑)》,政协陕西省旬阳县委员会文史资料研究委员会1994年版,第36-48页。
③ 《邵力子辞职照准(1936年12月17日)》,《西安事变历史资料汇编1电文(上)》,中央文献出版社2017年版,第20页。

战,联合抗日"的主张,西安事变得以和平解决。12月25日,张学良陪同蒋介石夫妇从洛阳转飞南京。到南京后,张学良被蒋介石扣留,失去人身自由。随即,蒋介石立即筹划破除陕西局势。1937年1月5日,蒋介石先是任命顾祝同为西安行营主任,坐镇西安,指挥第二至第五军对杨虎城的第十七路军施压;同时任命杨虎城部将孙蔚如为陕西省政府主席,并要求其"二月一日到府,接印就职"①。杨虎城也迫于压力,不得已于4月27日辞去西安绥靖公署主任及第十七路军总指挥,旋即由上海东渡出国。杨虎城出国后,第十七路军被合并改编为第三十八军,孙蔚如任军长。至此,蒋介石不仅将张学良、杨虎城两个军事主帅驱出陕西,还将两人在西安事变期间布下的军政格局打破,基本掌控了陕西的军权。

孙蔚如,陕西西安人,1915年毕业于陕西陆军测量学校,1917年参加于右任创建的靖国军,1922年转入杨虎城部。1927年,杨虎城部被改编为国民革命军第二集团军第十军,孙蔚如历任参谋长、第三师代理师长。1929年,杨虎城部被改编为国民革命军陆军第十七路军,部队扩编,在西北的地位日渐稳固,与蒋介石的矛盾渐趋表面化,这在孙蔚如的任用与安排上体现得十分明显。1930年11月,吴佩孚策动川、甘、宁、青、新五省地方军阀,自称中国国防军总司令,企图东山再起。孙蔚如受命率领第十七师入甘驱吴,先后克服会宁、定西,12月初进入兰州。在此前后,杨虎城数电蒋介石,请委任孙蔚如为甘肃省政府主席。蒋介石不想让杨虎城势力因此得到发展,仅任孙为宣慰使暂兼军政。蒋介石的担忧也并非多虑,九一八事变前后,孙蔚如多次建议杨虎城弃陕向西,"经营甘、宁、青、新四省","形成一个进退有据的基地",以"应付蒋介石的压力和外患日深的局面,时人称为'大西北主义'",②杨虎城也因此再次请蒋介石委任孙蔚如为甘肃省政府主席。蒋介石于1932年初就任命邵力子为甘肃省政府主席,免去孙蔚如宣慰使,将其升任军长,调入汉中监视红军。日本侵华野心日趋明显,蒋介石却一意孤行,强力推行攘外必先安内的政策,多次调集重兵"围剿"红军,制造内战,引起张学良、杨虎城部队的不满。张学良、杨虎城主动与红军联系,商谈时局。

联络过程中,孙蔚如全权代表第十七路军与红军联络。负责与孙蔚如联络的红军代表是分管第十七路军党的地下工作的中共陕西临时省委负责人,也是孙蔚

① 《陕西省政府咨》,《四川省政府公报》1937年3月21日第75期,第39页。
② 王成斌等主编:《民国高级将领列传(第一集)》,解放军出版社1988年版,第212—222页。

如同族长辈的孙作宾。从1936年9月3日毛泽东写给孙蔚如的信可知，孙作宾已居间沟通近10个月。从信中所提的合作内容看，双方已经沟通得相当深入，主要合作内容有"双方即应取消敌对行为，各守原防，互不侵犯"，"允许经济通商，保证双方来往人员之安全"，甚至还提及"交换情报，互派常驻代表，互约通信电本"等。①9月8日，负责与杨虎城联系的张文彬在给毛泽东的报告中，则进一步细化落实了上述合作内容，报告中，张文彬也提及孙蔚如推进双方合作所起的作用。②西安事变期间，孙蔚如"担任军事顾问团召集人、西安戒严司令、抗日联军临时西北军事委员会负责人、抗日援绥第一军团军团长"③。可见，不论是在处理蒋、杨关系方面，还是在西安事变期间，孙蔚如都是杨虎城不可或缺的人物。但对蒋介石来说，孙蔚如本不是他能掌控的主政陕西的心仪之人。但在陕西刚经历风云际变，局势初定的情况下，蒋介石没有采用对陕西军政大动干戈的方式。这也预示着一旦契机合适，他就会趁机对陕西进行重新布局。"孙蔚如主陕是特定历史条件下，蒋介石为避免西北矛盾激化采取的权宜之计。"④

孙蔚如相关传记，都着重强调他的抗日事迹，而对其主政陕西期间的地方行政贡献提及极少。孙蔚如上任后，需首先应对西安事变风暴留下的错乱政局。孙蔚如说"陕省经此次事变后，一切庶政已停顿，目前首应纳庶政于常轨，俾安定社会人心，恢复一切旧观"，"至于人事方面，亦决不愿多事纷更"。⑤孙蔚如上任不久就对陕西的财政、民生和行政方面做出适当调整。首先，"西安事件，财政方面愈增加其困难"的情况下，仍集中一切力量推进陕西建设，为此，孙蔚如特赴南京"请设法救济"，但"亦无以解除此重大困难"；其次，"食粮问题，陕西连年歉收"，"粮价高涨，民食恐慌，形成严重问题，现拟重请中央统筹调节办法"，"设法筹款购粮，办理平粜，以资调剂"；最后，"调整行政机构问题，陕局奠定之初自当致力于地方之安定与秩序之恢复，而其前提，要当以调整行政机构"，"以便利政治之推进"。⑥孙蔚如紧接着召集相关部门讨论施政议案，"通过之议案大都侧重救济民生，及交

---

① 中共陕西省委党史研究室：《陕西党史资料丛书（十七）：中国共产党在国民党第十七路军中的活动（文献卷）》，陕西人民出版社1991年版，第94—95页。
② 《张文彬给毛泽东的报告（1936年9月8日）》，《西安事变历史资料汇编3书信、报告、日记》，中央文献出版社2017年版，第84—86页。
③ 王成斌等主编：《民国高级将领列传（第一集）》，解放军出版社1988年版，第218页。
④ 李振民：《陕西通史·民国卷》，陕西师范大学出版社1997年版，第5页。
⑤ 《孙蔚如仍将晋京，省厅委下周发表》，《边疆》，1937年第3—4期，第115—116页。
⑥ 《陕省府主席孙蔚如氏之谈话》，《西北导报》，1937年第4期，第12—13页。

通、水利、农林、工商、保甲、训练等"，由"秘书长督促所属加以整理，分别令知各主管厅局署会，按步实施"。①

1938年1月1日，孙蔚如发表《陕西政治一年来之经过与感想》，专门总结主政陕西近一年来的工作内容，公布此后的工作计划。孙蔚如在文中说，"地方行政之设施，尤固事实之需要"，"最择其重要者"，略陈八事："一，根绝鸦片，本年为陕西第三期完全禁种期，业已严申禁令，并派员分赴各县查禁，严厉督行"；"二，国民军训，现已开办军训干部训练班……次第推行全省俾健全干部，加强民众抗战力量"；"三，健全保甲，清查户口巩固组织"；"四，修正公路，便利通讯军运"；"五，发展水利，维护水渠"；"六，奖励农业生产，开发资源，并施行平准物价及各种必要之经济统制"；"七，继续推进土地等级与陈报以求地政与田赋之基本整理"；"八，继续维持教育事业，以求发挥其效能"。这八点内容多和地方治理建设相关，第二点"国民军训"的目的是"加强民众抗战力量"，显得有些突兀。孙蔚如接任之初，本计划加强陕西基础建设，却被突如其来的卢沟桥事变打断。他说："自去年二月受命之际，事变甫平，情况复杂，乃力谋政治常态之恢复，与环境之调整，至三月，始就平复。二十六年度开始，正期树立行政计划，决定中心建设工作，不谓卢案爆发，陕西虽处后方，然受事实影响，遂亦转入非常状态，于是征集壮丁，收容伤兵难民……以求与时俱进。"对于"未来工作之方针"，孙蔚如准备"维持行政秩序与地方治安"和"以合理有效之方法支配劳力"，目的也是"为求军事与政治之适当配合"，实现"全民族能总动员。"②这表明自抗战爆发后，陕西虽身处后方，暂无战祸之虞，孙蔚如却已调整对陕西的建设部署，加强抗战力量的训练。不仅如此，七七事变后，孙蔚如立即派出第十七师、第一七七师五二九旅、教导团先后开赴抗日前线，参加了保定、娘子关、忻口之战等重要战役。

（三）蒋鼎文主政时期

作为杨虎城旧部，孙蔚如被杨一手提拔，而更为重要的是其还参加了西安事变，与中共过从甚密，曾直言不讳地说："我与中共朋友关系，时远时近，并无隔阂，

---

① 《陕省府主席孙蔚如调整行政机构》，《西北导报》，1937年第5期，第16页。
② 孙蔚如：《陕西政治一年来之经过与感想》，《抗敌先锋》，1938年第3期，第44—45页。

绝不敌对。"①孙蔚如上任时就小心地处理与南京国民政府的微妙关系,甚至特意到南京谒见蒋介石,以获得蒋的认可。但蒋介石对陕西做出一定部署后,便于1938年6月以改组之名任命其亲信、西安行营主任蒋鼎文兼任陕西省政府主席,而将孙蔚如的第三十八军改番号为第三十一军团,随即又改为第四集团军,开赴中条山抗日。对于省政府的改组,孙蔚如也有所察觉,为此特意和蒋鼎文商量将调入山西布防的第三十八军调回陕西,他专任军事,但为蒋鼎文所拒。将由杨虎城第十七路军改编而来的第三十八军调至山西布防参战,本就是由蒋鼎文暗中推波助澜。他曾电告蒋介石"查三十八军以往历史素极复杂,现时环境又复恶劣,职恐长此以往迷入歧途",为此"曾密电请俊如(卫立煌)兄对运用该部各师需逐渐东移,使与陕方隔绝,俾脱离其旧日环境以免被人利用,其驻陕警备各旅亦以深入恶化,正密切注意行动中"。蒋介石将孙蔚如派往中条山抗日也是出于蒋鼎文的建议。6月10日,蒋介石致电蒋鼎文:"陕省主席拟由兄兼任,至孙蔚如专任军长或调中央任用。"蒋鼎文领会到蒋介石任命他为陕西省政府主席的真正目的是控制陕西省政权,在11日的电报中说"依目前陕省状况中央收回政权确属必要",蒋鼎文并不认可蒋介石对孙蔚如的任职安排,建议"孙去职后拟请任以军团长兼一副总司令名义使其赴山西战场参战,若调任往其他战场或调任中央恐亦非所宜",不仅如此,他还以部队改编的方式削弱孙蔚如的兵力,"陕警加三十八军教团共九团,最好编为三团两师分属西安、汉中警备司令,该两司令均系陕籍黄埔一期生,忠实可靠,分割一半边(编)两旅分属指挥亦可,如均不可能任其带去可也,此时拟请钧座与孙(蔚如)面洽"。②蒋介石对蒋鼎文的建议一律采用,并电告蒋鼎文"陕事定明日(6月14日)发表","请兄准备接令后,即就职勿延"。③从6月10日蒋介石致电蒋鼎文商议陕西省事务,到13日谈妥相关内容,前后仅3天,这显示出蒋介石对陕西省的人事变动、军事调动的迫切之心,以及对蒋鼎文的信任。蒋介石也对蒋鼎文提出了期望,"望兄等同心戮力,彻底改革政治,忍苦耐劳,发挥革命精神。务期三月内对于社会组织、经济建设与教育基础皆能照整个计划实现","首在自主席起任劳任怨,夜以继日从公服务,使全省公务人员精神完全改变,而以铲

---

① 孙蔚如:《我同中国共产党的关系》,《中华文史资料库(第9卷)》,北京:中国文史出版社,1996年版,第821页。
② 转引自陈侃章:《飞将军蒋鼎文》,浙江人民出版社2012年版,第315—316页。
③ 转引自陈侃章:《飞将军蒋鼎文》,浙江人民出版社2012年版,第316页。

除贪污、肃清土匪、整顿教育、确保治安为入手之道"。①

蒋鼎文也通过设置"专号"、回顾与检讨等各种方式向外界传达其主政陕西以来取得的政绩。1940年4月15日，以研究西北、认识西北、分析西北和推动西北发展为宗旨的《西北研究》杂志特意组织上下两辑《西北建设专号》，以"阐明陕西年来建设的状况"，"供关系西北及陕西政治者参考"。编者在《弁言》里说陕西的"政治经济文化各方面，都表现着惊人的进步；具体言之，如行政机构之调整，地方财政之整理，保安团队之整顿，社会秩序之安定，国民兵役之实施，战时物产之调剂，生产建设之跃进，文化事业之倡导等等，无一不有显著的成绩"。这些成绩的取得需要两个条件："第一，要有贤明的政治首领；第二，要确立政治策划，并且善运政治策划。陕西年来之所以有着进步，其原因就在具备了上述的第一个条件。"编者同时认为"陕西省战时施政纲领的订颁"，"根据纲领原则及各项设施进行阶段，制订年度省施政计划及县施政准则"，"倘能善于运用"，"陕西必能成为崭新的陕西"。②1940年1月，国民党陕西省政府委员会通过的《陕西省战时施政纲领》"分为一般行政、民政、财政、教育、建设等5章共46条"③。

《西北研究》之《西北建设专号》的首篇文章就是转载2月19日蒋鼎文发表于《西北文化日报》的《〈陕省战时施政纲领〉中心意义》。这篇文章以扼要的形式从民政、财政、教育、建设和保安五个方面概括《陕西省战时施政纲领》的核心内容。紧随其后的是民政厅厅长王德溥的《年来陕西民政设施的一般》、军管区司令部参谋长田毅安的《陕省役政概况》、省政府会计处处长姚溥臣的《陕西省政府会计处一年来工作之检讨》、水利局测量队队长刘钟瑞的《陕西省水利事业述要》。这几篇文章和蒋鼎文的文章组成《西北建设专号》上辑，下辑刊发教育厅厅长王捷三、财政厅厅长周介春、建设厅厅长孙绍宗、保安处处长徐经济等人的总结文章。④可见，设置此次专号是对蒋鼎文主政陕西一年来政绩的全方位亮相。现存《西北研究》并不完整，部分已毁于战火，其中包括《西北建设专号》下辑。不过，分析王德溥、田毅安、姚溥臣和刘钟瑞等人文章的要点，可以管窥蒋鼎文任职一年来的主要政绩。

---

① 转引自陈侃章：《飞将军蒋鼎文》，浙江人民出版社2012年版，第318页。
② 《弁言》，《西北研究》，1940年第2卷第3、4合期。
③ 陕西省档案局（馆）编著：《陕西档案精粹》，三秦出版社2012年版，第143页。
④ 《编辑后记》，《西北研究》，1940年第2卷第3、4合期。

王德溥的《年来陕西民政设施的一般》阐释"民政的特质"及陕西省在民政方面取得的成绩。王德溥认为民政是"在制度方面,为行政机构的管理者","在人事方面,为社会风气的指导者","在效用方面,为一切庶政的培养者"。实现民政以上特质,有三条途径,"(1)不求急功近效,不作无益害有益,为其态度","(2)有目标,有计划,有步骤,为其方法","(3)由制度而人事,再及于技术作风,为其程序"。根据民政的特质及其实现途径,王德溥从六个方面概括蒋鼎文主政陕西以来的民政。第一,为配合新县制推行,整饬吏治主要在健全县府机构、增加县行政经费、加强视察制度、慎重登用、严惩贪污和严惩贪污五个方面下功夫。第二,保甲整理主要包括改进体系及调整组织、健全保甲人员、确立保甲经费、加强保甲技术运用四个方面,其中保甲技术又进一步细化为加紧纵横联系、实行迁移证、举行保甲会议、改订保甲公约、建立保甲交通网及守望联防、试行保教合一与警保合一制度六个方面。第三,禁烟方面有调整禁烟机构、切实严禁公务人员吸烟、补办烟民登记并设立院所施戒、统制烟膏、肃清存土、查禁种烟和利用保甲缉私七个方面。第四,整顿警政包括扩充警察组织、加强警察训练、编练义勇警察及义务警察、整饬请愿警、甄审警政人员五个方面内容。第五,推进地政及仓储包括举办土地测量、办理土地等级、训练地政人员、催办普通积仓、特办积仓、修建省储备分仓六个方面内容。第六,其他方面有代军事机关征购骡马560头,征雇骡车100辆、大车3500辆、胶皮车600辆,代制伤兵被服,办理屯粮,等等。根据《陕西省战时施政纲领》,王德溥认为"实行新县制""训练干部人员"和"改良社会风气"是此后民政的重大事项。[①]

王德溥之后是田毅安的《陕省役政概况》。田毅安介绍"征募情形"时说"赖各方协助,并努力宣传,人民怀于大义,故月配征额不特按期如数征齐,且超过配定征额为数甚巨";"编组与训练"方面,自1938年1月"正式开始,办理迄今,受训之壮丁、公务员、妇女队、少年团、受军训之学生等,数目庞大,国民军事教育之普遍,着着进展,裨益兵员补充,良匪浅鲜也";"重要业务情形","如兵役宣传之继续办理,兵役实施示范区之广为设立,各县征兵协会之组成,优待抗属办法、兵田公耕办法之颁布,监犯感化队之调拨,在乡军官之召集、训练,兵役科之成立等等,迄今成绩尚嘉"。[②]

---

① 王德溥:《年来陕西民政设施的一般》,《西北研究》,1940年第2卷第3、4合期,第2-8页。
② 田毅安:《陕省役政概况》,《西北研究》,1940年第2卷第3、4合期,第9-10页。

姚溥臣的《陕西省政府会计处一年来工作之检讨》将会计工作分为岁计和会计两大部分。岁计包括"二十八年度省总概算之汇编""二十九年度省总概算筹划及拟编""二十九年度县总概算之审编""二十八年度省地方追加预算之办理""省县各机关计算之汇编与整理"等五个方面的工作;而会计包括"设计会计制度""成立会计机构""训练会计人员""登记会计人才""刊行会计通讯""登记省总会计"等六个方面的工作。与王德溥、田毅安注重呈现政绩不同,姚溥臣在文章末尾检讨道:"会计处二十八年内事务之概要,但与其所负之使命,相距甚远。溥臣自当竭其驽骀,协同本处同人,努力以赴。"①

陕西地处西北,降雨较少,连年罹受干旱之苦。民国以来,主政陕西之人多会兴修水利抗旱救灾,不论是靖国军的于右任还是第十七路军的杨虎城莫不如是。刘钟瑞从"已成之灌溉工程""进行中之灌溉工程""计划中之灌溉工程"和"整理水道工程"四个方面介绍陕西的水利建设。已完成的灌溉工程有:泾惠渠,灌溉面积65.9万亩;渭惠渠,灌溉面积50万亩;梅惠渠,灌溉面积13万亩;织女渠,灌溉面积近万亩。进行中的灌溉工程有:洛惠渠,灌溉面积约50万亩;黑惠渠,灌溉面积约15万亩;汉惠渠,灌溉面积约10万亩;沣惠渠,灌溉面积约20万亩。计划中的灌溉工程有:牧惠渠,灌溉面积约1000亩;千惠渠,将旧有的灌溉面积扩充至15万亩;滑惠渠,灌溉面积增至15万亩。整理水道工程包括汉江水道测量和嘉陵江上游水道测量。②

可看出,蒋鼎文主政陕西以来,确实根据陕西的实际情况,对陕西进行有计划的建设,对陕西乃至西北的开发起了极为重要的作用。而除其下属各厅负责人总结各厅事务并公之于众外,蒋鼎文也在每年年初亲自对"一年来之陕政"进行回顾与检讨。③蒋鼎文总结说陕西"一年省政,较之已往,俱证进步。自维在此非常时期,能不增加人民负担,实现'使用民力,不使疲尽';'运用资力,不使匮乏';'留有余不尽之力量,供长期抗战之要求'之原则,此则可堪欣幸者也",但"其他若干部门,仍有工作不够"。为进一步建设陕西,蒋鼎文鼓励广大群众建言献策,"凡足以促本省政治之发展,使本省政治获殊效,而足以有利抗建大业,增进人民幸福者,任何个人之意见,皆可接受;任何困难之障碍,务期打破"。④

① 姚溥臣:《陕西省政府会计处一年来工作之检讨》,《西北研究》,1940年第2卷第3、4合期,第11-15页。
② 刘钟瑞:《陕西省水利事业述要》,《西北研究》,1940年第2卷第3、4合期,第16-20页。
③ 蒋鼎文:《一年来之陕政回顾》,《西北研究》,1940年第1卷第30期,第3-15页。
④ 蒋鼎文:《一年来之陕政回顾》,《西北研究》,1940年第1卷第30期,第3-15页。

蒋鼎文在主政陕西3年间对陕西政治、经济、水利、兵役、教育等的治理与改善都十分明显,对陕西、对抗战贡献颇多。水渠的疏浚和修建,使关中千里沃野得到灌溉,全省粮食多年丰收,整个抗战期间,陕西省供应粮食约占全国五分之一,除了负担在陕人数众多的军人粮食外,还供应了邻近的湖北、河北、陕西等省区。陕西也创办了许多纺织厂、面粉厂、制革厂、制药厂、化工厂等。大量种植棉花,使当时之陕西成为中国军队被服供应的重点基地。刘纬道先生就认为"陕西(省政府)对抗战贡献良多,无论在第一线对抗或在物资人力支援上有极佳表现"①。

蒋鼎文就任于民族危难之际,抗战救国是当时最大的政治,这从蒋鼎文的就职典礼也能看出来。如上文所述,1938年6月中旬,蒋介石和蒋鼎文就已商定好陕西省政府改组一事,南京方面于中旬发出了任免通知。蒋鼎文实际于6月中旬接印赴职,但他却将就职典礼刻意安排在了全民族抗战爆发纪念日的1938年7月7日,意在彰显矢志抗日的决心。抗战进入相持阶段后,国民政府经过大撤退和大会战,兵员减损严重,急需招募新兵补充兵源。为此,从国家到地方政府都出台相关的兵役政策,招募新兵。1939年元旦,蒋鼎文发表《民国二十八年元旦为推行役政告全陕民众书》,助推兵役政策。蒋鼎文认为一年多的抗战已经"消耗敌人大量的力量,粉碎倭寇'速战速决'的迷梦","不过敌人欲壑难填,迷梦未醒","更图扩大战争进犯西北"。随战线的扩展,时间的延长,"每一个黄帝子孙,都应当负起争取民族解放的伟大任务,切实执行'有钱出钱,有力出力'的救国政策"。西北不仅是"二期抗战的支撑点,而且是民族复兴的根据地,西北的得失,关系于整个抗战前途,故欲争取最后胜利,必先保卫西北,保卫西北,必先保卫北西的门户——陕西,欲保卫陕西,必须动员全陕民众,扩充兵役运动","征兵是完成抗战建国大业的基础,兵员补充是决定抗战胜利的主要条件,因为战争最后的决定点,不是物质而是人力","现在西北的形式日急,侵略的烽火,烧到我们的家门","只有大家以身献国,踊跃服役","用伟大的集体力量,守土抗战,保卫家乡,保卫西北"。蒋鼎文为宣传抗战、动员兵役,用了由国家到地方,再由地方到个人的动员策略,将国事和普通民众的切身利益结合起来。蒋鼎文也认识到尽管陕西征兵已经1年多,但"仍不免有'假冒顶替''中途逃亡'的现象,甚至办理役政的人员,还有'阳奉阴违''舞弊渔利'的情事,究其原因,实由于民族意识薄弱,政治警觉性不够,与办

---

① 转引自陈侃章:《飞将军蒋鼎文》,浙江人民出版社2012年版,第322页。

理不善所致"。①4个月后，为纪念"总理逝世十四周年"，蒋鼎文又在《为策励役政进行告民众书》中说"第二期抗战，政治重于军事，后方重于前方，民众重于军队。征兵制度是抗战建国的基础，推行役政，是争取胜利的主要保证"。不过，"民众的动员，却还赶不上军事的需要，役政推行，仍未能和乎当前的要求，'舞弊渔利'司空见惯，'逃亡替顶'到处皆闻"。"役政的主要目的，是动员民众踊跃从军，训练大量兵员，供给前方急需补充，欲达到此目的必须征兵以先。要普遍宣传，征兵过程中，要办公允，征兵以后，要优待出征军人家属"。②1940年10月，蒋鼎文又针对陕西省役政中出现的问题，在《告陕西省兵役人员》中提出了"要绝对持身廉洁""要绝对遵行法令""要爱护部下，教导部下""要深入民间接近民众"等五项要求。蒋鼎文对兵役政策的实施一向比较重视，对其中存在的各种问题也积极思考应对之策，这些应对办法也比较奏效，"陕西省每月征集兵员一万人，且往往超额，抗战八年总共从陕西省征集兵员110万人"③。

蒋鼎文主政陕西后通过各种方式推行国民教育。其中，最为主要的是通过保甲整理推行联保联校措施。1941年，陕西全省共有各种小学13038所，其中已整理保立小学6468所，还未整理完成的有3000余所；共有学龄儿童1457753名，入学656521名。由于战时经费紧张，仅增加小学933所，学生23983人。此外，蒋鼎文牵头拟定"陕西省战时推行民众补习教育计划大纲"，拟通过4期"将全省十六至三十五岁之男女失学民众约计三百七十万人，一律使之就学"。④随着蒋鼎文1941年7月的离职，民众教育计划也部分落空，具体教育内容留下的资料也较少，不过，从他对中小学老师及青年的讲话，可推知教育内容多和抗战建国相关。1939年5月，蒋鼎文在《现代小学教师的任务》中说现代小学教师有两个任务。一是"抗战的任务"：抗战是"新中国"诞生的阵痛期，"怎样才能使新中国平安的诞生下来，这种责任，有一大半在乡村的民众身上，动员乡村民众，争取最后胜利，是我们目前最重要的一个工作，而这项工作推行，除政治运用之外，又有一大半的责任在小学教师身上；因为他们遍布于全中国的乡村，与民众接触的机会既多，得民众的信仰又深"，"所以在新中国的诞生时，小学教师实居于非常重要的地位"；二是

---

① 蒋鼎文：《民国二十八年元旦为推行役政告全陕民众书》，《陕西党务》，1939年第7期，第15-17页。
② 蒋鼎文：《为策励役政进行告民众书》，《陕西党务》，1939年第9期，第36-38页。
③ 陈侃章：《飞将军蒋鼎文》，浙江人民出版社2012年版，第320页。
④ 蒋鼎文：《一年来陕西政治之检讨》，《西北研究》，1941年第3卷第7期，第23-25页。

"建国的任务"："新中国诞生下来以后，还要能够健全的发育成长，这个工作更是艰巨"，"必须后一代的国民——就是现在的儿童"成长起来建设"新中国"，而与小孩教育息息相关的也是小学老师，因此"新中国的成长，大部责任也在现代小学教师的身上"。①1939年8月，蒋鼎文又对暑期讲习讨论会与会教师发表讲演，强调学校知识传授与学生人格养成之关系。蒋鼎文有一个十分有意思的说法，"传授一经的知识的只能算是'经师'，要能够训练学生整个人格的，才能算是'人师'。从前就感觉着'经师易得'，'人师'难求。我希望各位中每一个人都要做'人师'，不要仅仅只做一个'经师'"，这关系到"整个教育的问题，和教育对于国家民族前途的影响，当然非常关键"。②蒋鼎文的讲话虽有蒋介石提倡新生活运动的大背景，但其阐述的一些观点不仅对抗战建国宣传有着重要意义，而且对当下的教育也不无启示意义。为提高学生战时适应能力，蒋鼎文特意组织西北联大青年学生进行军事训练。训练大会上，他在《抗战中青年学生应有之努力》中对当时流传的战时读书无用论的论调进行了回应，"我们要抗战建国同时并进，而抗战建国又全赖一般青年学生来作学术的研究"，因此，青年学生在战时更应该努力学习，将书本上学到的"学识、经验、技术，应用到抗战建国上面来"，而"读书是获得经验技术最经济的手段，一部步兵操典，绝不是一二个人空想出来的，而是从多少人流血出汗的经验中作成的，所以大家不应轻视读书，而须努力作科学的研究，来克服巨艰，完成我们抗战建国的任务"。③可以看出，蒋鼎文的教育观围绕抗战建国展开。作为省政府主席，蒋鼎文需要时常对抗战形势进行宏观把控，分析抗战走向，鼓舞国人士气。1940年，蒋鼎文根据抗战形势认为，日本"加紧点线之争，希图挽救颓唐的士气"，"加紧一党运动，希图镇压国内反战高潮"，"加紧屠杀政策，希图动摇我国抗战意志"，"加紧外交攻势，希图切断我国国际路线"④，正是日本侵略者走向穷途末路的征兆。在此情形下，中国"胜利之基础业已奠定"，只需"茹苦含辛渡过难关"，便能完成抗战建国的事业。⑤

据统计，1937年9月，日本对陕西全省轰炸了17次；1938年67次；1939年

①　蒋鼎文：《现代小学教师的任务》，《抗建》，1939年创刊号，第1-2页。
②　蒋鼎文：《对中等学校教育暑期讲习讨论会学员的讲话》，《抗建》，1939年第23期，第1-2页。
③　蒋鼎文：《抗战中青年学生应有之努力》，《西北联大校刊（集训专号）》，1939年第12期，第3页。
④　蒋鼎文：《抗战三年来我国人应有之认识》，《陕西防空月刊》，1940年第2卷第1期，第14页。
⑤　蒋鼎文：《抗战建国三周年》，《陕政》，1940年第33-36期，第264页。

116次；1940年59次；到蒋鼎文离职的1942年多达152次，是历年中次数最多的。从日军出动飞机架次看，"1937年为78架次，1938年为576架次，1939年为1251架次……1940年为362架次，1941年为962架次"。日本对陕西的频繁轰炸，造成陕西大量人员伤亡：1937年死24人，伤29人，伤亡人数53人；1938年死315人，伤386人，伤亡人数701人；1939年死1055人，伤1388人，伤亡人数2443人；1940年死1742人，伤3165人，伤亡人数4907人；1941年死965人，伤403人，伤亡人数1368人。[①]相比于前线战况，频繁轰炸带来的对伤痛、死亡的恐慌与陕西军民更是息息相关。加强全省空防、阐述空防意义，对于防范日军空袭、安顿后方民心都极为重要。为引起国人对于防空的重视，国民政府从1940年起将每年10月21日定为防空节。蒋鼎文也将原来西安市防空情报所改组为防空司令部，蒋鼎文自任防空司令部司令，下设西安市防护团、汉中防空指挥部、西安防空情报所、南郑防空情报分所、绥德防空情报分所、安康防空情报分所、各县防护团。为增强防空能力，其分别从消防、救护、警报等三方面加强建设，尤其是警报和救护方面投身甚多。[②]此外，在蒋鼎文支持下，陕西省防空司令部还特意出版《陕西防空月刊》以研究防空学术与技能，促进各地防空之组织，灌输国民防空知识，刊登与防空有关的图片，等等。他多次撰文强调防空与国防的重要关系。第一届防空节，他在《空防与国防》中说"现在的战争，很明显的是由平面的战争转变为立体的战争，已经无所谓前方与后方"。因为，敌机可以"随时飞到你的后方，破坏交通，破坏生产，破坏工事，破坏军需，一方面扰乱后方的人心，一方面影响前方的作战"。所以，讨论国防必须讨论空防，而对一个国家而言，"没有空防就等于没有国防"。为此，我们"应该进一步对于加强空防再作最大的努力"：需要"普遍航空宣传：利用种种方式，使社会各阶层的民众，全具备防空常识"；"加强防空设备：对于旧有的防空洞防空沟应该详细的加以检查，增强防护的力量"；"要严密防护组织：对于防护团的组织要严密要健全……所有防护团的各班或队要训练纯熟，运用灵活，并且定时加以演习"；"要厉行疏建工作：建设农村……在敌机来滥恣轰炸的时候，把在都市的人民，疏散到农村去"。通过这些措施减少许多无谓的损害。为使防空领域的被动防御转为主动进攻，中国军队也需"扩充空军数量""充实防空军

---

① 方海兴编：《陕西抗战事件》，太白文艺出版社2018版，第181页。
② 蒋鼎文：《陕西防空业务概况》，《防空节纪念特刊》，1940年11月15日。

费""培植防空人才"，才能"控制我们的领空，使敌人不能任所欲为，滥恣轰炸"。[1]这也就是蒋鼎文所强调的反轰炸。他认为反轰炸在战时有着重要意义，"反轰炸为保持人类一线生机之运动"，"反轰炸为保护人类历史文化之运动"，"积极疏散，以粉碎轰炸暴行"，"坚定吾人抗战必胜之信念"。[2]这些言论虽部分有些空洞，但从蒋鼎文所谋之事与所行之文看，他能够将切实的政治军事实践和群众宣传动员相结合，在物质抗战的同时也注重激发民众的精神抗战。

抗战大势，不仅影响着蒋鼎文主持陕西期间的民政实施，同时也影响着他与中共的相处模式。蒋鼎文所在的陕西与中共陕甘宁边区相邻，在国共合作抗日的蜜月期，他与中共相处较为融洽。七七事变后，蒋介石召集各省军政长官到南京开作战会议，龙云转机西安着陆加油。受邀参加此次会议的中共代表朱德、周恩来和叶剑英也恰好在西安等飞机。为共同抗日，蒋鼎文作为陕西主人给中共代表提供了方便。蒋鼎文为此特意找龙云，问是否可以让朱德、周恩来和叶剑英坐龙云的专机同往南京。[3]"1938年8月上旬，蒋鼎文答应周恩来的要求，将关押在西安行营的240多名红军西路军干部释放，其中营级以上军事干部有30多人。"[4]当然，作为枪杀瞿秋白、接纳张国焘的当事人，蒋鼎文在反对中国共产党、施行分共策略方面也不遗余力。国共摩擦期，蒋鼎文采用"以组织对组织、以思想对思想、以行动对行动的积极方式与共产党争夺民众"，为此还给各部分下达四项指示："组织号召青年方面不能输于共产党人，但不要为渊驱鱼；经费方面如中央不足，可动用行营公费；各有关单位必须协同、各责任人必须分层负责，大胆放心工作；如果按照上述做了，到时有任何行政责任，由他本人负责。"与中共的对抗中，蒋鼎文甚至"要求陕西党政机关直接与共产党接触，即不但要争取'民众'，还要争取'共产党'"。蒋鼎文应对中共的方法相当激进和大胆，也着实给中共的发展造成许多阻碍，"抗战时期，西安为主的关中地区，中共未能有效进展，而在山西、河北则大为发展"。尽管如此，团结抗战的大背景下，蒋鼎文仍不愿背制造摩擦破坏抗战的罪名。在国共两党多年争执不止的陕甘宁边区问题上，蒋和中共虽未达成共识，但在其主政陕西期间却大体相安无事。这表明不论时人的政治立场有多大的

---

① 蒋鼎文：《空防与国防》，《陕西防空月刊》，1940年第2卷第5期，第17-18页。
② 蒋鼎文：《反轰炸运动之重要意义》，《陕西防空月刊》，1940年第2卷第3-4期，第4-5页。
③ 龙云：《龙云自述》，安徽文艺出版社2013年版，第19页。
④ 陈侃章：《飞将军蒋鼎文》，浙江人民出版社2012年版，第319页。

分歧,但一切都围绕着抗战而展开。后世史家也对这次陕西省政府改组予以极高的评价:"这一次改组,彻底完成了蒋介石西安事变善后之时未完成的心愿,即将西北军调离发家之地,让他们不再在本地'兴风作浪',同时又'斩断'其与中共之联系。"①

1941年5月,国民政府第一战区与日本华北方面军在中条山一带进行对战。仅仅十多天,日军就将中条山地区的国民党守军分割围歼。蒋介石称中条山之战是"抗战史中最大的耻辱",派已任满的蒋鼎文到第一战区调查布防情况及检讨中条山之战败因。蒋介石对蒋鼎文递交军委会的视察报告和建议较为满意,于是命令蒋鼎文接任第一战区司令之职。②

(四)熊斌主政时期

蒋鼎文任满之后,较为自觉地遵循国民政府的任命制度,主动与时任军委会西安办公厅主任的熊斌对调职务。熊斌先后参加辛亥革命、国民革命,初为冯玉祥幕僚。1930年,蒋冯中原大战,熊斌任冯玉祥前敌总司令参谋长;冯玉祥败走后,熊斌改投蒋介石。1933年,日本关东军向华北扩张,熊斌前往北平,作为首席代表与日军交涉,签订《塘沽协议》。全民族抗战爆发后,熊斌从军令部几经任职后转入第三战区任参谋长,1940年5月任新设军委会西安办公厅主任,随后任陕西省政府主席。熊斌正常接替蒋鼎文的省政府主席职务,从某种意义上来说只是继续蒋鼎文的使命。于蒋介石而言,中途改投的熊斌,始终不及共患难的蒋鼎文值得信任,他主掌陕政的意义也不及蒋鼎文。不仅在蒋介石处,他的分量不及蒋鼎文,在其他国民政府要员那里,他也显得不那么起眼。一个明显的例证是,蒋鼎文接任陕政时,各党政军要员的贺信漫天飞向陕西,各地报纸争相报道,而熊斌接任陕西省政府主席几近无声无息。这似乎已预示熊斌主持陕政的坎坷之路。

熊斌主政陕西期间,并不像蒋鼎文任满一年就组织下属,集体通过报刊向外界传达取得的政绩,但从一些零星的资料中仍可见熊斌工作的重心所在。熊斌上任后,日军对陕西的轰炸相对于蒋鼎文主政期间,有过之而无不及。因此,加强防空建设,成为减少日军轰炸带来的损害的主要措施。熊斌应也将此作为自己工作

---

① 陈侃章:《飞将军蒋鼎文》,浙江人民出版社2012年版,第317页。
② 陈侃章:《飞将军蒋鼎文》,浙江人民出版社2012年版,第349-350页。

的重要成就,还特地写了《陕西一年来之防空业务概况》介绍陕西防空建设。总体而言,陕西防空从六个方面展开。第一,增设临时救护所,敌机轰炸多在市区,医师不足,市民受伤很少得到有效救治。熊斌计划修建临时救护所四所,但因经费不足,只建成东西两所,并专派医师多名。第二,"解决西安市防空洞容量问题",西安市虽已有防空洞八百余处、市区地下室二十处,但与西安市常住人口相较,仍相距甚远。因此,动员防护团、义勇警察及保甲人员,在郊区修建防空壕和单人防空坑,增加可容数量。第三,建设新开城门外之护城河土桥。郊区防空设施建好后,出城避难人数必定增加,因而在新开的十个城门外,修筑护城河土桥十座,以解决出城困难。第四,创制防毒箱,根据航空委员会训示,办理放毒工作。经费无着落的情况下,也在防空洞里安置木制和铁制滤毒箱各一个。第五,创设防空展览室,以防毒教育为中心,辅以军防和民防,以期民众在观览中习得防毒的各种知识。第六,派员视察各县防空业务,以督促改造。①从熊斌所开列的几点看,涉及医疗救护、避难场所和路线修建、避难场所改造及民众防空教育等多个方面。

熊斌的另一个工作重点是大力提倡教育。这与国民政府1942年规定每年以3月29日起举行推进师范教育运动周有关。据熊斌回忆,他"教育力求普及,提倡固有文化,注重职业教育。全省原只有中等学校百十九校,三年间增加中等及职业学校五十余校,惟师资及图书、仪器俱感缺乏,未能满意"②为此,熊斌力主推进师范教育,并向师范生做广播讲演。熊斌认为自科举废除以来,传统教育便逐渐土崩瓦解,而中国新式教育受欧风西雨影响甚重:"中学以升入大学为目的,大学以培养专才为旨归,故终未注全力于普遍的国民基础教育之实施,在抗战中我们深切的感觉这种需要,而建国工作更非从此着手不可。""建国工作,应从国民教育入手,良以国民教育为国民基础教育","国民教育之能否普及与达成使命","视有无适量优良之师资以为断","适量优良师资之养成,则有待师范教育之进展",熊斌进而指出"现在是抗战与建国并进,前方浴血将士,与后方劳苦之小学教师,是抗建中两个巨轮,我们全国上下对之是应一致表示钦敬的"。③熊斌和蒋鼎文一样重视教师自身修养与学生教育的关系,他对中小学教师提出了三点期望:第一,

---

① 熊斌:《陕西一年来之防空业务概括》,《现代防空季刊》,1942年第1卷第4期,第62-64页。
② 熊斌:《熊斌遗稿:熊斌六十年回忆》,台湾《传记文学》,第64卷第1期。
③ 熊斌:《推进师范教育运动周广播词》,《抗建》,1942年第4卷第22-23期,第3-10页。

"必须了解伦理教育实为教育之中心";第二,"必须了解学校不是一个知识交易场,从事教育者不是一个贩卖知识的商人。实为促进社会、国家与民族向前发展的动力";第三,"必须了解求学不厌、诲人不倦为从事教育者必须遵循之途径。教育之目的,虽在成物,而亦在于成己"。①

熊斌重视防空和教育虽与重庆国民政府提倡的抗战建国相关,但也是无奈之举。驻扎西安的第三十四集团军总司令胡宗南对地方行政和干部训练多方掣肘。胡宗南于1938年1月经蒋鼎文力荐调入陕西,在蒋的提携下军事实力和地位不断提升。蒋鼎文对胡有提携之恩,在蒋鼎文任职期间,胡宗南尚能一心辅助蒋鼎文,成为蒋在陕西的得力助手,如"'战时干部训练第四团',由蒋介石兼团长,蒋鼎文为副团长,胡宗南为教育长;'西北游击干部训练班',蒋鼎文为教育长,胡宗南为副教育长;'陕西省军队组训民众动员指挥部总指挥部',蒋鼎文为总指挥,胡宗南为副总指挥,等等"②。这些本是蒋鼎文任省政府主席期间二人合作之亲密无间的例证,但到熊斌主政时都成为捆缚他治理陕西的绳索。为此,熊斌试图从以下三个方面限制胡宗南的权力。

第一,两人在县长任命上的争夺。熊斌认为"县长为亲民之官,乃地方行政最最重要之干部,人选特须慎重。首订县长检定办法,组检定委员会,以全体省政府委员兼检定委员"③。熊斌亲自拟定的《陕西省政府举行县长考试公告》规定了"应考资格""考试科目"。"考试资格"明确提出,参考者须"高等考试行政人员考试及格者","曾经各省荐任职考试及格并由考试院复核及格者"等七条要求。④熊斌后来解释说根据规定,"无论何人介绍,愿为县长者均须经过检定,故对中央院部会长及当地军事当局介绍之人,悉据此办法应付,明知不合时宜,但为国负责,为事求人,不得不尔"⑤。可见,熊斌如此郑重其事地制订县长考试规则,除选贤与能外,还将大部分箭射向胡宗南。因为,胡宗南常以"陕西省民众动员总指挥部"的名义,要求撤换和任免部分县长。县长任免撤换,本是省政府职权所在,军方本就无权干涉,胡宗南撤换县长的要求显然让熊斌极为不舒服。熊斌大张旗鼓地组织

① 熊斌:《孔子诞辰与教师节》,《抗建》,1942年第4卷第31期,第2-3页。
② 陈侃章:《飞将军蒋鼎文》,浙江人民出版社2012年版,第327-328页。
③ 熊斌:《熊斌遗稿:熊斌六十年回忆》,台湾《传记文学》,第64卷第1期。
④ 熊斌:《陕西省政府举行县长考试公告》,《陕西省政府公告》,1942年第811期,第1页。
⑤ 熊斌:《熊斌遗稿:熊斌六十年回忆》,台湾《传记文学》,第64卷第1期。

县长考试,本是合情合理,但在胡宗南看来,熊斌此举无疑是对自己的挑衅。

第二,除通过考试检定县长人选外,熊斌还"设省行政干部训练团,分期轮流调训(原属战干第四团代训)。因此开罪军事当局在所不愿"。熊斌设省行政干部训练团的目的是替代胡宗南一手策划成立的"战时干部训练第四团"。蒋介石和蒋鼎文虽分任"战时干部训练第四团"正、副团长,实际主持校务的却是胡宗南。"战时干部训练第四团"主要负责地方行政干部训练,学员主要来自因体力不合格而不能入胡宗南创办的黄埔军校第七分校的知识青年和女学生。因此,"战时干部训练第四团"在某种意义上也成为胡宗南笼络未能上军校的知识分子的重要手段和工具。胡宗南借势将大批学生派遣到陕西各地充任乡长、保长和指导员,插手行政工作。蒋鼎文主政陕西期间,对胡宗南所作所为不加节制,双方相安无事。胡宗南养成的跋扈性格也延续到了熊斌时期。熊斌设干部训练团无疑是想限制胡宗南,也符合国民党军政分离的制度。熊斌最终也得偿所愿。

第三,熊斌更是因利乘便裁撤掉胡宗南于1940年一手策划成立的"陕西省民众动员总指挥部"。1940年10月,胡宗南报经重庆军事委员会同意,成立了"陕西省民众动员总指挥部",作为陕西训练民众的最高机构。时任陕西省政府主席的蒋鼎文为总指挥,却不过问具体事务,实际由副总指挥胡宗南主持。熊斌接任陕西省政府主席后,胡宗南仍按旧习把控陕西省民众训练。熊斌认为胡宗南此举严重侵犯了地方行政和各级人事任命。他回忆说:"当时又有陕西省动员指挥部之设,省主席兼任总指挥官,军事长官兼副总指挥官,实际指挥部组织及业务皆由军方主持,总指挥仅负一名义耳,其下设两动员指挥部,一驻大荔,一驻同官,以第四干部训练团毕业学生派充副乡镇保长,直属区动员指挥部,往往不透过县政府径行处理地方事务,病民治事层见迭出,民怨沸腾,乘觐见之便,陈明有割裂行政系统之嫌。元首英明,谕令取消,明知军方不满,不敢敷衍误事。"[1]

熊斌的这三件事虽师出有名,情理两占,取得一定成效,却也成为激化他与胡宗南的矛盾、致他被排挤出陕西的种子。胡宗南一心想把控陕西军政,并不认为熊斌所行之事合情合理。他将熊斌视为其掌控西北的重要障碍。因此,对胡宗南来说,赶走熊斌,换上一个令他满意,不会为他制造麻烦的陕西省政府主席成为当务之急。1943年,在胡宗南的运作下,陕西掀起一场针对以熊斌为首的陕西省政

---

① 　熊斌:《熊斌遗稿:熊斌六十年回忆》,台湾《传记文学》,第64卷第1期。

府的政潮："夏间,有参议会开会,初甚和谐,闭幕前忽有人利用掀起政潮,攻讦省府贪污,但未及余个人。李议长元鼎初莅议会(前任宋君以老病辞),不谙会场规则,既未付审查,又未经大会表决,仅三数人叫喊通过,便电中央,主要对象为省银行、粮政局、企业公司等机关,余固知乃好事者兴风作浪,捏词诬控,亦电请中央派员秉公彻查,并以私函将内容报告蒋公,请于查明后遴员接替。"[1]尽管针对熊斌的控告属子虚乌有,但他认识到主理陕政之艰难,遂心生退意,任期未满就请辞主席之职。1944年1月,重庆国民政府又借改组陕西省政府之名,将熊斌调往重庆军令部,省政府主席由祝绍周继任。赶走熊斌后,胡宗南俨然成为涉足党、政、军的"陕西王"[2]。祝绍周在任期间虽与胡宗南有所冲突,但陕西一切事务基本是令由胡宗南出。蒋介石处心积虑才逐步掌控西北政局,却又直接或间接地培养出"陕西王",这是他始料未及的。

三、新县制在陕西的推行

1938年4月,国民党临时全国代表大会提出"抗战建国"总口号,根据《抗战建国纲领》重新启动曾一度停滞的地方自治。此次地方自治和既往上传下达的行政命令规划不同,是在既往地方自治方案基础上进行整合设计,将孙中山的地方自治构想推向了新的阶段。为凸显此次地方自治,国民党特意将之命名为"新县制"。推行新县制的《县各级组织纲要》出台后,在试办的基础上,1941年1月,陕西省政府在全省推行新县制,对辖区内的县政府进行了改革;将保甲制度嵌套进新县制中,使新县制在基层组织得到进一步落实。新县制在基层政权建设和地方自治方面的探索与实践,虽在战时产生了一定的影响和作用,但终未能取得令人满意的结果。

---

① 熊斌:《熊斌遗稿:熊斌六十年回忆》,台湾《传记文学》,第64卷第1期。
② 经盛鸿:《胡宗南全传(上)》,团结出版社2017年版,第286-292页。

（一）孙中山地方自治构想与新县制

孙中山的地方自治构想既是国民党设计县级制度的理论来源，又决定设计的基本框架。孙中山多次指出："建设地方自治，促进民权发达，以一县为自治单位。"[1]孙中山提出以县为基本行政单位的自治构想意在更好地推行民权和民生两大主义，实现主权在民的理想。孙中山以县作为基本行政单元的理由有三：第一，长久以来的郡县机制形成的地方认同是情感纽带，"国人对于本县，在历史习惯上，有亲昵之感觉"[2]；第二，国民对县内的事情更为关切，这些事情也更关涉国民的切身利益，"事之最切于人民者，莫如一县以内之事"[3]；第三，以县作为纽带，下可以连接乡镇便于管理，上可沟通省与国，从而形成现代民族国家，"以一县为自治单位，县之下再分为乡村区域，而统于县"[4]，"譬之建屋然，县为基础也，省其栋宇也，国其覆瓦也，必基础巩固，层累而上，而后栋宇覆瓦，始有所附丽而无倾覆之虞"[5]。孙中山的以县为自治单位的设计，与他对民众的认知有关：县的重要责任之一便是负责对民众进行训练教育，使其认识到其主人地位，参与到国家事务中去。他说："民国之主人，今日虽幼稚，然民国之名有一日之存在，则顾名思义，自觉者必日多，而自由、平等之思想亦必日进，则民权之发达终不可抑遏。"[6]可见，孙中山的设计虽最终指向的是民族国家，但并非完全将权集中于中央，而是要求地方有一定的自治管理权力。为此，南京国民政府形式上取得全国执政地位不久，就急忙制订相关议案，推进落实孙中山的政治理念。

1928年9月，国民政府出台了一系列地方自治的法规，还特意颁布《豫陕甘三省行政计划大纲》，随后又编写《豫陕甘三省行政计划大纲说明书》（以下简称《说明书》）对大纲加以解释说明。《说明书》认为"自治"和"民团"是地方行政的关键。《说明书》第二章"民政"部分写道：

> 查国民政府建国大纲内载，在训政时期，政府当派曾经训练考试合格之员，到各

---

① 中山大学历史系孙中山研究室等编：《孙中山全集（第7卷）》，中华书局1985年版，第62页。
② 中山大学历史系孙中山研究室等编：《孙中山全集（第3卷）》，中华书局1985年版，第323页。
③ 中山大学历史系孙中山研究室等编：《孙中山全集（第7卷）》，中华书局1985年版，第67页。
④ 中山大学历史系孙中山研究室等编：《孙中山全集（第6卷）》，中华书局1985年版，第204页。
⑤ 陈旭麓、郝盛潮主编：《孙中山集外集》，上海人民出版社1990年版，第37页。
⑥ 中山大学历史系孙中山研究室等编：《孙中山全集（第5卷）》，中华书局1985年版，第190页。

县协助人民,筹备自治等语,溯自民国成立以来,关于各县地方自治,屡作屡辍,成绩毫无,揆厥原因,不外二种,(一)政府无确实之计划,(二)人民无自治之知识与兴趣。[①]

《说明书》对既往地方自治未能取得成效的原因进行分析,认为提升民众对地方自治的参与度极为重要,这需要从与民众切身利益相关的"民团"着手:

豫陕甘三省因天灾兵祸之影响,各地发生盗匪,驯致闾阎残破,盖藏空虚,行旅戒途。百业凋敝,从来既远为祸至烈,补救目前计,惟有赶编民团,以兵法部勤之,并训练授以武术,遇有匪盗警耗,即彼此互相联络,结为声援,实行围剿,以绝匪源,若在平时,须实行清乡,对于地方户口,务必认真清查,不许容留外来面生歹人,并不许有赌博流娼鸦片烟馆等事,倘遇有大股杆匪,非民团力量能抗拒者,须呈报政府,调兵剿办,务使地方之秩序先得安宁,然后乃能设施一切兴利之政治也。[②]

可以看出,陕西组织民团的目的在于"剿匪清乡",而后其职能扩大到清查户口,并将青年壮丁按乡编制,加强军事训练,用联保连坐法,实现清乡自治。1933年,陕西省民政厅出台一系列旨在将保甲制套嵌进县地方自治的法令法规,但实施中打折扣之处不少,所谓保甲不过一种形式,并未起到多大的实际效用。陕西地方自治,因政局动荡、政府推行不力,雷声大雨点小,虽有政策法规锣鼓开道,但实际效果甚微。

(二)陕西新县制推行与县府改革

全民族抗战爆发后,国民党提出抗战建国理念,并于1938年4月出台《中国国民党抗战建国纲领》(以下简称《纲领》),《纲领》"政治"部分第二条指出"实行以县为单位,改善并健全民众之自卫组织,施以训练,加强其能力,并加速完成地方自治条件,以巩固抗战中之政治的社会的基础,并为宪法实施之准备"[③]。1939年9

---

① 中央政治委员会开封分会编:《豫陕甘三省行政计划大纲说明书》,中央政治委员会开封分会1927年版,第5-6页。
② 中央政治委员会开封分会编:《豫陕甘三省行政计划大纲说明书》,中央政治委员会开封分会1927年版,第6-7页。
③ 《中国国民党抗战建国纲领》,《宪制道路与中国命运:中国近代宪法文献选编(1840—1949)》下,中央编译出版社2017年版,第127页。

月19日,国民政府出台的《县各级组织纲要》指出"县为地方自治单位,其区域依其现有之区域,县之废置及区域之变更,更应经国民政府之核准","县按面积、人口、经济、文化、交通等状况,分为三等至六等,由各省政府划分报内政部核定之"。[①]这就是战时的新县制纲要,左右了此后十余年的县政开展。

国民政府新县制推出后,主政陕西的蒋鼎文迅速安排跟进实施。1940年初,王德溥的《年来陕西民政设施的一般》特意将"实施新县制"作为今后工作的重要方向:

(1)分县实施。全省九十二县,依照实际情形,区为先后,计第一期为榆林等二十五县,第二期为扶风等二十三县,第三期为凤县等二十七县,最后为富县等十七县,自二十九年一月起至三十一年终止。(2)分级调整:行政组织,采由上而下方式,即由县而区,而乡镇,而保甲,以顺序调整。其民意机关则采由下而上方式,即由甲居民会议,而户长会议,而保民大会,而乡镇民代表会,而县参议会,以逐步实现。上项计划俟中央核定即行实施,至其细目则正在筹拟,务切实推进,使县政至低有更进一步之成就,以副中枢定制之至意。[②]

可以看出,国民政府推行新县制后,陕西省虽立即跟进,但并不冒进,而是稳步展开。王德溥也只是简要勾勒了此后新县制工作的基本轮廓,而未详细展开。

1941年初,蒋鼎文盘点过去一年的工作时,细致介绍了新县制在陕西的推行经过。蒋鼎文说新县制是"地方自治之根本方案",陕西省采取分县分期的方法完成新县制。"第一期实施新县制者,凡二十四县,已于二十九年十一月一日起开始实施,省政府并特于十二月中召集各专员及二十四县县长,举行行政会议,讨论实行新县制之各项具体办法。"蒋鼎文的总结比王德溥所说的一期为25县要少一县。"第二期已定于本年一月起实施,第三期亦当尽速求其实现。"蒋鼎文介绍陕西主要从"机构,经费属之""人事"和"业务"三个方面具体实施。关于机构和经费方面,陕西省政府厘定的县等级为"一等县六、二等县十七、三等县十八、四等县十三、五六等县各十九"[③]。陕西省政府根据县的审定等级,向各县拨付经费,并根据实际所需有所调整:"原定

① 《县各级组织纲要》,《国民政府公报》,1939年渝字189。
② 王德溥:《年来陕西民政设施的一般》,《西北研究》,1940年第2卷第3、4合期,第2-8页。
③ 蒋鼎文:《一年来陕西政治之检讨》,《西北研究》,1941年第3卷第6期,第18-20页。

为一等县每月实支八百元,二等七百,三等六百。不敷公用,无以养廉。二十八年五月起,酌察各县实际需要,一律酌增。规定一等县增至一千零五十元,二等县增至九百七十元,三等县增至八百一十元,并明定各级人员待遇及县长特别办公费。"①

除审定各县办公经费外,还调整县政府组织,加强县政府的职权。陕西省对下属县审定等级后,就根据《县各级组织纲要》,酌情在下设民政科、财政科、教育科、建设科、军事科、政科和会计室等。不同等级县具体的人事细则为:

一等县设秘书一人,科长二人,科员六人,书记六人。二等县无秘书,设科长二人,科员五人,书记五人。三等县亦无秘书,仅设科长一人,科员四人,书记四人。其他财政教育建设各设助理员。②

在地方事务不太繁杂的时期,这样的机构设置或许能够满足行政需要,但在抗战时期则不然。陕西省政府考虑到如此简单的机构设置无法满足战时各项事务要求,乃于1939年5月对机构做了一些必要调整:

二三等县之本来未设秘书者,一律增设秘书,三等县增设第二科,裁撤原有财政,教育,建设等助理员办事处,改设第三第四两科;并彻底废除科房制度,增设佐治人员,实行合室办公。③

根据实际需要,陕西省政府又对县级机构进行了一定调整:

一二等县为民财建教及军事五科,三四等县为民财教及军事四科(建设并入教育),五六等县则为民财教三科(军事并入民政,建设并入教育)。县佐治人员较前大增,计一等县六十九人,二等县六十二人,三等县五十四人,四等县五十人,五等县四十一人,六等县三十七人。④

① 蒋鼎文:《一年来之陕政回顾》,《西北研究》,1940年第1卷第30期,第3-15页。
② 王德溥:《陕西省新县制实施之展望》,《陕政》,1941年第52-54期,第5-24页。
③ 蒋鼎文:《一年来之陕政回顾》,《西北研究》,1940年第1卷第30期,第3-15页。
④ 王德溥:《陕西省新县制实施之展望》,《陕政》,1941年第52-54期,第5-24页。

经此调整改进后，"各县政府因人事上之调整，获事业上之开展，而对于政令执行，亦较未改组前为迅速灵敏"[1]。

县政府机构调整，确实能提升行政办事能力，但县长才是推进各项工作的灵魂人物。上至国民政府，下至陕西省政府，对县长的作用与选拔都格外重视。蒋鼎文认为县长是具体实施新县制的重要人物，"县长为推行一县行政之主干人员，负一县行政设施之完全责任"，"县政之兴举，则持县长之勤奋。如若县长能努力奉公，黾勉从事，则在最低限度之经济条件下，亦不难有最高效率之成绩表现"。因而，陕西省政府制定三项县长成绩考核办法："一、检查县长已往成绩；二、制定县长考核表，发交各区行政督察专员负责填报；并分发各县长自行填报；三、派员分赴各县实地考核视察。"通过成绩考核，对全省县长进行奖惩："成绩卓著而升调者，一人；记功者四十四人；嘉奖者四十七；因案撤职者，六人；撤职留任者，一人；因政治成绩不良或行动失检而免职者二十三人；记过者八十九人。"[2]陕西省政府对县长的考核及奖惩，存在以下几个方面的特点：第一，考察方式多样，包括考察县长既往成绩、督察员和县长各自填报考核表、实地考察等多种方式；第二，考察时间长，从1939年2月起实施，直到11月才正式结束；第三，奖惩力度大，成绩突出者直接调任升职，也将失职者直接撤职；第四，陕西省共计92个县，而奖惩人数实际远多于这个数，这意味着考察人员不限于县长，也包括其下属部门办事人员。这样的考察、奖惩措施，也自然会调动相关人员的积极性。不过，这并不是说县长及其下属机关是完全受省政府管制的国家行政单元，而非一个自治共同体。1928年，国民政府颁布的《县组织法》因将县级机关作为国家行政单元，没有任何政治参与机制，受到当时新派知识分子的猛烈批判。有鉴于此，1939年的《县各级组织纲要》规定县长及县政府"受省政府之监督办理全县自治事项，受省政府之指挥执行中央及省委办事项"[3]。有研究者认为，条款指出县的双重身份，"县既是受委办单位，也是自治单位。因此，县办理地方自治事项时只受上级政府的监督，而承担委办事项时，受省政府之'指挥'"[4]。换言之，省政府之于下级县政府的职能只在于"监督"和"指挥"，这就形式上给县级机关以极大的自治自主性和政治参

---

① 蒋鼎文：《一年来之陕政回顾》，《西北研究》，1940年第1卷第30期，第3—15页。
② 蒋鼎文：《一年来之陕政回顾》，《西北研究》，1940年第1卷第30期，第3—15页。
③ 《县各级组织纲要》，《国民政府公报》，1939年渝字189。
④ 陶波：《抗日战争时期陕西地方自治问题研究——以"新县志"为中心》，西北大学硕士学位论文，2005年。

与性。不过,这只是理想的理论构型,实际上在政治、经济、文化乃至日常生活都被纳入战时状态的抗战时期,这种理想的县自治的设想却又经不住残酷战争的检验。

(三)保甲制与新县制的基层落实

国民党颁布的《县各级组织纲要》作为一套相对成熟完整的地方自治方案,确立了此后十年中国县级机关的基本设置框架。县从某种意义上说只是联通下级机关与省、国家的点,而保甲制度才是新县制继续落实到基层的基础。胡次威在《民国县制史》中如此论述新县制与保甲制的关系:"敝部前为地方行政统一起见,曾本旧时保甲遗意,于编制县组织法时,详定村里闾邻规则,暗寓保甲之法,以为自治基础。盖昔日一切皆重官治,保甲仅取防卫之意,而于自治事业全体无关。今则注重民治,关于地方设施,皆由人们自理,故村里制包括保甲事务以外,仍有其他工作。是以今日之村里制,即无异改进之保甲。"①据陕西第七专署保甲档案:"陕西省到1942年底基本上完成了新县制的实施,其实施内容主要是将联保名称一律改为乡政,保立小学改为国民小学,各保按期举行保民大会,各甲举行户长会议及居民会议。"②尽管此话说得略显夸张,但可以确定的是推行新县制和保甲制的目的都是推进地方自治。事实上,不论是基于国家的整体设计还是县级整改方案,都很难完全将旧有的设置推倒重建,而多是对旧有机构的整改修正。国民党推行新县制的本意也并非是拿出一套全新的县制整改方案,而是对此前县级组织设计方案的进一步推进。从《县各级组织纲要》所附的"县各级组织关系图"看,保甲制实际是新县制从县级行政机关继续落实到乡镇保甲基层的重要抓手。胡次威的观察或许就不能得到国民党官方的认同,国民党认为保甲制"是一种暂时的官治机构,是促成乡镇自治的一座桥梁……。终其极,则在于使有组织有训练之人民,能有高度的政治认识与强有力的自治能力,而达到共同自营的目的"③《县各级组织纲要》规定县下设乡(镇)公所主办地方自治,乡(镇)下设保甲,从而形成严密的乡(镇)、保和甲三位一体的基层组织。乡(镇)、保

---

① 胡次威编著:《民国县制史》,大东书局1948年版,第107-108页。转引自王大涛:《民国时期陕西保甲制度研究》,陕西师范大学硕士学位论文,2019年。
② 《第七专署保甲》,转引自王大涛:《民国时期陕西保甲制度研究》,陕西师范大学硕士学位论文,2019年。
③ 陕西省民政厅编:《陕西省整理保甲总报告》,陕西省民政厅1940版,第168页。转引自王大涛:《民国时期陕西保甲制度研究》,陕西师范大学硕士学位论文,2019年。

和甲的基本编制形式为"乡(镇)之划分以十保为原则不得少于六保多余十五保","保之编制以十甲为原则不得少于六甲多余十五甲",陕西省也多以此为依据调整编组全省保甲。因而,陕西省除对县级机关进行调整改进外,乡(镇)、保甲也成为他们推进新县制的重要基础。

保甲制度在陕西早已实施,只是时局动荡、政令多变,保甲制度在陕西多只见诸各类政令法规,实行之中多有断辍,因此,对旧有保甲制进行改组,提高乡(镇)、保甲各级机关的办事效率,成为新县制的重要工作内容。"因旧制保甲,徒具虚名",陕西省政府不得不对旧有的保甲或联保制度,"重行编整,扩大保之编制为九十户至三百五十户,并减少联保单位"。在此基础上,将既有体系具体化为虚实相间制,"即县为实级,负发号施令责任;联为虚级,负督导责任;保为实级,负执行责任;甲为虚级,负协进责任。政令到达联保,即由联主任躬亲督导所属各保长依照执行,同时由甲长协同办理"。如果情况特殊,确属必要的,县可以直接跨级指挥保长,保长也可以直接指挥各户,使得上令可以下注,下情亦得上达,从而提高了保甲的办事效率。在新县制的推动下,陕西省的保甲工作取得极大的成就。第一期推行新县制的榆林县,在1941年就已基本完成保甲推进工作,且颇有成效:"全县共有13联保,102保,1929甲。保甲组织:经最近一二年积极整理,组织颇为严密。"[①]到1943年底,陕西省基本完成重新编排保甲工作,"全省共有乡镇774个,7128保,88062甲"[②]。具体而言,陕西省对保甲制的推进主要体现在三个方面。首先,调整旧有联保制,健全保甲机构和人事安排,"旧有人员既一律加以甄审,汰劣留优"。在县政府也增设保甲科员,辅助科长办理内务。县政府外"普遍增设保甲巡回督导员,按县之面积人口定为一至五人,全省计增二百六十余人,分联督导"。为使各联保甲长能够迅速着手各项工作,陕西省政府从1940年开始对他们进行分批分层训练,"联保主任及书记,则分期调送军委会战时干部训练第四团代为训练",到第一季度第一批已经训练完成270人,第二期200人正在训练中,"保长则集中各县府予以一个月训练,甲长集中各联保处予以半个月训练"。其次,审定规范保甲经费。既往保甲经费无一定标准,各寻收入路径,因而各联保长不仅私行摊派鱼肉乡民,且筹措困难影响工作,陕西省政府因此将保甲开支正式列入

① 《资源调查·榆林》,《西北研究》,1941年第7期,第38-39页。
② 王大涛:《民国时期陕西保甲制度研究》,陕西师范大学硕士学位论文,2019年。

预算。和县级单位一样，联保也是根据认定等级审定经费，"联分三等，各设主任一人，书记一人，联丁二人。保设保长一人，书记一人。一等联月支经费八十元，二三等均月支七十元。联主任月薪由二十元至二十五元。联书记月薪一律十四元，联丁十二元，办公费二十五元至二十八元。保长月薪八元，公费二元。保书记由保学教师兼任，不另支薪"[1]。陕西省政府也制定了相关巡查监督制度，并以此作为保甲制奖惩依据，"过去保甲人员服务桑梓，任劳任怨，而政府与社会之奖勉则无闻，以故求善其身者，率皆引避不前，此后政府当讲求奖勉之方，而社会上亦应主张公论，彰明是非，务使贤者有所勤，而不肖者有所戒"[2]。通过保甲机构的调整、保甲人员训练、经费预算及制订相关的奖惩机制，陕西省将新县制与保甲制较好地结合在一起，推动新县制在陕西省生根发芽。

蒋介石曾用"管教养卫"四字来概括新县制乃至建国的基本要务，"今后建国的基本要务，现在分'养''教''卫''管'四项[3]，而通过对县及其下属机关的调整部署，陕西新县制于1942年已基本宣告结束。新县制的主要工作内容也表现在管教养卫四个方面。

第一是"管"。"管"是国民政府推行新县制和保甲制的重要内容，目的是对民众进行管控，这主要表现在清查户口、保甲连坐和加强户口流动管理三个方面。新县制"第一要注意切实清查户口"，开展"户籍行政，举办户口编查"。[4]清查户口主要落实到了保甲制度中。"清查户口为保甲基础工作，应于保甲编组完竣。"户口清查是一项需大量人力、物力才能完成的大工程，战时陕西一时间显然无法集中精力和力量完成全省的人口清查工作，只得以"选县分期"的方式实施。陕西的户口清查"选县分期"计划和分县实施新县制计划在区域上有一定错位。榆林第一期实施新县制，但户口清查却被安排在第三期，直到1945年才和米脂、府谷、神木等县实施户籍法。而榆林等县实施户籍法后，陕西仍有安康、平利和淳化3县未开展户口清查工作。[5]"清查人口项目，分姓名，年龄，籍贯，职业，教育程度以及老弱残废痼疾等。"清查户口时，年龄和职业需特别注明。"清查户口时，须将年满十

① 王德溥：《年来陕西民政设施的一般》，《西北研究》，1940年第2卷第3、4期，第2-8页。
② 蒋鼎文：《一年来陕西政治之检讨》，《西北研究》，1941年第3卷第6期，第18-20页。
③ 行政院县政计划委员会编：《总裁地方自治言论》，正中书局1946年版，第93页。
④ 《民国丛书》编辑委员会：《新县制》，独立出版社，第67-68页。
⑤ 《陕政动态·榆林等县实施户籍法》，《陕政》，1945年第1、2期，第63-64页。

八岁以上(交十九岁)四十五岁以下壮丁调查清楚,填造壮丁调查册,并于册尾将年满十八岁至二十岁,二十一岁至二十五岁,二十六岁至三十岁,三十一岁至三十五岁,三十六岁至四十岁,四十一岁至四十五岁壮丁,分别汇列总计数目,以便查考。"同时,"如系技术人员,应将其技能,如船夫,水手,搬夫,车夫,泥水匠,铜铁匠,电器匠……分别详注","所以着重于上述两项,揆其用意,不外是为了便于征兵和派差"。[1]户口查清后,需加强户口流动管理,"户口异动查报,为保甲中最重要工作,特设置迁移证之使用,一面限制异动必报,一面防止壮丁外逃"[2]。"因事须离开原住居地方时,非报经保甲长转报联保主任许可,不能自由迁徙。"[3]可见,所谓"管"就是对民众进行严格的管控,把民众严格束缚在保甲制之下。

第二是"教"。"教"的主要内容是通过各级保学校,训练民众,组织民众和推进新生活运动。"凡保须设立保民小学,凡联保或乡(镇)须设立联保或乡(镇)中心小学。""保学的任务是以全保人民为施教对象",即包括儿童、妇女和成人。"儿童班,即学校儿童教育。儿童班白天上课,其课程除国语、算术、常识及劳动外,并有所谓'公民训练'(新生活须知在内)及'保甲浅说'等。""成人班,大多数即民众夜校,在夜间开课。成人班课目,除国语、算术(主要的是珠算)、常识及劳作外,并增设新生活须知,国耻痛史,卫生浅说,保甲浅说……""妇女识字班除识字科外,特着重于烹饪及缝纫等职业技能。"保学内容看似普遍提高了民众的读书识字能力,对于提高国民的普遍素养不无益处。但保学的内容并不仅限于此。"保学除办理儿童教育及民众教育外,同时负有'训练'并'组织'民众的任务。""训练"内容包括政治、军事、经济及文化教育各方面。保学还兼"(一)协助清查户口,敦促实行保甲公约,训练保甲队及其他有关保甲事项;(二)民众问字,问事,阅报,及其他社会教育事项;(三)就保内民众之固有职业,改进其生产方法,提倡副业,施行合作;(四)参加村政改进及文化建设事项"。"保甲公约"和"训练保甲队"既繁琐,又劳民伤财。而根据《关于壮丁队之编组训练及服兵役事项》及《陕西省各县保学设立办法》规定,保学还须组织民众,"(一)十二岁以上至二十岁之男女青年,不论在学与否,应一律加入青年团服务;(二)二十岁以上至四十岁之男子,不论在学与否,应一律加

---

① 西北研究社编:《保甲制度研究》,西北研究社1941年版,第108-109页。
② 王德溥:《年来陕西民政设施的一般》,《西北研究》,1940年第2卷第3、4合期,第2-8页。
③ 西北研究社编:《保甲制度研究》,西北研究社1941年版,第112页。

入保甲队及人民服役等组织;(三)二十岁以上至妇女,不论在学与否,应一律加入妇女生活改进会"。1939年3月,国民政府实施全国精神动员令后,陕西省又迅速举行国民月会,地方由保甲人负责。西安行营主任程潜曾简明扼要地将国民月会的意义概括为"国民每个份子,均宣誓遵守国民公约","使国民在一个主义,一个领袖,一个政府的原则下,确立'国家至上,民族至上,军事第一,胜利第一'的信念"。[1]由此可见,陕西主要通过设立的各级保学施行"教"的工作内容,教授基本知识和生活常识只是保学的部分内容,而更为重要的是将保甲公约、国民公约等意识形态控制内容通过保学这一形式灌输给民众,便于更好地进行民众控制。

第三是"卫",主要是在各级组织自卫组织。这与"管"和"教"紧密相关,如属于"教"的壮丁队和义勇队,主要职责是维护地方治安,但同时也有服兵役和保卫国家的义务。根据《县各级组织纲要》出台的《警察行政与自治行政合一》,即新警卫制度,除在县政府内设有相关机构外,还在区署下设警察所,乡(镇)设警察厅,保所内设警卫干事,将警卫重心由原来的县警察局下移到乡镇与保。不过,地方防卫主要还是由壮丁队和义勇队负责。此外,壮丁队和义勇队在战时还协助正规军作战,处理后方事务和维护地方秩序。因此,陕西省一直注重国民的军事化训练。"全省92县1市,均以次第实施壮丁训练。总队由县市长兼总队长,另设专任教官1名,兼副总队长。"县市下"设置连队,由联保主任为队长,并设分队长1名,兼副队长,及教师助教2名"。1940年3月,陕西省撤销县(市)总队,改设县(市)国民兵团,县(市)长兼任团长。[2]在军事化训练下,从县到保甲基本实现从国民兵团、常备队、自卫队、后备队、区队、乡镇队、保队到甲班的军事化编制。通过"卫"的职能,一方面陕西提升了民众积极参与地方自治的能力,加强了地方治安,也有利于政府在战时及时抽取兵丁从军,补充兵源,另一方面乡镇保甲队多为地方官吏所控制,也成为国民党加强地方控制的武器。

第四是"养",主要内容包括财政整理、保合作社、水利交通、垦荒造产等,财政整理和保合作社是"养"的中心工作。《县各级组织纲要》规定:

所有国家事务及省事务之经费应由国库及省库支给,不得责令县政府就地筹

---

① 西北研究社编:《保甲制度研究》,西北研究社1941年版,第118-128页。
② 陶波:《抗日战争时期陕西地方自治问题研究——以"新县志"为中心》,西北大学硕士学位论文,2005年。

款开支。凡经费足以自给之县,其行政费及事业费由县库支给,收入不敷之县由省库酌量补助。人口稀少、土地尚未开辟之县,其所需开发经费除省库拨付外,不足之数由国库补助。……县之财政均由县政府统收统支。[①]

可见,整理县财政,给予县财政以自主权是推行新县制的重要内容。实现县的经济自主可从两个方面展开:一是明确划分固定地方财政来源,二是注重生产事业和地方经济建设,增加地方收入。《县级各组织纲要》明确将"土地税之一部""土地陈报后正附溢额田赋之全部""中央划拨补助县地方之印花税三成""土地改良物税""营业税之一部""县公产收入""县公营业收入""其他依法许可之税捐"这8项划分为地方财政来源。陕西省除进一步将以上县财政收入细化外,还对地方财政予以补助。不过,划分县财政收入和国家与省的补助都只能治县财政资助的"标",而生产和经济建设才能治本。因此,陕西省鼓励各县积极生产造产和推进经济建设。鉴于战时实际情况,各县可从不筹专材、不耗巨资、轻而易举的细微事情作起;集合当地各建设机关、金融体系、慈善机构、技术团体的力量通力合作;利用农闲,发动民力,举行劳动服务,举办公益事业;推行合作经营制度;招纳民股,发行公债和励行公共造产;等等。这些措施具体落实到乡(镇)、保等基层组织就以合作社的形式展开。陕西省按性质将合作社分为五类。农业类有农村生产合作社、运销合作社和利用合作社等;工业类有工业生产合作社、运销合作社和利用合作社;日常生活补给类有交易合作社、消费合作社和供给合作社;金融类有信用合作社和合作银行;保险合作类有牲畜保险合作社、人寿保险合作社和农业保险合作社;等等。形式多样的合作社,对农村经济的发展、衰落农村的振兴、战时物资筹备以及提高农民生活水平等方面应该都起过不小的作用,这对国民党所推行的地方自治也不无益处。不过,成为合作社成员须"年满二十岁"和"有正当职业"。这两个条件看起来比较宽容,但实际操作过程中却颇多人为限制,能从合作社中实际受益者并不太多,"合作社社员有一定的身份及财产的限制,因此广大农民实际排除于合作社之外,得益者唯有地主、富农及农村官吏"。[②]

① 《县各级组织纲要》,《国民政府公报》,1939年渝字189。
② 西北研究社编:《保甲制度研究》,西北研究社1941年版,第131-135页。

总体而言,陕西根据国民政府制定的相关法令推行新县制可谓如火如荼,对县、乡(镇)的行政部门进行了大刀阔斧的调整,"管教卫养"也成为他们推行新县制的主要方法与内容。新县制的实施不可否认的是加强了地方管理,促进了地方经济发展,也是地方自治的大胆尝试,但这本身也是国民政府政治、经济、军事和文化意识形态对基层社会的管控过程。不过,由于战时既属后方又居前线的战略地位,与陕甘宁边区紧密关联的地缘政治关系,陕西的新县制推行尤其是基层组织的保甲制度开展比其他国统区更为严密。推行新县制,本身也推进陕西的发展,但其本身也存在不少问题。

推行新县制的目的虽是推进地方自治,实现抗战建国的目标,但实际上并未达到地方自治的目标。这不仅表现在通过户籍管理和军事化训练对民众进行严格的人身控制,还表现在通过保甲公约和国民公约对民众的思想进行严密管理,从而使民众难以产生对公约及地方事务独立的思考和见解。陕西并未根据《县各级组织纲要》要求在全省范围内设立民意机关,即使有的地方建立了民意机关,也大多流于形式,既不能在地方自治中发挥自治权力,也不能在基层政权中起到监督和决策作用。财政整理是新县制的重要内容,意在通过财政来源划分和经济建设生产实现县的经济自主和独立。国民政府尽管通过《县各级组织纲要》规定国家层面和省层面的财物关系,但这样的设想在战时显得过于理想。在非常态化的战争环境里,国民政府试图通过制度化的新县制实现县各级组织建设,实现地方自治,在某种程度上已经预示了设计者的预期目标将被大打折扣,乃至偏离最初的预设轨道。战时全国经济困难,有限的经费多用于军事和行政,县级地方行政部门不仅不能平衡自身收支,还经常负责筹措上级摊派的经费,这对于本就捉襟见肘的县财政来说,无异于雪上加霜,各县为增加收入,多钻纲要漏洞向民众摊派各种苛捐杂税。地方自治作为民众广泛参与和决策所在地区事务的制度,即通过国民教育和政治训练的方式激活国民主体意识,重塑民众观念,整合区域民众力量。但这种制度的实施需要一个前提,即改变广大民众由来已久的对地主及资产阶级的依附心理,这就涉及土地问题。但不论是《县各级组织纲要》,还是陕西省出台的各项法案,对于农民最为关心的土地问题只字不提。从合作社对社员的身份和财产要求看,新县制从某种意义上可以说是将广大农民排除在外的政治改革。尽管新县制内容繁多,涵盖政治、经济、文化和社会日常等多个方面,开展得如火如荼,但抛弃掉最广大民众切身利益的地方自治方案,注定只是历史舞台上一场高调表演。

小结

九一八事变后,国民政府在陕西建设西京,是抗日救亡局势、国内政局等多重因素所致,说明陕西不论是在对外抗战还是在国内政局方面都有独特的地缘政治优势。虽然九一八事变后民族危机日渐加深,但蒋介石却一直以"攘外必先安内"为方针,并试图借机收服杨虎城等地方势力,因而,在全民族抗战爆发前,国民党中央和陕西地方一直处于相融相对的微妙关系中。全民族抗战爆发打破了这种微妙秩序,蒋介石借抗战实现了掌控陕西的夙愿。全民族抗战爆发后,西京建设虽已放缓,但国民政府通过陕西省政府主席的任命安排及新县制推行,逐步建立了一套从中央到地方的现代化行政管理体系,对推进陕西各级政府体系从传统向现代转换不无益处。在抗战时期,这种转变对战时物资筹备、兵员补充都起到极为重要的作用。有学者认为:"陕西(省政府)对抗战贡献良多,无论在第一线对抗或在物资人力支援上有极佳表现。"[1]确实,全民族抗战八年间,陕西征集的兵员就达110万人,为抗日战争作出了巨大的牺牲。而陕西虽处后方实为前线的地理位置,使其在全民族抗战爆发之初就不得不从军事上予以正面回应。

---

① 转引自陈侃章:《飞将军蒋鼎文》,浙江人民出版社 2012 年版,第 322 页。

第三章

全民族抗战时期的陕西军事

全民族抗战爆发后，陕西的军事战略地位日益凸显，尤其是在日军占领山西大部之后，陕西既成为扼守西北的咽喉，也成为连接西南，支援华北、中原战区和敌后战场对日作战的战略要地。因此，保卫陕西，抗日御敌，成为陕西军民的重要任务。为此，国民政府在陕西先后组建西安行营和天水行营，以加强北方各战区的联系。与此同时，由杨虎城所辖的第十七路军改编的国民革命军第三十八军奔赴抗日前线，积极投入保卫中条山与黄河河防的军事行动中。其中，孙蔚如部坚守晋南的中条山，与日军展开了殊死战斗，被称誉为"中条山的铁柱子"。此外，面对日军疯狂的炮击和轰炸，陕西军民积极开展各种防空建设，有效减少了空袭的损失。

一、西安行营、天水行营及汉水行营的存废

1937年1月5日，南京国民政府军政部发表《整理陕甘军事办法》，其中人事方面，首先即任命顾祝同为国民政府军事委员会委员长西安行营主任，承军事委员会委员长蒋介石之命，综理陕甘青宁军事。[1]国民政府军事委员会委员长西安行营乃是国民党统筹陕西、甘肃、宁夏、青海四省国防建设，指挥各部队（主要是中央军）向西北进发，分化瓦解东北军、西北军，用军事占领、接管的手段，处理西安事变善后事宜，包围与进攻红军和陕甘宁革命根据地的一个军事派出指挥机构。[2]

顾祝同被任命为国民政府军事委员会委员长西安行营主任后，一面与杨虎城的代表就军事问题进行谈判，一面继续施加军事压力。顾祝同兼任第一集团军总司令，将九个师的兵力部署于华阴、华县正面，以陈诚的第四集团军九个师屯驻于渭河以北，以卫立煌的第五集团军四个师在商洛方面行动，以蒋鼎文的第二集团军和朱绍良的第三集团军于甘肃、宁夏方面行动，并亲自到潼关督军。1月22日，

---

① 《行政院决议任免陕甘军政人员》，《大公报》，1937年1月6日，第3版。
② 中共陕西省委党史研究室编：《历史的回声：纪念西安事变七十周年论文集》，陕西人民出版社2007年版，第541页。

蒋介石还致电杨虎城，称西安问题交顾祝同全权处理。蒋介石指示顾祝同，要求西安的东北军和第十七路军须于1月28日前撤至泾阳、咸阳、户县以西，红军回陕北。中央军1月29日进驻西安，2月5日前进至咸阳、宝鸡一线。

1月24日，杨虎城派西北"剿匪"总司令部办公厅主任米春霖，以及骑兵军长何柱国、陕西军警督察处处长谢珂等至潼关晋见国民政府军事委员会委员长西安行营主任顾祝同，表示愿意接受中央命令，但同时提出三项要求：其一，在张、杨各部及中共撤退时，由国民党中央及张、杨两部各派10人组成视察团，分作两组，分派在两方部队前线，担任监视任务，以免在撤退时遭到国民党中央军的攻击；其二，张、杨部队撤退时，请借伙食费若干；其三，张部酌留少数部队在西兰公路上，杨部酌留少数在西安。对这三项要求，顾祝同全部允诺，并决定先借给张、杨部队一个月的伙食费，同时组成由南京中央及张、杨各派定人员参加的视察团。这样，杨虎城于26日正式表示接受南京中央的命令，并依据蒋介石提出的善后办法，将所部撤至渭北指定地区。①

1937年2月7日，中央军宋希濂师等部进驻西安及陇海铁路沿线各要点。9日，顾祝同自潼关到西安就职，在南院（前西北"剿匪"总司令部址）设立行营办事机构（后增委何柱国为行营副主任）。1937年7月，全民族抗战爆发后，日军为配合其华北战场的作战，企图在吴淞至浏河沿岸登陆，一举攻占上海，打开进攻南京的大门。蒋介石为便于统一上海方面的作战指挥，决定成立第三战区，分别任命冯玉祥、顾祝同为正、副司令长官，陈诚为前敌总指挥。②顾祝同他调之后，西安行营主任则由原福州绥靖公署主任、陆军上将蒋鼎文奉命接任。1937年11月17日，国民政府正式发布任免令："驻闽绥靖主任蒋鼎文另有任用，蒋鼎文应免本职，此令。特派陈仪兼驻闽绥靖主任，此令。军事委员会委员长西安行营主任顾祝同，另有任用，顾祝同应免本职，此令。特派蒋鼎文为军事委员会委员长西安行营主任，此令。"③1938年6月上旬，陕西省政府主席兼第三十八军军长孙蔚如被排挤出西安，蒋鼎文以西安行营主任身份兼任陕西省政府主席等职。④蒋鼎文担任西安行营主任期间，负责黄河流域地区的防务。他令部队沿黄河南岸的新安县至韩城之禹门

① 朱汉国主编：《南京国民政府纪实》，安徽人民出版社1993年版，第534页。
② 章洗文主编：《民国高级将领档案解密（第1卷）》，党史研究出版社2011年版，第296页。
③ 《命令》，《申报》，1937年11月18日，第3版。
④ 西安市地方志编纂委员会编：《西安市志》，第771页。

一带构筑河防工事,分兵扼守,与此同时,还积极遏制八路军的抗日活动,曾亲自前往青海,煽动马步芳、马步青反共,形成对陕甘宁革命根据地的包围。①

1938年11月25日至28日,国民政府军事委员会在南岳召开军事会议。南岳军事会议检讨了抗战以来正面战场我军的作战情况,确定了进入战略相持阶段的抗战方略和军事部署,重申了将继续实施持久作战的战略方针,在局部战场上不断发动有限度的攻势与反击,以牵制和消耗敌人,策应敌后的游击部队,迫敌局促于点线,粉碎其以华制华、以战养战的企图。在军事部署上,准备轮流以三分之一兵力用于正面战场的防御,三分之一兵力进入敌后进行游击战争,三分之一兵力调后方整训补充,强化战力,准备将来的总反攻。②

南岳军事会议的另一个重要内容是决定整顿军队,重新划分战区,将全国划分为第一至第五战区、第八至第十战区,以及鲁苏、冀察战区。陕西分属两个战区,即第二战区和第十战区,但主要归属于蒋鼎文的第十战区。

第一战区:豫北及皖北,司令长官卫立煌,辖12个步兵师,1个步兵旅,1个骑兵师,1个骑兵旅(特种部队未列入,下同)。

第二战区:山西及陕西东北部,司令长官阎锡山,辖32个步兵师,14个步兵旅,5个骑兵师,3个骑兵旅。

第三战区:苏南、皖南及浙闽两省,司令长官顾祝同,辖22个步兵师,2个步兵旅。

第四战区:两广,司令长官张发奎,辖18个步兵师,2个步兵旅。

第五战区:鄂豫皖三省交界处,司令长官李宗仁,辖34个步兵师,1个骑兵师,1个骑兵旅。

第八战区:甘肃、宁夏、青海、绥远,司令长官朱绍良,辖6个步兵师,9个步兵旅,4个骑兵师,4个骑兵旅。

第九战区:赣西、鄂南及湖南,司令长官陈诚(薛岳代理),辖52个步兵师。

第十战区:陕西,司令长官蒋鼎文,辖9个步兵师,1个骑兵师。

鲁苏战区:苏北及鲁南,司令长官于学忠,辖7个步兵师。

① 沉度等编:《国民党高级将领传略》,华文出版社1995年版,第250页。
② 郑洞国:《我的戎马生涯:郑洞国回忆录》,东方出版社2012年版,第151页。

冀察战区:河北及察哈尔,司令长官鹿钟麟,辖5个步兵师,1个骑兵师。①

除此之外,此次会议还决定设立桂林、天水两个军事委员会委员长行营,分别统一指挥南北两个战场,此前所设的广州、西安、重庆各行营一律撤销。继南岳军事会议之后不久,1938年12月下旬,蒋介石在陕西武功召集北中国战场各参战高级指挥官举行了武功军事会议,决定撤销重庆、西安、广州三行营,另设桂林、天水两行营。程潜以第一战区司令长官的身份出席了武功军事会议。会议结束后,蒋介石宣布由程潜接任军事委员会委员长天水行营主任,遥领河南省政府主席(至1939年9月)。天水行营辖北战场的五个战区,即第一战区(豫北及安徽之一部,司令长官卫立煌),第二战区(山西及陕西之一部,司令长官阎锡山),第五战区(皖西、鄂北、豫南,司令长官李宗仁),第八战区(甘宁青及绥远,司令长官朱绍良),以及第十战区(陕西,司令长官蒋鼎文)。②

1938年12月29日,蒋介石就设置天水行营并指派程潜任行营主任一事,致电第一战区司令长官卫立煌、第二战区司令长官阎锡山、第五战区司令长官李宗仁、第八战区副司令长官朱绍良、第十战区司令长官蒋鼎文、鲁苏战区司令长官于学忠、冀察战区司令长官鹿钟麟及程潜本人知照。其电云:"训令:(一)本会(按指军事委员会)为顾虑尔后作战训练及交通通讯补充经理之便利,在天水设置本委员长行营,主管第一、第二、第五、第八、第十、鲁苏及冀察各战区业务。(二)特派前第一战区司令长官程潜为天水行营主任。除呈国民政府任命外,兹着于来年一月十日成立。(三)第一、第二、第五、第八、第十、鲁苏及冀察各战区一月十日以后关于作战事宜,归天水行营指导。(四)天水行营按事实需要,可在西安设办事处,程主任亦可暂驻西安。仰各遵照。"③天水行营的职责有如下几个方面:作战部分:依据军事委员会既定方针与指示,主持所辖战区之作战,并与军事委员会各部联系;军政部分:办理所辖战区部队之整理、补充、经理、卫生诸事项;军训部分:办理所辖战区内部之教育、检阅、点验诸事项;后勤部分:办理所辖战区内之交通运输、通信、补给诸事项;军法部分:办理所辖战区内与军法有关诸事项。④天水行营虽然以"天水"为番号,但驻地设在西安。1939年2月1日,天水行营正式成立。

---

① 蒋纬国总编著:《抗日御侮(第6卷)》,台北黎明文化事业公司,1978年,第3-4页。
② 陈先初:《程潜与近代中国》,湖南大学出版社2004年版,第216页。
③ 陈长河:《国民党军委会天水行营组织概述》,《军事历史研究》,1996年第3期,第89-93页。
④ 陈先初:《程潜与近代中国》,湖南大学出版社2004年版,第216页。

程潜是资历深、有声望的国民党军界元老，却非蒋介石的嫡系。所以，天水行营在名义上全权负责统一指挥北战场第一、第二、第五、第八、第十、冀察六个战区和苏鲁皖豫边区等所有驻军及其作战活动，但实际上蒋介石直接同各战区首脑甚至嫡系军师长们保持着密切联系，往往越级下达命令，程潜的行营在军事上并没起多大作用。1939年3月7日，日本飞机空袭西安，五岳庙门城墙下的行营防空洞亦遭轰炸，程潜受伤，遂离职养病。后行营机关迁驻于东厅门原西安高中址，一度由参谋长晏勋甫暂时代理行营日常事务。①

1940年5月，蒋介石又在西安改设国民政府军事委员会西安办公厅，于是国民政府军事委员会委员长天水行营正式被撤销。至于被撤销的原因，反共不力是其中之一。因为程潜在任期间，同第十八集团军驻西安办事处主任林伯渠时常往来，掩护了一些共产党人、进步人士从事抗日救国活动。也正是因为如此，天水行营不能很好配合胡宗南反共，双方产生矛盾，结局是天水行营被撤销。②西安办公厅上将主任徐永昌时为军事委员会军令部部长，始终未到职，由第一副主任、陆军中将熊斌（原为军令部常务次长）代理主任职务，第二副主任为陆军中将谷正鼎。西安办公厅是国民政府军事委员会在北战场的派驻机构，但职权比委员长行营大为缩小，只是以长江以北各战区为联系对象，负责沟通上下、汇集情报、指导后勤等具体业务，并不指挥军队及其作战活动。③

1943年9月，伴随汉中地区战略地位的提高，国民政府又设立了军事委员会委员长汉中行营。汉中行营也因此成为当时全国五大行营（其他四个行营分别为成都行营、赣州行营、昆明行营、西昌行营）之一。汉中行营设立后，蒋介石任命李宗仁为行营主任，下辖三个战区：第一战区，长官司令部驻陕西西安，司令长官陈诚；第五战区，长官司令部驻湖北老河口，司令长官暂由李宗仁兼任；第十战区，长官司令部驻安徽立煌（今安徽金寨），司令长官李品仙。从汉中行营所辖战区也不难看出其当时所处的重要战略地位。它既是西北抗战的统帅部，担负着抗击日寇侵犯、巩固西北国防的任务，同时由于所辖战区以东国土多被日寇侵占，国民政府首都已迁到重庆，所以汉中行营所辖的三个战区，就构成了抗击日寇入侵重庆乃

---

① 西安市地方志编纂委员会编：《西安市志》，第771页。
② 杨者圣：《杨者圣民国人物系列：西北王胡宗南》，上海人民出版社2017年版，第139页。
③ 西安市地方志编纂委员会编：《西安市志》，第773页。

至西南后方的外围屏障,所以它还担负着保卫战时首都外围安全的重要任务。[①]

可以看到,伴随抗战形势的变化,陕西在战区归属上也发生了较大变化,由原来的第十战区一跃而成为第一战区,重要性不言而喻。另外,从行营主任的角度讲,虽然国民政府于1943年9月成立了汉中行营并任命李宗仁为行营主任,但是由于李宗仁在此之前担任第五战区司令长官之职,所以在新任第五战区司令长官到任之前,李宗仁仍然需要留在湖北老河口待命。直到1945年2月,国民政府才确定由刘峙接任第五战区司令长官之职。双方交接完毕后,李宗仁于1945年3月12日抵达汉中,正式担任行营主任一职。此时,距离抗战胜利已不足半年时间。

行营是介于国民党最高统帅部和各战区之间的军事机关,一般在战略地位突出的地方设置,而行营主任之职,则由军事委员会委员长蒋介石亲自选任。由此可见,无论是从军略还是政略的角度,行营的重要性都不言而喻,如果能够发挥得当,必能真正起到加强战区联系的作用。但从西安行营、天水行营和汉中行营的实际运作情况来看,天水行营几乎成为一个摆设。汉中行营更是如此,李宗仁在其回忆录中明确指出:"汉中行营事实上是一个虚设机构,无实际的职权。各战区作战一向由军事委员会直接指挥,汉中行营设立之后,此指挥系统并无变更,只是各战区对中央的报告亦送一副本给汉中行营罢了。所以这一机构似乎是蒋先生专为我一人而成立的。目的是把我明升暗降,调离有实权的第五战区。"[②]而蒋鼎文领导下的西安行营,虽然运转尚正常,但大部分精力被用于防备中共,大大偏离了行营设置的初衷。

① 陈福寿编著:《汉中史谭》,三秦出版社2016年版,第219-220页。
② 李宗仁口述,唐德刚等撰:《李宗仁回忆录》,华东师范大学出版社1995年版,第589页。

二、第三十八军出关抗击日军

1936年西安事变后,杨虎城担任总指挥的第十七路军总部被南京国民政府撤销,杨虎城被迫出国考察,其部队合并改编为国民革命军第三十八军,由陕西省政府主席孙蔚如兼任军长,下辖第十七师(师长赵寿山)、第一七七师(师长李兴中),陕西警备第一旅(旅长王俊)、第二旅(旅长孔从洲)、第三旅(旅长王镇华),以及教导团、骑兵团等部,总计官兵3万余名。[①]七七事变发生后,孙蔚如即派出第十七师(师长赵寿山)、第一七七师之五二九旅(旅长许权中)、第一七七师教导团(团长李振西)次第开赴抗日前线,参加了保定、娘子关、忻口诸战役,以重大的牺牲迟滞了日寇的军事行动。

1937年7月7日,卢沟桥事变爆发,此时正在庐山受训的陕军第十七师师长赵寿山于7月8日即请缨北上抗日。赵寿山,陕西户县人,1911年入西北大学预科,后转入陕西陆军测量学校学习。1920年起任冯玉祥部陆军第十六混成旅参谋教官。1924年春起任杨虎城部军事教官团长、第五十一旅旅长,后兼汉中绥靖公署主任。西安事变时兼任西安公安局局长,是西安城内军事行动的总指挥。全民族抗战爆发后,赵寿山先后任第十七师师长、第三十八军军长。[②]

1937年7月21日,第三十八军第十七师与第一七七师的五二九旅,即在陕西渭北地区集结誓师,开赴抗日前线。24日抵河北深县待命,归第五十二军军长关麟征指挥,主要任务是协同第五十二军保卫保定。当时日军刚刚占领平津,气焰嚣张,以20万人的兵力,沿平绥、平汉及津浦分路向南进攻,妄图在3个月内灭亡中国。沿平汉铁路南侵的为川岸师团和其他一些特种部队,约有3个师团数万人,9月中旬,在空军配合下,开始沿平汉路两侧向南入侵。部署在保定以北固城至琉璃河一线的孙连仲等部首先与敌接触,相继溃败。18日涿州、琉璃河失陷。21日日军侵占徐水后沿平汉线继续南侵,第十七师漕河防线首当其冲。在飞机、大炮和坦克配合下的日军,连续发起猛攻,第十七师官兵奋起抗击,[③]多次打退日

① 袁文伟编著:《中国抗日战争全景录·陕西卷》,陕西人民出版社2015年版,第134页。
② 夏征农主编:《大辞海·军事卷》,上海辞书出版社2007年版,第444页。
③ 政协陕西省委员会文史和学习委员会编:《陕西抗战史料选编》,三秦出版社2015年版,第481页。

军第二十师团(师团长川岸文三郎)的进攻,并增援左翼第五十二军阵地。傍晚,第五十二军阵地不幸被日军突破。9月22日,赵寿山指挥第十七师继续阻击日军,掩护左翼第五十二军撤退。9月23日,日军侵占保定郊区,在飞机大炮配合下开始攻击保定城。入侵的日军遭到我爱国官兵的英勇抵抗,但国民党各主力部队相继南撤,守城部队只有第二师的一个旅和第十七师的一个团等。第十七师大部分转移至保定城东南阜河下闸桥、仙人桥一线,继续抗击南下的日军。[①]9月23日,第十七师在仙人桥、狭窄桥与日军展开激战,伤亡惨重。傍晚,第十七师奉命放弃阵地,向南撤退。9月24日,日军占领保定。9月底,第十七师渡过沙河、滹沱河,撤至石家庄以东的晋县收容休整。10月6日,第十七师由石家庄向西转进,开始担负晋东门户娘子关的正面防御任务。[②]

　　1937年10月初,日军沿平汉线继续南犯,在进攻石家庄的同时,以一部兵力西犯,企图夺取娘子关,与由晋北南下之敌合击太原。娘子关位于平定县以东、井陉县以西的正太线上,为晋冀间要冲,是太原的东面门户,对于稳定华北战局有着极重要的意义。国民政府军事委员会为确保山西,使晋北作战无后顾之忧,在抽调第十四集团军转用于晋北作战之后,又命令第一战区第二十六路军、第二十七路军、第三军及第十七师等部转用于娘子关南北之线,以掩护第二战区之右侧。阎锡山于10月10日夜派副司令长官黄绍竑赴娘子关统一指挥作战。此时,第二十六路军除留第三十师归第二十七路军总指挥冯钦哉指挥外,其余部队在第二集团军总司令(兼第二十六路军总指挥)孙连仲的率领下入晋增援。冯钦哉将第十七师配置于娘子关与雪花山一带;第三十师及第一六九师在左翼之张家井、西板山、曹庄一带;第三军在右翼之九龙关、测鱼镇、北障城一带。[③]

　　10月11日,赵寿山指挥第十七师进入娘子关正面阵地,主力扼守关口外的雪花山和乏驴岭,其他则布置于铁路两侧高地,师部驻乏驴岭。10月12日晨,日军川岸文三郎第二十师团向娘子关发动全面进攻,雪花山首当其冲,激战两天一夜。时任第十七师参谋处参谋的蒙定军后来曾经这样回忆当时的激烈战斗场面:"雪花山反复易手三四次,敌受挫于我阵地前。唯我右翼刘家沟东端阵地,遭敌空军

①　政协陕西省委员会文史和学习委员会编:《陕西抗战史料选编》,三秦出版社2015年版,第482页。
②　赵晓林、魏立安:《陕西抗日将领年谱》,陕西师范大学出版社1995年版,第120页。
③　军事科学院军事历史研究部:《中国抗日战争史》,解放军出版社2005年版,第92-93页。

猛烈轰击,守兵伤亡惨重,阵地失守,敌遂向旧关突进。同时又以千余兵力攻我左翼雪花山阵地。十七师为保持雪花山防御的稳定,并牵制西进旧关之敌,遂抽调一个团的兵力,由赵亲自率领,于13日晚5时,分三路主动向井陉南关日军右侧背出击。右翼出击部队在九十八团陈际春团长率领下,于晚10时歼灭了突入我刘家沟、长生口阵地之敌;左翼为一〇二团二营,向井陉县城实施佯攻,中路在一〇一团张桐岗团长率领下,于雪花山麓(石板片附近)与敌增援部队1000余人相遇。我趁敌正在休息,立即发起冲锋,官兵奋力冲杀,砍得敌人尸横遍野。敌不支,向东奔窜,我跟踪追歼,至午夜,我连下施水村、板桥、朱家川、南关车站,缴获大炮、机枪、骡马及其他战利品甚多。其中仅山炮、野炮即有数十门。"①

　　10月13日,日军自凌晨起再次集中兵力猛攻雪花山,未能得逞。傍晚,赵寿山"见敌两日以来猖獗进攻,精力必疲",遂亲率一团兵力向敌出击,连续收复板桥、朱家川、施水村、长生口和井陉车站,毙伤日军1000余人,缴获山炮7门、机枪40余挺。但日军亦于同时趁守军疏于防范,袭占雪花山。10月14日凌晨,赵寿山得知雪花山阵地失守后,指挥出击部队向雪花山的日军发起反攻,但因日军工事坚固,仰攻不易,导致部队伤亡1000余人,未能收复。②随后,第十七师退守乏驴岭阵地。10月19日,日军增派兵力猛攻乏驴岭。赵寿山指挥部队"死力拒守",但"因我军精疲力惫,死亡过多,敌人有加无已,我之械窳弹绝,山头丸石亦抛掷无遗",乏驴岭最终被日军占领。10月20日,第十七师撤出阵地,移至娘子关西北的驴桥岭、神灵台收容整顿。娘子关之役,第十七师坚守正面阵地9个昼夜,伤亡惨重,官兵仅余2700余人。第二战区副司令长官黄绍竑曾发电嘉奖称"第十七师此次攻守皆很尽力,损失奇重,殊堪嘉慰",并赏银圆3000元,以资慰勉。10月24日,第十七师余部由神灵台出发,沿正太路经盂县山地向西撤退。10月26日娘子关失陷。③11月4日,第十七师奉命到太原东郊山地陈家峪、敦化坊一线设防。5日,与猖狂西进的日军激战5小时之久。此时,由忻口南下的日军已攻进太原北关,太原外围的各友军均在撤退,第十七师遂向太原以南转移。6日,渡过汾河,然后西进至离石县以西之碛口一带收容整顿。④

①　政协陕西省委员会文史和学习委员会编:《陕西抗战史料选编》,三秦出版社2015年版,第493页。
②　赵晓林、魏立安:《陕西抗日将领年谱》,陕西师范大学出版社1995年版,第120页。
③　赵晓林、魏立安:《陕西抗日将领年谱》,陕西师范大学出版社1995年版,第121页。
④　政协陕西省委员会文史和学习委员会编:《陕西抗战史料选编》,三秦出版社2015年版,第494页。

就在第十七师在娘子关浴血奋战之际，第一七七师的五二九旅则奉命由河北保定前线转到山西忻口抗击日军的进攻。五二九旅旅长许权中，原籍山东临淄，生于陕西临潼。1925年加入中国共产党。1926年后曾担任国民军联军的团长、旅长和中山军事学校总队长等职。1928年在陕西参加了渭华起义，同年赴苏联中山大学和红军大学学习。1933年任察哈尔抗日同盟军第十八师师长。1936年任杨虎城部警备第二旅副旅长，参加了西安事变。后任第十七路军独立旅旅长、第一七七师参谋长。1937年10月13日，忻口战役开始，晋北吃紧。五二九旅奉命增援，经龙泉关、五台，于10月18日到达忻口。忻口战线，左翼为李默庵部，右翼为刘茂恩部，中央地区为晋军王靖国部，由陈长捷任前线指挥，总指挥为卫立煌。①

10月26日，由于娘子关防线被突破，日军向太原方向进犯。娘子关被敌突破后，忻口守军于11月1日午夜全部后撤。撤退前一日，进攻忻口之敌第五师团在空、炮火力配合下，大举进攻，战斗相当激烈。五二九旅全体官兵英勇拼杀，坚决抵抗，终将进攻之敌击退。第三营营长李明轩、连长祁有珍负伤。撤退时，又奉命在友军撤离后，才撤出阵地。②五二九旅在忻口作战半个月，坚守了阵地，顶住了敌人的进攻，并收复了一些友军失去的阵地，歼敌3000多人，但也付出了重大代价，伤亡2/3以上，全旅3000多人剩下不到1000人，其中一〇五七团共产党员210多名，最后仅剩六十几名。卫立煌曾经嘉奖说，五二九旅增援上去，使忻口阵地转危为安。③

除了以上两支部队外，由李振西率领的第三十八军第一七七师教导团也曾经开赴河北前线抗日。李振西，黄埔军校第六期步科毕业，甘肃定西人。全民族抗战爆发后，任第三十八军孙蔚如部教导团上校团长，第九十六军第一七七师副师长，第四集团军第三十八军中将副军长，先后参加娘子关抗战、洛南防守战等战役。1945年起任整编第三十八师师长，第三十八军军长。④1937年9月3日，教导团在西安北校场举行了抗日誓师大会。会后，教导团乘火车，出潼关，由郑州北上，经石家庄、正定、无极，转易县，增援紫荆关。因平汉路正面被敌突破，全线向

① 政协陕西省委员会文史和学习委员会编：《陕西抗战史料选编》，三秦出版社2015年版，第496页。
② 阎揆要、翟劲之、李少棠、姚杰：《忻口会战中的五二九旅》，《黄埔》，2015年第2期，第26页。
③ 政协陕西省委员会文史和学习委员会编：《陕西抗战史料选编》，三秦出版社2015年版，第497页。
④ 陈予欢编著：《黄埔军校将帅录》，广州出版社1998年版，第518页。

南撤退,教导团也由易县,经满城县,退到平山县。10月8日奉命开到滹沱河南岸平山县东西回舍国防第二线阵地,掩护大军南撤。滹沱河防线极为简单,仅挖有东西交通壕,根本无法抵御强敌。[1]右翼是孙连仲部,左翼是冯钦哉部。10月10日拂晓,日军约一个联队从滹沱河北岸以猛烈炮火向教导团阵地轰击,接着在飞机掩护下,步兵乘汽艇强渡。教导团官兵趁敌半渡,用猛烈炮火和重机枪狠狠反击,打沉敌汽艇3艘,使敌强渡未得逞。在激战中,特务连连长李光华不幸阵亡。是役,毙伤敌百余人,教导团亦伤亡60余人,第五连连长雷声雪阵亡,团长李振西的腰部也被日机弹片擦伤。鉴于滹沱河已无再守的价值,部队遂撤退到山西盂县休整待命。[2]

娘子关战役打响后,教导团又奉命增援娘子关,于1937年10月16日抵达。未作休息,10月16日夜,奉第二战区副司令长官黄绍竑之命,上山接替孙连仲第三十师侯镜如旅旧关西面阵地,阻止日军迂回娘子关。[3]旧关,位于山西省平定县城东90里,平定县与井陉县交界处。地处太行山中段,北距娘子关9公里,西距阳泉市中心54公里,是内长城的重要关隘之一,为战国时期赵长城的重要关卡,冀晋通衢中最具战略地位的要冲之一。旧关历来是兵家必争的战略要地,是娘子关的右门户,军事方面的地位与娘子关相同。[4]10月17日拂晓,日军向教导团阵地发动猛攻,先以大炮轰击,继以飞机低空轰炸扫射,掩护步兵乘着硝烟爬山仰攻。团长李振西因在滹沱河负伤,住在阵地后边半山沟石洞,重担全落到了团附张希文身上。他亲临火线,身先士卒,督率全团官兵居高临下奋力反击。他与营长殷义盛、李成德、钟期恭等大声高呼:"官兵同志们,努力杀敌,彻底消灭他们!"全团上下,同仇敌忾,以手榴弹、机枪狠狠打击,终于打退了日寇的猖狂进攻。[5]

激战两天后,官兵伤亡惨重。当日晚,张希文在阵地召开会议,为了减少伤亡,歼灭敌人,保住阵地,张希文提出在敌炮轰击时,留少数战士在掩体内监视敌人,其余官兵隐蔽在半山坡山岩后。避过敌人炮击后,迅速进入阵地,狠狠打击进攻的日军,进而歼灭之。教导团用这样的办法,坚守阵地三昼夜,打退日军多次猛

① 渭南市政协文史资料委员会:《渭南文史资料(第4辑)》,富平县印刷厂1992年版,第130页。
② 渭南市政协文史资料委员会:《渭南文史资料(第4辑)》,富平县印刷厂1992年版,第131页。
③ 渭南市政协文史资料委员会:《渭南文史资料(第4辑)》,富平县印刷厂1992年版,第131页。
④ 汪泾洋编著:《中国古关概览》,解放军出版社2017年版,第321页。
⑤ 中共陕西省委党史研究室编:《陕西抗战人物纪事》,陕西人民出版社2015年版,第421页。

攻,毙伤敌千余人,自身亦付出重大代价。[1]20日,黄绍竑曾致蒋介石密电说,教导团几全团殉国。营长钟期恭、阎维良均负伤,连、排长伤亡殆尽。激战到10月23日,黄绍竑见教导团损失惨重,命令川军邓锡侯部前来接防,教导团奉命撤至阳泉待命。第二战区派出续范亭代表长官部,犒赏官兵每人银圆五元。不久,经黄绍竑批准,部队开回陕西泾阳整训。回陕后,当时电影公司曾把教导团坚守旧关的激战场面拍成电影。著名剧作家宋之的还编写了剧本《旧关之战》,在西安上映,向广大军民进行抗日宣传。[2]

三、血战中条山与保卫黄河河防

中条山位于山西省南部,东接王屋山,西入河曲,绵亘200公里,是黄河北岸的天然屏障。占领中条山,既可控制黄河,又可以炮火遮断陇海路,作为西出关中和南下豫西的依托,其战略地位十分重要。[3]中条山地区虽位于山西省境,但在抗战时期却不是晋绥军的防区,亦不属于阎锡山的第二战区管辖,而是归于以卫立煌为司令长官的第一战区。[4]当时第一战区的战斗序列为:

战区司令长官卫立煌,二级上将;

副司令长官,孙连仲、冯钦哉皆中将加上将衔;

第二集团军总司令,孙连仲;

第三集团军总司令,孙桐萱;

第四集团军总司令,孙蔚如;

第五集团军总司令,曾万钟;

第十四集团军总司令,卫立煌兼(后由刘茂恩继任);

① 中共陕西省委党史研究室编:《陕西抗战人物纪事》,陕西人民出版社2015年版,第421页。
② 中共陕西省委党史研究室编:《陕西抗战人物纪事》,陕西人民出版社2015年版,第421页。
③ 孔从洲:《孔从洲回忆录》,解放军出版社2006年版,第232页。
④ 政协彭阳县第八届委员会编:《彭阳文史:第5辑》,宁夏人民教育出版社2016年版,第363页。

第十五集团军总司令，何柱国；

第三十六集团军总司令，李家钰；

第三十九集团军总司令，石友三（石友三伏法后由高树勋继任）；

第四十一集团军总司令，×××（原文如此——引者注）。

除掉上面九个集团军，还有一个第十八集团军，也在第一战区的战斗序列之内。[1]

可见，孙蔚如的第四集团军正好归属于卫立煌的第一战区，第四集团军当时最主要的任务就是防守中条山的西段。根据卫立煌对中条山防线的部署，1938年11月，中条山根据地国民党军队改建为三个集团军，包括孙蔚如的第四集团军、曾万钟的第五集团军、卫立煌的第十四集团军（后由刘茂恩继任）。具体防务方面，中条山地区大体分为三段，东段自绛县至横岭关，由第十四集团军刘茂恩率部把守；中段闻喜、夏县一带，由第五集团军曾万钟率部把守；西段平陆一带，则由第四集团军孙蔚如部把守。[2]孙蔚如的第四集团军由第三十一军团而来。1938年7月，孙蔚升任第三十一军团军团长，下辖两个军：赵寿山的第三十八军和李兴中的第九十六军。11月，第三十一军团改编为第四集团军，孙蔚如仍任集团军总司令。

因此，从1938年7月到1940年10月，第四集团军在中条山地区同日军进行了殊死的搏斗，为保卫黄河、保卫陇海线、保卫大西北做出了英勇的牺牲，"中条山防御地区，是一个正面宽而纵深短的地区，山前张店、解州、虞乡等要点都已被敌人占领，背后是滔滔黄河，后方交通不畅，后勤补给不便，形势十分险恶。第四集团军所部坚持中条山抗战近三年之久，大小战役百余次，斗争异常激烈残酷，光荣地履行了守土之责，敌人的战略企图始终未能实现"[3]。在这期间，第四集团军先后粉碎了日军的11次大"扫荡"，打击了日军的嚣张气焰，阻遏了敌人越过黄河、进入西北的势头。正如孙蔚如自己所言："中条山的坚守，将近三年来，约有十一次较大的战斗，包括我军在阵地前的出袭。平均每三个月发生一次大的战斗，还

① 赵荣声：《回忆卫立煌先生》，文史资料出版社1985年版，第159页。

② 郝平、周亚、李常宝编著：《中国抗日战争全景录：山西卷》，山西人民出版社2015年版，第86-87页。

③ 孔从洲：《孔从洲回忆录》，解放军出版社2006年版，第233页。

不包括进出敌后几十次的游击战。"①这11次较大规模的战斗分别是:

(1)一九三八年八月八日,敌犯张茅公路,与我战于南村、太臣村、圣人涧。同时另一路沿同蒲路南犯,进犯永济、芮城。

(2)一九三八年九月十三日,张店敌进犯我槐树坪、侯家岭等处阵地。

(3)一九三八年十一月四日,敌分三路南犯,一路经解县南侵二十里岭,一路为盐池南岸大小李村之敌,向榆树岭、扁豆凹、黄龙岭进犯。一路自永济韩阳镇犯中条山西段。

(4)一九三九年一月一日至二十三日,安邑、运城之敌,向中条山磨凹、马家岭、黄草坡、黄龙岭等处进犯。一九三九年一月二十六日,独四六旅在平陆上空,用机枪击落敌"306号"飞机一架,俘敌驾驶员山田青中尉及曹长大石信三两名、获机枪一挺。

(5)一九三九年三月二十九日,即"三·二九战役"。敌四千余在炮空配合下,向太臣村进犯,另一部进犯平陆以北之东西祁村。

(6)一九三九年六月六日,即"六·六战役"。

(7)一九三九年九月下旬,敌分三路向芮城、陌南镇进犯。

(8)一九三九年十月中旬,安邑、夏县之敌,向中条山东段进犯。

(9)一九三九年十一月上旬,永济之敌向永乐、芮城进犯。解县敌向二十里岭进犯。

(10)一九三九年十二月,阎锡山密令集中晋军六个军,突然向决死队、牺盟会等新军进攻,发动了"十二月政变"。日军配合行动,安邑、运城、闻喜各处之敌,集中万余,向中条山东西各段进犯。

(11)一九四〇年四月十七日即"四·一七战役",敌二十师团主力、及三十七师团之一部,向我中条山东段,进行大规模之"扫荡",平陆、茅津,以及东西延村、古王、计五,均陷敌手。经重新组织部队进行反击,至四月二十五日后,次第恢复原态势。②

---

① 中国人民政治协商会议陕西省委员会文史资料研究委员会编:《陕西文史资料选辑(第十八辑)》,三秦出版社1985年版,第20页。
② 中国人民政治协商会议陕西省委员会文史资料研究委员会编:《陕西文史资料选辑(第十八辑)》,三秦出版社1985年版,第22-23页。

在这 11 次较大规模的战斗中,又以 1939 年的"三二九""六六"及 1940 年的"四一七"三次战役规模为最大。

首先是"三二九"战役。1939 年 3 月 29 日,日军集中精锐部队 4000 余人,在空军支援和炮火掩护下由张店沿张茅大道南犯,一路向太臣地区第十七师阵地进攻,一路向东西祁村独立第四十六旅进犯。第十七师和第四十六旅运用机动灵活的战术,避实击虚,避敌锐气,击敌侧后薄弱部分,与敌周旋。日军为达南犯之目的,企图歼灭两军于太臣地区,除以飞机、大炮助战外,并施放毒气。①第十七师由于伤亡较重,被迫撤离阵地,而第四集团军总部执意命令该部死守阵地。由于战况不利,第十七师乃自行决定进击敌后,一部进至敌后闻喜以南、夏县以北之铁路沿线袭击日军,另一部则围攻张店日军,在日军动摇之际,主力部队集中火力进行反击,同时组织了百人大刀队,携带手榴弹,在炮火掩护下,冲杀敌阵。经过一番恶战,击毙日军六七百人,日军被迫后撤。②

此外,另有一部日军近千人向独立第四十六旅阵地发起猛攻,守军同样采取避其锋芒、击其侧后的策略将其击退,西段的第九十六军阵地也将来犯的日军击退,"是役毙伤敌军千余,击落敌轻型轰炸机一架,缴获军马 23 匹,六五步枪 23支,炮 4 门。我军伤亡 500 余人"③。中条山守军粉碎日军此次扫荡,国内各大媒体予以高度关注。蒋介石向第四集团军通电嘉奖:"日军第五次南犯中条山,经华孙总司令指挥部属与日军血战数昼夜,卒将日军击溃,委座以该部努力抗拒日军,屡建殊勋,特于日前专电嘉奖。"④第一战区长官司令部亦通令嘉奖。

其次是"六六"战役。1939 年 6 月 6 日,日军再次对中条山发动了全面进攻。这次战斗非常激烈,是第四集团军在中条山遇到的规模最大的一次战役。日军东起太行山,西迄中条山,全线出动。⑤根据战后第三十八军缴获的日军作战命令可以看出,消灭中条山的第三十八军为日军此次大规模作战的目标,"(1)大皇军在运城附近集结一个师另一个旅团兵力。附野炮 50 门,战车 30 辆,向平陆、芮城之线进攻,目的是将该处守军,第四集团军所辖三十八军、九十六军歼灭于芮城以东

① 甘肃省黄埔军校同学会编:《救亡图存甘肃黄埔同学抗战记事》,甘肃人民美术出版社 2015 年版,第 87 页。
② 郝平、周亚、李常宝编著:《中国抗日战争全景录:山西卷》,山西人民出版社 2015 年版,第 89 页。
③ 姚杰:《抗日战争中的第十七路军》,中国文史出版社 1997 年版,第 45 页。
④ 《潼关》,《申报》,1939 年 4 月 10 日,第 3 版。
⑤ 孔从洲:《孔从洲回忆录》,解放军出版社 2006 年版,第 235 页。

茅津渡以西地区,同时以山野炮30门炸毁陇海路灵宝铁桥,彻底破坏陇海线之运输。为达此目的,从6月1日开始行动,预计6月6日左右将芮城附近之九十六军一举而歼灭之。尔后挥师东进,协同由运城南下之我军会师于平陆茅津,一举歼灭三十八军,为今后扫荡中条,进攻豫陕奠定有利基础。(2)敌情判断:敌人乡陕西军队两个军,实际只有12个团,不足两万人,武器较差。九十六军是从陕西调来,未参加大战役,战斗力待查。三十八军据报系杨虎城嫡系,内部有共党分子,战斗力较强。该军之十七师于1937年8—9月在平汉线北段被我军打击受创甚大,后在娘子关雪花山附山损失过半,去年六七月间在豫北济源以西,晋南垣曲以东封门口邵源、蒲掌之线与我军会战,元气未复。基于上述情况,我军应以主力先歼灭芮城附近之九十六军,尔后再集中兵力于平陆茅津渡间聚歼三十八军”①。

　　日军将第三十八军在中条山的坚守抗战视为“盲肠”,急欲灭之而后快。1939年6月上旬,日军牛岛实常第二十师团、前田治第三十五师团一部,并配有野炮、山炮各一联队,共计3万人,在日军山口集成飞行队30余架飞机的空中支援下倾巢而出。此次,日军兵分九路,分别向芮城县陌南镇、二十里岭、柏树村、堆谷山、黄草坡、黑窑山、非菜园、红凸、张店四州山等国军阵地实施进攻。②当时第四集团军的兵力配置大致为:第四集团军总部驻东延村;第三十八军军部驻茅津渡以东的沙涧,其属下的第十七师驻防张(店)茅(津渡)公路以东的茅津渡、涧东村、南村及中村一带,而独立第四十六旅则分布在旧平陆县城、张村、太臣村、马村等处,其中,二十里岭、黄草坡、前砖窑至柏树岭为其第一线;第九十六军方面,其所属的第一一七师及独立第四十七旅驻防在平陆县城以西至芮城陌南镇区域。③

　　6月6日晨,日军主力一部由运城南下进攻中条山西段,第九十六军和第三十八军的独立第四十六旅死守阵地,坚决阻击。由于总部指挥不当,6月7日,日军突破第三十八军防线占领芮城,8日攻陷平陆县,10日占领茅津渡,将第三十八军和第九十六军从中隔断,形势万分危急。“后由于战局形势严重,几陷中条山我军难于立足。第一战区下令,在中条山的三十八军、九十六军,以及川军第四十七军,统归赵寿山军长指挥,经过召集有关指挥作战人员开会研究,制定规复中条山

① 中国人民政治协商会议陕西省户县委员会文史资料研究委员会编:《赵寿山将军》,中国文史出版社1994年版,第68页。
② 郝平、周亚、李常宝编著:《中国抗日战争全景录:山西卷》,山西人民出版社2015年版,第90页。
③ 郝平、周亚、李常宝编著:《中国抗日战争全景录:山西卷》,山西人民出版社2015年版,第90页。

作战新方案,依托中条山东段根据地,在中条山与敌陆续周旋,战斗持续到十余日。"①孔从洲会后返回旅部,星夜组织第四十六旅向北实施突围。孔从洲,陕西西安人。1924年考入陕西靖国军杨虎城部开办的教导队,1926年参加北伐。1936年任陕西警备第二旅旅长兼西安城防司令,参与了西安事变。1937年7月后任第四集团军独立第四十六旅少将旅长、新编第三十五师师长等职。解放战争时期,任第三十八军中将副军长。1946年在河南巩县率部起义,同年加入中国共产党。②当时孔从洲直出车村(现杜马乡之东车村),以迅雷不及掩耳之势,一举歼灭了敌人2个炮兵中队和后方医院,将该部日伪军全歼,另将伪军连的枪支收缴,将公路、电话线予以毁坏,缴获山炮12门、迫击炮4门。之后,第四十六旅进入夏县境内潜伏了两昼夜,两天后在中条山娘娘庙(垣曲县)与姚家坡(平陆县)与第三十八军会合,此次突围共歼灭日军400余人。③

6月11日,由李兴中和陈硕儒率领的第九十六军主力第一七七师也杀回陌南镇,击溃日军,第四十六旅封锁平陆境内的南北要道,再加上友军用炮火封锁了黄河河道,骄狂一时的日军被中国军队四面围住。6月12日黄昏,中国军队从东、西、北三面向日军发起全面攻势,在茅津渡击溃了日军。6月13日收复茅津,6月14日收复平陆。在规复战斗中,第十七师一部进入敌后,袭击高平敌部队,敌狼狈北逃,第十七师缴获了大量的军用物资。6月15日冲过淹底、过村,恢复毛家山、崔家岭等处原阵地,日军北退夏县。6月21日后,敌人退出了中条山,西段芮城县亦次第收复。此次战役日军死伤甚众,高桥联队长被击毙,但第四集团军也伤亡近9000人。尽管伤亡惨重,但是意义重大,"此次战役,虽付出了极大的代价,也给了日军以极大的打击。规复了中条山原阵地,对屏障大西北以及影响中原战场,都具有重大的价值和意义"④。此战取得胜利后,第一战区司令长官卫立煌称第四集团军为"中条山的铁柱子",当时的媒体也感叹道:"西北整个得以安定,皆赖我第四集团军英勇将士在黄河北岸艰苦支撑所赐。"⑤

① 中国人民政治协商会议陕西省委员会文史资料研究委员会编:《陕西文史资料选辑(第十八辑)》,三秦出版社1985年版,第21页。
② 马洪武等主编:《中国近现代史名人辞典》,档案出版社1993年版,第77页。
③ 郝平、周亚、李常宝编著:《中国抗日战争全景录:山西卷》,山西人民出版社2015年版,第91页。
④ 中国人民政治协商会议陕西省委员会文史资料研究委员会编:《陕西文史资料选辑(第十八辑)》,三秦出版社1985年版,第22页。
⑤ 袁文伟编著:《中国抗日战争全景录:陕西卷》,陕西人民出版社2015年版,第146页。

最后是"四一七"战役,这场又被称为"望原会战"的战事是第四集团军与日军的又一次殊死搏斗。1940年4月17日,日军牛岛第二十师团主力与第三十七师团1部,兵力4000多人,附炮兵1部,在4架飞机的空中支持下,再次发动了对中条山西线的扫荡作战,企图夺取中条山西线阵地,以防守我守军对同蒲线南段的进攻。本次日军是兵合一处,沿着张茅公路向南推进,重点进攻第三十八军。不过,赵寿山事先对日军的本次扫荡做了充分的准备,尤其汲取"六六"战役死打硬拼战术的教训,分析了日军居高临下而我守军背水作战的不利形势,决定诱敌深入,避敌锐气,发挥守军运动战、山地战、夜战之长,实施军民联防与持久作战的方针。①第三十八军在望原、毛家山一带与日军血战三日后,诱敌深入到望原。第九十六军的第一七七师在平陆以北地区夹击日军,破坏公路,有力地配合第三十八军在望原对日军的打击。26日,第四集团军由四个方向向日军发动全面反攻。27日拂晓,日军全线动摇,狼狈逃窜。"望原会战"持续十数日,以中国军队大捷而结束。②

除了血战中条山之外,保卫黄河河防也是陕西军民的重要战斗任务。1937年11月太原失守后,侵华日军按照大本营"黄河左岸地区推进平定"的作战计划,试图切断中国华北与西北的联系,西渡黄河占领陕西,从而进击西北和西南,最终占领全中国。为此,日军第一〇八师团西进北上,与南下的第二十师团、第一〇九师团配合,攻占了晋西北的沿黄河城市。1938年初,日军迅速逼近黄河沿岸,并占领黄河东岸一些重要渡口。为了防止日军西渡黄河,为保卫陕西、保卫西北,中国共产党领导的陕甘宁边区八路军留守兵团与国民党驻陕军队共同担负起了保卫陕西境内716公里黄河防务的重任。③

当时黄河河防主要分为以下几个部分。榆林地区,主要由邓宝珊率国民党第二十一军团坐镇榆林总体指挥,东北挺进军马占山部负责神府以北河防,高双成部第八十六师、傅作义部晋绥骑兵旅等部,分驻榆、神、府、横等地守卫河防。陕甘宁边区,八路军设立神府河防司令部、绥德警备司令部、两延河防司令部,负责府谷马镇以南至宜川汾川河以北的河防任务。关中地区,韩城至潼关河防由原国民革命军第十七路军旧部、新编第八师、第四十六军第二十八师、陆军第一师等精锐部队驻守。④太

① 郝平、周亚、李常宝编著:《中国抗日战争全景录·山西卷》,山西人民出版社2015年版,第91—92页。
② 刘俊凤:《陕西抗战将领》,太白文艺出版社2018年版,第15页。
③ 薛海勇:《抗日战争中的陕西黄河防务》,《陕西日报》,2015年9月3日,第6版。
④ 薛海勇:《抗日战争中的陕西黄河防务》,《陕西日报》,2015年9月3日,第6版。

原失陷后,国民党军事委员会设立了以蒋鼎文为主任的西安行营,辖13个步兵师、4个步兵旅、3个骑兵师等,负责神府、宜川、韩城、潼关等地的河防。后又派第四十六军第二十八师、陆军第一师等精锐部队驻守潼关,同时派出孙蔚如率第三十一军团开赴山西中条山,牵制日军,使其不能专注于韩城、潼关等地渡河。[①]

1938年3月5日下午4时许,日军600余人由陕西府谷对岸的山西保德县下游乘5艘大船偷渡黄河,向府谷守军高双成部第二十二军八十六师五一二团阵地猛烈炮轰。高双成,陕西渭南人,早年加入同盟会,后在陕北镇守使井岳秀的部队中服役,1917年任井岳秀卫队营营长,1927年任国民革命军第二集团军第九路军第二师师长,1931年任第八十六师第二五六旅旅长。1936年,井岳秀去世后,高双成继任第八十六师师长。1938年5月,第八十六师扩编为第二十二军,高双成任军长,率部驻守陕北榆林,一贯坚持国共合作、团结抗日的方针,与陕甘宁边区军民和睦相处。1945年初病逝。[②]团长张子英因公赴榆林,营长张博学率部与日军激战至晚,阵地被毁,府谷城陷。张子英闻警,星夜返防,途经神木时借调驻神木高耀璧营赴府谷支援。翌日拂晓,当敌立足未稳,张部乘大雪向敌发动反攻,激战数小时,夺回府谷城川,残敌在飞机掩护下退回保德,8日张子英率部渡河还击日军,一度克复保德。

1938年10月,按国民政府军事委员会的命令,第二十一军团改组为晋陕绥边区总司令部,邓宝珊任总司令。晋陕绥边区总司令部直接指挥的部队是高双成的第二十二军。晋陕绥边区总司令部协调指挥的部队有:(1)国民党中央军新编第二十六师,该师师长何文鼎,后扩编为第六十七军,何升为军长,同时兼师长;(2)马占山的东北挺进军;(3)张砺生的察哈尔第一游击军,后改称晋察绥边区挺进军;(4)董其武的第一百零一师,董升三十五军军长后,与晋陕绥边区总司令部的协调指挥关系不变;(5)1940年傅作义部成立的暂编第三军,孙兰峰为军长,亦与晋陕绥边区总司令部建立协调指挥关系。[③]

1940年6月,日军第二次占领保德,又连续向府谷城川炮击,图谋再犯府谷。当时府谷守军只有高双成部1个营,随后高部又调来1个营支援,在与敌兵力悬殊

① 薛海勇:《抗日战争中的陕西黄河防务》,《陕西日报》,2015年9月3日,第6版。
② 李盛平主编:《中国近代人名大辞典》,中国国际广播出版社1989年版,第581页;贺海轮主编;刘杰副主编:《延安时期著名人物》,陕西新华出版传媒集团、陕西人民出版社2015年,第69-70页。
③ 王劲:《邓宝珊传(增订本)》,甘肃人民出版社2004年版,第163页。

的情况下,守军一方面组织民众转移,另一方面组织上千人的抗日义勇军严守河防,同时又派出一部义勇军分别从府谷川上下游渡河袭敌,最终迫使日军撤离保德。①

第三十八军主力第一七七师的第五三〇旅主要负责守卫韩城到大荔一带的黄河防线。部队仅用一个月的时间完成了韩城、合阳、平民、朝邑、大荔等沿河100多个大型钢筋混凝土碉堡的修建任务。同时,又成立了陕东沿河九县动员委员会,发动宜川、韩城、合阳、白水、澄城、蒲城、大荔、朝邑、平民九县人民协助防守,共保河防。②

1938年6月,由于晋南日军不断地袭扰河防,威胁黄河防线的安全,孔从洲率领陕西警备第二旅东渡黄河,坚守永济县城,阻击日军西渡侵犯陕西。1938年8月初,驻山西运城的日军牛岛第二十师团,以1个联队的主力,配有炮兵4个中队、坦克3个中队及伪军1部,共3000余人,在10余架飞机的掩护下,分三路向我阵地扑来。为了保卫河防、保卫陕西,陕军与日军在山西永济县境内展开激战,史称"血战永济"。8月15日,日军兵分三路,乘胜猛攻峨帽原,企图实施中央突破,攻占永济县城。陕西警备第二旅在孔从洲的指挥下,奋勇拼杀,激战数日,使得日军的阴谋未能得逞。8月16日拂晓,日军第二十师团七七联队约3000人,飞机6架,装甲车10余辆,火炮20余门,继续向中条山北麓的尧王台、西姚温猛烈进攻。守军拼死抵抗,战斗至烈。尧王台、孟盟桥数次易手。③坚守孟盟桥的部队击毁日军坦克7辆。经过8个昼夜的反复争夺,终因敌我力量悬殊,8月23日永济失陷。

此役第三十八军独立第四十六旅伤亡400多人,原属第一七七师的杨法震(共产党员)副团长在战斗中壮烈牺牲。张希文营长率全营在西姚温阵地与日军肉搏一昼夜,官兵300多人全部壮烈殉国,镇守蒲州城的邓岗营长及全营官兵全部阵亡。④关于此次战斗,孔从洲后来曾回忆:"永济之战,是我旅和日军初次交手(取得大庆关仅是一次小规模的奇袭作战),也是第一次与拥有大量飞机、大炮、坦克等现代化武器装备的敌人作战,我以四五百人的代价,毙、伤敌一千余人,取得了可喜的胜利。更重要的是,通过实战摸了敌人的底,增强了抗战胜利的信心,对

① 李振民:《陕西通史·民国卷》,陕西师范大学出版社1997年版,第225页。
② 袁文伟编著:《中国抗日战争全景录·陕西卷》,陕西人民出版社2015年版,第170页。
③ 中共陕西省委党史研究室编:《陕西抗战人物纪事》,陕西新华出版传媒集团、陕西人民出版社2015年版,第422页。
④ 永济县志编纂委员会:《永济县志》,山西人民出版社1991年版,第345页。

于部队士气产生了深远的影响。"[1]

永济和风陵渡失陷，日军虽然惧于中国军队的中条山防线会断其后路，仍然不敢举兵渡河，但炮击潼关河防阵地处于有利地位，潼关河防阵地顿时吃紧。1939年7月，潼关县境内的西潼公路由于日军狂轰滥炸，不得不改线于潼关南原上。12月，铁路运输被迫中断，华阴经潼关到阌乡的军需民用物资全部改为驿运。据统计，仅1938年，日军就向潼关发射炮弹5400余发，炸毁陇海铁路钢轨36根、枕木650余根，击毁火车机车12台、客货车34辆。日寇到底朝潼关打了多少炮弹？根据文献记载，潼关当时有敲钟报警者，1938年钟被炸坏后，敌人每打一发炮弹或扔一颗炸弹，打钟人就朝盆里扔一粒豆子，抗战胜利后，一数豆子，竟然有14800余粒。1940年农历的六月十三日，即轰炸最厉害的那天晚上，日军隔河打炮，有人躲在桥洞下，每听一声炮响，便向瓷碗里扔一颗黄豆，天亮后竟数出了316颗黄豆，盛了半瓷碗。[2]

潼关地处陕西、山西、河南三省交界处，自古就是军事要冲。1938年3月日军炮击潼关之后，陕西军民紧急动员。为了保卫潼关，西安警备司令、陕西防空副司令董钊奉命率第二十八师急速赶至潼关，严守阵地，并与日军炮战，防止日军渡河犯陕。当时的潼关阵地，依据自然地形条件，构成了三道防线：第一道，河堤铁丝网；第二道，每30米一个重机枪工事，火力交织，不留空隙；第三道，高大的城墙，墙上有十数座钢筋混凝土碉堡。[3]在陕西军民尤其是潼关军民的顽强抗击下，从1938年到1939年底，驻风陵渡的日军除了向南岸无辜群众狂轰滥炸外，他们妄图渡河占领潼关的阴谋始终无法得逞。1940年之后，由于日军战略进攻的重点转向华中，对西北无力顾及，加之中共领导下的晋西北抗日根据地不断扩大，陕西河防形势基本稳定。[4]

除此之外，由邓宝珊、高双成组建的伊东游击纵队也为抗击日军做出了贡献。七七事变后，日寇侵占华北即西进绥远，占领归绥，进犯伊克昭盟，企图从北线进入我国西北地区。到1937年10月，日军占领了绥远包头、山西保德等地，陕北重镇榆林直接面临威胁。在绥远前线的傅作义部奉命转进山西等地对日作战，榆林北方空虚，榆林只驻有以邓宝珊为军团长的刚刚组建的第二十一军团的一部，伊

① 孔从洲：《孔从洲回忆录》，解放军出版社2006年版，第232页。
② 顾金孝主编；政协潼关县委员会编：《潼关文史第12辑潼关历代战争纪事》，三秦出版社2014年版，第340-341页。
③ 顾金孝主编；政协潼关县委员会编：《潼关文史第12辑潼关历代战争纪事》，三秦出版社2014年版，第341页。
④ 李振民：《陕西通史·民国卷》，陕西师范大学出版社1997年版，第225页。

克昭盟及榆林周围还驻有东北挺进军马占山部及其他一些部队。为了阻止日寇南下,第二十一军团所属第八十六师及时组建了伊东游击纵队,在包头附近及伊克昭盟东部地区展开了对日作战。[1]

伊东游击纵队以第八十六师的两个精锐步兵团和绥远地方抗日武装结合组成,由高双成亲自兼任纵队司令,团长高致凯(中共地下党员)为代司令,王伯谋为参谋长。下属的五个游击支队,队长分别为邬青云、王永清、张步成、陈秉义、段宝珊。整个纵队步骑共8000多人。纵队司令部设在东胜县。抗战期间,伊东游击纵队在黄河上下对敌作战近百次,其中较大规模的战役10余次,使敌人损失惨重。[2]主要战役包括:达拉特旗战役、东胜战役、新城战役、大树湾战役、柴磴和昭君坟战役、暗渡黄河袭敌战役、新民堡战役等。[3]

可以说,第八十六师伊东游击纵队的战斗保护了陕北和伊克昭盟的安全。伊东游击纵队在战斗中壮烈牺牲的官兵有900余人,连同受伤人员共2500多人,为国家和民族作出了重大贡献,是西北地方部队中在抗日前线表现突出的部队之一。[4]为此,抗日战争后期,毛泽东曾专门致信邓宝珊,称赞他的抗战功绩:"八年抗战,先生支撑北线,保护边区,为德之大,更不敢忘。"[5]

四、日军轰炸与陕西防空建设

全民族抗战爆发后,日军对陕西各大城市及军事要地进行了长时间、大规模、多批次、多架次的大轰炸。日机无差别的轰炸,使得许多关系国民经济发展的工厂企业遭受敌机毁灭性的破坏,直接影响生产的进行和前线抗战物资的供给,给陕西军民和国家造成了巨大的损失。面对日机的轰炸,陕西军民奋起抵抗,为阻

---

① 王志平:《伊东游击纵队及其抗日史迹述论》,《抗战史料研究》,2013年第2辑,第20-27页。
② 王劲:《邓宝珊传(增订本)》,甘肃人民出版社2004年版,第188页。
③ 王志平:《伊东游击纵队及其抗日史迹述论》,《抗战史料研究》,2013年第2辑,第20-27页。
④ 王劲:《邓宝珊传(增订本)》,甘肃人民出版社2004年版,第188页。
⑤ 王志平:《伊东游击纵队及其抗日史迹述论》,《抗战史料研究》,2013年第2辑,第20-27页。

击日机的袭击、减少损失、打击日军作出了重大贡献。

1937年11月7日,日军飞机轰炸秦晋豫三省要冲陕西潼关县。这是抗战期间日军飞机第一次轰炸陕西。11月13日,2架日机窜抵西安,第一次试探性轰炸西安市。1938年1月20日,7架日机首次轰炸延安。日军飞机最后一次轰炸陕西是1945年7月15日的轰炸陕南西乡县。全民族抗战期间,日军飞机共对陕西实施了567次轰炸,持续时间长达7年又10个月零9天。①

具体而言,从1937年11月开始至1945年1月,日机以陕西西安、宝鸡、潼关、安康、延安等55个县市镇为重点,以城镇、文化机关、文化古迹、宗教寺庙、企业厂矿、交通设施、军事设施、平民百姓、民舍住宅等为目标进行频繁轰炸。据1941年的统计资料分析,轰炸城市占77.18%,乡镇占11.72%,交通设施占6.82%,军事机场占4.28%。②轰炸陕西城镇和交通设施的日军飞机多从沦陷区的运城、临汾、太原、武汉、宜昌及包头、信阳起飞,轰炸目标大致可分为以下三类:

一是河防沿线诸县的城镇、渡口及河防阵地。陕西沿黄河的潼关、韩邑、平民、大荔、合阳、韩城、宜川、延川、延长、米脂、清涧、绥德、吴堡、佳县、神木、府谷的城镇和重要渡口均遭受日机多次轰炸。③

二是对陇海铁路及西(安)宝(鸡)公路、西(安)兰(州)公路、长(安)(西)坪公路、汉(中)白(河)公路沿线的道路、桥梁、驿站,以及西安、宝鸡、咸阳、渭南、华阴、华县、蓝田、临潼、蒲城、富平、澄城、洛南、户县、周至、兴平、武功、扶风、眉县、岐山、凤翔、乾县、陵县、淳化、长武、彬县、永寿、旬邑、麟游、礼泉、三原、泾阳、同官、耀县、洛川、宜君等城镇和黄龙设置局进行轰炸。④

三是陕北、陕南如安康、汉阴、南郑、西乡、城固、榆林、定边、靖边、横山和延安、甘泉、中部(今黄陵)、吴旗、子长、志丹等55个县市悉数遭受日机轰炸,涉及关中地区大部分的县和陕南、陕北榆林及陕甘宁的大部分县市。⑤

---

① 陕西省委党史研究室编;李忠杰主编:《陕西省抗日战争时期人口伤亡和财产损失》,中共党史出版社2015年版,第68页。
② 肖银章等编著:《抗战期间日本飞机轰炸陕西实录》,陕西师范大学出版社1996年版,第2页。
③ 陕西省委党史研究室编;李忠杰主编:《陕西省抗日战争时期人口伤亡和财产损失》,中共党史出版社2015年版,第68页。
④ 陕西省委党史研究室编;李忠杰主编:《陕西省抗日战争时期人口伤亡和财产损失》,中共党史出版社2015年版,第68页。
⑤ 陕西省委党史研究室编;李忠杰主编:《陕西省抗日战争时期人口伤亡和财产损失》,中共党史出版社2015年版,第68页。

在飞机轰炸的同时，日军还对黄河沿线城镇和陇海铁路潼关段实施了长达7年时间的不分昼夜的多达10万次以上的炮击，造成了沿河各县重大的人口伤亡和财产损失。1937年10月13日，一小股日军窜至陕西潼关县城对岸的风陵渡，架设大炮轰击潼关县和陇海铁路潼关火车站。1938年初，日军以5个师团的兵力，相继向晋西北、晋西、晋东南大举进犯。与陕西隔河相望的晋南之临汾、河津、永济、芮城，晋西北、晋西之偏关、河曲、保德、兴县、临县、静乐、军渡、碛口等地被敌攻陷。日本占领军沿黄河构筑了枪炮阵地，企图以此为依托进犯陕西。

陕西潼关地处陕晋豫三省交界，向为陕西的门户。潼关县城北临黄河，陇海铁路穿城而过，与同蒲铁路的终点风陵渡隔河相望。3月7日，占领风陵渡和茅津渡的日军构筑炮台，向潼关县城和陇海铁路居高临下发起猛烈炮击。陇海铁路河南阌乡至潼关一段的25公里铁路线完全暴露在北岸敌炮火之下，陇海铁路被迫行"闯关车"，先后有100余名司机和司炉被炸牺牲。停留在潼关车站的客货列车被击中，潼关县府和城中的商铺、民房亦尽数被敌炮火击中，浓烟四起。在敌炮击之下的潼关县城，顷刻间变为废墟。[①]

总之，全民族抗战期间，日军对陕西城镇进行了无差别的狂轰滥炸，给陕西军民造成了极大的人员伤亡和财产损失，共造成9047人死亡，7015人受伤，43825间房被毁，直接财产损失折合1945年8月法币756868484806元，居民直接财产损失折合1945年8月法币98253032523元。[②]（如表3-1）

表3-1　全民族抗战期间日机轰炸陕西省损失统计表

年份（年）	空袭次数（次）	飞机架数（架）	投弹枚数（枚）	死亡人数（人）	受伤人数（人）	毁房间数（间）
1937	17	78	305	24	29	740
1938	67	576	1460	316	686	12957
1939	116	1251	4417	3541	1388	14211
1940	59	362	2498	1968	3165	6033
1941	152	962	3608	965	450	7526
1942	62	92	50	34	21	180
1943	15	129	320	158	193	710

---

① 陕西省委党史研究室编；李忠杰主编：《陕西省抗日战争时期人口伤亡和财产损失》，中共党史出版社2015年版，第68-69页。

② 陕西省委党史研究室编；李忠杰主编：《陕西省抗日战争时期人口伤亡和财产损失》，中共党史出版社2015年版，第91页。

年份(年)	空袭次数 (次)	飞机架数 (架)	投弹枚数 (枚)	死亡人数 (人)	受伤人数 (人)	毁房间数 (间)
1944	74	331	925	2039	1073	1448
1945	5	8	27	2	10	20
合计	567	3789	13610	9047	7015	43825

数据来源：政协陕西省委员会文史和学习委员会编：《陕西抗战史料选编》，三秦出版社2015年版，第1269页。

日军轰炸陕西期间，陕西军民采取的防空措施主要包括以下方面：

1.成立防空组织

为了防备日机轰炸，全民族抗战爆发前，1935年1月31日，根据中华民国防空学会推行计划和指导要领，陕西省党、政、军各机关发起成立了防空协会，旨在讨论防空学术，筹划举行防空演习。4月22日，陕西省防空协会在西安正式成立，会址设在西安民众教育馆内，杨虎城被推举为会长，邵力子、宋志先被推举为副会长，其宗旨是"促进防空建设，训练防空技能，普及防空知识，研究防空学术"[1]。会长、副会长之下，分为总务组、宣传组、训练组和研究组。防空协会成立后不久，即遴选骨干人员前往南京防空研究班受训。[2]此后，防空协会组织不断扩大，经费也有所扩充，为七七事变爆发后陕西防空事业奠定了良好基础。

具体而言，西安市防护团和防护大队以及各县防护团是由防空协会组织成立的三大防空机构。其中西安市防护团成立于1936年10月，七七事变后开始训练。防护团"以省会警察局局长杭毅兼任团长，长安县长及长安商会主席兼任副团长，警察分局局长兼任区团长，团部团长以下设总干事一人，由警察局督察长兼任，兼任干事四人，专任书记一人，各区团长以下设兼任干事一人，由各局员充任，专任指导员一人，区团以下未设分团，直辖六班，即警戒（兼办交通管制、灯火管制及警备事宜）、消防工务（兼办抢救事宜）、救护（兼办防毒）、避难管制、警报等六班，总计团员一千二百余人"[3]。防护大队包括消防大队、工务大队、救护大队和警备大队。其中消防大队由省会警察局消防队兼办，大队长为武元钊，下分7个分

---

① 西安市地方志编纂委员会编：《西安市志》，第840页。
② 褚龙吟：《二年来之陕西防空》，《陕西防空月刊》，1939年创刊号，第5-10页。
③ 蒋鼎文：《陕西防空业务概况》，《防空节纪念特刊》，1940年11月15日。

队,队员300人。工务大队由西京市政建设委员会兼办,大队长为龚贤明,下设道路工程队、铁路工程队、电话工程队、电报工程队、地下室工程队和下水道工程队。救护大队则由陕西省卫生处兼办,大队长为杨鹤庆,下设救护中队7处。警备大队由宪兵第六团兼办,配以警察两队,驻军一营,队长余翼群。①各县防护团方面,按照国民政府军事委员会1938年6月29日颁布的《各省市县防护团组织规程》规定,各县市也应该成立防护团,防护团团长由当地县长或警察局局长兼任。②因此,根据《陕西防空月刊》的统计,到1940年,陕西全省已经有三原、城固、凤翔、华县、武功等53个县成立了防护团,团长由县长兼任,保安大队及警察社训人员兼任副团长或总干事。③

　　七七事变爆发后不久,日本飞机屡次飞临西安侦察,10月13日开始轰炸。有鉴于此,1937年11月27日,陕西成立了西安防空司令部,防空总司令由当时的警备司令董钊兼任,副总司令由警察局局长及保安处处长兼任,参谋长魏炳文。④董钊,陕西西安人。1924年入黄埔军校学习,被编入第一期学员一队。毕业后,被分配到驻河南的国民军第二军胡景翼部,历任连长、营长等职。1930年,任国民革命军第四十八师党务特派员。1932年,任驻江西万安的国民革命军第二十八师参谋长。1934年,升任第二十八师师长,曾与红军作战。1936年西安事变发生后,董钊部曾在华县附近与东北军对峙。西安事变和平解决后,该师担负西安城防守备任务,董钊兼任西安警备司令。⑤1938年3月,因董钊奉命调赴前方参加抗战,西安行营改派警备副司令徐经济接任总司令。西安防空司令部除正、副总司令外,下设军事组、情报组、防护组和总务四组。⑥其中军事组又包括高射部队,情报组包括西安情报所,防护组包括西安市防护团、救护大队、消防大队、工务大队和警备大队,总务组包括事务组、文书组和宣传股。⑦

　　1938年6月1日,陕西全省防空司令部成立,陕西省政府主席孙蔚如兼任司令,西安警备司令何文鼎兼任副司令,徐经济任参谋长。正、副司令和参谋长之

---

①　蒋鼎文:《陕西防空业务概况》,《防空节纪念特刊》,1940年11月15日。
②　《各省市县防护团组织规程》,《中央战时法规汇编》,1939年上期,第325–328页。
③　王子纬:《陕西防空建设:过去与现在》,《陕西防空月刊》,1940年第2卷1期,第16–19页。
④　蒋鼎文:《陕西防空业务概况》,《防空节纪念特刊》,1940年11月15日。
⑤　中共陕西省委党史研究室:《陕西抗战人物纪事》,陕西新华出版传媒集团、陕西人民出版社2015年版,第343页。
⑥　褚龙吟:《二年来之陕西防空》,《陕西防空月刊》,1939年创刊号,第5–10页。
⑦　蒋鼎文:《陕西防空业务概况》,《防空节纪念特刊》,1940年11月15日。

下，还设有秘书室;第一科(军防科);第二科(情报科);第三科(民防科);西安防空司令部——西安市防护团;南郑防空司令部——南郑防护团。[1]陕西全省防空司令部成立后,虽然组织规模较西安防空司令部有所扩大,但是经费并未增加。陕西全省防空司令部主管军防、情报、民防业务三个方面。

军防方面。全民族抗战爆发初期,西安防空司令部及陕西全省防空司令部相继成立后,便着手组织西安军防民防事宜,协调驻西安各部队组建防空网,其中包括空军部队、陆军高射炮和高射机枪部队,但装备差、数量少、实力极其有限。1937年冬至1938年春夏,驻西安的国民党空军驱逐机队曾多次升空作战,每次都尽力将入侵日机赶跑。正如《陕西防空月刊》所言:"此后空军作战,固赖中央统一指挥,但在西安南北两端,北如白澄同耀各县之山麓……屯驻轻健之攻击机,作为歼灭来袭西安敌机之准备,归陕西全省防空司令部指挥,则不独西安可保无虞,即兰州天水平凉南郑等地之空防,亦可巩固无忧矣。"[2]可是,该空军部队很快被调离西安。其后,由苏联志愿援华飞行员驾驶的一小批作战飞机一度进驻西安机场,协防西安领空。但欧战爆发后,苏联为加强其西线战备而缩短其东部防线,该航空队即全部西撤,重点保卫兰州、新疆等地的空军基地。全民族抗战爆发初期,西安也曾有陆军高射炮队(不足一个团)驻防,但时隔不久也被调走。所以,从1939年秋冬起,西安进入最困难时期,长期无空军部队协防,城市防空全靠陆军部队所拥有的极少数高射机枪支撑局面。直到1942年,重庆当局才调派一个陆军防空高炮团,拨归省防空司令部指挥,其主要任务就是保卫西安西关机场。自1943年秋冬起,美国空军驻华第十四航空大队和中美空军混合团的小批作战飞机进驻西安西关机场和户县机场,并逐步对日军后方基地展开战略性轰炸。[3]

除此之外,在积极防空方面,陕西省除加强训练步机枪高射组和空军陆战队(降落伞部队)地上攻击部队外,还发明了游击防空的办法。所谓游击防空,是指秘密派遣高射部队,配备于日本飞机经常经过之处,以游击防空的方式,相机狙击低飞敌机,以达到歼灭敌机而增加游击防空效率的目的。[4]

---

① 褚龙吟:《二年来之陕西防空》,《陕西防空月刊》,1939年创刊号,第5-10页。
② 《为西安防空进一言》,《陕西防空月刊》,1939年第2期,第7-8页。
③ 西安市地方志编纂委员会编:《西安市志》,第841页。
④ 蒋鼎文:《陕西防空业务概况》,《防空节纪念特刊》,1940年11月15日。

情报和民防方面。1937年6月,陕西省政府主席孙蔚如委托陕西省防空协会负责从长安等县抽调保甲长、保安队员、警察队人员数十人到西安进行防空知识培训,这些人结业返回后即兼任各地防空监视队的哨长或情报员。全民族抗战爆发后,西安地区的所有防空监视哨站和通信设施便都被纳入西安防空情报通信系统内,并于同年10月组建西安防空情报所,统归省、市防空司令部管辖。1939年7月,省、市防空司令部召集各地防空情报员和哨长进行轮训。该防空情报网以西安为中心,沿陇海铁路和渭河流域,在方圆150至200公里范围内,设立防空情报监视队队部50个、对空监视哨所81个。其中,仅在西安远近郊就设置灞桥、引驾回、杜曲、细柳、斗门、三桥、草滩、新筑、黄良、子午、韦曲共11个直辖独立的对空监视哨。省防空司令部除配备专用无线电总台和通信兵连(共架设及修补电话线路63条,总长近1700公里)外,还利用民用、军用有线、无线电设备与线路,与各监视哨所及周邻九省有关部门保持情报通信。在遭空袭之前,及时使用警报器、警钟、汽笛、警报旗、警报气球(灯)等工具,迅速发出空袭预备警报和紧急警报;空袭结束后,再发出解除警报信号。有关各类空袭警报信号及各种报警工具的使用办法,相关部门都一一作出明确规定。此外,陕西省还先后在本区各县建立防空监视队或监视哨所。设队的县又视其地势设若干观察哨站。每队设队长、情报员、通信员、司书等10余人,配电话机1部、望远镜1架。各观察哨所设上士所长1名,士兵两三名。发现敌机相互通报,鸣钟或放土炮,只向群众报警,让其自行躲藏、隐蔽。[1]以南郑防空情报所为例,据这一时期绘制的《陕西全省防空监视队哨配备图》记载:陕西分为绥德、西安和南郑3个防空情报范围区。南郑防空情报所驻南郑城区,下辖18个防空监视队、8个防空独立监视哨所及27个防空监视哨。南郑防空情报所的主要任务是组织培训陕南各县防空监视队和防空监视兵;观察和监视空情;向陕西省和第六区防空指挥部提供空情情报,施发空情信号;收集当日各县情报,及时上报。[2]再以三原县为例,1937年,成立了陕西省第二十一(三原代号)防空监视队,队长由县长兼任。下设3个防空哨,哨长由上级指派,配备哨兵4名(由乡丁代替),防空哨分专任哨和兼任哨(马额、大程为专任

---

① 渭南地区地方志编纂委员会编:《渭南地区志》,三秦出版社1996年版,第344页。

② 陈福寿编著:《汉中史谭》,三秦出版社2016年版,第236页。

哨,柏社为兼任哨);县防空监视队属现役编制,配哨兵4人,通信员1人。[1]由此可见,陕西省从省域到地方的防空组织尚属完善。

2.修筑防空设施

在应对空袭时,防空设施的建设"是开展反空袭必需的物质基础",更是减少损失,保护人员和财产安全的重要措施,也是保存战争实力,坚持持续抗战的重要保障。全民族抗战爆发前,陕西仅有位于西安东西门、甜水井、大莲花池、桥梓口四地可容1600人的防空设施。[2]全民族抗战爆发后,1937年8月,陕西省政府致电西京筹备委员会,称"时局紧张,敌机猖狂,西京为我国防重地,一切防空设施急不容缓",要求加紧防空设施的修筑工作。此外,随着日军飞机对咸阳、宝鸡、渭南、汉中、安康、榆林、延安的轰炸的日益加剧和战区难民的大量涌入,全省开始修筑防空避难室、防空壕、城墙里的防空洞等大量的防空设施。[3]

1937年7月31日,陕西省防空协会为西安市增配了防空设备。8月,西安市政建设委员会第89次会议决定在市内20处修建防空设施,还计划在南山一带开凿窑洞,必要时作为防空洞使用。至1937年12月底,西安市城区已经建成21座地下室,每座能容纳500余人。1943年,陕西全省防空司令部还在西安城墙10个防空便门外的护城河上修了10座土桥以方便民众到城外避难,在城内增设了3160个防空洞壕、979个防空坑,可容纳12万人。此外,还设有防毒气弹袭击警报鼓26处,在各洞安装了风厢式滤毒箱并以木柱加固。工事总面积达149000平方米,可容纳298000人防空避难。其中公有的城墙防空洞高1.5~1.8米,宽1.0~3.1米,总长达5100米。[4]

除了西安市之外,截至1941年,陕西全省主要城市如西安、宝鸡、咸阳、汉中、安康、同官也已经修建公有和私有防空设施51870处,私有防空洞面积9049.9平方米,防空工事总面积为175445平方米,可容纳350890人。[5]以汉中为例,1941年

---

[1] 梁思法主编;三原县志编纂委员会编:《三原县志》,陕西人民出版社2000年版,第764页。

[2] 陕西省委党史研究室编;李忠杰主编:《陕西省抗日战争时期人口伤亡和财产损失》,中共党史出版社2015年版,第93页。

[3] 陕西省委党史研究室编;李忠杰主编:《陕西省抗日战争时期人口伤亡和财产损失》,中共党史出版社2015年版,第95页。

[4] 陕西省委党史研究室编;李忠杰主编:《陕西省抗日战争时期人口伤亡和财产损失》,中共党史出版社2015年版,第94页。

[5] 陕西省委党史研究室编;李忠杰主编:《陕西省抗日战争时期人口伤亡和财产损失》,中共党史出版社2015年版,第93-94页。

5月，第六区行政督察专员公署所在地南郑县政府督令城区东塔、钟楼、莲湖、社坛、虎桥5个区及城近郊和平、上水、老君、龙江等9个镇乡开挖防空壕900个、单人防空掩蔽坑5000个，并维修原有防空洞、防空壕，以利日机空袭时隐蔽防空。1937年至1945年，陕南防空指挥部在汉中城区共督修防空洞32处，面积4376.87平方米。其中，砖石结构面积3972.91平方米（按技术等级分为5级工事），简易工事403.91平方米，分布在城区、石堰寺及河东店等处，主要用于人员隐蔽及武器弹药储备。汉中城区重要机关修有防空地下室。沿汉中城墙内侧向城墙深处建有防空洞若干个，这些防空洞高约2米，宽1.5米，深6~7米，没有洞门，可容15~20人。[1]

除了防空洞，窑洞也是应对敌机轰炸的有效设施。全民族抗战时期，陕西省的很多工厂将机器设备搬进了窑洞，积极复工复产。迁建宝鸡的申新纱厂，为能在日机轰炸的威胁下继续生产，于1940年1月至1941年2月，在股东荣德生的极力倡导下，选址宝鸡长乐塬土崖地带，挖掘出了总长1793.77米的24孔窑洞，总面积达4847平方米，作为纺纱车间，安装有2万锭纱机的全套机器和1.2万锭细纱机。此项工程耗资113.3万元。无独有偶，宝鸡十里铺的中新纱厂在宝鸡长乐塬脚下也挖了总长达1793.77米的24孔窑洞，安装了粗纱机2万锭和细纱机1.2万锭，成为抗战时期著名的"窑洞工厂"。[2]

除了修建防空避难场所外，在防空通信设施的配备方面，不仅充分利用陕西现有的电报（话）线，而且1937年后又架设了5条防空通信专用线路，总长度2100余里。西安市还配备了电笛和警报器以及铁路汽笛、警钟等设备。[3]到1940年，西安市为了防止日机空袭后防空警报线路遭到破坏，导致音响难鸣，"呈请航空委员会发给手摇警报器×只，并另设置警报标示灯球二十处，以资市民观听，有所依据；至其他警钟、铁轨等补助警报器，亦经分别调整，期与灯球标示取得联系"[4]。消防器材也有所增加，到1940年，共有"救火车×部，十二匹马力及十六匹马力救火机×部，现又增添西安办公厅消防队救火车一部，原有蓄水池十二座，现又增

---

① 弥福寿编著：《汉中史谭》，三秦出版社2016年版，第239页。
② 陕西省委党史研究室编；李忠杰主编：《陕西省抗日战争时期人口伤亡和财产损失》，中共党史出版社2015年版，第95页。
③ 褚龙吟：《二年来之陕西防空》，《陕西防空月刊》，1939年创刊号，第5-10页。
④ 蒋鼎文：《陕西防空业务概况》，《防空节纪念特刊》，1940年11月15日。

筑×座,拟再增筑八座,并增购水袋五只,拆卸火叉火钩各廿只,番布水管五丈"[1]。

3.加强防空教育和防空救护

对民众进行防空常识、防空法规的宣传和教育,也是提高民众防空意识和自我保护能力的重要途径。1935年陕西省防空协会成立之后,为普及防空知识,进行了全省范围内的防空宣传活动。1936年5月29日,陕西省政府协助国民军事委员会防空处在西安革命公园举办了防空巡回展览,全市有约20万人参观学习。同年9月,陕西省防空协会确定该月为西安防空运动月,并组织社会各界开展宣传活动。[2]

1937年8月19日,国民政府颁发了《防空法》,对民众进行防空袭宣传教育。9月1日至7日,陕西省防空协会在西安举办防空宣传周活动,集中宣传省政府《国民对于消极防空应有的准备和注意》文告内容,特别强调"万事莫如防空急"的理念,并要求西安各机关、学校等自行组织集训本单位人员,演练防空防护动作。此外,加强防空教育还包括灌输人民防空知识;使人民了解防空技术;提高人民防空认识;使人民明白空袭罹祸无穷;使人民了解各种防空方法;使人民自动添置各种防空设备;使人民遇空袭时,能沉着应对,减少损失等目的。[3]

1937年11月26日,西安防空司令部又组织110个宣传队深入工厂、街区,散发、张贴防空宣传品5万余份。1942年8月14日,防空司令部还在西安民众教育馆举办防空展览,展出敌机残骸及未爆炸的毒气弹、炸弹、投掷筒等。与此同时,该年还进行了关于防治毒气的宣传活动。此外,1940年到1944年,西安防空司令部还连续举办了5届防空节,并规定每年的11月21日为"防空节"。[4]

为了防空宣传的顺利进行,陕西省政府还在全省范围内开展了征募防空捐和防空献金活动。防空捐一般由商民负担60%,各银行、工厂、机关、学校负担20%,其他各项20%。防空献金主要在防空节期间筹集,效果显著。仅1937年9月起至1938年2月7日止,西安各界防空募捐就筹集资金181806元。由于防空宣传教育较为深入,1940年第一届防空节就有3万余市民参加活动,5天内筹集防空献金2万余元;1941年第二届防空节筹集防空献金4万余元;1942年第三届

---

① 蒋鼎文:《陕西防空业务概况》,《防空节纪念特刊》,1940年11月15日。
② 西安市地方志编纂委员会编:《西安市志》,西安出版社,第841页。
③ 肖银章等编著:《抗战期间日本飞机轰炸陕西实录》,陕西师范大学出版社1996年版,第86页。
④ 西安市地方志编纂委员会编:《西安市志》,第841页。

以对居民进行防毒气弹袭击知识宣传为主;第四、第五届以防对敌空袭的松懈麻痹为主要内容。①总之,为唤醒民众,增强防空观念,从1936年到1948年的13年中,全省共组织宣传队、站1350个,防空展览30次,宣传专栏11200次,放映电影150次,新闻报道270次,组织参观受教育人数达1500万人次。在反日机空袭斗争中,发挥了显著作用。②

在防空救护方面,主要采取的措施有四项。首先,加强救护力量。西安市救护大队由卫生处担任,各中队则由各区医院担任,连同救护医院,共有员工500余人。遭到空袭后,如果救护人员不敷分配,则动员民众团体参加救护工作。其次,加强挖掘力量。西安市的防空挖掘工作,主要由防护团工务班担任,后专门增加挖掘队1队,员工20名。同时调派工务大队的道路工程队队员50名,协助挖掘。此外,还动员民众,成立人民劳役队,总共有7个中队,就地协助防护工作。再次,筹设郊外救护医院。西安市的医院多在城市中心,为了预防敌机连续轰炸而致救护工作受到影响,又在郊外成立卫生分院,兼办防空救护业务。最后,补充救护器材。由于空袭时常有民众在防空洞内窒息,所以专门购置了换气机(鼓风机),以资鼓动空气,并可消散毒气,又购置强心针百盒,救护被,配制救急包1000包,分发各区救护队备用。

4.举行防空演习

第一次世界大战后,国民政府深知无空防便无国防。于1934年11月21日在南京举行第一次防空大演习,为推动全国防空建设和各省举行防空演习奠定了基础。1937年5月30日,西安首次举行防空演习,其中包括情报传递、空袭警报、交通管制、消防灭火、防毒消毒、对空射击、飞机模拟轰炸等课目。演习持续两个小时,比较成功。③

陕西省于1937年8月28日和29日两天,在西安举行了第一次防空大演习,"第一天下午2时,全城总动员,汽笛一鸣,全城顿时气氛严肃,各街寂然。3时半结束,全城即恢复常态。第二天晚上演习灯火管制。1937年9月以后,各县先后进行防空演习,计有:大荔、兴平、永寿、韩城等县。1938年6月13日,西安举行夜间防空演习。全市实行灯火管制,防空效果良好"④。

① 陕西省委党史研究室编;李忠杰主编:《陕西省抗日战争时期人口伤亡和财产损失》,中共党史出版社2015年版,第102页。
② 肖银章等编著:《抗战期间日本飞机轰炸陕西实录》,陕西师范大学出版社1996年版,第89页。
③ 西安市地方志编纂委员会编:《西安市志》,第844页。
④ 肖银章等编著:《抗战期间日本飞机轰炸陕西实录》,陕西师范大学出版社1996年版,第94页。

灯火管制和交通管制不仅是防空演习中的重要内容,也是减少空袭损失的重要措施。1937年8月24日,陕西省会警察局紧急通告,开始对西安市实行灯火管制和交通管制。

(一)灯火管制

1.遇有敌机夜间空袭时,各家听到警报,立即将灯火完全熄灭。

2.各家应预置黑布窗帘及黑纱灯罩,以备遮蔽灯光之需。

3.遇敌机夜袭如必须点燃灯烛时,务必使用黑布窗帘及黑纱灯罩,不使光线外射。

(二)交通管制

1.市民得到空袭警报,立即迅速回家;

2.行人来不及回家时,应受交通警察之指挥,赶赴附近公共避难所。行驶车辆在就近停车场停放,车夫司机、乘客等,来不及赴避难所者,停在各隐蔽处(或廊下);

3.闻紧急警报后,除救护人员外,其余行人车马绝对停止活动。[①]

1941年11月14日,陕西全省防空司令部还颁布了市民防空须知18条,规定相当细致:

1.平时应将最紧要物件,用小包收好,将干粮、水壶、防毒面具、手电、小凳、锁钥准备妥当,放在手边,如带蒲扇更好。

2.未发警报,不必先出门,既发警报,应熄炉灭灯、收藏晒晾衣布,不穿白衣服,带小包祆锁好门,速向趋避地点前进。

3.青年男女体力好者,以赴城外防空壕或小村为最安全,让公共防空洞给老弱妇孺躲避。

4.行走时,车辆挑担,不可横阻道中,骑马者应牵马步行,不可骑马疾驰,骑自行车者,不准撞人。

5.闻紧急警报,应速进防空洞,让老弱妇孺先进,不乱挤喧嚷,每洞规定容量,不宜超过。

---

① 肖银章等编著:《抗战期间日本飞机轰炸陕西实录》,陕西师范大学出版社1996年版,第89—90页。

6.进洞后,应靠一边坐下;洞宽1.5米以上者,分两边坐下;无凳者,蹲坐地下取低姿势,俾洞一边或中间及上方空出,流通空气。

7.不准遮蔽窗口及气眼,在洞门口者,尤不可妨碍空气流通,洞内木窗门锁,不准损坏,如须开锁者,应向管理队兵商量讨取钥匙。

8.洞内禁止大小便,小孩及婴儿,应由父母兄姊,事前多带布片或报纸,临时处理。

9.洞内禁止吸烟及高声谈话,敌机飞临市空时,尤应静肃,静听高射炮部队射击。

10.如紧急警报后,时间过长,市空并无机声,可酌量出洞外换吸空气,但不得返回寓所,致招意外。

11.在洞口外购买食物,不可拥挤嘈杂;售食物者亦不得高抬市价,此时挑担小贩,应在荫影之下不可暴露。

12.在洞内,闻洞顶或附近投弹,必有一种巨大压力及土雾等,震人心弦,此时应力持镇定,并以侠勇精神,扶助老弱,徐向安全方向移动,切忌慌张,自招践踏拥挤之损害。

13.遇洞口或附近投毒气弹,应速带面具向高处或逆风方向之地点趋避。

14.每遇月圆之夜,如月光明亮,应防夜袭,须准备并练习不用点灯,于极短时间内穿好衣服。此时特别注意,要熄灭灯火后再锁门。

15.在避警报期中,应接受防护团及军警之指导,不宜抗拒。如遇纠纷,应向防护团员申诉,不可打架争吵,有伤患难相共之精神。

16.发现有汉奸行迹者,应以英勇之精神,努力捉获送交防护团或军警请奖,或协助军警缉捕,为全民除害。

17.闻解除警报,应注意灯球标志,迅速回家,加紧工作,争回时间上的损失。

18.如不幸房产被炸,应速会同保甲长向当地警署报告,转请空袭救济会救济。①

在具体实施方面,西安市的管制措施由警备大队执行。警备大队由陕西省会警察局保警队的2个中队、驻军1个营及驻西安中央宪兵团组成,负责维持社会治安和在城内实行戒严。此后又增设了义勇警备大队,协助维护城区防空秩序。②

① 肖银章等编著:《抗战期间日本飞机轰炸陕西实录》,陕西师范大学出版社1996年版,第92—94页。

② 西安市地方志编纂委员会编:《西安市志》,第842页。

1942年6月30日,西安再次举行防空大演习,当时的《西安日报》完整地记录了整个演习的过程,可以管窥当时防空演习的大体程序和基本效果:

　　演习开始之初,防空司令部接到某地假设情报,谓敌机35架,有进袭西安企图。西安方面,接到情报后,即发出警报。本市防空部队,均全副武装,迅速出发,到达目的地布防,如临大敌。约20分钟,紧急警报复发,数分钟后,假想敌机已侵入市空大肆轰炸。并假定一处为市区(搭有草房数间),一时市区内烟火冲天,本市消防大队长武元钊,已率领全市消防队,奋勇救火,情绪异常紧张,约20分钟,全市大火始熄。钟楼等处,为假设敌机投下毒气弹之处。防空司令部,即擂鼓为号,警告市民迅加预防。又假设一情报,敌运输机百余架,分批侵入市空,载有降落伞部队。防空司令部即鸣锣警告市民周知,旋敌降落伞部队于我高射枪炮猛烈射击下,乘隙立即在某处降落。但敌机仍在高处盘旋,以机枪扫射助战。我地上陆战队,当以疾风暴雨之势,步、骑、炮联合作战,当即将敌人悉数包围,激战甚烈。敌降落后即盘据一村落,负隅顽抗,我军奋勇突入,将敌悉数歼灭。敌运输机窥视其部队无一遗留,始向东逸去。至8时前,演习完毕,警报亦即解除,秩序极为良好。[①]

　　1943年6月30日,重庆国民政府航空委员会防空视察员到西安视察,在新城大操场检阅西安防空队伍,随后又在钟楼下举行防毒演习。防毒队员先施放毒气,紧接着便展开紧急救护与消毒作业,持续1个小时左右,秩序井然。到抗战中后期,因西安防空袭措施比较有效,民众也普遍积累了经验,所以在日机频繁空袭中遭受的生命和财产损失,与前期相比大为减少。

　　当时西安市最先使用的防空警报系统是1936年5月国民政府制定的防空音响信号:

　　(1)空袭警报(敌机临近时)电汽笛:"一 ——"拉响20秒钟长音后,再连续拉2响短音,停2秒钟,像这样连续拉6次,持续3分钟。警钟:"铛—铛铛,铛—铛铛",敲一响后,再连续敲两响,像这样连续敲3分钟。

　　(2)紧急警报(敌机逼近时)电汽笛:"一 ——"拉响30秒钟长音后,再连续拉响短音若干次并持续约1分钟。警钟:"铛铛铛……"急击,连续不停,敲2分钟。

---

① 　肖银章等编著:《抗战期间日本飞机轰炸陕西实录》,陕西师范大学出版社1996年版,第95页。

（3）解除警报（敌机已去时）电汽笛："一 ——"一次拉2分钟长音。警钟："铛一铛一铛"，像这样单独一响一响地敲2分钟。[1]

1938年12月10日，西安改用警报旗报警，其规定是：敌机临近时，用白色警报旗展示；敌机逼近时，用红色警报旗展示；敌机已去时，用绿色警报旗展示。以汉中为例，每当遇有日机来空袭的情报时，在城内天主堂、钟楼等制高点敲响警钟，置换警报彩旗，摇报警器报警，以警示城区及城郊群众防范。听到、看到防空警报后，群众还互相传递信息，并迅速向城外疏散。遇有日机夜袭，加强灯火管制，亦敲响警钟，摇报警器，告知群众迅速疏散。[2]

5.组织防空疏散

由于防空力量薄弱，陕西没有足够的防空火力反击日机的狂轰滥炸，为了减少伤亡和损失，防空疏散成为最有效的措施。防空疏散大致分为人员疏散、学校疏散和政府机关、工厂、商户物资疏散三类。

其一是人员疏散。全民族抗战爆发初期，西安防空司令部成立后，即劝告市民迁移。1939年5月，西安非常时期疏散建设委员会成立，于5月19日办公，统筹部署防空疏散工作。首先，劝告市区居民迅速疏散到农村地区，或迁居到邻近各县去。其次，限期要求长安县政府、县党部等53个机关单位及其全体人员带头疏散到西安城以南的广大乡镇地区去。再次，确定必须实行疏散的西安各类厂商企业名单，限期要求它们疏散到城外四郊或指定地域。[3]

太原、武汉相继失守后，沦陷区的难民纷纷沿陇海铁路逃难到西安，市区人口剧增。为了减少无谓的伤亡，动员人口疏散到农村或移居到邻近县城居住，成为当务之急。[4]1940年7月，西安非常时期疏散建设委员会制定并颁布疏散办法及步骤，规定：必须疏散人员，包括老弱妇孺不需自谋生活者、无职业居民、虽有职业但与城市生活无关而居住乡间亦能得食者、生活富裕而无固定职业者，经劝告后逾期仍不自动疏散，则实行勒令疏散，否则其迁入的户口不予登记。[5]此举虽有一定的成效，但仍有许多不愿疏散搬迁者，"效果仍然不佳，不少商号虽然关门停业，但并未疏散，仍在一旁摆摊设点继续营业，当局不得已停止了'强迫疏散'，改取

① 陈福寿编著：《汉中史谭》，三秦出版社2016年版，第240页。
② 陈福寿编著：《汉中史谭》，三秦出版社2016年版，第240页。
③ 西安市地方志编纂委员会编：《西安市志》，第843页。
④ 肖银章等编著：《抗战期间日本飞机轰炸陕西实录》，陕西师范大学出版社1996年版，第99页。
⑤ 西安市地方志编纂委员会编：《西安市志》，第843页。

'劝导方式',要求'先建设后疏散','疏建同时完成',但由于财政经费紧张,所谓'建设'不过是一句空话,疏散也是有名无实了"①。

其二是学校疏散。1938年3月,日机对陕西城市狂轰滥炸,为收容华北沦陷区流亡师生,国民政府教育部组成了国立陕西中学第一队。1000余名师生由教育部图书馆馆长周之裳带队,从西安迁移到安康办学。为防空袭造成师生伤亡,1938年11月26日,陕西省教育厅就要求市区所有的"中学、师范迁往安全地后继续上学,小学必要时可以停办"②。

随后,陕西东部各县县立中学也被疏散到了本县乡镇,如蒲城中学就被疏散到本县的高阳镇。省立中等学校则被疏散到了陕西西部之乾县、宝鸡、凤翔、眉县、陇县等地,而省立医专、省立商高专等则远迁到陕南之洋县、勉县。全民族抗战爆发后迁移到西安的国立西安临时大学[由国立北平大学、国立北平师范大学、国立北洋工学院和国立北平研究院(最后未加入)等大学和研究所组成]也被迫疏散到了陕南之南郑、城固、勉县、洋县、西乡等处艰难办学。1938年12月,西安师范、西安女师、西安女中、西安私立培华女子学校亦被迫迁移至陕南西乡县办学。1938年后,国立第二十二中学、国立第七中学、私立山西太原平民中学、扶轮中学、河南第一战时中学和河南教师服务团先后迁移到汉中办学。③到了1940年,针对学校的疏散力度再次加大。根据西安非常时期疏散建设委员会制定的《西安非常时期强制疏散执行办法》,包括学校在内的西安市所有机关团体均执行强制疏散,不得无故延迟或抗拒不遵守,"如有特别原因不能全部疏散应向本会陈明理由,经批准后得准许留置少数人驻守"④。1941年5月28日,陕西省政府要求中学自当日起20日内完成疏散,小学自6月1日起在1个月内完成疏散。西安城内的公、私立中学全部迁移疏散到了西安城南乡间办学。⑤

其三是政府机关、工厂、商户物资的疏散。西安、咸阳、宝鸡、汉中的工厂、商铺、政府机关也被迫有计划地向安全地带疏散。1939年6月底前,西安市内有53

① 政协陕西省委员会文史和学习委员会编:《陕西抗战史料选编》,三秦出版社2015年版,第1287页。
② 陕西省委党史研究室编;李忠杰主编:《陕西省抗日战争时期人口伤亡和财产损失》,中共党史出版社2015年版,第97页。
③ 陕西省委党史研究室编;李忠杰主编:《陕西省抗日战争时期人口伤亡和财产损失》,中共党史出版社2015年版,第98页。
④ 《西安非常时期强制疏散执行办法》,《陕西防空月刊》,1940年第1卷第8期,第12页。
⑤ 陕西省委党史研究室编;李忠杰主编:《陕西省抗日战争时期人口伤亡和财产损失》,中共党史出版社2015年版,第98页。

个机关被疏散到了西安南郊的杜曲、黄良、五权、樊南等村镇办公。1943年6月豫西、鄂西北沦陷后，为保存有生力量，陕南、西安等地的重要行业及所涉及的人员被迫再次向纵深迁移和疏散。以汉中为例，全民族抗战时期，汉中为战略后方军事重镇，是重庆乃至西南的重要屏障，多次受到日军飞机轰炸。内迁汉中的中国农业促进会、金陵农学院在城内设立的农业推广所为应对日军轰炸，不得不再次迁往汉中南部汉山区的草堰塘。①到了1944年5月，日军围攻洛阳并轰炸陕西，为尽量设法保存人力、物力，陕西省政府召开会议，决定各厂商迅速疏散，西安、宝鸡、咸阳的众多工厂被迫再次疏散到甘肃境内。陕西工业视察所迁往地处秦岭山区的凤县。厂矿企业方面，因屡遭敌机轰炸，大华纱厂、西京修造厂将一部分机器迁往四川广元。陕西省公营事业处、农业改造所等单位则被迫迁往宝鸡办公，洛南等县的各级机关也被迫迁址办公。②

在日军飞机、炮火轰击下的陕东沿河各县城镇以至乡村，民众和各行业更是纷纷被迫迁移疏散，最为惨烈者莫过于陕、晋、豫交界处的陕西潼关县。潼关县老县城北临黄河，南枕崇山，形势天成。该城始建于东汉建安元年（196年），经历代扩建，堪与西安媲美。全民族抗战爆发前，陇海铁路西通西安再连宝鸡，同蒲铁路通车到风陵渡后，潼关一时商贾林立，俨然为陕西东部的交通枢纽和商贸中心。1937年11月，日机轰炸潼关。1938年3月7日，占领风陵渡的日军又开始了对潼关城的连年隔河炮击。日军机炮轰击下的潼关，十室九废，到处断瓦残垣，目光所及一片凄惨景象。县政府被炸而无法运转，以纺织为主的工商业亦无法开工，民众更无法在城中安居。此种情形下，县政府被迫选址在县南5里秦岭山中的苏家村建设潼关新城，民众及商贾也疏散于此地。除了潼关之外，日机和炮火轰炸下的平民、大荔、朝邑、韩城及宜川至神木、府谷等沿河城镇、乡村民众或在政府的组织下，或自发地向纵深疏散。③

① 㳘福寿编著：《汉中史谭》，三秦出版社2016年版，第241页。
② 陕西省委党史研究室编；李忠杰主编：《陕西省抗日战争时期人口伤亡和财产损失》，中共党史出版社2015年版，第99页。
③ 陕西省委党史研究室编；李忠杰主编：《陕西省抗日战争时期人口伤亡和财产损失》，中共党史出版社2015年版，第100页。

小结

陕西在抗战时期是一个非常特殊的省份,它既是西北之咽喉,也是全国抗日的模范基地,更是张学良、杨虎城逼蒋介石促成全民族抗战的基地。日军攻下陕西,不仅能够有效打击中国的抗战热情和抗战信心,还可以将西北和华北连成一片,配合其大军南下,速战速决,实现灭亡中国的目的。因此,全民族抗战爆发后,陕西虽然地处后方,但由于其特殊的战略地位,前线与后方的区隔已不甚明显。

首先,作为抗战的后方,陕西军民没有故步自封、安于现状,而是主动出击,出关抗击日军,谱写了三秦儿女的壮丽史诗。与此同时,陕西还为内迁的政府机关、教育机构以及民众提供了容身之地。尤其是1938年花园口决堤之后,河南等地的难民大量迁陕。根据相关报道,到1945年抗日战争结束时,可能有多达170万名来自河南和其他省份,遭受黄河水患之害的难民迁移到了陕西。其次,随着太原、开封、武汉的相继沦陷,日军的侵华锋芒又将陕西推向了对日作战的前线。为此,陕军孙蔚如部开赴中条山,正面迎击敌军的同时,也起到了牵制日军渡河侵陕的作用。部分陕军与国民党驻陕部队、陕甘宁边区积极组织军民修筑防御工事,共同进行了保卫黄河河防的作战。

另外,日军的无差别轰炸也模糊了战时陕西前线与后方的界限。与战时重庆相异,战时陕西不仅承受了日军的无差别轰炸,还遭受了日军疯狂的炮击。面对日军不断加剧的空袭,陕西军民开始了各种防空建设,成立防空组织、修筑防空设施、加强防空教育和防空救护、举行防空演习,同时结合疏散民众、商户和学校,迁移重要工矿企业等措施,为减少空袭损失做出了重要贡献。总之,陕西军民的积极抗战,有效地保卫了陕西的安全。在整个抗战时期,除陕北府谷县沦陷数小时外,日军没有能够侵占陕西一寸土地。三秦儿女用血肉之躯保卫家乡,确保了抗战大后方的安全。

第四章

全民族抗战时期的陕西经济

自古以来陕西省是我国重要的农业区,经济发展受天时、政局影响颇大。进入近代,陕西省内屡次爆发战乱,加之旱灾频发,经济更显落后。南京国民政府成立后,在开发西北的口号下,该省经济虽有所发展,但仍远远落后于东部沿海诸省,其中尤以工业建设最为滞后。全民族抗战爆发后,陕西省一跃成为全民族抗战的西北大后方战略要地,陕西经济也由此迎来了发展的高峰期,各项财政金融变革及工农水利、交通建设铺就开来。本章从财政金融拓展、现代工业崛起、农业经济发展、交通建设进步等四个方面来诠释全民族抗战时期陕西经济发展情况,并评价其对抗战的贡献。

一、抗战时期的陕西财政金融

(一)整顿财政与平衡收支

陕西地处西北内陆,交通不便,与沿海等省份相比较为落后,工商贸易尤欠发达,加之长期政局不稳,军支浩繁,全民族抗战爆发前该省财政向称拮据。根据统计,1932年7—12月,该省总计收入6483306元,支出6226595元,盈余256711元,而次年即收不抵支赤字119063元,1935年赤字增至1186158元,1936年赤字更是增至1525455元,政府财政严重入不敷出。[①](如表4-1)

表4-1　1932—1937年陕西省财政收支一览表　(单位:元)

时间	收入	支出	盈余	备注
1932年	6483306	6226595	256711	为7—12月数据
1933年	13709872	13828935	-119063	
1934年	14753988	14002109	751879	

---

① 西安市档案局、西安市档案馆编:《陕西经济十年(1931—1941)》,煤炭科学研究总院西安分院印刷厂1997年印,第262-263页。

时间	收入	支出	盈余	备注
1935年	16481024	17667182	-1186158	
1936年	17579017	19104472	-1525455	
1937年	16845480	16899315	-53835	

资料来源：陕西省银行经济研究室编：《十年来之陕西经济》，陕西省银行经济研究室1942年版，第246页。

全民族抗战爆发后，陕西省政府财政更趋严峻，至1937年底，陕西省库积欠已达334万余元。[1]至1938年，陕西省政府多方罗掘，除向陕西省银行借款350万元外，又发行建设公债800万元用作生产建设资金，并向中中交农四行押借200万元，以应急需，但无济于事。总体来看，受战事及物价上涨等因素影响，陕西省财政仍呈现出入不敷出的现象，收支不平衡问题日益突出。[2]（如表4-2）

表4-2　陕西省历年财政预算变动情况表　（单位：万元）

年份	预算总额	预算指数	追加数
1937年	1702.1358	100	/
1938年	/	/	/
1939年	2083.9935	122	159.5997
1940年	2117.0358	124	317.6312
1941年	4469.0932	263	240
1942年	6521.5651	392	3557.4775
1943年	22164.9396	1302	2926.3443
1944年	34341.2	2015	20115.3917
1945年	75971.7	4643	153967.8307

资料来源：李振民：《陕西通史·民国卷》，陕西师范大学出版社1997年版，第253页。

从上表中可以看出，全民族抗战爆发之初，1937—1940年陕西省财政预算虽呈现出逐年递增的态势，但增长幅度并不剧烈。随着1941年全国物价的剧烈波

---

[1]　周介春：《抗战三年来之陕西财政与金融》，《经济汇报》，1940年第2卷第1-2期，第106-109页。

[2]　李振民：《陕西通史·民国卷》，陕西师范大学出版社1997年版，第253页。

动,陕西省年度预算呈现出剧烈上涨态势,1945年相较于1937年增长43倍有余,预算追加数1945年竟达当年预算数的2倍有余。可以说全民族抗战爆发时期陕西省政府财政多赖中央补助。

除陕西省政府财政外,陕西各县地方财政也呈现出起伏不定的状况。县地方财政收入多赖田赋附加,各县因地理环境、工商业发展情况不同,财政状况多有差异。根据《西北论衡月刊》调查,1940年度蒲城、澄城、大荔、华阴、岐山、褒城、陇县、宁强、石泉、汉阴、兴平、富平、合阳等县皆收多于支;朝邑、凤县、商县、勉县、长武、韩城等县多入不敷出,彬县、乾县两县尚能维持收支平衡。此外,各县财政收入亦相差悬殊,每年收入多的如富平可达43万余元,少的如潼关仅5万余元。每年支出多者如勉县达48万元,少者如褒城仅5万元等。总之,全民族抗战爆发之际,陕西省各县因时因地,丰歉各有不同,且收入多不稳定,财政多依靠省政府补助。[1]

全民族抗战爆发前,陕西省政府的财政收入主要分为三大类:其一为地方普通收入,包括田赋、契税、营业税、地方行政收入、地方事业收入、中央补助款收入及其他收入等;其二为代管国家收入,包括盐税、印花税、烟酒税等类;其三为收而未定支出类,此属于临时性质,数量甚少。三类之中,第二类为代收性质,与陕西省财政并无重要联系。因此影响陕西省财政状况的主要是第一类,田赋、契税、营业税、特种消费税皆为该省收入的大宗。[2]具体而言:

第一,田赋。陕西省田赋积弊颇深,主要在于粮、地、户三者互不匹配,[3]时常出现“无粮有地,无地有粮”的现象。[4]陕西田赋科目极为繁杂,有耗羡、平余、差徭、新加等多种名目。1933年陕西省财政当局对田赋进行整理,将田赋各类附加名目一律取消,改征地丁、本色粮折征、租课及摊收费等。其中尤以地丁收入最多。1935年陕西省全省田赋收入共计406.5万元,占全省收入的第二位,至1937年为417.1万元,数量略有增加。第二,契税。契税是陕西省经常收入之一,但因连年战乱及灾荒影响,陕西省地价涨落不定,导致该省每年契税收入不定,如1932年契税收入为18.7万元,1933年则减少至7.2万元,1936年迅速增至24万元,

① 陕西省银行经济研究室编:《十年来之陕西经济》,陕西省银行经济研究室1942年版,第259页。
② 陕西省银行经济研究室编:《十年来之陕西经济》,陕西省银行经济研究室1942年版,第247页。
③ 周焕:《三年来的陕西财政与金融》,《政治建设》,1941年第5卷第2-3期,第48-54页。
④ 周介春:《抗战三年来陕西财政与金融》,《经济汇报》,1940年第2卷第1-2期,第106-109页。

1937年更是增至57.3万元。第三,营业税。营业税是全民族抗战爆发前陕西省开办的新税种,1931年陕西省首先在长安、泾源开办,其在南郑、安康两地设局征收。1932年陕西省财政厅将营业税列为额定收入,责成各县办理,该年收入为29.5万余元,1937年增至156.7万余元。[①]第四,特种消费税。1929年由于连年灾荒,陕西省财政支绌。1930年该省裁厘后,次年即开办特种消费税以弥补收入。该税施行后,收入颇为可观,并逐渐发展成为陕西省主要收入。1931年收入为120.9万余元,1937年增至226万余元。[②]

全民族抗战爆发前陕西省的财政支出种类繁多,按照性质可以划分为:地方普通支出、营业支出、代管国家支出、未定支出四类,其中普遍以公安费、军务费、协助费、教育文化费、行政费最多,财务费、建设费、实业费、司法费、党务费、暂借支款次之;卫生费、交通费、抚恤费及路政支出、工业支出、救灾准备金等数量最少。(如表4-3)

表4-3 1936—1937年陕西省支出统计表 (单位:元)

科目	1936年	占总支出百分比	1937年	占总支出百分比
党务费	182275.55	0.9%	233403.33	1.4%
行政费	2109130.28	11.4%	1216089.32	7.2%
司法费	381988.40	2%	483040.44	2.8%
公安费	3233537.33	17.5%	4032898.25	23.7%
财务费	936851.26	5%	1050976.42	6.2%
教育文化费	2308657.87	12.5%	2079495.41	12.2%
实业费	261671.84	1.4%	375787.23	2.2%
卫生费	269347.00	1.5%	251018.90	1.5%
建设费	1441576.20	7.8%	1142843.04	6.7%
交通费	85831.46	0.5%	115089.45	0.7%
协助费	5136593.44	27.8%	1505374.70	8.9%
抚恤费	44639.68	0.2%	46234.37	0.3%
资本支出	/	/	267102.00	1.6%
其他支出	747291.02	4%	609796.64	3.6%
路政支出	223650.65	1.2%	71954.75	0.4%

① 陕西省银行经济研究室编:《十年来之陕西经济》,陕西省银行经济研究室1942年版,第250-251页。
② 陕西省银行经济研究室编:《十年来之陕西经济》,陕西省银行经济研究室1942年版,第251-252页。

科目	1936年	占总支出百分比	1937年	占总支出百分比
工业支出	/	/	50952.00	0.3%
商业支出	/	/	3518.71	0.02%
军务费	/	/	2272543.23	13.4%
军事恤金	/	/	100785.50	0.6%
预备金	/	/	/	/
中央抚恤费	/	/	/	/
救灾准备金	/	/	100000.00	0.6%
暂借支款	82870.99	0.4%	429000.00	2.5%
归还暂记收款			34200.64	0.2%
归还暂借款	/	/	10000.00	0.06%
总计	18479235.59	100%	16987934.50	100%

资料来源:陕西省银行经济研究室编:《十年来之陕西经济》,陕西省银行经济研究室1942年版,第253-254页。

全民族抗战爆发后,陕西省成为西北大后方的中心,财政开支日益增加。根据统计,1937年该省总开支达1698.79万元,1939年增至2612.13万元。[1]急剧增加的开支迫使陕西省政府着力调整财政方向,平衡财政收支,一方面取消各类非法征敛,另一方面切实整顿合法收入,且尤以后者为重。具体而言有以下方面。

1.取缔非法征敛

全民族抗战爆发前,陕西省苛捐杂税繁多,演戏有戏捐,渡船有渡捐,售药有药捐,等等,根据1934年陕西省呈报国民政府拟废除苛捐名目即达61种。[2]为此陕西省政府采取诸多举措裁撤各类杂捐税种,如1937年1月陕西省公布免征捐税名目货物种类,主要包括部分营业税、特种消费税等,共计34种。截至1939年2月,陕西省全部废除杂捐达95种,部分废除的7种。[3]

2.办理土地陈报

田赋为地方收入的大宗,因"征收制度,陈陈相因",致使流弊百出、稽核不易。故陕西省政府自1936年开始办理土地陈报,截至1939年底,相继有咸阳、南郑、

---

[1] 陕西省银行经济研究室编:《十年来之陕西经济》,陕西省银行经济研究室1942年版,第254-255页。

[2] 于登斌:《废除苛杂在陕西(下)》,《西北资源》,1941年第2卷第3期,第41-56页。

[3] 于登斌:《废除苛杂在陕西(下)》,《西北资源》,1941年第2卷第3期,第41-56页。

城固、襄城、宁强、勉县、西乡、洋县、略阳、安康、汉阴、石泉、留坝、凤县、紫阳等15县完成了土地陈报,增加田地等854万亩。此后截至1941年7月,先后又有镇巴、宁陕、白河、旬阳、平利、岚皋、镇安、镇巴、佛坪、柞水、山阳、陇县、千阳、商县、洛南等15县相继完成,其余各县自1941年8月起,移交田赋管理处,继续办理。[1]新订税则,每亩最高为九角五分,最低二分,平均税率比较陈报以前稍低,但收入不少,此举措有利于当地财政。[2]

3.整理田赋,催收旧欠

陕西省田赋向称复杂,积弊日久。根据统计,1932年至1937年,陕西省田赋积欠已达100余万元。全民族抗战爆发后,陕西省政府财政支出暴增,需款孔急。1938年8月该省财政厅决定彻底清查田赋积欠问题,拟具具体办法呈送省政府获准,并由各县政府具体办理。截至1939年5月底,该省共计催收60余万元。当年11月陕西省政府呈准行政院,将1932—1935年欠赋全部豁免,1936年之后的欠赋则积极清理上缴。该项办法实施后,效果良好。此外,陕西省当局进一步划一田赋名称、编查粮户、改订册串格式等,选取各县公正士绅组织田赋整理委员会,以求清理积弊。截至1941年,陕西省全省大多数县份已整理完毕。[3]

4.整顿税捐,开征战时特种捐税,推广房捐

全民族抗战爆发后,陕西省政府为应付战时财政需要,于1937年11月开始征收战时特捐,主要对筵席、化妆品、剧戏、电影、土菜等五种征收税款,效果不佳,遭到了广大商民的反对。如1938年陕西省征收战时特捐共计57.98万元;1939年则减少至85986元,仅为1938年的七分之一左右,1940年7月该捐被取消。房捐首先在西安等地试办,1938年11月开始征收,主要由省会警捐征收局办理,每年征收数额大体稳定,如1939年征收22.42万元,1940年征收30.24万元,1941年征收29.19万元,等等。1939年陕西省政府除在西安外,亦选择部分商业繁荣、人口众多的县份推广房捐,如南郑、宝鸡、咸阳、渭南、三原、凤翔、安康、泾阳、高陵、耀县等14县。新县制实施后,房捐被列入县税之中。[4]

---

[1] 陕西省银行经济研究室编:《十年来之陕西经济》,陕西省银行经济研究室1942年版,第255-256页。
[2] 田霞:《抗日战争时期的陕西经济》,中国矿业大学出版社2002年版,第163页。
[3] 陕西省银行经济研究室编:《十年来之陕西经济》,陕西省银行经济研究室1942年版,第256页;田霞:《抗日战争时期的陕西经济》,中国矿业大学出版社2002年版,第163-164页。
[4] 周介春:《抗战三年来之陕西财政与金融》,《经济汇报》,1940年第2卷第1-2期,第106-109页;陕西省银行经济研究室编:《十年来之陕西经济》,陕西省银行经济研究室1942年版,第256-257页。

此外陕西省政府还先后整顿烟酒牌照税、畜屠斗税捐,其中烟酒牌照税于1934年7月1日开始奉令办理,作为废除苛杂的补偿。全民族抗战爆发后,陕西省政府责成各县府积极整顿,1938年即达53.7万元。畜屠斗税捐多年来系由陕西省政府招商包办,以致积欠日累。全民族抗战爆发后,陕西省政府力加整顿,征收数额较前屡有增加,1938年即收23.8万元,1939年增至25.8万元。1940年畜屠斗税捐被纳入各县政府核实征收。[①]

5. 重订营业税则

陕西省营业税于1931年夏创办,时各县并未普遍开征,1932年该税只有28万余元。全民族抗战爆发后,该税征收区域日广,1939年征收额达90万元以上。1940年新修订的营业税则,将以往畜税、屠宰税、斗捐、牙捐、便民质证费等一律改征营业税,7月1日公布施行。[②]

6. 清理官产,调整税务机构

陕西官产因沿袭时间较久,加之范围较广,在全民族抗战爆发前已是一笔糊涂账。民国初期,陕西省政府曾设有官产清理处,从事调查整理工作;1931年陕西省财政厅又组织官产清理委员会,但成效不大。全民族抗战爆发后,陕西省政府于1939年11月重新设立清理官产委员会,聘请省内各机关长官、地方公正士绅为委员策划一切。[③]

此外,陕西省营业税、特种消费税向系分别设局征收,其中特税局16处,特税稽核处8所,营业税局22所,局卡林立,支出浩繁。全民族抗战爆发后,王德溥就任财政厅厅长后,于1938年9月1日将所有特税局、稽核处、营业税局一一裁撤,改设税务局17处,分局9处,稽征所59处,负责办理辖区内特种消费税、营业税征收事宜,以提高行政效率。[④]

7. 筹设省县公库

公库法颁布后,1940年1月陕西省公库开始实施,部分偏远及特殊地区于当年4月进行。根据规定,陕西省及各县公库均由陕西省银行代理,所有省、县款项

---

① 周介春:《抗战三年来之陕西财政与金融》,《经济汇报》,1940年第2卷第1—2期,第106—109页。
② 周介春:《抗战三年来之陕西财政与金融》,《经济汇报》,1940年第2卷第1—2期,第106—109页。
③ 田霞:《抗日战争时期的陕西经济》,中国矿业大学出版社2002年版,第164—165页。
④ 田霞:《抗日战争时期的陕西经济》,中国矿业大学出版社2002年版,第165页;西安市档案局、西安市档案馆编:《陕西经济十年(1931—1941)》,煤炭科学研究总院西安分院印刷厂1997年印,第270页。

收支以及现金、票据、证券保管统一由公库代理。1939年12月1日陕西省总库成立，次年4月陕西省开始筹设省库分库、支库。截至1941年底，省库有总库1所，分库4所，支库42所。[①]

以上举措实施后，陕西省财政收支情况虽有所改善，但伴随战事的发展，陕西省财政收支不敷的现象仍然存在。特别是1942年陕西省财政改制后，省级预算被列入国家预算，陕西省财政多赖中央补拨。[②]

（二）施行田赋征实

田赋是中国历史最悠久的租税，长期以来是中央政府的基本收入，直至1928年国民政府将田赋划为地方税。全民族抗战爆发后，国民政府财政支出剧增，而政府主要税源——关税、盐税、统税，因战事收入锐减，迫使国民政府不得不做出调整。与此同时，受自然灾害影响，1940—1941年大后方出现了普遍性的粮食歉收现象。粮食减产，导致后方粮价上涨，继而带动后方整体物价的上涨。国民政府为控制实物，保障军用民食，决定实行田赋征实政策，即由征收货币改为缴纳实物。[③]

1941年4月2日，国民党五届八中全会通过"各省田赋暂归中央接管，以便统筹而资整理案"，确定实行田赋征实政策，并拟将各省田赋收归中央整顿征收，由中央统筹各地供需情形。6月16日国民政府召开第三次全国财政会议，正式制定和颁布了《战时田赋征收实物暂行通则》及相关法令，通令各省实行。[④] 1941年5月10日财政部整理田赋委员会成立，掌管各省田赋接管、征收、整理等事项，为中央管理各省田赋的总机关。次年7月国民政府公布田赋管理委员会组织条例，田赋管理委员会正式成立。[⑤]

田赋征实首先是在山西省实行。1939年冬阎锡山为解决军粮供应问题，下令实行田赋改征实物，得到国民政府的认可。1940年陕西省即与浙江省、福建省

① 田霞：《抗日战争时期的陕西经济》，中国矿业大学出版社2002年版，第165页。

② 李振民：《陕西通史·民国》，陕西师范大学出版社1997年版，第252-253页。

③ 步平、王建朗主编：《中国抗日战争史（第六卷）》，社会科学文献出版社2019年版，第206页；杨国山：《陕西省粮食问题研究（1937—1945）》，南京大学博士学位论文，2016年。

④ 步平、王建朗主编：《中国抗日战争史（第六卷）》，社会科学文献出版社2019年版，第206页；虞宝棠：《国民政府与民国经济》，华东师范大学出版社1998年版，第333页。

⑤ 陈友三、陈思德编著：《田赋征实制度》，正中书局1946年版，第16-20页。

一道效仿,同年陕西省政府制定《田赋改征实物办法》,对田赋征实进行了详细规定,但并未真正实施。[1]1941年8月陕西省田赋管理处成立,处长由陕西省财政厅厅长周介春兼任,标志着陕西田赋征实的开始。[2]

根据国民政府所颁布的田赋征实法令,田赋征实的实施具体分为三点。其一,折征实物的标准,应根据1941年省县正附赋额总额,依据战前粮价与原纳税货币数,合计每元征稻谷2市斗,不产稻谷地区,按照市价折征小麦或其他杂粮。其二,经征经收采划分制度,如在中央设立财政部整理田赋筹备委员会,在省设立省田赋管理处,在县设立县田赋管理处,县以下设立经征分处;经收机关在中央设置粮食部,在省设立粮政局,在县设立粮政科或粮食管理委员会,在县以下设立经收分处等。其三,1941年下半期及1942年上半期粮食,限于秋收后两个月内一次征收等。为此,陕西省政府遂根据以上原则,确定小麦、稻谷、粟谷(小米)、玉米四种作为应征粮种。[3]各粮种之间折算标准,陕西省政府根据1940年全省田赋正附赋额,以每元折征稻谷2市斗为基准计算,稻谷1市斗=小麦0.75市斗=粟谷1.5斗=玉米1.2斗。在征收期限上,因征收粮种不一,征收时间亦不一致。具体而言,陕西省政府规定征收稻谷及玉米县份,自每年9月1日起开征,10月底扫数;征收小麦县份,自每年7月1日起开征,8月底扫数;征收粟谷县份,自每年11月1日起开征,12月底扫数。[4]就各县具体征收何种实物,陕西省政府根据该省粮食生产情况,明确关中以产麦为主,故主征小麦;陕北各县以产粟谷为主,故主征粟谷;陕南各县以产玉米为主,故主征玉米。具体而言,陕西省将全省划分为5个标准区域,其中第一、二、三行政督察区10个县为第一标准区,主征粟谷;第四行政督察区6个县为第二标准区,第七行政督察区5个县为第三标准区,第八、九、十行政督察区32个县为第四标准区,均主征小麦;第五、六行政督察区22个县为第五标准区,主征玉米、稻谷。[5]1943年国民政府决定将各省粮政局与田赋管理处合并为田赋粮食管理处,各省亦相继做调整。1944年5月,陕西省田赋粮食管理

① 郝银侠:《抗战时期陕西田赋征实之研究》,《兰台世界》,2007年第20期,第47-48页。
② 杨国山:《陕西省粮食问题研究(1937—1945)》,南京大学博士学位论文,2016年。
③ 周介春:《陕西省田赋改征实物之经过》,《经济汇报》,1942年第6卷第1-2期,第144-215页;陈友三、陈思德编著:《田赋征实制度》,正中书局1946年版,第16-20页。
④ 宋同福:《田赋征实概论》,中央银行经济研究处1942年版,第264页。
⑤ 杨国山:《陕西省粮食问题研究(1937—1945)》,南京大学博士学位论文,2016年。

处成立,各县粮政科与田赋管理处合并为县田赋粮食管理处。①

　　就田赋征实的实施效果而言,根据学者统计,陕西省在抗战期间先后进行了五届田赋征实。具体而言,第一届即1941年,该年因田赋征实实施相对较晚,该省上期已有征实折价之举,若按照田赋征实办法实施,不仅相较原定赋额增加2倍有余,且有重征之嫌。为此陕西省政府请准国民政府以1940年正附赋额为折算标准,已办理土地陈报的县份以陈报后核定赋额为折算标准。根据计划,1941年陕西全省除陕北17县外,共应征收各类粮种187万石,各种粮类总共折合稻谷230万石。②后因粮食部在陕西省购粮过多,征实总额核减为200万石。第二届为1942年,陕西省征实额征数为小麦260万石,征购为小麦200万石,两项合计460万石。截至1947年12月31日,共征364万石,占应征总额的79%。第三届为1943年,陕西省征实额征数为小麦300万石,征借为小麦140万石,两项共计440万石。截至1947年12月31日,共征350万石,占应征总额的80%。第四届为1944年,征实额征数为小麦285万石,征借为小麦133万石,累计征借25万石,总共443万石。截至1945年6月,仅征385万石,占应征总额的87%。第五届,1945年因抗日战争胜利,沦陷区各省田赋豁免,陕西作为后方省份之一,田赋仍旧征收。该年征实额征数为小麦171万石,征借为小麦79.8万石,累进征借15.4万石,总计266.2万石。截至1947年4月10日,共征215.8万石,占应征总额的81%。榆林作为陕北重镇,全民族抗战时期,大批军队、机关及沦陷区难民聚集该地,军粮供应等粮食支出剧增。1941年该县施行田赋征实,截至抗战胜利,全县每年预算额定征收田粮计1.48万石,而实际征收田赋粮及摊派摊购地方公粮、军粮超出额数1至3倍,致使当地出现粮户公然抗粮或藏匿的现象。③就整体而言,陕西作为西部落后省份,产粮地区面积相对有限,在此环境下通过田赋征实,陕西省为大后方的军民提供了大量的粮食及棉花等物资,对持久抗战起到了重要作用。然陕西省田赋征实成绩并不尽如人意,究其原因除粮农重视购粮而不重视征粮外,亦与陕西驻军较多,征购、采购粮食较多,以及河南、湖北等省在陕西购粮较多有关。④

①　杨国山:《陕西省粮食问题研究(1937—1945)》,南京大学博士学位论文,2016年。
②　周介春:《陕西省田赋改征实物之经过》,《经济汇报》,1942年第6卷第1-2期,第144-215页。
③　榆林市志编纂委员会编:《榆林市志》,三秦出版社1996年版,第385-386页。
④　郝银侠:《抗战时期陕西田赋征实之研究》,《兰台世界》,2007年第20期,第47-48页。

(三)强化金融机构与构建区域金融网

西安作为陕西省会,是陕西政治、经济、文化与金融中心。除传统的钱庄等金融机构外,西安亦成为陕西近代金融业发展的萌发地。全民族抗战爆发前后,西安各类金融机构云集,既有陕西省银行总行,又有中央银行、中国银行、交通银行、中国农民银行四大国有银行在该地所设分支行处,亦有河南、陕西、甘肃、绥远、河北等省银行所设机构,另有诸如上海商业储蓄银行、浙江兴业银行、金城银行等全国著名商业银行所设分支机构。该地也一时成为战时西北地区重要的金融中心。(如表4-4)除西安外,在陕西其他地区如宝鸡、汉中、安康、渭南、三原、泾阳、咸阳等地,各类金融机构亦如雨后春笋般纷纷设立。1930年12月成立,总行设在榆林的陕北地方实业银行,在陕北各县设有16个大支行或办事处。1938年该行由陕西省银行代省政府管理。1944年该行撤销。据统计至20世纪40年代中期,陕西所辖92县及西安市共设立各类银行总分支机构160所,分布于全省68县之中,在战时已属难能可贵。[①]

表4-4　西安银行业一览表(1942年6月)

行名	成立时间	地址	备注
中央银行	1935年5月	西木头市	
中国银行	1933年12月	尚仁路	1935年8月改为办事处,1937年12月迁入尚仁路
交通银行	1942年1月	粉巷	支行
中国农民银行	1934年6月	梁家牌楼	分行
陕西省银行	1940年12月	梁家牌楼	总行
上海银行	1933年12月	南院门	分行
金城银行	1935年10月	东大街	办事处
山西省银行铁路银号联合办事处	1939年1月	梁家牌楼	
河南农工银行	1939年6月	盐店街	办事处

---

① 田霞:《抗日战争时期的陕西经济》,中国矿业大学出版社2002年版,第167页。

行名	成立时间	地址	备注
长□□银行	1940年6月	德福巷	
裕华银行	1940年	梁家牌楼	
河北省银行	1941年	东木头市	办事处
甘肃省银行		东大街	筹备中
川盐银行		东大街	筹备中
四明银行		东大街	筹备中
川康平民商业银行		五味什字	筹备中
绥远省银行兴文银行		土地庙什字	筹备中

资料来源：陈封雄：《陕西省金融网之分布情形》，《经济汇报》，1943年第7卷第10期，第89-98页。

具体而言，票号、钱庄是近代银行业兴起之前，陕西省境内主要的金融组织形式。其中票号又称"票庄""汇票庄"或"汇兑庄"，主要经营汇兑业务。光绪年间西安设有日升昌、协同庆、新泰厚、合盛元、蔚丰泰、蔚长厚、蔚盛长、百川通、大德通、天成亨、蔚泰厚等11家票号；三原有新泰厚、百川通、蔚泰厚、蔚丰厚、日升昌、协同庆、蔚长厚、蔚盛长、大德通、天成亨等10家；南郑有协同庆1家。票号与清政府关系密切，伴随清政府的覆灭，票号逐渐退出历史舞台。钱庄继票号之后兴起，开办之初大半为山西人所设。根据统计，光绪年间西安计有钱庄140余家，主要经营银两、银圆与制钱兑换，以及与各地汇兑生意。辛亥革命爆发后，伴随票号的急剧衰落，钱庄兴旺起来，多达200余家，可谓盛极一时。然随着陕西政局变动，特别是1926年西安围城之战后，陕西钱庄受损颇重，钱庄数量锐减，至1935年仅存41所。其中1927—1935年成立的钱庄仅有25家，钱庄发展远不及之前兴盛。[1]

全民族抗战爆发后，陕西钱庄业迎来了一段快速成长期。此时钱庄多改经营棉花、布匹、白糖、山货等往来贸易，一时间获利颇丰，西安等地不断有新的钱庄设立。如1938年有信孚、世兴永；1939年有德泰祥、协丰泰、济源；1940年有兴记、信昌、泰生、天德福、合隆义、福兴泰、乾元号、裕兴源、德义永等。[2]

---

[1] 黎小苏：《陕西钱庄业之沿革及其现状》，《西北资源》，1941年第1卷第5期，第7-13页。

[2] 章少力：《调查：陕西金融事业之今昔》，《经济汇报》，1941年第4卷第10期，第50-64页。

表4-5 西安市钱庄一览表 （1942年1月20日,单位:元）

钱庄名称	资本数额	地址	开办时间	备注
义兴源	100000	梁家牌楼34号	1927年	
志盛通	30000	梁家牌楼13号	1928年	
元盛隆	70000	梁家牌楼9号	1927年	
永丰明	30000	梁家牌楼37号	1941年	
同济丰	30000	梁家牌楼39号	1927年	
协义成	30000	梁家牌楼40号	1927年	
积庆服	40000	梁家牌楼2号	1940年	
敬胜和	30000	盐店街37号	1940年	1941年改组义胜祥
长庆丰	30000	盐店街38号	1935年	
长春生	40000	盐店街40号	1925年	
隆远银号	20000	盐店街25号	1936年	
永生祥	10000	盐店街49号	1940年	
德胜福	16000	盐店街13号	光绪年间	
天顺成	/	盐店街55号	1913年	
天德福	20000	盐店街9号	1940年	
同益丰	200000	盐店街7号	1941年	
自积永	60000	盐店街60号	1927年	
德庆祥	20000	盐店街61号	1940年	
敬胜丰	60000	南广济街134号	1931年	
复兴泰	21000	南广济街19号	1940年	
荣盛福	100000	南广济街139号	光绪十六年（1890年）	
顺兴通	16000	盐店街42号	1940年	
兴源号	150000	南广济街102号	1940年	
仁记号	30000	南广济街104号	1941年	
德泰祥	57000	南广济街13号	1939年	
集义生	30000	五味什字13号	1936年	
义盛丰	10000	南广济街136号	1927年	未兼营
复茂协	60000	南广济街17号	1941年	
恒兴智	30000	南广济街7号	1924年	
世兴裕	30000	北广济街81号	1936年	
德昌号	20000	北广济街86号	1941年	

钱庄名称	资本数额	地址	开办时间	备注
宏蚨号	40000	北广济街99号	1941年	
宗盛永	52000	西大街127号	1913年	
敬义丰	36000	西大街145号	1940年	
敬泰裕	50000	西大街145号	1933年	
丰胜积	40000	西大街158号	1930年	
裕兴源	15000	梁家牌楼19号	1937年	
合隆义	50000	盐店街8号	1940年	
乾元号	70000	南广济街60号	1939年	
庆余号	10000	北广济街101号	1940年	
裕诚号	30000	西大街141号	1940年	
聚丰隆	30000	西大街514号	1941年	
恒余号	5000	西大街18号	1940年	
义和泰	30000	西大街600号	1932年	
恒丰	20000	西大街89号	1941年	
鸿源	15000	西大街32号	1939年	
天福同	30000	西大街680号	同治年间	
永兴庆	10000	南大街373号	同治年间	
积盛德	12000	东关南街7号	1923年	
中兴号	10000	东关大新巷30号	1939年	
同心盛	10000	东关东板坊巷	1927年	
丰盛泰	40000	东关中街69号	1941年	
永兴福	20000	东关中街73号	1929年	
协丰泰	21000	东关中街65号	1939年	
德义隆	33000	东关南街6号	1941年	
复兴通	8000	东关西板坊5号	1929年	
正义公	6000	西大街69号	1927年	
中和源	10000	西大街59号	1937年	
信孚号	40000	北院门57号	1938年	
积义兴	20000	南大街113号	1941年	
和盛协	30000	粉巷33号	1940年	
和源昌	23000	南院门152号	1928年	

续表

钱庄名称	资本数额	地址	开办时间	备注
协盛源	30000	西大街141号	1941年	
协和福	60000	北广济街86号	1942年	
义盛祥	90000	盐店街37号	1942年	

资料来源:陕西省银行经济研究室编:《十年来之陕西经济》,陕西省银行经济研究室1942年版,第269-273页。

如表4-5所示,截至1942年1月,西安共有钱庄65家,其中资本最多者计有20余万元,最少者不过5000元。其全年营业状况亦呈现出较大差距,据统计,1938年以来新设立各钱庄中,营业最多者至300余万元,最少者至数十万元左右。[1]从设立的时间来看,除天福同、永兴庆、德胜福、荣盛福属晚清创立外,其余则多是民国时期,特别是南京国民政府成立后所设,全民族抗战爆发后至1942年设立的共有33家,约占总数一半,其中1939年设立的5家,1940年设立的14家,1941年设立的12家,1942年设立的2家。

陕西省最早设立的地方金融机构是光绪二十年(1894年)设立的陕西官银号,宣统二年(1910年)改称为秦丰官钱局,民国建立后,又改称为秦丰银行、富秦银行等。1926年冯玉祥率军围攻西安,并于1927年设西北银行分行于西安并接办富秦银行。1930年陕西省政府改组,1931年该省因金融拮据,筹设陕西省银行,清理富秦、西北等行债务。陕西省银行初定资本500万元,官商各半。全民族抗战爆发后,为更好地调剂地方金融,1938年8月陕西省政府决议增拨官股300万元以为充注。[2]该行在设立之后发展颇为顺利,特别是全民族抗战爆发后其发展更为迅猛。如1932年该行有分支行处共计21所,公积金及盈余131458元;1933年分支行处达28所,资产总额为5910076元;1939年分支行处增至39所以上,资产达5000余万元,相较1933年增至近9倍。1941年该行分支行处达51所,资产总额增至1亿元。分支机构遍及南郑、宝鸡、大荔、咸阳、武功、凤翔、渭南、潼关、蓝田等陕西主要县市,建立起了几乎覆盖全省的分支网络,并在重庆、成都、洛阳等重要城市设有分行。[3]

---

[1] 章少力:《调查:陕西金融事业之今昔》,《经济汇报》,1941年第4卷第10期,第50-64页。
[2] 郭荣生:《抗战期中之陕西省银行》,《经济汇报》,1942年第6卷第10期,第75-85页。
[3] 陕西省银行经济研究室编:《十年来之陕西经济》,陕西省银行经济研究室1942年版,第276页。

存款方面,陕西省银行对于社会游资极力吸收,存款总额不断增长。如图4-1所示,1938年该行存款总额为1915万余元,至1941年时已增至近6037万元,增长2倍有余。就存款成分而言,多以往来存款为主。

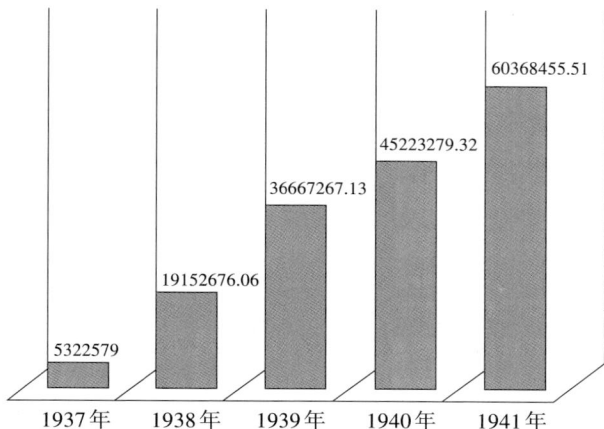

图4-1　1937—1941年陕西省银行历年存款图示　（单位:元）

资料来源:郭荣生:《抗战期中之陕西省银行》,《经济汇报》,1942年第6卷第10期,第75-85页。

放款方面,全民族抗战爆发后陕西省银行放款额度逐年提高,如图4-2所示。1937年该行共计放款约764万元,1938年即增至约1438万元,增长近1倍。至1941年时更是增至5417余万元,相较1937年增长近6倍,放款的主要方向是军需与建设投资、农贷等方面。其中军需与建设投资方面,自1938年开始陕西省银行对其尽力扶植,仅1938年该行先后投资65项军需及厂矿企业,计达2296万余元。农贷开始于1933年,起初陕西省银行限于资力未能大量进行。1937年陕西省合作委员会成立,并订立农贷机关划区贷款规约。当年7月陕西省银行与陕西省合作委员会订立城固、西乡、陇县、扶风等4县贷款合约,规定贷款55万元,截至1938年6月底共贷款32.6万元。1938年12月陕西省银行与陕西省合作委员会续订合约,决定扩大农贷业务,并增加白水、蒲城、同官、耀县、富平等5县为贷款区域,贷款额增至100万元,截至1940年10月底,贷款余额达153.6万元。[①]

---

① 郭荣生:《抗战期中之陕西省银行》,《经济汇报》,1942年第6卷第10期,第75-85页。

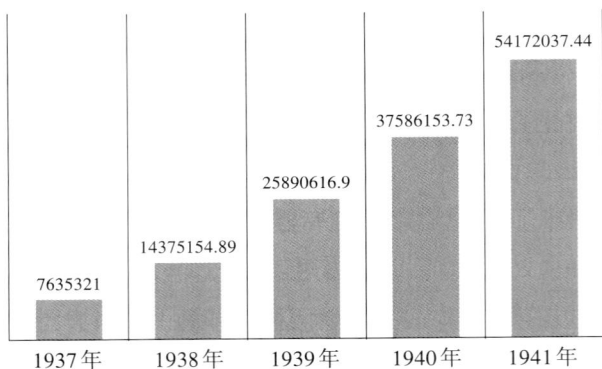

图4-2 1937—1941年陕西省银行历年放款图示 （单位：元）

资料来源：郭荣生：《抗战期中之陕西省银行》，《经济汇报》，1942年第6卷第10期，第78-85页。

国家银行方面，1934年11月中国银行首先在西安设立寄庄，1935年8月升格为办事处。1940年12月中国银行将西安办事处升格为支行，并在次年进一步升格为分行，同时在咸阳、渭南、宝鸡、南郑、泾阳、三原设立办事处或寄庄。中国农民银行于1934年6月在西安设立办事处，1935年升格为分行。交通银行于1934年11月在西安设立办事处，继而升格为分行，并在渭南、咸阳、宝鸡、南郑、泾阳、大荔等县设立支行或办事处。中央银行则最晚于1935年5月在西安设立分行。[①]根据统计，截至1943年，中中交农四行先后在陕西省设立分支行处38所。同时为强化战时金融管控，1939年10月国民政府成立中央银行、中国银行、交通银行、中国农民银行四行联合办事总处，简称"四联总处"。1940年四联总处在西安设立分处，以调剂、控制地方金融、财政事宜。[②]

商业银行方面，1934年12月上海商业储蓄银行率先在西安设立分行，并在潼关、宝鸡、南郑等地设立寄庄。全民族抗战爆发后，该行受损颇重，截至1941年仅余宝鸡办事处。1935年7月至10月，浙江兴业银行、金城银行亦先后在西安设立办事处。全民族抗战爆发后，外省地方银行开始涌入陕西，纷纷在西安等地设立办事处。如1939年即有河南农工银行、湖北省银行、山西省银行及铁路银号等先后在西安等地设立办事处；1941年又有河北省银行、甘肃省银行等筹备在西安

---

① 陕西省银行经济研究室编：《十年来之陕西经济》，陕西省银行经济研究室1942年版，第285页。
② 田霞：《抗日战争时期的陕西经济》，中国矿业大学出版社2002年版，第168页。

开设分支机构。此外,同年川帮银行中的川康平民商业银行、川盐银行亦派员到西安筹设分行或办事处。[1]

　　全民族抗战爆发后,随着国民政府西迁重庆,面对内地相对落后的经济、金融情况,国民政府逐步确立了以西南为中心,先西南后西北的西部开发与建设方针。同时为谋求贯通西部地区金融脉络,发展后方经济,提升抗战力量,国民政府着手部署和建设大后方金融网。[2]1938年6月国民政府召开全国第一次地方金融会议,财政部正式提出铺设内地金融网。8月财政部拟定《筹设西南、西北及邻近战区金融网二年计划》,该计划规定凡战后与政治、交通及货物集散相关的城镇、乡市,如无四行分支行处,至少指定一行前往设立;地点稍偏僻且四行不能在短期内设立的,由各省银行设立;各乡市城镇筹设分支行处,则以合作金库、邮政储金汇业局辅助;邻近战区的地方,亦同上办理;等等。1939年9月8日,国民政府颁发《巩固金融办法纲要》,提出"扩充西南、西北金融网",力图在每县区设一银行,活跃地方金融,发展地方生产。[3]陕西省金融业在此背景下,积极拓展该省金融网建设。到1946年,全省92个县共设县银行68个,除陕甘宁边区所辖各县外,基本上都已经设立了县银行。如陕西省银行于1931年在西安成立总行后,即在三原、南郑、安康、大荔、兴平、武功、凤翔、陇县、乾县、商县、韩城等地设立分支行处。全民族抗战爆发后,陕西省银行为配合后方金融网的铺设,于1939年增设天水、汉阴、襄城、洋县、宁强、勉县、耀县、石泉等8个办事处;1940年增设泾阳、白水、富平、眉县、岐山、礼泉、华县、华阴、蓝田、凤县双石铺、紫阳等11个办事处。截至1942年1月,该行共成立总分行处47所。[4]

　　陕西省政府根据1940年1月国民政府颁布的《县银行法》,随即制定了《发展县银行计划》并报财政部获准。计划共分四期,其中第一期包括榆林、绥德、洛川、商县、安康、彬县、大荔、凤翔等25县,定于1941年1—4月设立;第二期包括扶风、岐山、乾县、长武、耀县、中部、同官、米脂、韩城、朝邑、澄城等23县,定于1941年5—8月设立;第三期包括凤县、商南、山阳、镇安、白河、平利、紫阳等27县,定于

①　陕西省银行经济研究室编:《十年来之陕西经济》,陕西省银行经济研究室1942年版,第285页。
②　刘志英、张朝晖:《抗战大后方金融网的构建与变迁研究》,科学出版社2021年版,第168页。
③　刘志英:《国家银行与抗战大后方金融网的构建》,《陕西师范大学学报(哲学社会科学版)》,2016年第2期,第128-136页。
④　郭荣生:《抗战期中之陕西省银行》,《经济汇报》,1942年第6卷第10期,第75-85页。

1941年9—12月设立;第四期包括神木、府谷、靖边、宜川、佳县、甘泉、保安等17县,稍后实施。[①]截至1942年8月,陕西省92县中有61县已设银行126所,筹设中17所。关中区39县设行88所,筹设行11所;陕南区16县设行32所,筹设6行;陕北区6县设行6所。(如表4-6)至此,陕西省基本建立起覆盖全省的金融网络。

表4-6　陕西省各地银行数目一览表　（1942年8月）

区别	地名	银行数目(所)	银行名称	备考
关中区	西安	18	另附表	
	咸阳	4	中国、交通、陕西省银行、县银行	
	泾阳	4	同上	
	三原	3	中国、省行、县行	
	富平	2	省行、县行	
	户县	2	同上	
	高陵	2	同上	
	蓝田	2	同上	
	千阳	1	陕西省行	
	兴平	2	陕西省行、县行	交通银行派驻人员在该县办理农贷
	凤翔	2	同上	中央银行设有支处
	周至	2	同上	
	宝鸡	8	中央、中国、交通、农民、省行	
	陇县	2	省行、县行	
	同官	2	同上	
	岐山	1	同上	
	商南	1	同上	
	眉县	1	同上	
	武功	2	省行、县行	
	大荔	3	交通、省行、县行	
	渭南	4	中国、交通、省行、县行	
	华阴	2	省行、县行	
	蒲城	2	同上	

---

① 陈封雄:《陕西省金融网之分布情形》,《经济汇报》,1943年第7卷第10期,第89-98页。

区别	地名	银行数目(所)	银行名称	备考
关中区	合阳	2	同上	
	韩城	2	同上	
	白水	2	同上	
	彬县	3	中央、省行、县行	
	乾县	2	省行、县行	
	耀县	2	省行、县行	
	礼泉	2	同上	
	澄城	2	同上	
	长武	2	同上	中央设有收支处
	临潼	2	同上	
	华县	1	县行	
	洛川	1	同上	
	洛南	1	同时	
	永寿	1	同上	
	宜川	1	同上	
	中部	1	同上	
陕南区	南郑	7	中央、中国、交通、农民、省行、县行、金城	
	城固	2	省行、县行	
	西乡	2	同上	
	洋县	2	同上	
	勉县	2	同上	
	褒城	2	同上	
	宁强	3	中央、省行、县行	
	双石铺	1	省行	
	安康	5	中央、农民、县行、河北省银行	
	白河	3	中央、省行、县行	
	汉阴	2	省行、县行	
	紫阳	2	同上	
	石泉	1	省行	
	商县	2	省行、县行	
	山阳	1	县行	
	略阳	1	同上	

区别	地名	银行数目(所)	银行名称	备考
陕北区	榆林	1	陕北地行	
	神木	1	同上	
	绥德	1	同上	
	米脂	1	同上	
	镇川堡	1	同上	
	安边堡	1	同上	
共计		143		

资料来源:陈封雄:《陕西省金融网之分布情形》,《经济汇报》,1943年第7卷第10期,第89—98页。

二、抗战时期的陕西现代工业

(一)工业内迁与战时陕西工业的重塑

近代陕西工业发展迟缓,至民国初年方有数家近代工业企业。1927年南京国民政府成立后,开始逐步关注开发陕西、建设西北的问题,1928年即确定以开放西北、建设西北为此时要政,并相继派出西北科学考察团等进行实地考察。1928年1月,国民政府建设委员会成立,1930年该委员会制定《开发西北计划》,内容涉及煤矿、铁、石油等矿物开发,筹设纺织、面粉、机器、食品、电力等工业。[1]同年蒋冯战争结束,国民政府积极部署陕西建设事宜。次年陇海铁路通车潼关,随着交通状况的改观,陕西省经济得到较快发展,但在全国仍处于极为落后的状态。根据统计,1934年陕西全省近代工厂共计22家,多为各类轻工业企业,其中纱厂1家、面粉厂6家、化工厂3家、机器打包厂3家,地点多分布于陇海铁路沿线的潼

---

① 田霞:《抗日战争时期的陕西经济》,中国矿业大学出版社2002年版,第69—70页。

关、华县、渭南、西安、虢镇等地。①截至全民族抗战爆发前，陕西地方近代工业资本额共计27.57万元，工人总计4635人，分别占全国工厂资本额的0.74%，工人总数的1.01%。②（如表4-7）

表4-7　全民族抗战爆发前陕西企业一览表

名称	性质	成立时间	厂址	备注
陕西省机器局	官办	1894年	西安	原为兵工厂，名为山西机器制造局，1933年改为现名，专制农业工具
陕西省火药局	官办	1906年	西安	
陕西省军装局	官办	1907年	西安	
石油工厂	官办	1907年	延长	
西京电灯厂	商办	1917年	西安	开设不久即停办
陕西印刷局	官办	1917年	西安	
神木官检局	官商合办	1921年	神木	
厚生煤矿公司	商办	1921年	韩城	
各县贫民工厂	官办	1928年		成立有长安、大荔、陇县、彬县、三原、蓝田、朝邑、白水、长武、澄城、南郑、勉县、佳县、安康、凤县、华阴、兴平、同官、岚皋、榆林、镇坪、绥德等25县
协利火柴公司	商办	1932年	宝鸡	1936年改组
利泰工艺社	商办	1934年	西安	
渭南草帽缏传习所	官办	1935年	渭南	
渭南机器打包厂	官办	1935年	渭南	
西北化学制药厂	商办	1935年	西安	
潼关打包公司	商办	1935年	潼关	
大华纺织股份有限公司	商办	1936年	西安	
西京电厂	官办	1936年	西安	已在南郑、宝鸡设分厂
陕西酒精厂	官办	1936年	咸阳	1938年由陕西省政府经济部接办，其中无水酒精部分迁往四川
中国机器打包公司	商办	1936年	咸阳	
成丰面粉公司	商办	1936年	西安	

---

① 郭甲寅、强勋编著：《陕西煤炭史话》，煤炭工业出版社1996年版，第82页。
② 岳珑：《抗日时期内迁企业对陕西工业的影响》，《开发研究》，1989年第5期，第63-65页。

续表

名称	性质	成立时间	厂址	备注
华峰面粉公司	商办	1936年	西安	
尧山油厂	商办	1936年	咸阳	
集成三酸厂	商办	1936年	西安	
泰昌火柴公司	商办	1936年	华县	
中南火柴公司	商办	1936年	西安	
益溪火柴公司	商办	1937年6月	南郑	

资料来源：西北研究社编：《抗战中的陕西》，西北研究社1940年版，第22—25页。

全民族抗战爆发后，国民政府为求长期抗战，将东部沿海一带工厂大规模内迁。据统计，1937年7月至1940年底三年半时间内，上海迁出民营工厂共计146家，机料14600余吨，技工2500余名。此外，随着战事迁延，湖北、湖南、河南等地工厂亦随之内迁，据统计，截至1940年底全部内迁厂矿共计639家，其中经由政府助迁者共448家，而内迁至陕西者计42家。[1]（如表4-8）

表4-8　内迁陕西的民营厂矿一览表

业别	厂名	原设地点	迁往地点	主要产品	备注
机器业	西北制造厂	太原	陕南	各种机床	部分机件迁往川北
	洪顺机器厂	汉阳	陕中	机器配件	
	成通铁工厂	济南	陕中	织机配件	
	华兴铁工厂	河南孟县	陕中	机器配件	
	申新纱厂铁工部	汉口	陕中	织机、修配	
	吕方记机器厂	汉口	陕中		出租机器，另在四川设厂
	光华机器厂	郑州	陕中		并入农本局
	利用五金厂	上海	陕北		迁入陕甘宁边区
纺织业	申新四厂	汉口	陕中	棉纱	分设陕、渝两厂
	震寰纱厂	武昌	陕中	棉纱	机器租给西安大华纱厂与重庆裕华纱厂
	成通纱厂	济南	陕中	棉纱	后改组为益大机器厂
	湖北官纱厂	武昌	陕中	棉纱	部分机器租给中新纱厂
	东华染厂	汉口	陕中		
	善昌新染厂	汉口	陕中		

---

[1]　吴景平、曹振威：《中华民国史（第九卷）》，中华书局2011年版，第507页；中国社会科学院近代史研究所中国史学会编：《抗日战争（第5卷）》，四川大学出版社1997年版，第22、232页。

业别	厂名	原设地点	迁往地点	主要产品	备注
纺织业	隆昌染厂	汉口	陕中		
	同济轧花厂	汉口	陕中		
	成功袜厂	汉口	陕中	袜子	
	德记布厂	汉口	陕中	棉布	并入工业合作协会
	义泰布厂	汉口	陕中	棉布	并入工业合作协会
	正大布厂	汉口	陕中	棉布	并入工业合作协会
	同泰布厂	汉口	陕中	棉布	并入工业合作协会
	必茂布厂	汉口	陕中	棉布	并入工业合作协会
	协昶布厂	汉口	陕中	棉布	并入工业合作协会
	协昌布厂	汉口	陕中	棉布	并入工业合作协会
	豫中打包厂	郑州	陕中		
	全盛隆弹花绵厂	郑州	陕中		改组为隆安弹花厂
	业精纺织公司	山西新绛	陕中		
食品业	福新面粉厂	汉口	陕中	面粉	分设陕、渝两厂
	大通打蛋厂	河南临颍	陕中		并入蔡家坡纱厂
	大新面粉厂	河南漯河	陕中	面粉	
	农丰公司豆粉厂	郑州	陕中		并入蔡家坡纱厂
	和合面粉厂	许昌	陕中	面粉	
	□泰面粉厂	许昌	陕中	面粉	
	同兴面粉厂	青岛	陕中	面粉	后改组为豫丰面粉厂
	仁生东制油厂	青岛	陕中		
化工业	泰昌火柴公司	山西绛县	陕中	火柴	
	民康实业公司药棉厂	汉口	陕中	药棉、纱布	内迁机器分设陕、渝两厂
	德记药棉厂	汉口	陕中	药棉、纱布	后改名为汉光药棉厂
其他	大营电灯厂	河南大营	陕中		并入华兴铁工厂
	通俗印刷厂	郑州	陕中		
	华兴卷烟厂	洛阳	陕中	卷烟	
	民生煤矿	河南观音庵	陕南		
总计	42家				

资料来源:中国社会科学院近代史研究所中国史学会编:《抗日战争(第5卷)》,四川大学出版社1997年版,第306-307页。

如上表所示,内迁陕西省的42家企业,涵盖机器、纺织、食品、化工及卷烟、印刷等多个行业,弥补了陕西省近代工业发展的多项空白。以上企业的内迁,大大提高了陕西工业的机械化程度,促进了该省生产力的提升;同时大量技术人员及熟练工人也随之来到陕西。1938年至1940年,随厂内迁陕西的相关人员达730人,继而带动了陕西地方工人技术水平的提高。[1]在此基础上,全民族抗战时期陕西工业发展呈现出诸多面貌如下。

首先,陕西近代工业水平得到明显提升。据统计,1938年至1942年,陕西新建各类工厂86家,资本总额达34164400元(1935年至1942年,西安市新建各类工厂79家,总投资1177万元,其中机器工业和纺织工业占50%以上)。新设立的企业涉及机器制造、纺织业、面粉业、制革业、造纸业、电力、化工、水泥、瓷器砖瓦、玻璃制造、印刷、钢铁等多个工业门类,其中许多为战前所无。

其次,工业布局更趋合理。全民族抗战爆发前,陕西省工厂多集中于西安市周边。全民族抗战爆发后,因工厂内迁,加之为躲避空袭,工厂分布各地,尤以陇海铁路和川陕公路沿线为多,如渭南、咸阳、虢镇、蔡家坡、宝鸡、褒城、南郑、耀县、同官渐次发展起来。

最后,手工业经济复兴。伴随外来工业制品的断绝,该省手工业开始复兴。如洋纸进口路径断绝后,陕西省土纸产量大增;又如纺织品输入减少,小规模的织布厂兴起,农村土法纺织盛行一时。[2]

总之,全民族抗战爆发后,伴随大量厂矿企业以及技术人员的迁入,陕西迎来了一个工业发展的高峰期,陕西省逐步发展成为西北工业的重心。

(二)战时陕西工业发展的特点

全民族抗战爆发后,西北地区成为国民政府坚持抗战的重要后方,国民政府加大对西北的开发力度,并提供一定的资金和政策支持。在此情况下,外省及本地企业家纷纷投资该省事业,陕西由此迎来了工业发展的高峰期。

---

① 岳珑:《抗日时期内迁企业对陕西工业的影响》,《开发研究》,1989年第5期,第63-65页。
② 陕西省银行经济研究室编:《十年来之陕西经济》,陕西省银行经济研究室1942年版,第138页。

1.快速崛起的重工业

全民族抗战爆发后,受政府政策、资金及战时需求增加等因素的影响,陕西省煤炭、电力、机器、钢铁等产业得到快速发展。比较典型的如:

首先,煤炭工业。陕西煤炭储量丰富,截至1941年,全国探明煤炭储量约为24.37万兆吨,陕西省7.2万兆吨,约占全国总储量的29.55%,仅次于山西省。[1]全民族抗战爆发前,陕西煤炭工业发展极为缓慢,总体处于传统手工业开采阶段。1922年陕西全省煤炭产量计19.87万吨,1934年为20.41万吨,增长2.72%;1935年、1936年均为21万吨,相较于1934年增长2.89%;1937年为21.17万吨,相较于1936年增长0.81%,仅占全国年产量的6%,而就陕西省本身煤炭储量而言,可谓极其微小。[2]

全民族抗战爆发后,伴随大量工厂、人员内迁,陕西省工业、居民生活、军需用煤量大增,加之煤矿企业设备老化、道路不畅致使煤炭难以运出等因素影响,1938年、1939年两年,西安、宝鸡等关中地区连续出现严重煤荒。为此,陕西省政府采取诸多举措加以改善。[3]主要包括:第一,组建地质钻探队,对同官煤田进行地质勘探,并于1940年提出同官煤田开采计划;第二,加速修建咸(阳)同(官)铁路,1942年该线建成通车,便利同官煤炭外运;第三,陕西省政府与陇海铁路局共同筹措资金开办同官煤矿等。根据李方晨《战时西北五省矿产的调查与开发》统计,1939年陕西省共有28县生产煤炭,日产百吨以上的有韩城、同官、永寿、澄城等,均年产2万吨以上。其中尤以陕西省政府和陇海铁路局合办的同官煤矿规模最大,设备最多,为当时西北地区最大的煤矿。[4]1939年同官煤矿正式成立,1944年该矿生产井口达12处,原煤年产量达17.9万吨;1943年该矿年产量达34万吨,占陕西省全省的51.5%;1944年增至40.9万吨,占全省总产量的59.77%。而其他煤矿,发展难称良好。如韩城煤矿煤炭质量好,能够炼焦冶铁,开采条件优越。全民族抗战爆发前,该矿借助黄河、渭河水运,发展颇快,1933年该矿煤炭生产量达10万吨,相当于白水、同官两个矿区产量总和的一倍有余。1938年日军占领山西晋南地区后,经常沿黄河东岸用大炮轰击韩城地区的中国驻军、煤矿及黄河对岸

① 陕西省银行经济研究室编:《十年来之陕西经济》,陕西省银行经济研究室1942年版,第113页。
② 郭甲寅、强勋编著:《陕西煤炭史话》,煤炭工业出版社1996年版,第84页。
③ 郭甲寅、强勋编著:《陕西煤炭史话》,煤炭工业出版社1996年版,第85页。
④ 郭甲寅、强勋编著:《陕西煤炭史话》,煤炭工业出版社1996年版,第86-87页。

渡口和航行中的船只,致使各煤矿无法生产,加之黄河水运不畅,兴旺一时的韩城煤炭业迅速衰落下来。截至1944年,韩城矿区月产量只有500吨,年产量仅3000余吨。[1]

其次,电力工业。全民族抗战爆发前,陕西省电力工业极为落后,据统计1936年全国共有电厂460家,发电容量631165千瓦,发电度数172430.5万度。而陕西全省仅有1家电厂,发电容量709千瓦,发电度数为62.8万度。[2]1940年,国民政府中央建设委员会和陕西省政府共同投资为西京电厂添置1600千瓦发电机一台,每日发电量增至1350~2000千瓦。此外为满足宝鸡各厂用电需要,1937年5月,西京电厂设立宝鸡分厂,次年该厂先后投资400余万元安装33.6千瓦柴油发电机,供应宝鸡火车站、中山街照明。1939年10月,资源委员设汉中电厂,1943年,又建设王曲电厂等。[3]

最后,机器工业。机器工业包括机器修理、机器制造、翻砂以及红炉冷作等工业。全民族抗战爆发后,先后有8家相关机器工厂迁入陕西,截至1943年,陕西机器修理和制造工厂、铁工厂达52个,资本772万元。[4]

2.轻工业的规模发展

全民族抗战爆发后,由于军需民用旺盛,加之陕西本地拥有丰富的棉毛资源,十分有利于本地纺织工业的发展。其他诸如食品、制革、造纸等工业亦有较快发展。具体而言:

首先,纺织业。全民族抗战爆发前,陕西原有棉纺织企业2家,纱锭11960枚、线锭1150枚、织机320台。全民族抗战爆发后,迁入陕西的有汉口申新第四厂、振寰纱厂、湖北官织布局一部等,加之战后转运到陕西的纱锭,陕西纺织能力得到极大提升,计纱锭79808枚,织机1270台,年产纱锭增至48300件,布增至522092匹。其中规模较大的大华纱厂、咸阳纺织工厂、宝鸡申新四厂、业精纺织厂共有纱锭43000枚、织机700台、资本3000万元。[5]

---

① 郭甲寅、强勋编著:《陕西煤炭史话》,煤炭工业出版社1996年版,第84-86、93、104-106页。

② 田霞:《抗日战争时期陕西工业发展探析》,《抗日战争研究》,2002年第3期,第164-181页。

③ 李全武、曹敏:《陕西近代工业经济发展研究》,陕西人民出版社2005年版,第238-239页。

④ 李全武、曹敏:《陕西近代工业经济发展研究》,陕西人民出版社2005年版,第247页。

⑤ 陈真编:《中国近代工业史资料:第4辑》,生活·读书·新知三联书店1962年版,第256页;李全武、曹敏:《陕西近代工业经济发展研究》,陕西人民出版社2005年版,第255-256页。

其次，食品工业。食品工业是全民族抗战时期仅次于纺织工业得到较快发展的工业门类。除战前设立的成丰、华丰两家规模最大的面粉企业外，还有全民族抗战爆发后，内迁的汉口福新，许昌和合、同兴、三泰以及漯河大新等数家面粉厂，大大提升了陕西的面粉生产能力。截至1945年，陕西共有大中型面粉厂16家，日产面粉1.4万余袋。该省面粉生产能力实居后方各省机制粉第一位。[①]

最后，造纸工业。全民族抗战爆发前，中国共有大小造纸厂40家，整个西北地区则罕有1家。全民族抗战爆发后，陕西先后成立6家造纸厂，包括西北机器造纸厂、协兴造纸厂、益生造纸股份有限公司、宏文造纸厂、新秦造纸厂、西安中华造纸厂。至1945年，陕西造纸月生产能力达120吨。[②]

3.手工业的复兴

全民族抗战爆发后，对外通道断绝，而社会对于工业产品却需求日盛，对此陕西省政府及社会各界更加注重扶植手工业的发展，陕西手工业由此迎来了一段发展的高峰期。具体而言：

首先，手工纺织业方面。全民族抗战爆发前，陕西省关中及陕南地区向为该省重要产棉地区，其中尤以关中地区产量最多，该地家庭手工纺织业也最为繁荣。当地习俗有女子婚时，婆家陪嫁棉花五斤，使其自纺自织，供给自己及家人衣服。故关中农村妇女几乎无人不会纺织。[③]如关中兴平、礼泉、乾县、渭南、三原、泾阳、合县、高陵、咸阳、韩城、宝鸡等县农村妇女即利用农暇从事纺织，纺织成品亦多输出省外。全民族抗战爆发后，陕西省成为大后方为数不多的产品区，由于此时后方军装民服需求量大，该省各类手工棉纺织厂如雨后春笋般设立开来，散布在各处农村的纺织副业更是不可胜计。[④]如蒲城即有织机15000架，澄城21000架，礼泉6000架，兴平13000架。此外，各类手工棉纺织厂亦以西安、咸阳、宝鸡为中心，发展尤为迅速。根据统计，1937年西安市手工棉纺织厂仅有17家，纺织机118架，工人173人；1940年即增至109家，纺织机1000余架，工人2000余人。[⑤]

---

① 李全武、曹敏：《陕西近代工业经济发展研究》，陕西人民出版社2005年版，第263-264页；田霞：《抗日战争时期陕西工业发展探析》，《抗日战争研究》，2002年第3期，第164-181页。
② 李全武、曹敏：《陕西近代工业经济发展研究》，陕西人民出版社2005年版，第264-265页；田霞：《抗日战争时期陕西工业发展探析》，《抗日战争研究》，2002年第3期，第164-181页。
③ 陕西省银行经济研究室编：《十年来之陕西经济》，陕西省银行经济研究室1942年版，第141-142页。
④ 彭泽益编：《中国近代手工业史资料(1840—1949)：第4卷》，生活·读书·新知三联书店1957年版，第312-313页。
⑤ 陕西省银行经济研究室编：《十年来之陕西经济》，陕西省银行经济研究室1942年版，第141-142页。

至1944年,陕西省全省手工棉纺织厂达900余家,共有石丸式织机及高阳织机10000架。[1]

战时陕西省毛织业以榆林、神木、肤施、安塞等县为主,其中以榆林最盛。[2]战前榆林各地绒毛大部分运往包头出售,每年出产羊毛100余万斤,山羊绒20余万斤,驼绒6万余斤,价值达六七百万元之巨。1937年包头沦陷后,该地绒毛业贸易曾一度陷入停顿,[3]然随着全民族抗战的爆发、日伪经济封锁的加剧,外地工业品不能运入榆林,反而促进了该地毛纺织业的恢复与发展。据统计,1940年榆林城内外毛纺织业除职业学校半机械毛纺织厂外,还有县政府所办民生工厂、第二民生工厂、第三民生工厂,以及私人、家庭大小毛纺织作坊40余家,其中规模较大的为城内"鸿记"工厂,年产方格和提花毯1万余快,多行销西安、陕坝、府谷等地。1941年榆林城区内外毛织工厂增至50余家[4],1944年更是增至300余家,每月可产精致毛毯1万条[5]。此外,榆林皮毛制品及裘衣制作久负盛名。全民族抗战时期,榆林城有福源长、元茂祥、三合公、保和号、利盛源、同新长、永茂魁、恒远号、大义昌等皮坊和家庭皮毛作坊80多家,年最多鞣制羊毛皮20万余张,二毛滩皮1万余张,狐皮、羔皮、猫皮、狗皮共达2万多张。这些毛皮多就地缝制成裘衣,其余或直接行销至西安及山西交城、河北邢台,或走私至包头、北京、天津等地。[6](如表4-9)

表4-9 1941年榆林毛纺织业与皮业一览表

类别	工厂数	工人数	产量	销地
毛毯业	33家	/	机子120架,每架每日平均出毯1条计,每日可出产毛毯120条	邻近各县及西安等地
毛毡业	10余家	/	每月可出产毛毡1100余条	蒙古各旗及附近各县
栽绒毯业	10余家	/	每日每人平均可织8方寸	专销本地,亦有少数外销
皮靴鞋业	33家	180余名	每月可出产5000支	军用及本市销售

---

[1] 李全武、曹敏:《陕西近代工业经济发展研究》,陕西人民出版社2005年版,第271页。
[2] 李全武、曹敏:《陕西近代工业经济发展研究》,陕西人民出版社2005年版,第272页。
[3] 李松如、尹仁甫:《抗战三年来之榆林绒毛业》,《西北资源》,1940年第1卷第1期,第85-86页。
[4] 梨小苏:《陕北榆林经济概况》,《西北研究(西安)》,1941年第4卷第7期,第28-29页。
[5] 《榆林毛织业渐趋发达》,《贸易月刊》,1942年第3卷第12期,第182页。
[6] 榆林市志编纂委员会编:《榆林市志》,三秦出版社1996年版,第275页

类别	工厂数	工人数	产量	销地
皮衣作业	35家	120余名	每年可出产军皮衣10000件左右,皮袍1000件,皮褥100余件	军衣由军事机关定制,皮袍、皮褥均在本地零星销售,亦间有运销西安等地

资料来源:梨小苏:《陕北榆林经济概况》,《西北研究(西安)》,1941年第4卷第7期,第28-29页。

丝织业方面则以安康、南郑、洋县等地为主,如南郑战时共有丝织小工厂16家,织绢绸绫帕等,年产2000余匹。[1]

其次,手工造纸业方面。全民族抗战爆发后,陕西省手工造纸业冠于西北各省,多分布于关中及陕南等地,且多为小规模手工业。具体如长安北张村有居民300余户,皆从事手工造纸业,每月可产纸200余万张;蒲城兴市镇有造纸户五六十家,每月产纸100余万张;商县民仁乡有造纸户200家,每月可出300余万张等。[2]规模较大的有南郑县立第三难民工厂造纸厂、第二监狱造纸厂,以及城固县立平民工厂造纸厂等。[3]

最后,其他手工业门类在全民族抗战爆发后也呈现出较快发展趋势。如手工制革业,陕西手工业多集中在西安、肤施、大荔3处,其中1940年西安共有小型制革厂、皮件厂数十家,旧式黑皮坊不下百余家。每月各家鞣制各种生皮约有15000张,约24万斤,多用于制皮箱、皮包、皮鞋等。[4]手工酿酒业则以凤翔最为有名,1941年前后该地手工酿酒业增至60余家,产品远销各地。[5]

---

[1] 李全武、曹敏:《陕西近代工业经济发展研究》,陕西人民出版社2005年版,第272页。

[2] 陕西省银行经济研究室编:《十年来之陕西经济》,陕西省银行经济研究室1942年版,第144-145页。

[3] 陕西省银行经济研究室编:《十年来之陕西经济》,陕西省银行经济研究室1942年版,第144-145页;李全武、曹敏:《陕西近代工业经济发展研究》,陕西人民出版社2005年版,第270页。

[4] 陕西省银行经济研究室编:《十年来之陕西经济》,陕西省银行经济研究室1942年版,第145-146页。

[5] 李全武、曹敏:《陕西近代工业经济发展研究》,陕西人民出版社2005年版,第270页。

三、抗战时期的陕西农业经济

（一）农业改良与农业新技术的推广

陕西省地处我国西北,相对恶劣的自然环境以及频繁的战争,导致陕西农田水利失修,大量良田荒芜。根据日本人统计,1917年陕西省荒地总面积1543090亩,而到1933年,经陕西省民政局统计增至3300000亩,增长逾一倍,究其原因在于陕西遭遇连年旱灾。随着旱情的结束,陕西农业经济有过短暂的恢复。全民族抗战爆发后,大量难民涌入陕西,陕西省先后设立诸多垦区,安置难民的同时发展生产。[1]黄龙山垦山区是陕西省最早设立的垦荒区,全民族抗战爆发后,陕西省政府又先后设立千山、黎坪、马栏、太白山麓等垦区,并设垦务委员会管理其事。具体而言:

黄龙山垦山区南起白水纵目岭,北迄甘泉临真川,长150余公里;东自黄河西岸,西至洛川栏河山,宽70余公里。可开垦荒地约有240万亩。1934年陕西筹划兵工屯垦,成立黄龙山屯垦局,在韩城柳川区试办,但收效甚微。全民族抗战爆发后,陕西省政府开始有计划迁移难民前往垦殖,1938年1月开始迁移首批难民,垦地47692亩。同年冬,国民政府迁移难民万人前往安置。截至1939年,该地先后收容各类垦民26000余人,开垦熟地16万亩,取得良好收益。[2]

千山垦区自陇县东北部起,经千阳、凤翔、岐山北,由麟游到长武、永寿、彬县、乾县等地,总计700万亩,可垦荒地计原地10万亩,山坡梯田40万亩,共计50万亩,预计容纳垦民25000人。1938年7月,国民政府经济部派员正式勘查,划定凤翔北部与千阳、麟游交界处荒地为第一期垦荒范围,可垦荒地20万亩。1939年11月,陕西省政府在该处设置垦区筹备处,以做管理机关。[3]

黎坪垦区东起勉县黄官岭,西到广元三到河入庙河,南至南江白头潭,北至宁强元坝子,计2614311亩。1936年,陕西省政府设黎坪设治局,勘定界址。1938

---

[1] 陕西省银行经济研究室编:《十年来之陕西经济》,陕西省银行经济研究室1942年版,第25页。
[2] 陕西省银行经济研究室编:《十年来之陕西经济》,陕西省银行经济研究室1942年版,第25页。
[3] 陕西省银行经济研究室编:《十年来之陕西经济》,陕西省银行经济研究室1942年版,第25页。

年,设黎坪垦区调查团,按其地形划为冷区、黎坪区、元坝区、庙垦区等,除可垦的荒地10万亩外,平原熟荒多系私人开垦,可容纳垦民1000余人。[1]

马栏垦区北起富县西乡,南接同官、耀县、旬邑,东毗中部、宜君,西邻甘肃,南北长约150公里,东西宽25~50公里不等,可垦荒地最少在200万亩左右,可容纳垦民10万人。截至1941年,该地共有客籍垦民145户,开垦荒地3000余亩。

太白山麓垦区东起周至黑河,西至宝鸡境内,南起太白山,北至终南山口,东西长约75公里,南北宽20~35公里不等,可垦荒地15万亩,容纳垦民7000~8000人。1939年秋,垦务委员会拟定初步移垦实施计划及经费预算,呈请陕西省政府并转核国民政府核准,但后因河南难民禁止西运,该垦区奉令缓办。[2]

除广布垦区、迁移难民垦殖外,陕西省政府在战时还加大农业改良力度,大力推广优良棉种、麦种,推动战时农业经济发展,促进传统农业向近代农业的转化。陕西省举办农业推广较早,1931年陕西省政府曾设立农业推广委员会,意在负责全省农业推广事宜。但该委员会成立不久即告裁撤,此后陕西省农业推广即由陕西省建设厅主持。全民族抗战爆发后,陕西省政府亟谋推进农业改良事宜,积极调整该省农业改良机构,裁撤棉产改进所、林务局、农事试验场、垦殖畜牧场、棉花水杂取缔所及第一果园等。1938年10月,改组成立陕西省农业改进所,作为领导陕西农业的主要行政和技术机构,并先后设立农艺、森林、果木农业经济分级检验及畜牧兽医农业推广等处组室,以谋统一事权,集中力量,规划全省农林事业发展等事宜。改进所成立后,在农产促进委员会支持下,积极办理农业推广实验县计划。在该所努力下,1939年5月、7月,先后成立兴平、城固、米脂农业推广所,希望以此为基础,"实验一县之生产、经济、教育、社会四大事业均由县农业推广所办理"[3]。全民族抗战时期陕西省农业改良的具体作为,则主要体现在对棉、麦良种的成功引进和培育推广上。

1. 棉花良种的引进与推广

全民族抗战爆发前,我国主要产棉区包括河北、江苏、湖北、河南、山东、陕西、山西7省,总体来看此时棉花生产的重心位于华北地区。截至1937年,陕西共有

---

[1] 陕西省银行经济研究室编:《十年来之陕西经济》,陕西省银行经济研究室1942年版,第25页。

[2] 陕西省银行经济研究室编:《十年来之陕西经济》,陕西省银行经济研究室1942年版,第26页。

[3] 曾启宏:《两年来之陕西农业推广事业》,《陕农月报》,1940年第1卷第1期,第28-32页;霍席卿:《陕西农业改进之回顾及今后应取之途径》,《陕农月报》,1940年第1卷第1期,第3-9页。

棉田482万市亩,产量106万市担,约占全国总量的8%,居全国第6位。可以说全民族抗战爆发前,陕西省已发展成为我国主要的产棉省份,但相较河北、江苏、湖北等产棉大省动辄千万市亩的体量而言,仍有较大差距。然随着全民族抗战爆发,陕西省作为唯一保存完整的产棉区,"朝野上下遂对陕西棉区寄托了无限的期望,军需民用靠他,战后收复区的良种供应也指望它,成了唯一的衣被源泉,复兴棉业的根据地"[1],陕西省也由此加大了对棉花的改良和推广力度。

陕西棉花良种推广时间较早,1931年,陕西省建设厅棉花专家李国桢自郑州购回脱字棉种50担,并在关中进行引种试验,取得良好效果。1934年陕西棉产改进所成立,该所先后在泾阳县杨梧村设立棉作试验场,在大荔边张营设分场。经研究实验,该所发现四号斯字棉与七一九号德字棉最为适宜该地种植。[2]全民族抗战爆发前,两种推广并不广泛。

全民族抗战爆发后,棉花一度滞销,棉价暴跌,导致农民种植棉花的兴趣下降,加之政府此时提倡种植粮食作物,限制棉花种植,致使优良棉种推广事业受到极大阻碍。对此,陕西棉产改进所认为斯字、德字棉种已耗费相当的金钱、时间与人力,决议继续推广,并取得相当进展。[3]

表4-10　1936—1945年陕西优良棉种推广面积与皮棉产量统计表

年份	1937年	1938年	1939年	1940年	1941年	1942年	1943年	1944年	1945年
斯字棉（旧亩）	12910	42766	199641	852006	1022150	945221	1110900	1558920	1638061
德字棉（旧亩）	6161	15983	50885	89412	239153	145274	10569	43644	81445
合计（旧亩）	19071	58749	250526	941418	1261303	1090945	1121469	1602564	1719506
产量（市担）	5361	20753	102205	315969	504032	268093	385803	311662	462321

　　资料来源:石涛:《从农业资源配置看全面抗战时期的陕西植棉业》,《陕西师范大学学报(哲学社会科学版)》,2021年第5期,第103–113页。

---

①　石涛:《从农业资源配置看全面抗战时期的陕西植棉业》,《陕西师范大学学报(哲学社会科学版)》,2021年第5期,第103-113页。

②　曾启宏:《两年来之陕西农业推广事业》,《陕农月报》,1940年第1卷第1期,第28-32页;田霞:《抗日战争时期的陕西经济》,中国矿业大学出版社2002年版,第13页。

③　石涛:《从农业资源配置看全面抗战时期的陕西植棉业》,《陕西师范大学学报(哲学社会科学版)》,2021年第5期,第103-113页。

如表4-10所示,陕西斯字、德字棉种植面积由1937年的19071亩增至1945年的1719506亩①,增长了89倍;产量则由5361市担增至462321市担,增长了85倍。具体来看,斯字棉由1937年的12910亩,增至1945年的1638601亩,增长了125倍;德字棉则由1937年的6161亩,增至1945年的81445亩,增长了12倍。两者相比尤以斯字棉种植为多,时人形容"东起潼关,西至宝鸡,南自华山之麓,北至龙门之阳,皆为斯字棉之分布区域,关中人民视为与泾惠渠同样之瑰宝"②。

此外,陕西省政府也积极推动棉花增产等事宜。1943年4月23日,陕西省政府公布《棉花增产竞赛暂行办法》,将增产情形列入县长考绩,奖励棉花增产。1942年,农民银行还恢复棉花生产贷款事宜,陕西省建设厅联合合作事业管理处、农业改进所组建棉贷委员会,开展贷款具体工作等。③

2.推广改良麦种

陕西是盛产小麦的地区,在粮食结构中,小麦无疑居于首位。关于麦种的改进,全民族抗战爆发前,陕西省建设厅农业试验场与金陵大学西北农事试验场先后举办小麦试验数年,④并研制出陕农七号小麦,其平均产量高过标准品种13%。1937年,该小麦开始在长安姜仁村举办示范麦田,亦较普通小麦产量高10%以上。⑤1938年,陕农七号先后在渭南、兴平、大荔、长安等4县推广7500亩。1941—1942年,陕西省增产工作进一步加强,小麦推广为人所重视。1941年,金大二九〇五号小麦在陕南推广;1942年,西北农事试验场新育成六〇号及三〇二号两种小麦,亦开始推广,推广面积迅速增加。截至1946年,陕西省改良小麦推广总面积达180万亩以上。⑥

除棉花、小麦良种的引进培育和推广外,全民族抗战时期陕西省政府及其下属农业机关亦重视其他农作物的培育及推广工作。如1938年秋,陕西省政府以城固陕西农场为中心,派员分赴汉水流域的主要产稻区,如城固、西乡、洋县、勉县、汉阴、宁强等地,得优良品种27种。经研究对比,1939年,陕南农场检定小香谷品种产量

---

① 1旧亩=0.92市亩。
② 石涛:《从农业资源配置看全面抗战时期的陕西植棉业》,《陕西师范大学学报(哲学社会科学版)》,2021年第5期,第103-113页。
③ 卢徐明:《抗战时期陕西棉业研究》,《中国经济史研究》,2019年第4期,第103-120页。
④ 曾启宏:《两年来之陕西农业推广事业》,《陕农月报》,1940年第1卷第1期,第28-32页。
⑤ 霍席卿:《陕西农业改进之回顾及今后应取之途径》,《陕农月报》,1940年第1卷第1期,第3-9页。
⑥ 李国桢主编:《陕西小麦》,陕西省农业改进所1948年版,第113页。

最高。1940年，陕西省在城固进行小规模推广。1941年，城固、南郑等县推广小香谷、帽子头等品种8152亩。杂粮方面，1940年，受陕西省农产促进委员会补助，积极进行马铃薯、豌豆等的推广。如农产促进委员会与农本局于1940年在凤县推广马铃薯良种208亩，截至1941年，该省先后在米脂、城固等10县推广147741亩。[①]

(二)水利建设与农业灌溉的改善

陕西省地处西北内陆，除陕南外，大部分地区气候干燥少雨，有"十年一大旱，五年一小旱"之称。故自古农田水利建设在陕西农业开发中备受关注。1916年，陕西省水利局成立，名为全国水利局陕西省水利分局。1927年，该局改为陕西省水利局，李仪祉任局长，属省建设厅领导。1930年，杨虎城主政陕西省后，聘请著名水利专家李仪祉为建设厅厅长，主持陕西水利建设。该局下设泾、渭、梅、黑、汉、褒六惠渠管理局及沣惠渠管理所，负责已成各渠的管理等。另设第一、第二2个设计测量队，掌管勘测工作；水文站12所，水标站5所，掌管全省各河系水文测量；陕西省测候所掌管西安气象预报等事项。[②]在李仪祉的主持下，陕西省通过各种途径筹措资金，开展水利设施建设，先后建设各类引水渠道10余条。主要如下：

泾惠渠为李仪祉主持陕西省水利建设后，着力开掘的第一条灌溉渠道。该渠于1930年12月7日开工，利用泾河水源而成，南北干渠共长70余公里，支渠长200余公里。1932年，该渠局部完工，横穿丰泉、泾阳、三原、高陵、临潼等5县，灌溉农田共计65.9万亩。渭惠渠由眉县魏家堡村引出渭河水建成，分为四渠，渠道共长136公里，经过眉县、扶风、武功、兴平、咸阳等5县，灌溉农田50万亩。该渠于1937年完成放水，但由于渠水中间尚浅，农田用水及农民自挖农渠尚未普遍，截至1938年只有20余万亩得到灌溉。梅惠渠则自眉县斜谷关石头河取水，灌溉岐山、眉县两县稻田，1938年完成放水，可灌溉稻田13万亩。织女渠在陕北米脂织女庙对岸，系由无定河引出，经榆林、米脂、绥德，1938年底建成，灌溉农田1万亩等。[③]

① 西安市档案局、西安市档案馆编：《陕西经济十年(1931—1941)》，煤炭科学研究总院西安分院印刷厂1997年印，第44页。
② 石涛：《抗战前后陕西农田水利建设研究》，《中国经济史研究》，2017年第2期，第166-180页；陕西省水利局编印：《陕西省水利》，出版社不详，1947年版，第3-4页。
③ 西北研究社编：《抗战中的陕西》，西北研究社1940年版，第10-11页；陕西省水利局编印：《陕西省水利》，出版社不详，1947年，第1页。

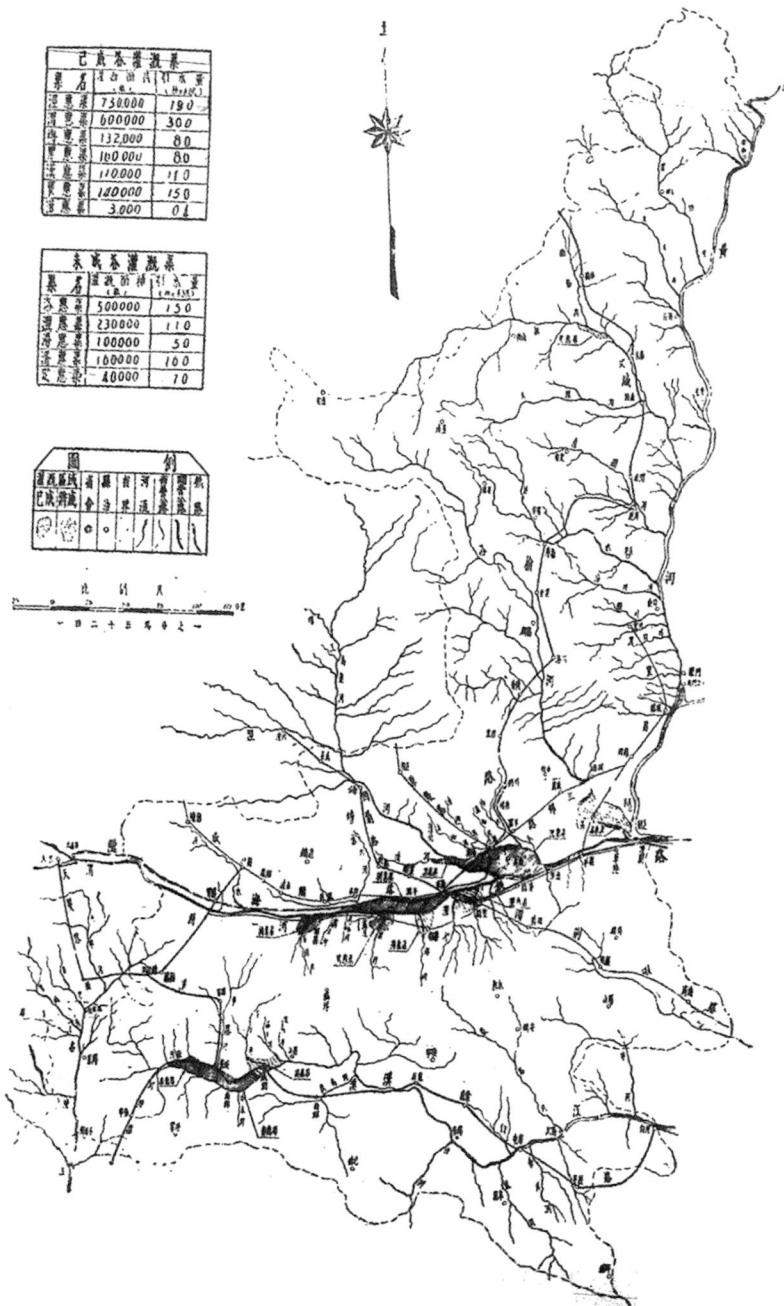

图4-3　陕西省水利工程分布图（1947年）

资料来源：陕西省水利局编印：《陕西省水利》，出版社不详，1947年版，第17页。

全民族抗战爆发后，陕西省政府继续推动水利工程设施的建设，先后在关中、陕北、陕南等地建设各类渠道9条。

全民族抗战时期，关中地区新建工程有黑惠渠、沣惠渠、泔惠渠、涝惠渠。其中黑惠渠由周至县引渭河南岸支流黑河水入渠，拟灌溉周至县农田16万亩。1938年9月开工，1942年4月1日在周至县举行放水典礼。沣惠渠自长安县秦渡镇引渭河南岸支流沣河水入渠，横贯长安、户县、咸阳等县农田23万亩。1941年9月动工，1947年4月10日在秦渡镇举行放水典礼。泔惠渠以泾河支流甘河为水源，位于丰泉县东北角，是泾惠渠的邻渠。1943年3月施工，1944年1月完工，灌溉农田3000亩。涝惠渠以户县境内渭河支流涝河为水源，拟灌溉户县农田10万亩，1943年7月开工，1947年9月27日在户县举行放水典礼。[1]

抗战时期，陕南修建的水利工程主要有汉惠渠、褒惠渠、湑惠渠。其中汉惠渠自勉县武侯镇引汉江水入渠，主要灌溉勉县等地农田11万亩。该渠1938年12月开工，1941年6月完成第一期工程。汉惠渠的建成打破了古来所谓"汉江不田"的说法，开创了汉中新型农田水利的先河。与陕南相对，陕北在抗战时期兴建的有织女渠、定惠渠两渠，其中织女渠被视为"陕北以科学方法开办水利之先驱"[2]。（如图4-3）

四、抗战时期的陕西交通建设

（一）战时陕西公路运输的发展

全民族抗战爆发后，伴随国民政府迁都重庆，公路建设也以重庆为中心形成了西南、西北两大区域。同时国民政府根据战事情况，对交通管理部门进行重新调整。1938年1月，国民政府撤销全国经济委员会，将铁道部与交通部合并为新的交通部，并由原铁道部部长张嘉璈继任交通部部长。根据交通部组织法，该部

---

[1] 石涛：《抗战前后陕西农田水利建设研究》，《中国经济史研究》，2017年第2期，第166-180页。

[2] 石涛：《抗战前后陕西农田水利建设研究》，《中国经济史研究》，2017年第2期，第166-180页。

统一主管全国交通规划,负责建立管理国有铁路、公路、邮电、航政,监督公私交通运输业,等等。交通部下设公路总管理处,负责管辖全国公路工程、运输、监理等事宜。[1]而伴随着全国公路管理机构的建立,为适应战时情况变化,国民政府对西北及陕西公路管理机构进行了多次调整,具体如下:

1937年10月,国民政府全国经济委员会在兰州设立西北公路运输处,负责办理国际及军事运输事宜。同年12月,该处同原设于西安的西北国营公路管理局合并改组为陕甘运输管理局,以谭伯英为局长,设局址于兰州,西安设办事处。1938年2月,交通部公路总管理处改组陕甘运输管理局为西北公路运输管理局,局长谭伯英,后由宋希尚接任。该局先后在西安、汉中设有办事处。1939年7月,因汉白线划归国道,该局另设安康办事处,同年该局改隶交通部运输总局。1941年,西北公路运输管理局改隶军事委员会运输统制局,[2]同年,西北公路运输管理局工程管理业务被单独划出,改设西北公路运输局,该局由国民政府军事委员会直辖,主要办理西兰、兰新、甘青、华双、凤汉宁、汉白、平宁绥等7条公路的客货运输业务。1943年3月,该局改隶交通部公路总局管辖。此外,1945年2月,西北公路运输局与西北公路工务局合并改组为西北公路管理局,隶属国民政府军事委员会战时运输管理局。抗战胜利后该局奉命撤销。[3]

民国时期陕西省公路划分为省道、国道,1933年西北国营公路管理局设立之前陕西省所修公路皆为省道。该局成立后将西安至兰州一段公路划为西兰路线,由该局管理,陕西省至此有国道、省道之别。国道主要包括西长路、凤汉宁路、汉白路等。其中西长路由西安起,经咸阳、礼泉、乾县、永寿、彬县、长武,达到陕甘界的窖店,长199公里。1928年由兵工、民工筑成,1930年陕西公路局成立,复派兵工,征用民工,重新整理,1934年后交西北国营公路管理局接管。凤汉宁路由凤翔起,经宝鸡、凤县、留坝、褒城、勉县、宁强,到达四川界河,长431.6公里。褒城至界河段,1936年由陕西省建设厅与全国经济委员会会同筑成。当年该路由西北国营公路管理局接管;凤翔至褒城及至汉中段,1937年由全国经济委员会修筑。汉白路则由汉中起,经城固、西乡、石泉、汉阴、安康、平利、竹溪,到达白河,与

① 董长芝:《抗战时期大后方的交通建设》,《抗日战争研究》,1993年第1期,第89-104页;田霞:《抗日战争时期的陕西经济》,中国矿业大学出版社2002年版,第121-122页。
② 西北公路运输管理局编:《陕西之公路》,西北公路运输管理局1942年版,第4-5页
③ 田霞:《抗日战争时期的陕西经济》,中国矿业大学出版社2002年版,第121-122页。

湖北老白公路衔接，长533公里。1935年由全国经济委员会拨款，陕西省建设厅与湖北省政府共同修筑，陕西省修筑汉中至安康一段，湖北省修筑安康到白河一段。汉中至安康段在1937年修筑完成，由陕西省公路管理局管理，至1939年，奉令移交西北公路运输管理局接管。[1]

陕西省道是陕西公路的主干，陕西省道以西安为中心，东至河南，以西潼路为干线；西至甘肃，以西凤陇路及宝平路为干线；北至绥远，以咸榆路为干线；东南至河南、湖北，以长坪路为干线；东北至山西，以渭大韩路、韩宜路为干线。联络支线，东有阌华路、东阌交通沟；西有长益路、凤虢路；南有西南路、西平路；北有富宜路、清望路、绥宋路；东南有商洛路；东北有原渭路、原大路、富龙路、蒲澄路、大澄合路、渭白路、潼大路、岳大路；西北有原庆路、原通路；等等。全民族抗战爆发前，陕西修成的主要省道包括西潼路、西凤陇路、咸榆路、长坪路、渭大韩路、原大路、西周路、户宜路、清望路、绥宋路、原渭路、渭白路、潼大路等。具体而言：

西潼段（干线）主要由西安起，经临潼、渭南、华县、华阴到潼关，与河南洛潼公路衔接，1928年修成，1930年陕西省公路管理局正式接管，全长1676公里。

西凤陇路（干线）由西安起，经咸阳、兴平、武功、扶风、岐山、凤翔、千阳、陇县，西至陕甘交界之马鹿镇与甘肃天马公路衔接，1935年修成，全长185.08公里。

咸榆路（干线）由咸阳起，经泾阳、三原、耀县、同官、宜君、中部、洛川、甘泉、肤施、延川、清涧、绥德、米脂，至榆林。

长坪路（干线）由西安起，经蓝田、商县、商南，至陕西、河南交界处镇坪县，与河南西南公路连接，是沟通河南南部与湖北北部的要道，全长277公里。

渭大韩路（干线）由渭南起，经大荔、合阳，到韩城禹门，1937年筑成，全长232.8公里。

原大路（支线）由三原起，经富平、蒲城至大荔，该路为咸榆路支线，1931年修成，全长134公里。

西周路（支线）由西安起，经大王店到周至，1931年修成，全长88公里。

户宜路（支线）由户县至宜川，为咸榆路支线，1936年修成，全长108公里。

清望路（支线）由清涧到望窑堡，全长46.4公里，为咸榆路支线，1936年修成。

① 陕西省银行经济研究室编：《十年来之陕西经济》，陕西省银行经济研究室1942年版，第220-221页。

绥宋路（支线）由绥德到宋家川，与山西汾军公路衔接，为咸榆路支线，1936年修筑，全长63.8公里。

原渭路（支线）由三原起，经高陵至渭南，全长80公里，为咸榆、西潼两干线联络支线。

渭白路（支线）由渭南起，经蒲城至白水，全长97.9公里，为西潼路支线。

潼大路（支线）由潼关起，经朝邑至大荔，全长54.8公里，为西潼、渭大韩两干线联络支线，1933年修筑。

全民族抗战爆发后新开辟的路线，主要包括凤虢路、蒲澄路、商洛路、宝平路、富龙路、原庆路、岳大路、东关交通沟、大澄合路、阌华路、长益路等。具体而言：

韩宜路（干线）由韩城到宜川，全长121.3公里，为渭大韩路展修路线，1941年11月通车。

凤虢路（支线）由凤翔到虢镇，全长24.1公里，为西凤干路支线，1939年修筑。

蒲澄路（支线）由蒲城至澄城，全长58公里，为原大路与渭大韩路联络支线，1939年修筑。

商洛路（支线）由商县鸿门河起，经洛南到豆峪岭，全长102.75公里，为长坪路支线。

宝平路（支线）由宝鸡经千阳、陇县到大桥村，再到甘肃境内的平凉。其中陕西境内全长109.15公里，为西凤陇路支线。

富龙路（支线）由富平至蒲城龙阳镇，全长48.4公里，为原大路支线。

原庆路（支线）由三原起，经淳化、旬邑，到达甘肃庆阳，全长148公里，为咸榆路支线。

岳大路（支线）由华阴岳镇起，经渭河至大荔，全长47.3公里，为西潼路支线。

东关交通沟（支线）由华阴东泉店，到河南关底镇，全长32公里。

大澄合路（支线）由大荔经澄城到合阳，全长75.1公里

阌华路（支线）由华阴起，经潼关到达河南阌底镇，长40公里。

长益路（支线）由长安起，经户县大王店、周至、眉县，到宝鸡益门镇，全长240公里。[1]（如图4-4）

---

① 陕西省银行经济研究室编：《十年来之陕西经济》，陕西省银行经济研究室1942年版，第222—223页。

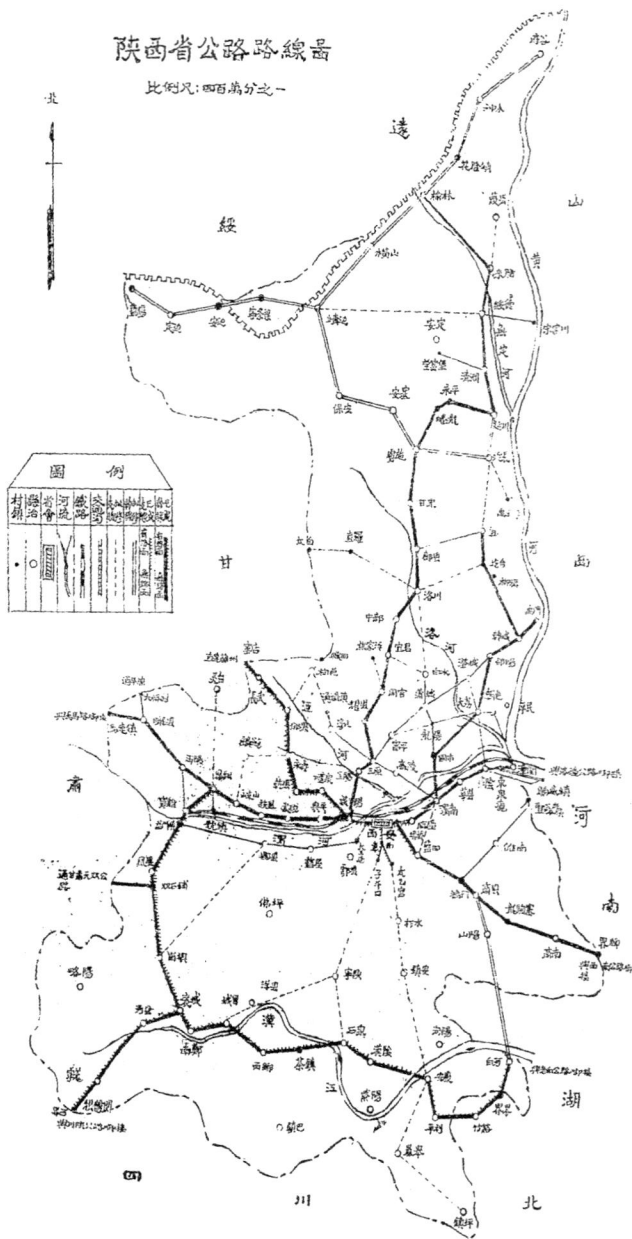

图4-4 陕西省公路路线图(1942年2月)

资料来源:西北公路运输管理局:《陕西之公路》,西北公路运输管理局1942年版,第13—14页。

伴随公路的修建,公路运输建设也逐步展开。全民族抗战爆发后,陕西省政府遵照国民政府军事委员会指令,组建"陕西全省汽车总队部",负责指挥调度全省军、公、商用汽车,该机构直属于国民政府军事委员会西安行营领导。[1]全民族抗战爆发前陕西省汽车保有量较低,据统计1935年陕西全省仅有汽车240辆;1936年陕西省公路管理局登记全省有客车50辆,货车105辆,小座车32辆,公共汽车15辆,各机关自用车300辆,共计500余辆。[2]战时陕西省在汽车配备上约占西北公路管理局的一半。西兰路初通时陕西省仅有汽车41辆,为满足运输需要,遂征集商车75辆,其中陕西60辆。1938年伴随苏联援华物资及汽车陆续来华,陕西管辖车辆增至272辆,1942年时陕西管辖车辆达到顶峰,共计661辆。然由于战事发展,车辆损毁严重,加之配件补充困难,致使正常行驶的车辆数量急剧下降。抗战胜利时,陕西省可用车辆已降至407辆。[3]此外,1937年8月起陕西省对该省各类汽车实行军事统制,该省商车中除20辆客车外,其余180辆货车皆成为统制的对象。商车被征用过程中,政府只发放工资、燃料,不发津贴,不给运费,致使商车经营困难重重。[4]

(二)战时陕西铁路、航空、水运及驿运建设

1.铁路

近代以来,伴随铁路的铺设,其在中国经济发展中所占的地位愈发重要。1927年南京国民政府成立后,确定经济建设以铁路为重点。1928年10月,国民政府设铁道部负责办理全国铁路修筑计划以及铁路行政事宜。1930年至1937年,国民政府与陕西省政府通力协作,先后完成陇海铁路灵(宝)潼(关)段、潼(关)西(安)段、西(安)宝(鸡)段的建设。其中灵潼段全长72公里,1930年动工建设,1931年12月完工。潼西段1931年4月动工建设,1935年1月通车,1937年3月1日全部竣工通车。[5]1939年陇海铁路的宝鸡至天水段开始修筑,目的在于延伸到

① 田霞:《陕西公路运输在抗战中的作用》,《抗日战争研究》,1994年第1期,第115-123页。
② 陕西省银行经济研究室编:《十年来之陕西经济》,陕西省银行经济研究室1942年版,第223-224页。
③ 田霞:《陕西公路运输在抗战中的作用》,《抗日战争研究》,1994年第1期,第115-123页。
④ 田霞:《抗日战争时期的陕西经济》,中国矿业大学出版社2002年版,第126-127页。
⑤ 田霞:《抗日战争时期的陕西经济》,中国矿业大学出版社2002年版,第148页。

兰州,接通兰新公路,以便接受苏联的援助。[1]至1945年12月7日,宝天段完工。

继陇海铁路贯通陕西东西后,又修筑了咸阳至同官煤矿的铁路,于1939年动工修建,1941年建成。咸同支线连同潼关—宝鸡的陇海路干线313公里,通车里程共计447公里。此外,为便利货物运川,1939年还修筑了宝鸡至双石铺的轻便铁路101公里。以上铁路皆归陇海铁路局管理。[2]

2.航空

陕西民用航空运输业起源于20世纪30年代初期。1928年德国汉莎航空公司要求与中国合组中德航空公司,经营欧亚国际航空运输业务。1930年2月,双方签署合同,次年5月中德合办的欧亚航空公司成立。该公司成立后,先后开辟沪新线、兰宝线、陕滇线、渝哈线等路线。具体而言:

沪新线。1931年九一八事变后,因沪满线停航,交通部饬令欧亚航空公司辟设。该线自1931年10月开始筹备,自上海经南京、洛阳、西安、兰州、哈密、迪化至塔城,全线长4060公里。而实际通航的仅上海至兰州段。全民族抗战爆发后,上海至西安段全面停航,仅西安至兰州段尚可行驶。

兰宝线。该线是欧亚航空公司应交通部指令设立,1934年6月2日该线正式通航时,仅兰州至宁夏间,后延伸至包头。当年11月1日全面通航,全程1300公里。全民族抗战爆发后,该线停办。

陕滇线。1935年交通部委托欧亚航空公司开设经由西安、汉中至成都的航线,当年9月25日开航。1936年4月1日,该线展航至昆明,全程1300公里。

渝哈线。1938年3月24日,交通部新辟渝哈线,由重庆经汉中、兰州、凉州、肃州至哈密。1939年12月5日,中苏开始联航,由重庆经兰州飞哈密,换乘中苏航空公司飞机,飞往阿拉木图,再换机飞莫斯科。[3]

3.水运

陕西省水运首推汉江及其支流,次为黄河,渭河、嘉陵江、洛河又其次。汉江在陕西境内全长709公里,其中南郑至白河段长518公里,适于轻型船只航行。[4]南郑、十八里铺至安康段,枯水期较难通航,安康至汉口间可以长期通航。南郑、

① 董长芝:《抗战时期大后方的交通建设》,《抗日战争研究》,1993年第1期,第89-104页。
② 李振民:《陕西通史·民国卷》,陕西师范大学出版社1997年版,第250页。
③ 陕西省银行经济研究室编:《十年来之陕西经济》,陕西省银行经济研究室1942年版,第245页。
④ 王开主编:《陕西航运史》,人民交通出版社1997年版,第267页。

十八里铺、茶镇、安康、白河皆为陕西境内的主要港口。①安康港是汉江上游的枢纽港口,1920—1925年与抗战时期是安康港最为兴盛的时期。1938年5月,国民政府军事委员会第五战区长官司令部设总部于老河口,后方勤务部设于安康,并在安康设立2个木船运输中队,建造木船100艘,船工1000余人,向老河口运送粮饷、军需品等。②

汉江支流丹江是西北地区与汉口间商业流通的重要通道,1936年长坪公路建成前,丹江可以说是沟通陕西、河南、湖北三省唯一的水运通道。丹江在陕西境内自龙驹寨到紫荆关全长100公里,商县以下至湖北老河口可以全年长时期通航,其中竹林关、荆紫关、淅川县、老河口为主要停泊口岸。③

嘉陵江自略阳县至四川省广元航程350公里,全年可长时期通航,白水江、略阳、白雀寺、阳平关、燕子矶为主要停泊口岸。④

渭河在陕西境内长502.4公里。渭河上游地势险峻,水流湍急,难以行船。中下游地区则因浅滩过多不利于航行。丰水期,咸阳以下因地势平坦,水势平稳,加之浐河、灞河、泾河汇入后,水量增大,木船畅通。⑤

洛河在大荔县以上因水量小不通船舶,大荔大王庙至潼关间,可通行载重10吨以下的河南条船。运入的货物为盐、煤、石油、百货等,运出的包括大荔的皮货,澄城、朝邑的棉花、小麦等。1942年前后行驶于洛河的有83条船,为河南帮所有。⑥

4.驿运

驿运在中国历史悠久,其兴盛于唐、宋、元、明,历代相袭。陕西地处全国中部,清代陕西设有由北京经太原到西安的官马西路,经西安到兰州的皋兰官路,经西安抵成都的四川官路,另有以西安为中心通往全省各州县的官马支路等。民国建立后,1913年1月交通部下令废除驿运,次年陕西全省驿铺全数裁撤。⑦

---

①　陕西省银行经济研究室编:《十年来之陕西经济》,陕西省银行经济研究室1942年版,第246页。
②　王开主编:《陕西航运史》,人民交通出版社1997年版,第291、306页。
③　王开主编:《陕西航运史》,人民交通出版社1997年版,第268页;陕西省银行经济研究室编:《十年来之陕西经济》,陕西省银行经济研究室1942年版,第227-228页。
④　陕西省银行经济研究室编:《十年来之陕西经济》,陕西省银行经济研究室1942年版,第227-228页。
⑤　王开主编:《陕西航运史》,人民交通出版社1997年版,第273页。
⑥　王开主编:《陕西航运史》,人民交通出版社1997年版,第303页。
⑦　田霞:《抗日战争时期的陕西经济》,中国矿业大学出版社2002年版,第133页。

全民族抗战爆发后,因燃料及车辆匮乏,国民政府开始恢复驿运,作为运输辅助。1938年,国民政府行政院召开全国水陆交通会议,决定利用全国人力、畜力运输,弥补汽车运输的不足。1940年7月,全国驿运会议在重庆召开,会议决议在交通部下设驿运总管理处,在各省设驿运管理分处(后改为驿政局),作为交通行政常设机构,规定中央主办驿运干线,地方主办各省支线。[1]1940年10月,陕西省驿运管理处成立,参照该省情况,以陇海铁路为运输主干组成交通网,第一期选定渭韩、华阌、长坪、原同、宝陇五线。国民政府准开办为华阌、长泾、长坪等线。具体而言:

华阌线。该线为军运经济混合线,1940年12月20日开运。全线由陕西华阴县起至河南阌乡县阌底镇止,长44公里,有阌底镇、东泉店、华阴县等3处驿站。后该线东到高柏,长28公里,1942年10月1日设站运输。该线共有大车15488辆,架子车61271辆,手推车562辆,驮兽109513匹。

长泾线。该线为军运经济混合线,1941年4月1日开运,全线由长安起至甘肃泾川县窑店止,长202公里。原设驿站九处,后增设店张驿,1941年8月11日开运。分2段,长安、咸阳、店张驿、礼泉、乾县等站划咸阳分段,监军镇、永寿城、彬县、长武、姚店等站归属长武分段。该线共有大车19342辆,架子车11343辆,手推车15343辆,驮兽5786匹。

长坪线。该线为军运线,1941年5月21日开运,设西坪镇、商南、龙驹寨、商县、黑龙口、蓝田、长安东关等7处驿站,后开辟长坪线河渭附线,设立河口驿站,9月1日开运。全线由长安河口起至渭南止,长67公里。该线共有大车6142辆,架子车10404辆,手推车363辆,驮兽3372匹。

渭韩线。该线为军运经济混合线,1941年2月28日开运,由渭南起至韩城止,长1707公里,设韩城、合阳、朝邑、大王庙等4处驿站,嗣后为办理煤运,增设澄城、镇集、窑头、渭南等4站,5月11日开运。全线长589公里。该线有大车47971辆,架子车3403辆,手推车323辆,驮兽33796匹,木船1745艘。[2]

---

① 田霞:《抗日战争时期的陕西经济》,中国矿业大学出版社2002年版,第133页。
② 陕西省银行经济研究室编:《十年来之陕西经济》,陕西省银行经济研究室1942年版,第226页。

小结

全民族抗战时期,陕西毗邻战区,缩毂西北,实为支持华北抗战的后盾,亦是促进战时大西北开发的中坚。举凡西北各项建设,陕西或为首创之地,或为重中之重。全民族抗战爆发前,陕西与沿海等省份相比,工商贸易、交通、农业均难称先进,呈现出财政拮据、金融网络不畅、工业发展迟缓、农业技术落后、现代交通匮乏的状况。全民族抗战爆发后,陕西的地位日益突出,在国民政府政策、资金以及大量内迁人员、厂矿企业等的大力支持下,陕西省呈现出较快发展。

整体而言,为克服抗战之初的种种不利局面,该省第一通过整顿财税、向国民政府获批发行地方公债、争取中央补助等方式,力图平衡内外收支,并积极贯彻国民政府田赋征实政策,为大后方军需民用提供了重要保障。第二,通过战时西北金融网的铺设,该省逐渐摆脱金融机构数量稀少、地域分布不均、金融服务不健全的状况。西安日益成长为战时西北地区的金融中心,现代金融触角逐步深入到该省偏远各县。第三,以战时工业内迁为契机,该省迎来了工业发展的快速期,逐步摆脱了过去以几家军事工业、轻工业为主,底子弱、分布集中的格局,建立起涵盖机器制造业、电力工业、纺织业、化工业、印刷业等多工业门类并存的格局,近代工业水平得到明显提升,工业布局更趋合理。第四,战时该省在开垦荒地,实行垦殖增产的同时,充分利用战前良种培育的基础优势,推广改良棉种、麦种,实现技术改良与农业增产。第五,全民族抗战爆发前,陕西省在交通建设上存在诸多空白,与沿海发达省份相比,无论是公路建设,还是车辆配置,抑或铁路、航空等领域,亦多有不足。全民族抗战时期,陕西由于其特殊的地理位置,交通建设发展迅速,逐步建立起了以省道为主的公路交通网。陕西省也因此逐步发展成为整个大后方地区仅次于重庆、四川的经济"模范省份"。

第五章

全民族抗战时期的陕西社会

全民族抗战爆发后,在抗日民族统一战线旗帜的指引下,陕西省的爱国军民通过各种方式抗击日本的侵略,迅速掀起了抗日救亡的热潮。首先,民众团体如雨后春笋般蓬勃兴起,积极动员群众、宣传抗日,增强了人民坚持抗战的信心和勇气;其次,为有序开展生产生活,储备抗战有生力量,以陕西省赈济会为中心,救济机构和慈善团体共同开展了对难民的救济工作,着力解决了难民温饱、医疗救助、难童教养、移民垦荒等问题;再次,陕西积极开展军事优抚,为前线将士免除后顾之忧,提振了军队士气;最后,面对亡国灭种的危机,陕西还通过抗战动员活动、劝募公债运动与抗日献金运动增强了民众的民族意识和爱国热情,努力为抗战所需人财物力提供保障,对抗日救亡起到了积极作用。全民族抗战对陕西的社会发展和民众生活亦产生了重要的影响。日军的侵略以及对陕西城镇的无差别轰炸,严重阻碍了陕西社会经济的发展,造成了难民潮以及大量民众的非正常死亡,产生了严重的社会问题,这给当时的社会治理带来了严峻的挑战。陕西省为解决社会问题、维系社会正常运转,倾注入了大量精力,通过开展粮食增产运动,实施禁绝烟毒、警政改良、市政建设、移风易俗等各项措施,既保证了城市运转,在客观上又推动了陕西基层社会的转型。总而言之,在国共合作、共御外侮的政治局势下,陕西民众与全国各族人民一道,齐心协力,共赴国难,在抗日战争史上留下了浩气长存、永垂史册的功绩,做出了举世公认的杰出贡献,谱写出悲壮惨烈的抗日御侮历史篇章。

一、抗战时期陕西的抗日救亡社会团体

全民族抗战爆发后,中共陕西省委于1937年7月10日发表《为日军进攻卢沟桥事件告西北各界同胞书》,指出:"只有全国民众总动员,实行对日抗战,才能保卫平津与华北,才是我们的出路!"12日,中共陕西省委颁布《关于日本进攻平津与党的任务及工作的指示》,要求"开展抗日民族统一战线运动,从各种实际的宣传与组织工作中拥护国共合作,以实现全民族抗战"①。此后,在中国共产党的感召和组织下,陕西民众抗战团体日益发展壮大。据不完全统计,到1938年,陕西党组织领导建立的较大抗日团体有15个,成员近4万人。②以这些社会团体为中心,陕西各界爱国群众积极抗日,不断掀起抗日救亡运动的高潮。

在中共统一战线的推动下,在榆林各界爱国人士和榆林三校[榆师(陕西省第三女子师范学校)、榆中(陕西省第六中学)、职中]部分教师的共同倡导下,一些抗日团体先后纷纷成立。七七事变发生后,榆林成立了榆林各界抗敌后援会,高双成任主任委员,中共地下党员张明远被推举为委员,主管宣传工作。从此以进步教师和青年学生为主,抗日进步团体纷纷建立,最有名者为榆师的青年抗日救国会、榆林女师别动队,榆中的民族解放先锋队。榆林三校进步教师还效仿外地组织了战地服务团,还有专搞文艺宣传的文学社、大时代剧团等。这些抗日团体,不仅宣传了抗日,也团结了大批爱国青年。

当时建立的这些抗日进步团体中,以战地服务团影响最大。在最艰苦的岁月里,战地服务团带领着演讲队、歌咏队、话剧团、大时代剧团等跋水涉山,不辞劳苦,步行千余里,深入农村进行宣传。他们分几路辗转于榆林、神木、府谷、横山、佳县、米脂等地。北路在张明远和学生贺鸿奎、贾兰英带领下,在东胜演出影响最大。远在几十里以外的老乡还赶来看演出、听演讲,群情激愤,一致发出"不驱日寇,誓不罢休"的呼声,一个东北流亡县长看了演出也泣不成声。南路宣传队到米脂八路军王震部队驻地演出,大时代剧团和部队的烽火剧团同台演出,建立了密切的关系。

1939年9月,著名作家老舍随西北战地服务团来到榆林,还有全国文艺界著名人士凌子风及著名电影演员舒绣文、黎莉莉等也先后陆续来榆林进行慰问演出。榆林战地服务团领导下的各文艺宣传队和他们紧密配合,互相协作。这些文艺界的全国知名人士应榆林各界人士的邀请,在中山堂、女师礼堂做报告,表演精彩的节目,还在榆林战地服务团的陪同下,慰问当地驻军和府谷等地的前方将士。在他们爱国热情的感召下,榆林青年更增强了抗日意志和必胜信心。③

①　周勇主编:《中国共产党抗战大后方历史(下)》,重庆出版社2017年版,第722页。
②　《陕西民众抗日救亡运动》,《陕西日报》,2020年7月20日,第1、4版。
③　梁金奎,宋耀祥:《榆林青年的抗日救亡活动》,《榆林文史(第四辑)》,中国人民政治协商会议陕西省榆林市委员会文史资料委员会内部印刷2004年版,第23-25页。

在陕西国统区,民众纷纷组织爱国社会团体开展抗日救亡运动。特别是七七事变爆发后,日本不断扩大对中国的侵略,中华民族遭遇到了亡国灭种的危机。为了拯救民族的危亡,国统区各界民众迅速掀起了波澜壮阔的抗日救亡运动,组织并通过民众团体积极支持抗战。这些团体中有青年学生、妇女、普通工人、新闻记者和社会贤达人士,他们在国统区通过捐献钱物,慰劳抗日将士,组织各种抗敌大会、讲演会,张贴标语、分发传单,组织抗日公演,宣传防空救护常识等形式开展抗战救亡活动,对全民族抗战发挥了重要作用。(如表5-1)

表5-1　陕西国统区主要的民众抗战团体表[①]

社会团体	主要活动
中华民族解放先锋队陕西组织(以下简称民先队西安队部)	中华民族解放先锋队成立于1936年2月,是在中国共产党领导下建立的青年抗日救国组织。1936年10月1日,民先队西安临时队部在西安成立,1937年秋,汉中民先地方支队成立,此后民先队陕西组织建制进一步完善,成为陕西国统区抗日救亡运动的一支重要力量
陕西省各界抗敌后援会	成立于1937年7月,其宗旨为领导陕西各界从事抗敌工作,具体开展统一各界慰劳团组织、统筹抗敌宣传组织、开展劳军运动、统一抗战募捐、组织民众自卫队等工作
西北各界救国联合会	成立于1936年6月,是全国各界救国联合会在西北地区开展救亡运动的重要组织,在宣传发动抗日、扩大抗日组织、争取全民抗日方面做了卓有成效的工作
中国妇女慰劳自卫抗战将士会陕西分会(以下简称陕西妇慰会)	成立于1937年8月,是中国妇女慰劳自卫抗战将士会的省级分会,主要工作是发动教育妇女群众支援前线,参加抗日救亡活动,广泛建立妇女界的统一战线
西北青年抗日前线救护队	由西安青年医师罗锦文发起建立的医疗救护组织,成立于1937年10月,在中共陕西省委和八路军驻西安办事处的支持与领导下,为救治抗战前线伤病员、训练医护人员作出了重要贡献
陇海铁路车上服务团	成立于1937年冬,是在中共领导下的地下抗日组织,通过歌咏队、抗战墙报、抗战演出等形式进行抗日宣传
西安学生救国联合会	成立于1936年11月,成员主要是西安市的爱国学生,致力于发动青年学生参与抗日救亡活动,团结一致,抵御外侮

---

① 本表根据袁文伟编著《抗战中的陕西民众》(太白文艺出版社,2018年)、政协陕西省委员会文史和学习委员会《陕西抗战史料选编》(三秦出版社,2015年)等资料编写。

社会团体	主要活动
陕西学生救国联合会	成立于1937年1月,受西安学生救国联合会影响而筹备发起,主要致力于统筹陕西省的爱国学生组织参与抗日救亡运动,协商一致,共同开展活动
西北文艺青年协会	成立于1937年1月,成员主要是西北地区的文艺青年、进步学生,通过文学创作、文艺活动挽救民族危亡
西安新文字促进会	成立于1936年底,在国统区活动,并受中共领导的主要青年团体。全民族抗战爆发前后,通过街头抗日宣传、向革命队伍输出人员、开班教学、出版新文字书刊等活动支持抗战
工合西北区办事处	成立于1938年8月,是中国工业合作协会在西北的分支机构,发源地在陕西宝鸡,宗旨就是打破日本经济封锁,通过生产自救来抗日,其在组织难民自救、开展劳动生产、供应战时军需民用方面开展了一系列活动。
西安市基督教女青年会	成立于1939年5月,在中华基督教女青年会全国协会战时工作部基础上发展而来,其主要工作是难民救济、伤病优抚等

国统区的民众团体开展各种各样的抗日救亡运动,谱写了中华民族救亡史上最为雄伟悲壮的篇章。总体而言,无论是工人、农民,还是青年、妇女,各界各阶层组成的社会团体都积极参与到抗日救亡运动中来,通过各种群众组织积极支持抗战,显示了坚定不移的抗日决心和中华民族面对外侮时的强大精神力量。事实上,国统区民众团体着力开展抗日救亡运动并为抗日救亡作出了积极贡献,是与以下因素分不开的。

第一,中国共产党党员发挥先锋模范作用,推动国统区抗日救亡运动的开展。

中国共产党始终是抗战中重要的领导力量,各级党组织在国统区积极开展工作,通过发挥中国共产党党员的先锋模范作用,推动了国统区抗日救亡运动的发展。在一个时期,中共陕西省委甚至抽调部分省委委员、党员到西安开展工作,指导建立民众救亡团体,指导群众的抗日救亡运动,宣传中国共产党的抗日民族统一战线政策。此后,以西安为中心的陕西国统区的工人、农民、学生等为主体的抗日救亡团体纷纷成立并积极开展抗日救亡活动,使抗日救亡运动进入新的阶段。如陕西妇慰会成立后,即得到了中共陕西省委的大力支持和领导,中共陕西省委、西安学委以省妇慰会的名义发起组织了西北青救会、平津同学会、西安抗协总会等20余个救亡团体。陕西妇慰会广泛组织妇女参加救亡活动,通过识字班等形式,活跃了人民群众的文化生活,为后方建设作出了巨大贡献;利用公开合法地位与国民党顽固派对群众救亡运动的打压做斗争;在抗日募捐工作中,为战区将士、难民募捐了冬衣、鞋袜、钱粮,仅1937年9月至1938年7月,陕西妇慰会14个县支会共募集了5000余元,金银器100余件,①数量十分可观。

又如1937年冬至1938年春,西安学生救国联合会、西北各界救国联合会、民先队西安队部和西北队部、东北民众救亡会等群众团体在中国共产党的指导下,先后3次发动西安学生组成150多个工作团、队,分赴关中各县进行抗日宣传活动。②在西安学生抗日救亡运动的影响下,蒲城中学、韩城中学、合阳中学、华县咸林中学、渭南赤水职校、凤翔师范学校、三原三中、三原女中等学校也组织工作团,深入农村,开展救亡宣传活动。中共指导群众运动,也在群众中得到了大的发展。到1937年底,中共陕西省委领导的党员人数由300多人增加到1300多人。③

第二,各团体既团结又斗争,坚定维护抗日民族统一战线。

国民党陕西省党部顽固坚持蒋介石的片面抗战路线,对中国共产党领导下的抗日救亡团体采取了敌视、限制、打击、取缔方针。1937年8月24日,国民党陕西省党部在《西京日报》上刊登了取缔西北各界救国联合会等18个救亡团体的公告,对抗日救亡运动设置了重重障碍。这一时期陕西国统区的一些进步团体与国民党内反动势力进行了坚决的斗争,以实际行动捍卫了抗日民族统一战线。

其实早在1937年5月,中共陕西省委在泾阳县云阳镇召开代表会议,陕西省委书记贾拓夫作了题为《目前陕西党的任务与工作》的报告,提出在新的历史时期,中国共产党的任务就是要动员和领导人民群众到抗日民族统一战线中来,为和平民主抗战而奋斗,为战胜日本帝国主义并取得中华民族的独立与解放而斗争。④七七事变后,中共陕西省委于7月10日发表《为日军进攻卢沟桥事件告西北各界同胞书》,号召全西北民众动员起来、组织起来、武装起来,参加抗战;组织西安各界群众走上街头,举行声势浩大的抗日游行示威,开展空前的反侵略宣传周和"捐献一日所得"运动,支援前方抗日将士。

---

① 政协陕西省委员会文史和学习委员会编:《陕西抗战史料选编》,三秦出版社2015年版,第334-339页。
② 袁文伟编著:《抗战中的陕西民众》,太白文艺出版社2018年版,第238页。
③ 中共陕西省委党史研究室:《中国共产党陕西历史·第1卷》,陕西人民出版社2009年版,第324页。
④ 周勇主编:《中国共产党抗战大后方历史(下)》,重庆出版社2017年版,第715页。

在中共中央和中共陕西省委的号召和指导下,国统区的爱国进步团体积极开展抗日救亡活动,坚定地维护了抗日民族统一战线。如陕西妇慰会成立后,就在中共的支持下开展救亡活动,与国民党顽固派一些反动行径进行了斗争,成为抗日民族统一战线的重要妇女群众性团体。西安新文字促进会从成立到被迫解散的一年多时间里,在中国共产党的领导下,通过写大字报、编写书刊、开班教学,开展抗日救亡宣传,其内容始终坚持抗日与民主相结合,"提高群众的政治觉悟,并利用各种机会宣传党的方针政策,团结群众,在我党与国民党争夺青年的斗争中,发挥了极为重要的作用"[1]。西安新文字促进会用世界语宣传西安抗战救国的消息还传播至海外,连西班牙和瑞典的媒体都刊载过西安新文字促进会的照片和相关消息。[2]民先队西安队部在1939年国民党顽固派掀起反共高潮之前,确立了"协助政府动员民众""协助其他救亡团体发展"等重要工作原则,组织和领导了大量青年团体的抗日救亡运动。国民党顽固派开始推行"消极抗日、积极反共"政策后,活动由公开转入隐蔽,则以读书会、歌咏队等方式团结教育青年,吸收优秀青年加入中国共产党,[3]通过实际行动抗日救亡,并与国民党顽固派进行灵活的斗争。

第三,全面发动各界各阶层群众开展抗战救亡运动。

国统区的民众团体汇聚了医疗卫生、教育、学生、宗教、文艺等各界人士,有的在中国共产党的直接领导下在国统区开展各种各样的抗日救亡工作,激发民众斗志,团结一致,为抗战贡献力量。其中,青年组织如民先队西安队部等组织爱国青年抗日、参军;文艺组织如西北文艺青年协会等组织创作文艺作品,办读书会、街头剧团、壁报团,宣传抗日民族统一战线政策和抗日战争形势,鼓舞后方民众,唤起中华民族的觉醒;妇女组织如陕西妇慰会通过慰劳、救济难民、组织妇女生产等激发民众斗志,使妇女民族解放意识觉醒;医疗卫生团体如西北青年抗日前线救护队上前线救护伤员,成为"全国第一个志愿上前线的救护队"[4],给全国青年学生、医护人员树立了光辉的榜样;工合运动组织如工合西北区办事处的发展得到了中国共产党、社会贤达、国际友好人士、海外侨胞的大力支持,其利用陕西的丰

① 史悦、安群:《回忆西安新文字促进会》,《陕西党史资料丛书(九)·西安事变前后和抗战初期陕西国统区青年运动》,陕西人民出版社1989年版,第288-293页。
② 李振民:《陕西通史·民国卷》,陕西师范大学出版社1997年版,第214页。
③ 中共陕西省党史资料征集研究委员会编:《陕西党史资料丛书(九)·西安事变前后和抗战初期陕西国统区青年运动》,陕西人民出版社1989年版,第245-253页。
④ 中共陕西省党史资料征集研究委员会编:《陕西党史资料丛书(九)·西安事变前后和抗战初期陕西国统区青年运动》,陕西人民出版社1989年版,第358-369页。

富资源和大后方的技术工人,以工业合作的方式开展动员、组织生产,打破日军对中国的经济封锁,为抗战胜利提供了经济保障。不难发现,从事抗战救亡运动的社会团体覆盖面较广,社会动员力较足,发动国统区各界各阶层群众抗日救亡,保障了运动的效果,促进了运动的发展。

全民族抗战爆发后,陕甘宁边区成为全国人民抗战的坚强后方。为适应人民抗战要求,陕甘宁边区先后成立了陕甘宁边区各界抗日救国联合会等众多群众团体,逐步建立健全了各分区与县级组织,在建设边区、支援前线方面发挥了主要作用。边区抗日救亡团体发动民众积极抗战,不仅为战胜日本帝国主义奠定了广泛的群众基础,也充分证明了中国共产党提出的抗日民族统一战线、群众路线工作方针的先进性和正确性。抗战即将迎来胜利之时,毛泽东同志在党的七大上所作《论联合政府》的报告中深刻指出抗战要依靠"人民战争",并给予了解放区民众团体极高评价:"在中国解放区,在民主政府领导之下,号召一切抗日人民组织在工人的、农民的、青年的、妇女的、文化的和其他职业和工作的团体之中,热烈地从事援助军队的各项工作。……解放区民主政府领导全体人民,有组织地克服了和正在克服着各种困难,灭蝗、治水、救灾的伟大群众运动,收到了史无前例的效果,使抗日战争能够长期地坚持下去。"①

毛泽东同志在《论持久战》中曾深刻指出:"动员全国民众,齐心一致,绝不动摇地坚持战争,把统一战线扩大和巩固起来,排除一切悲观主义和妥协论,提倡艰苦斗争,实行新的战时政策,熬过这一段艰难的路程。……如能坚持抗战,坚持统一战线与坚持持久战,中国将在此阶段中获得转弱为强的力量。"②这是中国抗战胜利的重要因素。中国人民所进行的英勇抗战之所以能取得彻底的胜利,与全国各地抗日救亡民众团体积极开展广泛的群众性的抗日救亡运动,为实现全民族抗战、争取抗日战争的彻底胜利所做出的努力是密切相关的。陕西各抗日救亡民众团体正是通过各种各样的形式和活动,深入人民群众中开展运动、发动民众,激发人民爱国热情,鼓舞大众抗日斗志,使有志青年、爱国群众积极投身抗日救亡运动,最终为抗战胜利作出了积极的贡献。

① 毛泽东:《论联合政府》,《建党以来重要文献选编(一九二一——一九四九)(第二十二册)》,中央文献出版社2011年版,第141-142页。
② 毛泽东:《论持久战》,华社1939年版,第31-33页。

二、抗战时期陕西的难民社会救济事业

1937年7月,日本发动全面侵华战争,给中国人民带来深重的灾难。为躲避日本帝国主义的迫害,沦陷区成千上万的民众或有组织或自发进入抗战大后方。这其中有大量民众被迫沦为难民,形成了巨大的难民潮。陕西是抗战大后方的重要组成部分,关中平原又是我国重要的粮食产地,是历史上民众躲避战乱和灾荒的区域,且西安等大城市作为历史文化名城基础设施较为完备,这些因素使得陕西成为战争难民的重要涌入地区。难民涌入对陕西原有的经济状况和社会秩序造成了巨大的冲击,国民政府为稳定社会秩序,通过一系列行之有效的社会救济措施救济了民众,稳定了陕西社会,并且为抗战胜利积蓄了有生力量。

(一)陕西社会救济的兴起

全民族抗战爆发后,陕西省赈务会救济院增设了难民救济分会。1938年3月,国民党中央在武汉举行了临时全国代表大会,大会通过了《抗战建国纲领》,其中第二十七条明确规定:全国各地对"救济战区难民及失业民众,施以组织与训练,以加强抗战力量"[①]。在这一思想的指导之下,国民政府为实现"抗战建国"之目标,将难民救济与军事训练相结合,有效地救济了难民。

社会救济离不开具体的实施机构,这一时期国民政府根据战时情况建立和调整了实施难民救济的相关机构,开始形成以全国赈济委员会为核心的难民救济系统。1938年,国民政府行政院"为统筹全国社会救济事业",将特派赈务委员会、行政院难民救济委员会、内政部所属各救济部分合并成立全国赈济委员会,主持救济工作,由孔祥熙担任会长。1939年,陕西省赈务会救济院与难民救济分会合并改称陕西省赈济会,陕西省赈济会作为全国赈济委员会下辖的省级机构,承担了陕西省内重要的社会救济工作。1939年2月28日,陕西省赈济会举行成立大会,推举时任陕西省政府主席蒋鼎文为主任委员。陕西省赈济会内设财务组、总务组、救济组、查核组、筹募组等下属分支机构,以更好地履行其救济职能。陕西

---

① 中国第二历史档案馆编:《中华民国史档案资料汇编·第5辑·第2编·政治(1)》,江苏古籍出版社1998年版,第152页。

省又进一步完善了其下属分支机构,要求各县一律组织成立县级机构,到1940年陕西国统区共建立了61个县级赈济会,基本覆盖到各县域基层。自陕西省赈济会成立起至1945年8月停止工作,其厉行工作使得陕西难民的救济工作取得了重大成绩。

虽然长期以来各级政府主持的官赈一直是赈济中的主要方式,但全民族抗战爆发后难民人数众多,仅仅依靠政府力量显然是不够的,需要"发动社会团体的救济力量,使广大的社会救济工作,与政府的赈济政令,紧密协调,互相呼应,群策群力,以求战时救济政策之表里贯彻,扩大救济工作的效果"[1]。所以除了以陕西省赈济会为中心的官方机构开展的社会救济工作外,一些社会团体为难民的救济也作出了重要的贡献。

抗战时期社会救济机构的数量和种类很多,传统的慈善机构活动也很积极。这些民间的组织主要可以分为地缘组织(如在陕各地同乡会)、医疗卫生组织(如红十字会陕西分会)、宗教团体(如华洋义赈会)、民间专门救济团体(如中国战时儿童救济协会)等,它们在社会救济方面做了大量的工作。如华洋义赈会在抗战时期把陕西作为重要的行动据点,设立了在陕分支机构华洋义赈会陕西分会,办理一切赈济事宜,主要开展了收容难民、急赈工赈、防空救护、慰劳伤胞、施米施粥救穷等救济活动。又如陕西妇孺难童的救济工作,据不完全统计,就有中华慈善协会、华北慈善联合会等民间慈善机构兴办了儿童教养院,陕西各县的慈善人士还兴办了教养院、育婴堂、保育所、孤儿院等儿童救济机构,为救济陕西难童作出了重要贡献。

在社会救济方面涌现出的许多英雄人物也值得后人景仰。如朱庆澜将军就是其中的杰出代表。朱庆澜是著名的爱国民主人士,先后担任广东省省长、中央赈济委员会常务委员等职。面对难童流离失所的情况,朱庆澜一手创办了扶风灾童教养院、西安灾童教养院,全民族抗战爆发后又创立了长安灾童教养院等机构救济陕西难民难童。朱庆澜始终心系慈善事业,为赈灾救济四处奔走,以致积劳致疾,于1941年逝世。他的逝世引起了人民的悲痛,人们纷纷著歌以记之。冯玉祥闻听其死讯后发表《哭朱将军》一诗,赞曰:"大仁大义,一片慈心……全国人民记在心中。"[2]

---

[1]　秦孝仪主编:《革命文献》第96辑,(台北)"中央"文物供应社,1973年,第431页。
[2]　中国人民政治协商会议天津市委员会文史资料研究委员会编:《天津文史资料选辑(第55辑)》,天津人民出版社1991年版,第108页。

全民族抗战时期陕西社会救济运动的兴起是与官办社会救济机构的常设化、民间社会团体的辅助，以及社会各界人士的努力分不开的。从全国赈济委员会组建，到陕西省赈济会的成立，再到陕西各县赈济会的建立，陕西形成了一个相对系统的官办救济体系；各慈善团体积极参与了抗战时期的难民救济活动，这些成为官办救济机构的有益补充力量；加之朱庆澜、王典章、张子宜等政府官员、社会贤达对社会救济的倾力投入，最终才形成了大后方陕西社会救济工作的较为良好的局面。

（二）陕西社会救济的措施及成效

1937年11月20日，国民政府公开发布《国民政府移驻重庆宣言》，宣布"移驻重庆"，并"将以最广大之规模，从事更长久之战斗"[1]。12月，国民政府的党、政、军所有机关全部迁到了重庆，抗战大后方的战略地位正式形成。[2]陕西省所在的西北地区作为抗战大后方的"拓展地区"[3]，承担了国民政府抗战建国的重要责任，其社会稳定对抗战的作用不言而喻。难民大量涌入、无辜灾民和难童亟待救助，对陕西社会救济工作提出了巨大的挑战。为了完成社会救济工作，官方组建了一系列的具体的社会救济机构，颁布了救济办法和法案。此时，以陕西省赈济会为代表的官办救济机构与民间慈善机构共同努力，致力于地方的社会救济工作。陕西的社会救济工作主要从以下几个方面开展。

第一，执行了国民政府制定的战时社会救济办法和法案。（如表5-2）

表5-2　全民族抗战时期国民政府救济与安置难民的主要法案[4]

名称	主要内容
非常时期救济难民办法大纲	1942年8月，行政院又颁布了《修正非常时期难民救济办法大纲》，其内容主要规定除全国赈济委员会总负责难民救济外，其他政府部门、军队应积极参与和协调

① 《国民政府移驻重庆宣言》，《抗战建国方针》，宪兵司令部编印，第42-43页。
② 潘洵：《论抗战大后方战略地位的形成与演变——兼论"抗战大后方"的内涵和外延》，《西南大学学报（社会科学版）》，2012年第2期，第5-13、173页。
③ 周勇：《关于中国抗战大后方研究的几个基本问题》，《重庆大学学报（社会科学版）》，2015年第6期，第177-187页。
④ 本表内容根据秦孝仪主编《革命文献》第96-101辑[（台北）"中央"文物供应社，1973年]、袁文伟编著《抗战中的陕西民众》（太白文艺出版社，2018年版）等资料编写。

名称	主要内容
赈济委员会组织法	1938年12月,行政院颁布《赈济委员会组织法》,宣布成立全国赈济委员会,作为难民救济的最高机构,领导全国赈济事务
难民垦殖实施办法大纲	1938年3月,行政院颁布《难民垦殖实施办法大纲》,主要涉及移送难民垦荒,鼓励地方办理垦殖工作,促进抗战大后方生产,安定难民生活,发挥救济效能。1939年5月,国民政府在其基础上又制定了《非常时期难民移垦规则》《非常时期难民移垦条例》等难民移垦的细则和《筹设难民垦区计划纲要》《九省开垦计划》等相关文件
非常时期难民服役计划纲要	1938年4月,国民政府制定该纲要,规定了以组织难民服兵役与工役对难民进行救济
办理难民职业介绍办法	国民政府于1938年12月颁布了《办理难民职业介绍办法》,其目的是使难民中的技术工人得到利用,实现自我救济
赈济委员会各区站发给难民证办法	1938年12月颁布,该办法主要用于界定难民,对符合规定的难民发放难民证,承认其难民身份,从而使其获得救济。国民政府还颁布了《非常时期运送难民办法》《疏散难民安置办法》和《各县招待过境难民暂行办法》等,规定难民身份的甄别、运送、救济的方案
难民组训计划大纲	1939年8月,行政院公布了《难民组训计划大纲》,其主要内容旨在使战区难民和接近战区之难民,人人不离乡土地,并能切实做到自卫自养,以增加抗战力量和减少政府负担,使移居大后方难民积极参加生产工作,安定日常生活,充实抗战力量,巩固后方秩序
抗战建国时期难童救济教养实施方案	1938年10月,行政院颁布了《抗战建国时期难童救济教养实施方案》,规定了救济对象的标准,以及教养、教育、保健、生产等实施办法。以后又陆续出台了《难童生产教育实施办法大纲》《赈济委员会难童救济教养团体指导改进方法》《灾难儿童教养或保育院所学校编制及课程分配》等涉及难童救济的法案

全民族抗战爆发后国民政府所确立的一系列救济法案和相关政策,为社会救济工作奠定了法理依据,符合当时抗战建国的实际需要,是社会救济的重要基础。陕西省的社会救济工作在此基础上不断推进,或制订省级的社会救济政策,或成立省级的社会救济机构。最重要的是在1939年2月合并成立的陕西省赈济会,

以领导全省的社会救济工作。又如对于陕西的难童救济问题,陕西省政府根据国民政府颁布的《抗战建国时期难童救济教养实施方案》,制定了《陕西省奖助儿童保育事业办法》等地方性政策法规,又训令各县市依照《抗战建国时期难童救济教养实施方案》调整已有儿童救助机构,普遍设立省、市、县级教养院、教养团或保育院、孤儿院,以更好地实现对难童的救济。

第二,对难民进行紧急的生存救济工作。

赴陕的社会难民中有许多经过了长期的辗转,身心疲惫,有的病痛缠身,无安身之处。此时以陕西省赈济会为中心,面对全民族抗战爆发后大量难民的生存需求,及时地开展了难民甄别、难民转运,为入陕难民提供了必要的生存救济。其主要救助措施包括抢救、收容、运送、物资捐助、发放救助钱粮、医疗救助、沿途设站施粥等,这都属于急赈性质。急赈的特点在于救急,又被称为"消极的救济"[1],其特点是给灾民以最及时的帮助,这对难民来说是亟须的,使其得以维持生存。

陕西省赈济会通过收遣难民、拨款拨粮、医疗救援等方式挽救了大量难民的生命。省赈济会通过下设难民收容机构,或者"义户认养"的方式救助难民,设立如省难民招待所、妇孺收容所等,解决难民的生存危机。即使有实际困难,赈济会也想方设法解决。如1939年陕西本地发生灾荒,导致各战区来陕难民无法得到给养,但省赈济会仍旧想方设法收容难民。对于已收容的难民,省赈济会则积极予以救济,保证难民温饱,提供医疗救助,筹设诊所、医院等医疗机构,方便难民求医问药。

救助受日军轰炸而受伤的民众也是省赈济会的重要工作。据统计,从1937年11月到1945年1月,日军共轰炸陕西560余次,投弹1.36万枚,死伤民众万余人,炸毁房屋4.3万余间,民众财产直接损失982.5亿元。[2]省赈济会为救助受轰炸的民众,于1939年4月13日成立了空袭救济处,并由省赈济会常委王典章为主任委员,民政厅厅长王德溥、警备司令董钊为副主任委员,下设总务、救护、医疗、救济、调查、稽核等6个组,专司空袭救济。[3]为明确救济标准,省赈济会制定了《西安空袭紧急救济办法》,省政府也设立了"空袭救济款",规定"药、膳、棺木费等

① 陈续先编著:《社会救济行政》,正中书局1943年版,第12页。
② 袁文伟编著:《抗战中的陕西民众》,太白文艺出版社2018年版,第3-4页。
③ 《空袭救济处定今成立》,《西京日报》,1939年4月13日,第2版。

临时救济费5000元"①,从而进一步完善了对空袭受害民众的救济举措。

除政府方面外,国内社会各界也积极开展难民救济活动。如慈善组织中华慈幼协会在陕西设立了难童教养院,养育难童直至其能自谋生存;红十字会西安分会设立育婴堂养育婴儿、收养难童;有天主教背景的古路坝天主堂育婴堂、凤翔天主堂战区灾童教养院、南郑县天主堂育婴堂等都积极开展了难童救助。慈善家以个人力量开展救助的事迹也很多,如朱庆澜和张子宜就为社会救济事业作出了巨大贡献。1921年,陕西慈善家张子宜创设西安孤儿教养院后,一直从事孤儿的教养事业,战时为难童救济,尤其是教养工作,作出了一定贡献。1930年9月朱庆澜创办扶风灾童教养院,一直四处募款、惨淡经营,为救济难童贡献了力量。

第三,开展移民垦荒、难民组训、职业介绍、技能培训、小额贷款等工作。

陕西省赈济会对不少难民采取了"积极的救济"措施,收容各沦陷区及黄河泛滥灾区的难民,根据难民的实际能力有针对性地采取了介绍工作等措施。省赈济会还专门制定了《陕西省赈济会收容难民县份移垦暂行办法》《陕西省赈济会各县垦民管理规则》等办法,因地制宜地开展移民垦荒工作,规定垦民自垦殖之日开始,可以免缴田赋、田租等,这对于安置难民、提振难民生产积极性有重要作用。如1939年5月黄龙山垦区管理局成立后,国民政府即拨付经费"七十一万三千三百三十六元"②来安置垦民、推动生产,最后达到"安置垦民2万余人,垦荒6600多公顷"②的成绩。其后,千山、渭滩、宽滩等垦区进一步垦荒1万余公顷,安置垦民达6万余人。1940年初成立的黎坪垦区,开垦荒地6万余亩,安置难民、灾民3万余人。到1945年,陕西全省小麦种植面积增加至18余万亩,水稻种植面积增加至17余万亩,种植面积的增加离不开安置难民垦荒的政策措施,客观上增加了陕西的粮食产量。

难民组训一直是救济难民的重要方式。1939年8月制定的《难民组训计划大纲》中,明确规定了组训的目的和实施条件,"一、使战区及接近战区之难民,人人不离乡土,并能切实做到自卫自养,以增加抗战力量,而减少政府对难民之负担。二、使移居后方难民,积极参加生产工作,安定日常生活,充实抗战力量,巩固后方秩序。三、使后方回籍难民,有抗战必胜,建国必成之信念,不作顺民,不为敌用,

① 肖银章、刘春兰编著:《抗战期间日本飞机轰炸陕西实录》,陕西师范大学出版社1996年版,第113页。
② 李振民:《陕西通史·民国卷》,陕西师范大学出版社1997年版,第250页。

并能发挥各个人或集体之力量,摧毁敌人一切军事政治文化经济的侵略设施"[1]。以此计划为原则,省赈济会将难民的组训工作视作重中之重,在各市、县甚至垦区大多组建了负责组训难民的专门机构,如收容难民较多的黄龙垦区,就在1941年9月专设了黄龙山难民组训处委员会,负责难民组训工作,其主任"由中央直接委任"[2]。

陕西省赈济会设立职业介绍所,为有劳动能力的难民介绍职业,或施予教育与培训,积极提高难民的技术能力,使难民能够从事工农业生产。开办各种难民工厂也是陕西社会救济的重要举措之一。陕西省赈济会观察到难民中有闲置劳动力,出于"生产救济"的目的,开设纺织工厂、组织农村打井队等,使妇女和壮丁力有所用。其后,省赈济会按照"生产救济"的思路,陆续在各乡镇开设了虢镇难民纺织工厂、槐芽镇难民纺织工厂、赈济实验农场等,对促进当时的社会生产起到了积极作用。早在1939年10月,全国赈济委员会颁布了《赈济委员会小本贷款规则》,用以扶助有商业头脑和经营能力的商户开展经营活动。此外,工合组织在发动群众抗战方面也起到了重要作用。工合西北区办事处成立后,先后在陕西的西安、南郑、宝鸡、凤翔、陇县、双石铺、延安、榆林、勉县、安康、韩城、耀县等地成立12个事务所,通过组建纺织生产合作社、推广纺纱运动、承制军需用品等方式组织难民从事生产劳动,成效显著。如工合西北区办事处以400多名由武汉逃至陕西的熟练女工为基础,组建纺织、缝纫、服装等合作社22个。到1939年2月底,宝鸡(包括凤翔)组建各类纺织生产合作社28个,业务有织布、染布、织袜、缝纫、织绸等,共有社员439人,社股751股,工合给予长期贷款35270元,短期贷款21650元。[3]

需要指出的是,全民族抗战爆发后同样有大量难民涌入陕甘宁边区,陕甘宁边区各级党委、政府创造性地把救济和安置难民同大生产运动结合起来,颁布了《陕甘宁边区优待移民难民垦荒条例》,成功地开展对难民的救济工作,既稳定了社会秩序,又使陕甘宁边区的经济得到了良好发展,共妥善安置难民29万人,使边区的人口总量增加了1/4,为边区发展和抗日救亡作出了重要贡献。

---

① 秦孝仪主编:《革命文献》第96辑,(台北)"中央"文物供应社,1973年,第471-472页。
② 黄龙县地方志编纂委员会编:《黄龙县志》,陕西人民出版社1995年版,第392页。
③ 陕西省地方志编纂委员会编:《陕西省志·第十六卷·纺织工业志》,三秦出版社1993年版,第403页。

据国民政府的统计数据,到1944年12月底,国统区共救济难民达49014892人。[1]战时陕西以省赈济会为中心,执行国民政府的救济政策,并积极发动民间组织、社会团体、爱国慈善人士开展社会救济,通过实施紧急救济政策与积极救济政策,较好地完成了社会救济工作任务。陕西的社会救济工作,其意义不仅局限于对难民实施救济,为其提供生活救济和医疗救助,维持其生命,稳定社会秩序,还在于通过"积极救助"使很多难民能够自给自足,促进了大后方的物资生产,为抗战输送后备力量。尤其重要的是,陕西的社会救济通过救助民众、教育民众,更团结了民众,保存了全民族抗战的有生力量,极大地鼓舞了人心。当然,由于各种原因,陕西的社会救济工作中也出现了经费困难、救助有限、贪污腐败、失职渎职等现象,如经费问题就一直是社会救济的瓶颈,自1938年4月起至1945年3月止,国民政府共拨经费1832258725元,[2]难民人均约37.38元,这在物价飞涨的国统区可谓一笔微不足道的经费。但总体而言,陕西的社会救济活动中,社会救济机构的设立、救济政策的制订、救济活动的开展基本上是有利于抗战,有利于为大后方积蓄有生力量,有利于安定社会环境的,其为抗战胜利作出的积极贡献不容忽视。

三、抗战时期陕西对军人及其家属的优抚工作

抗日战争是20世纪一场关系到中华民族生死存亡、盛衰荣辱的民族自卫战争,也是中国近代历史上投入最多、牺牲最惨烈的反侵略战争。为了坚持抗战并争取抗日战争的最后胜利,中国人民作出了重大牺牲,付出了极为惨重的生命和财产代价。据不完全统计,全民族抗战期间,军民伤亡总数约22269713人(其中军人作战伤亡3227926人,军人因病死亡422479人,平民伤亡9134569人)[3]。陕

---

① 秦孝仪主编:《革命文献》第96辑,(台北)"中央"文物供应社,1973年,第10页。
② 秦孝仪主编:《革命文献》第96辑,(台北)"中央"文物供应社,1973年,第14页。
③ 章伯锋、庄建平主编:《抗日战争·第二卷·军事(下)》,四川大学出版社1997年版,第2529-2531页(按,此统计数字尚未包括东北、台湾及未列入统计的其他抗日根据地伤亡的人口数)。

西省虽属于大后方省份之一,但对抗战的人力贡献亦属巨大。在全民族抗战期间,陕西征兵人数合计1156217人①,占全省人口的12.35%,占全省壮丁人口的62.47%②,总数居全国征丁额度第六名,加上参加远征军63589人③,知识青年从军人数9118人,共计120余万人。有战争,就会有军人的出征、牺牲与伤残,因而也就有伤残、牺牲将士以及其家属的优待抚恤问题。为鼓舞士气,稳定军心,补充因战争伤亡而减少的兵员,国家成立各级优抚机构,对出征牺牲、伤残将士进行褒恤,对出征将士家属进行优抚,对前线军人进行慰劳。

(一)陕西省军人优抚机构的建立健全

"凡一个有系统的组织,无论其何部分之不健全,必影响到整个的机构,为要收指臂之效,非整个机构健全不可。"④对出征将士及家属的优抚,虽早已有之,国民政府在建立之初也设置了相关机构办理此项事务,但归属常变动不定,既没有专门的法规予以保障,也没有固定的机构予以施行,军事优抚并不具有连续性和经常性。1936年之前,陕西省也未能真正实施对军人的优抚。全民族抗战爆发后,随着兵员征集的不断增加,出征将士及伤残阵亡将士数量不断增多,征属数量也随之暴增,成立常设机构对其进行优抚就势在必行。因此,国民政府先后制颁了优待出征抗战军人及家属办法、条例等,在军事实践中不断建立健全优抚机构,在全国范围内成立了从中央到地方的权属分明、责任明确、管理严格的优抚机构,为兵员之动员、士气之鼓励、民众之支前、物资之筹集打下了坚实的基础。响应国家的指示,根据陕西本省的特点,陕西省也成立了较为完善的优抚机构。

1.驻陕抚恤处的成立

1941年3月28日,国民政府将全国划分为若干抚恤区,陕西省是首批设立驻省抚恤处的省份,驻陕抚恤处直属于国民政府军事委员会。自此开始,国民政府军事委员会开始以驻陕抚恤处为领导机构和执行机构,处理、管理、监督、检查陕西省抚恤、优待业务的开展。驻陕抚恤处下设办公室及户籍、请恤、核恤、给恤等

① 陕西省档案馆:《陕西省政府统计室—统计资料汇刊》(1937年7月至1942年12月),档案号(永久):C4-35;《陕政(第七卷)》(1945年7月),档案号(永久):C3-2-16。
② 陕西省档案馆:《陕西省政述要(第6辑)》,"兵役",1945年8月,档案号(永久):C4-37。
③ 陕西省档案馆:《陕西省政述要(第6辑)》,"兵役",1944年10月,档案号(永久):C4-37。
④ 戴高翔:《四川省军管区司令部四月来之工作报告》,《兵役半月刊》,第1卷第2期,第1—2页。

业务科。"抚恤处的人事、经理、行政、业务等,均秉承抚恤委员会的命令办理,在执行范围内受驻在地军管区司令部的监督和省政府的指导,并直接指挥各县政府办理抚恤事宜。但每月月底需将抚恤业务办理情形汇报军管区司令部备查。"①驻陕抚恤处与国民兵团,以及省优待委员会,各市县优待委员会,乡镇、联保分会协同一致,共同办理陕西省的优待抚恤业务。

2.陕西省各市县抚恤机构的设置

全民族抗战爆发后,按照国民政府内政部公布的抚恤优待军人及家属的法令,陕西省也分别颁发了一些抚恤优待细则和暂行办法、规定等,陕西省各市县政府办理抚恤优待业务,属于兵役范围的,归动员委员会及军事科掌理,其他各种抚恤事务,皆由民政科掌理。1938年国民政府颁布的《优待出征抗敌军人家属条例》规定:"出征抗敌军人家属应由所在地之县市政府及自治团体或法团依本条例之规定予以优待。对于出征抗敌军人家属之优待事宜,由各县市政府组织出征抗敌军人家属优待委员会办理之。以各县市长为主任委员,各自治团体或法团之负责人或当地公正人士为委员。"②但事实上,陕西省的优抚管理机构比较繁杂,业务也较混乱。

1938年至1941年,省级优待业务由省政府及保安司令部主办,1944年4月,保安司令部将此项业务转归军管区司令部主办。优待出征军人家属业务,由省、市县动员委员会及军事科办理。1941年底,国民政府规定:"关于出征抗敌军人家属之优待,由县市政府组织出征抗敌军人家属优待委员会办理;其设有动员委员会者,由动员委员会组织之。优待委员会得于乡镇酌设分会,办理该乡镇优待事项。"③各市县优待委员会征属优待事宜由市县动员委员会指导监督,团管区司令部对各市县优待委员会和征兵协会均处监督地位。为切实推进优待业务,加强优待机构起见,各市县国民兵团增设上(中)尉办事员一人(无兵团而办理征兵之县份增设二等科员一员)负责专办优待事宜。④1941年12月,军政部颁布《修正优待出征抗敌军人家属条例》。根据条例规定,陕西省拟定了优待委员会办事细则,饬各市县成立出征抗敌军人家属优待委员会,专负其责。各市县优待委员会

---

① 成都市档案馆:《抚恤行政系统及业务联系办法》,档案号:38-3-17。
② 成都市档案馆:《优待出征抗敌军人家属条例》,档案号:38-17-9。
③ 成都市档案馆:《优待出征抗敌军人家属条例》,档案号:38-17-9。
④ 陕西省档案馆:《增修陕西省优待出征抗敌军人条例实施细则》,档案号:90-4-450(1)。

主任由市县长担任,各委员由市县属各机关职员及各乡镇抗属代表担任。"各级优委会职员由县属各机关调派,均属义务职,不另支薪,并不得津贴伙食车马等费。"①自1942年至1943年,各市县均先后成立了优待委员会组织,市县长为委员会主任委员,各公法团负责人及当地士绅为委员,人员多系兼职。省优待委员会主管全省各市县优待征属法律法规的制订、解释;各市县优待委员会呈请优待案件的批示;全省优待事业办理事项方案的制定和指导监督各优待委员会执行;处理各市县优待委员会呈请解决之纠纷;指令各市县优待委员会办理各项优待事宜;考核汇总各市县办理优待成绩;对各市县优待委员会办事人员的考绩奖惩;等等。1944年4月,保安司令部将此项业务转归军管区司令部主办。是年12月,据兵役部转行政院指令,优待业务仍由省政府主办,军管区司令部负协助之责,遂于12月20日,此项业务交由省政府社会处主办。1945年11月,省政府拟订简化县级机构,将市县优待委员会裁撤,业务划归军事科办理。②虽机构、人员几经变动,但在整个抗战时期,陕西省逐渐形成了省、市县、乡镇、保四级优待组织,具体实施对军人及其家属的优恤慰问及扶助活动。

对于军人的退役安置工作,陕西省按国民政府规定,军人退役安置工作由省、专县政府主办。1933年国民政府颁布(1936年正式实施)《兵役法》,规定:军政部是兵役和军事优抚的主管机关,各省设军管区,市县设师(团)管区。全民族抗战爆发后,陕西省依照军政部1936年8月公布的《陆军兵役管区暂行条例》,成立了陕西省军管区司令部,随之设立了长(安)咸(阳)、华(阴)潼(关)、凤(翔)彬(县)、汉中、安(康)石(泉)等5个师管区,分辖若干团管区。军管区司令部及各师、团管区主管兵役,并协助管区内各级政府民政等有关部门办理军人复员安置。陕西省军管区及其司令部成立后,一方面从省政府民政厅接收了兵役行政和优抚业务,另一方面通过开展社训工作之召集,兵役会议之召集,各师、团管区司令部之成立,兵役班之开办,各市县兵役科之设置,兵役指导委员会之成立,监察组及各市县联保兵役监察委员会之设立等工作,逐步建立健全了陕西省及各市县的兵役机构。师团管区设立后,几经改制、裁并,于1941年正式将军、师、团三级改为军、师

① 陕西省档案馆:《陕西省优待出征抗敌军人家属条例实施细则》,档案号:90-4-450(1)。
② 陕西省地方志编纂委员会主编;谢伯华等编著:《陕西省志·第五十三卷·民政志》,陕西人民出版社1995年版,第175-176页。

两级管区。另外,1941年,陕西省实施新县制,按照新县制实施纲要的规定,各市县兵役科一律改组为军事科,具体的征兵事务则由所属区、乡镇、保、甲负责执行。但因事属初创,弊端纷出,役政推行困难,于是又成立兵役协会和免缓役审查委员会、出征军人家属优待委员会等机构,协助地方各级兵役机构推行役政。1944年,又裁撤各市县军事科,其业务改由市县国民兵团部处理。抗战胜利后,军队进行整编,1946年4月2日,按军政部电示,陕西省兵役机构重新规划,原师、团管区全部裁撤,另设陕南、陕北二师管区,辖西安、大荔、肤施、宝鸡、南郑、安康等6个团管区,各师、团管区分别于是年10月至12月成立,任务同前。①

3.各乡镇、联保优待委员会

按照国民政府及陕西省政府的规定,乡镇也要成立优待委员会分会,隶属于市县优待委员会,对所在区域的抗战军人及其家属切实予以优抚救助。各分会"设主任一人,由乡镇长兼任;干事九人至十五人,以乡镇机关、学校及法团负责人、当地公正绅者及出征抗敌军人家属代表等兼任或充任"②。其主要职责是:进行持证件申请登记之征属的调查、审核,填发优待证,发放优待,实施救济,组织帮助征属,等等。但乡镇长因事务繁忙,无暇顾及军人及家属的优抚事宜,对应办之优抚事情经常拖延甚至搁置不办,严重地损害了应受优抚的军人及家属的利益,对役政之推行阻碍极大,陕西省政府饬令各乡镇、联保及时调整,并令选代表担任主任以推行优抚事宜。

保及联保优待委员会以"保长、保国民学校校长、保内士绅及征属代表组织,办理全保优待征属事宜"③。联保、保优待委员会成立后,协助市县、乡镇优待委员会办理征属优待事宜。其主要职责是:壮丁身家调查并造册送呈政府,捐募金谷,发放优待金谷,年节慰问、救济,承接征属的申请登记,解决征属的代耕、帮工、贷种问题,赠送生活必需品,出征壮丁之父母死亡时代为办理丧葬,以及各联保优待办法所制订的一切优待事宜,等等。但联保长及保长还要担任运输分队队长、保国民学校校长、谍报区队队长等职务,担职过于繁多,无法全身心投入到优抚工作中去,因而影响优抚工作甚巨。无论是对征属的调查、军人伤残之认定、优待金物之筹集与发放,还是对征属及军人的优待,都无法切实推行和实施。

① 陕西省地方志编纂委员会主编:谢伯华等编著:《陕西省志·第五十三卷·民政志》,陕西人民出版社1995年版,第327-328页。
② 重庆市档案馆:《优待出征抗敌军人家属条例》(1943年修订),档案号:0081-4-62。
③ 翁国柱:《三十四年度役政之展望》,《兵役月刊》创刊号,1945年,第22页。

（二）陕西省优抚法规的颁订

随着全民族抗战爆发和华北各省的沦陷，战争日益惨烈，牺牲愈加惨重，全国各省市的征兵额也随之不断增加，阵亡、伤残将士及其家属的优抚问题也成为国民政府及各省亟待解决的重大问题。陕西省虽未沦陷，属大后方，但同时与沦陷区绥远、山西、河南、湖北等地相邻，堪称抗战的最前线，担负着极为重要的历史使命，先后有一百余万丁壮奔赴前线，用血肉之躯筑起了保家卫国的钢铁长城。因此，为了适应抗战的需要，增加兵役动员的力度，激励士气，陕西省在不断实践中，根据国民政府军事委员会及行政院所下达的军事优抚命令，制颁了适合该地情形的优抚相关法律法令及制度，成为激励和保障陕西军民抗战的重要基础。

抗战时期，陕西省政府除依据国民政府《优待出征抗敌军人家属条例》及相关法规办理出征军人及其家属的优待事务外，也根据该省的实际情况制颁了一些相应的法规或实施办法、细则。

1.出征军人及家属优待法规

（1）《优待出征抗敌军人家属条例施行细则》。对出征军人家属的优待抚恤，国民政府颁布了《优待出征抗敌军人家属条例》并几次予以修订，陕西省政府根据这一条例的规定，于1942年11月20日制颁该省《优待出征抗敌军人家属条例施行细则》，该细则共四十七条，对应受优待人员、受优待之期限、优待征属之组织人员构成及待遇、每年慰问次数及标准、优待金物及安家费的筹集发放、优待之停止及权利之丧失、优待成效之考绩等都予以了详细规定。

该细则对出征军人家属应享受之优待权利予以了区别界定：抗属中家庭赤贫、生活不能维持、患病无力医治、死亡不能埋葬、生养子女不得善后及遭受意外灾害等，由保甲长呈报优待委员会查明属实后，酌量予以钱物扶助及权利保障，出征军人家属除负担法定赋税外，酌量减免各项临时捐款摊派，免服劳役，优先享受一切公益设施。出征军人因作战阵亡或重伤致残，其家属继续享受以上权利优待，有子女者至其子女成年为止，无子女者至其配偶死亡为止，无配偶及子女者至其父母死亡为止，等等。其救济费来源，由优待委员会按地方情况酌量募捐，不足时，由市县政府负责筹集。[1]

---

[1] 陕西省地方志编纂委员会主编；谢伯华等编著：《陕西省志·第五十三卷·民政志》，陕西人民出版社1995年版，第176页。

该细则第十五条、十六条、二十条、二十八条规定:各优待委员会于每年元宵、中秋二节举行抗属恳亲会一次,并利用会期发放优待金物,其标准以每户每年40元为限;各分会各于每年二、八两月举行抗属总调查两次,将各抗属生活实况查明列表呈报优待委员会备查;对于出征抗属之无力耕作土地者,得由抗属申请优待委员会恳请市县优待委员会援用《征属田地义务代耕办法》办理之。①

1944年10月,陕西省政府对该细则的第十五条、四十条、四十一条、四十二条、四十三条等条予以增修颁订,将优待金的发放标准由40元提高到1000元。陕西省对抗属优待对象根据经济条件做了更细的划分,将富裕家庭排除在优待范围外,这样便于资源合理分配,更好地照顾到贫寒家庭。为切实推进优待业务、加强优待机构起见,各市县国民兵团增设上(中)尉办事员一员(无兵团而办理征兵之县份增设二等科员一员)负责专办优待事宜。关于后备队粮款与摊派,包括安家费在内之债款尤须全部豁免,以减少征属之负担。②

(2)《陕西省各县市被征壮丁安家费筹集保管及发放办法》。全民族抗战初期,国民政府为了动员广大青壮年踊跃参军,并解除其后顾之忧,规定各省在壮丁入营时即发放一定的安家费。筹集安家费的方法,以《战时征补兵员实施办法》第十三条第三项规定为准:各市县长严饬各乡镇以保为单位选定若干殷实富户,每保应选定20户至40户,并分为若干等第,凡本保今年出征一丁时,即按照规定各捐助若干金或谷(或金或谷必须每市县一律)以做出征壮丁安家费(例如某保选定六十家富户分甲等、乙等、丙等各若干户,凡出一丁,甲等每户捐50元,乙等每户捐30元,丙等每户捐20元,作为每一壮丁之安家费,如富户中签者不得受领本规定之优待)。③

陕西省政府亦制定了《陕西省各县市被征壮丁安家费筹集保管及发放办法草案》,并适时予以修订。1944年,行政院训令各省参照《四川省各县市被征壮丁安家费筹集保管及发放暂行办法》施行,并根据实际物价指数将安家费发放标准由原来的最低1000元提高到最低5000元,陕西省各市县也依据其实际情况相应予以调整。

---

① 陕西省档案馆:《陕西省优待出征抗敌军人家属条例实施细则》,档案号:90-4-450(1)。
② 陕西省档案馆:《增修陕西省优待出征抗敌军人家属条例实施细则》,档案号:90-4-450(1)。
③ 陕西省档案馆:《行政院训令陕西省政府》,档案号:9-4-1124-2。

（3）《陕西省知识青年自愿从军优待办法》。随着战事的不断深入，兵源告急，1944年，国民政府发起了"十万知识青年从军运动"，广大知识青年深感民族危亡，于是主动请缨，奔赴战场，1945年正式征集入伍。

为了鼓励更多的知识青年从军，国民政府颁布《知识青年自愿从军优待办法》，陕西省政府据此制定了《陕西省知识青年自愿从军优待办法》，该办法共八条，对知识青年及其家属应享受的优待条款予以了明确，对知识青年退伍后应享受的优待，对他们行为的褒奖，以及因作战阵亡或受伤残废、积劳病故，其家属应享受的权益等都予以了明确规定。除此之外，陕西省各市县也根据自身条件制定了与之适应的优待办法，如《兴平县知识青年志愿从军优待办法》《眉县知识青年从军优待办法》等。

除此，陕西省政府及各市县还制定了关于出征同志家属慰问、劝募入营壮丁家属优待费、优待抗战军人子女就学、春节慰问征属、救济贫苦征属、优待金谷筹集发放等办法或细则，为该省、市县实施出征军人及其家属的优待救济工作提供了完善的法律法规保障，对推行役政、实施动员、解除军人后顾之忧，起到了不容忽视的作用。

2.伤残及阵亡军人褒恤法规

陕西省抚恤伤亡官兵依照《陆军平战时抚恤暂行条例》办理。凡陆军官兵及军法官、军用文官、军用技术人员、陆军政治训练员，"战时因捍卫国家而伤亡者"及"平时因绥靖地方而伤亡者"，"现役人员在平时服务期间，预备役军人在平时应召期间而伤亡者"，均属抚恤对象。抚恤类型，死亡抚恤分为阵亡、因公殒命和积劳病故三类；伤残抚恤分为临阵和因公两类，并按其伤残轻重，依规定标准分为一、二、三等。伤亡者分别按战时、平时两种标准给予抚恤。死亡者的遗族享有"一次抚恤金"和"年抚恤金"，残疾者只享有"年抚恤金"。抚恤标准，战时高于平时，阵亡高于因公殒命，因公殒命高于积劳病故。官兵之间的抚恤标准悬殊。暂行条例中还规定了不同的年抚恤金给予期限。[①]除了抚恤金以外，陕西省还在各县普遍利用城隍庙前殿或其他庙宇之昭忠祠，先后改造或修建了忠烈祠，对参加抗日战争阵亡的官兵，按抚恤令入祀本籍忠烈祠。

---

① 　陕西省地方志编纂委员会主编；谢伯华等编著：《陕西省志·第五十三卷·民政志》，陕西人民出版社1995年版，第173页。

3.各种雇员、公役人员的优恤法规

除了对出征军人及家属予以优恤外,陕西省政府对雇员、公役人员也制定了相应的优恤法令,予以分别优恤。

对地方人员在战时的伤亡抚恤,陕西省执行国民政府行政院1934年3月制颁的《公务员抚恤条例》。对文官、司法官、警官及警长,因公亡故,在职3年以上,以及在职15年以上逾60岁自请退职和因公受伤致残致病不胜职的,均按条例规定请恤,由县递转国民政府铨叙部核办。恤金分别为:公务员年恤金、一次恤金、遗族年恤金、一次恤金。①

对地方雇员及公役人员在战时的伤亡抚恤,陕西省政府按照1938年国民政府颁布的《战时雇员公役因公伤亡给恤暂行标准》,于1939年4月17日颁布《陕西省战时各机关雇员公役因公伤亡给恤暂行办法》(共列10条),1942年1月21日省政府又重新修订,对雇员及公役人员战时伤亡的各种情况及应享受的抚恤标准及年限都予以了明确的规定。

对地方国民兵团官兵的优抚,1940年12月,国民政府行政院批准军事委员会拟定《国民兵抚恤划分办法》,其中规定凡经军政部及各省军管区司令部委派的国民兵团各级官佐士兵、国民兵团所属的常备队、参加抗战及战区警备守土的国民兵团所属各队官兵的抚恤,由军事委员会依照《陆军平战时抚恤暂行条例》办理,其余由地方政府自行办理。②1941年1月23日,陕西省政府通知民政厅抄发执行上述办法。1942年,陕西省各国民兵团伤亡官兵由中央核恤,并按年支付恤金。1943年7月,陕西省政府颁发《国民兵团员兵抚恤暂行章程》(共14条),规定伤亡均给一次抚恤金,全由县地方款项开支。

对地方保甲人员的抚恤,陕西省政府于1940年4月制定《保甲人员及民丁抚恤暂行附则》,规定乡镇、保甲人员及民丁因战、因公伤亡,均给予抚恤。抚恤金分受伤恤金、遗族恤金两种,以一次为限,由地方款开支。

（三）战时陕西省的军事优恤状况

全民族抗战时期,陕西省所提供的兵员就达120万余人,按全省人口计则不

---

① 陕西省地方志编纂委员会主编;谢伯华等编著:《陕西省志·第五十三卷·民政志》,陕西人民出版社1995年版,第174页。
② 陕西省地方志编纂委员会主编;谢伯华等编著:《陕西省志·第五十三卷·民政志》,陕西人民出版社1995年版,第175页。

到9人中就有1人出征。而仅1939—1941年,陕西应征的军用民夫亦达73万余人。[①]如此众多的出征军人,无论是出征后家属急需救济优抚以激励前方将士之杀敌士气,还是激励未出征青壮年之主动报名奔赴前线,以及在战争中伤亡的将士及其家属的抚恤救济和复退役人员的安置等问题,均有赖于政府优待抚恤工作之实施,方能造成前赴后继之局面,从而取得抗战的最后胜利。

陕西省政府按照国民政府的命令和该省、市县的具体情况,制定相关法律法规和制度,对出征军人及其家属予以了适当的、多形式、多渠道、长期的优待抚恤,在一定程度上纾解了出征军人家属的一些困难,解除了出征军人的后顾之忧,激励了前方将士的士气,为兵役动员营造了良好的局面,并取得了一定的成效。

1. 对出征军人家属的优待

按照国民政府及陕西省政府制定的优待征属条例及施行细则的规定,军人出征后,将按时对其家属予以金钱上、物质上以及人力上的优待扶助。陕西省各市县也根据自身实际,或定时或不定时,或谷物或麦黍,或优待金或人力,或荣誉权益或年节慰问,对征属予以了优待救济。

第一,安家费的筹集与发放。按照国民政府的规定,出征壮丁入营时,应发给该壮丁家属(以直系血亲为限)安家费以资鼓励。各省为了军事动员、鼓励士气,均遵照实施。陕西省各市县也根据自身情况对入营壮丁家属发放相应的安家费。安家费的筹集,按照优待征属条例及施行细则的规定,陕西省政府规定安家费每年筹集一次,以在春季施行为原则。按各该市县之年征兵额估计所需款数,交由财务委员会按照地方情形及办理其他派款之例,统筹募集。按照《战时征补兵员实施办法》第十三条第三项规定,行政院训令各市县长严饬各乡镇以保为单位选定若干殷实富户,每保应选定20户至40户,并分为若干等第,凡本保今年出征一丁时,即按照规定各捐助若干金或谷以做出征壮丁安家费。如有殷实富户于定额之外自愿特别捐助而数在5000元以上及出征军人家属自动将安家费捐出者,得呈请省政府及军管区司令部分别奖励之。而大荔县则规定,安家费每年筹集二次,一次在春季,一次在秋季,两次施行为原则。[②]

安家费的发放,国民政府《优待出征军人家属施行细则》规定,出征壮丁在出

---

① 李振民:《陕西通史·民国卷》,陕西师范大学出版社1997年版,第234-237页。
② 陕西省档案馆:《大荔县被征壮丁安家费筹集保管及发放办法》,档案号:9-4-1124(2)。

发时,发给每名壮丁安家费100元。1942年的《陕西省优待出征抗敌军人家属条例施行细则》规定每名征属发100元安家费。后《陕西省各县市被征壮丁安家费筹集保管及发放办法草案》的规定,"本省各县市于壮丁入营后,除依照其他优待征属办法办理外,并须按照本办法给予其家属一次安家费一千元至二千元。前项安家费之数目由县政府会同财务委员会、优待委员会斟酌各该县地方财力妥为核定,但每一征属至低不得少于一千元,至高不得多于二千元"①。但是,如果出征军人发生原条例第四十六条除第一、二、三、五各款情事之一者,除停止其家属应享受之优待外,并须追缴其已领之安家费。

随着抗战的不断发展和物价的不断高涨,陕西省政府饬令各市县政府依据本地情形酌量予以增加。1944年10月,奉行政院训令,将金额调至最低限度为5000元,但各县市增幅不一,有增至3000元、5000元、10000万元不等。但也有一些县份,因其贫瘠,在百物高昂的情况下,仅筹发壮丁安家费每名200元。②每县发放情形,根据壮丁家境之不同,发放标准也不一。如大荔县安家费之发放,"应按其被征壮丁之家庭经济状况,分为二千元、三千元、四千元、五千元或谷二石、三石、四石、五石四种标准"③。而眉县每次1000~1500元;长武3000~5000元;泾阳3000元或麦子50斤;乾县1000至3000元;礼泉3000元;永寿酌情形劝募钱物食粮发放;武功2000~3000元;凤翔3000~4000元;岐山2000~3000元;宝鸡3000~4000元;彬县2000元;扶风3000~4000元。④合阳对出征壮丁家属将给予一次安家费5000~15000元不等,留坝每员规定安家费2000元,但因恐民力难支,经商讨,始决定赤贫壮丁每名1200元,家境较能自给之壮丁每名600元。⑤

对知识青年自愿从军家属之优待金(安家费)要优于一般征属,如西京市议定每人优待金为25000元,其中发各从军青年20000元,其余5000元充作服装费与招待费⑥。据陕西省政府1944年呈国民政府行政院,除少数市县因特殊关系未

---

① 陕西省档案馆:《陕西省各县市被征壮丁安家费筹集保管及发放办法草案》,档案号:9-4-1124(1)。
② 陕西省档案馆:《为据凤县电报该县拨交壮丁每名草鞋费茶水费二百元,请查备等情转请鉴核由》,档案号:9-4-1124(2)。
③ 陕西省档案馆:《大荔县被征壮丁安家费筹集保管及发放办法》,档案号:9-4-1124(2)。
④ 陕西省档案馆:《各县市出征壮丁安家费筹集及发放情形报告表》,档案号:9-4-1124(2)。
⑤ 陕西省档案馆:《各县壮丁安家费等卷》,档案号:90-2-244。
⑥ 陕西省档案馆:《据西京市国民兵团呈为准西京市知识青年志愿从军优待委员会函经会议发给优待费一案嘱查照办理一案电请鉴核示遵照由》,档案号:90-4-460。

予实施,多数市县均已实施,收效颇宏。其办理情况如下:永寿(1937—1944年)、韩城(1937—1944年)、朝邑(1937—1940年)、宜君(1944—1945年)、南郑(1937—1941年)、潼关(1937—1942年)、凤阳(1940—1943年)、襄城(1937—1941年、1943—1945年)、武功(1937—1943年)、洛南(1937—1943年、1945年)、蒲城(1937—1942年)、留坝(1937—1942年、1945年)、石泉(1937—1944年)、眉县(1944年)、山阳(1937—1938年)、旬阳(1937—1943年)、镇坪(1937—1941年)、柞水(1937—1943年)未办理;商县、平民、凤县、龙县、千阳、黄龙设治局、佛坪、黄陵、麟游、凤翔、旬邑、渭南、洛川、汉阴、佳县、米脂、榆林未统计外,其余县每年皆有办理。①全民族抗战期间,每年都筹发了安家费的市县分别有乾县(共计63679000元),兴平(共计31690000元),周至(共计147536100元),宝鸡(共计365521350元),略阳(共计1156300元),白水(共计8216150元),大荔(共计1218744000元),礼泉(46906240元),岐山(共计14908442元)。②

第二,优待金谷的筹集与发放。对于出征壮丁家属,除了在壮丁入营时发给相应的安家费外,国民政府还规定各省、市县应对其家属实施物质优待。在本省优待实施细则颁布之前,陕西省优待征属办法按照国民政府颁布之优待条例施行。

1942年,陕西省优待征属条例施行细则颁布之后,"各户缴纳优待金或谷物酌分等级厘订数目"③,所有优待金物应由市县优待委员会统筹各分会,不得私行摊派。对于一些乐捐的人士,应适当予以名誉上之奖励,"捐款在贰佰元以上者,由县优委会制发奖章,在一千元以上者,呈请省政府核奖之"④。

优待金物在元宵、中秋二节举行恳亲会时发放,其标准以每户每年40元为限(1941年规定)。因物价高涨,后省政府规定各市县适当上涨,逐渐增至每户每年1000元。为了激励知识青年自愿从军,对他们的优待除了安家费外,还发放优待金谷麦,如眉县规定,寄籍家属如离眉他适时,则一次发给优待金10000元整,如寄籍从军知识青年无家属,于集中时敬送荣誉金10000元整。从军期间其子女

---

① 陕西省档案馆:《陕西省各县市历年筹发壮丁安家费登记表(26年到34年)》,档案号:90-4-503。
② 陕西省档案馆:《各县壮丁安家费等卷》,档案号:90-2-244。
③ 陕西省档案馆:《陕西省优待出征抗敌军人家属条例施行细则》,档案号:90-4-450(1)。
④ 陕西省档案馆:《陕西省优待出征抗敌军人家属条例施行细则》,档案号:90-4-450(1)。

教育费每人每学期发给 1000 元。[1]而蓝田县则发给其家属实物以示优待,并从1945年元月起,"动用仓粮,每名按月各发给其家属小麦四市斗"[2]。

虽各市县优待征属之法令法规较为完备,但"各县办理优待较前当易推进",又因"物价高涨,各县以人力、财力所限,办理情形,亦不尽一致"。实际上,有的市县按期筹发了优待金谷,有的市县只年节时发放一些慰劳金,部分市县仍未办理优待。据1947年省政府对64市县的调查统计,抗战期间,共有抗属399843户,1139255人。1944年底前各市县共筹发优待金3315600元;1945年度各市县发放优待金101357807元,谷5642石;1946年度发放优待金209518780元,谷5624石。[3]

第三,年节慰问。对征属的年节慰问,主要指在元旦、春节、七七抗战纪念日、端午节、中秋节等节庆期间,政府及优待委员会有计划、有组织地开展慰问、救济征属的活动。按照《陕西省优待出征抗敌军人家属条例施行细则》的规定,各市县应会同优待委员会每年在元宵及中秋举行恳亲会,给征属发放优待金。如1945年元旦,军事委员会抚恤委员会驻陕抚恤处逐户给西安市阵亡将士遗族发放抚慰金,实发127户,抚慰金474000元。有的市县还举办征属茶话会,给征属发放慰劳金,发放慰问物品,招待征属观看抗战电影,致送荣誉匾额和慰问信件,等等。

第四,人力扶助。《陕西省优待出征抗敌军人家属条例施行细则》第二十八条规定:对于出征抗属之无力耕作土地者,得由抗属申请优待委员会恳请市县优待委员会援用本府1941年9月第16958号训令颁发之《征属田地义务代耕办法》办理之。按照《征属田地义务代耕办法》规定,各市县对出征军人家属实施人力扶助,规定各乡镇在壮丁应征兵役后,若其家庭对于农作方面人力不足时,应由市县政府饬本保壮丁轮流协助。优待分会每年夏秋两季帮助征属代耕代获,并将代耕代获情形于每年6月、12月列表呈报市县优待委员会并报市县政府及军管区司令部备查。

第五,其他优待。陕西省政府及各市县对征属之优待,除了前述之外,还包括优待条例规定之权益优待(免捐,免服劳役,免派积谷,减免医药费用和义诊,尽先享受一切公益设施,债务、租赁延展及诉讼便利,子女就学优先,收容救助孤贫征属)、精神优待(对于中签之壮丁,并赠送喜报或匾联,并协同地方人士作热烈之庆

---

① 陕西省档案馆:《眉县知识青年从军优待办法》,档案号:90-4-450(1)。
② 陕西省档案馆:《蓝田县政府军优字第198号代电》,档案号:90-4-460。
③ 陕西省档案馆:《抗战中之陕西行政》(1947年),档案号(永久):C4-40。

贺;对于应征新兵集合赴营时,应联合当地人士举行盛大之欢迎会;每逢1、4、7、10各月,应以乡镇为单位,联合当地各界人士,举行出征抗敌军人家属恳亲会,并发放优待金;对于出征抗敌军人家属婚丧大礼或生子女,应协同地方人士庆贺;对于出征抗敌军人家属书信之收寄或缮写应代为照料)。除此之外,还包括一些平价物品之优先购买,征属工厂、合作社、习艺所之优先录用,寒衣之优先领取,等等。在抗战期间,截至1944年,陕西省成立有城固县民生征属联合工厂、安石师管区征属工厂、华潼师管区征属工厂、凤彬师管区征属工厂4所,主要招收征属入厂工作,以解决他们的生计问题。

2.对出征将士的优待

第一,在役优待。对出征将士,除了前述对其家属的一些相关优待外,还包括前线劳军、慰问演出、出征欢送会、致送慰问信、伤兵优待、安置等。

1938年9月18日,陕西省各机关、学校、民众团体3万余人于革命公园举行大会,纪念九一八7周年,陕西省党部主任委员谷正鼎代表蒋鼎文讲话。会议通过了慰问前方将士及被难同胞电文。一些社会团体也组织慰劳队,到前方去慰劳抗战将士。如陕西妇慰会组织了包括六个救亡团体的前方慰劳队,组织歌咏队,在每一个欢送和慰问的场合集体或个别地谈话,鼓舞将士斗志;为抗战将士佩赠"再接再厉"的荣誉奖章;到前线慰劳浴血奋战的抗战将士。陕西省各界抗敌后援会在成立大会上作出决议,发电慰问前方抗战将士,誓率全陕西人士,力为抗战后盾,全省成立了700多个后援团,各县均成立了分会。后援会不仅多次组织慰劳团赴前线劳军,1938年春日军逼近潼关,炮轰黄河河防阵地,西安的青年学生又组成工作队,深入潼关、朝邑、华阴等县,进行战地服务,慰问守防抗日将士。除此之外,还发动后方的群众家属给前方将士写慰劳信,鼓励他们英勇杀敌,1938年9月10日,省抗敌后援会组织的前方慰劳团出发时,团长龚贤明携带3000余份慰问信给前方将士;组织服务队为伤兵服务,欢送赴前线参加抗战的将士和伤愈重上战场的将士;推动完成了"前线慰劳队慰劳抗战将士游艺大会"。他们还为前线将士征募现银、衣服、鞋袜等物品。据统计,从1937年7月至1944年6月,陕西募集劳军鞋袜暨代金数目为6673568.60元。[1]这些活动,给了士兵以极大的振奋与快慰,增强了抗战将士的勇气。

① 陕西省档案馆:《统计资料汇刊(第五辑)》(1944年),档案号:C31-69-3。

陕西省还组织游艺队为军人演出,动员各剧场、影院每周演爱国片;设军人招待所和军人俱乐部;设立伤兵浴室,优待军人家属;等等。1938年10月,在山西抗日战场上抗敌负伤的数千名伤病员被运抵西安火车站,民先队西安队部发动全市学生到火车站连夜将伤病员抬往医院,组织人员到医院为负伤战士服务并上街为伤病员募捐衣物,女学生为伤兵缝制棉衣近千件。抗战期间,陕西省不仅存在大量本籍伤兵,外省伤兵也不在少数。为了安置伤兵,陕西省政府规定,凡驻省伤兵县份,应由各机关组织慰劳队,随时予以抚慰,并督饬各医院予以收容救治,各机构团体予以救助。为使伤病迅速恢复,加强卫生,减少疫病起见,陕西省政府还在驻有伤兵之县份建有专门的伤兵浴室。依照军政部所颁布各省军民工厂简章,筹设陕西省残废军民工厂,凡因参加抗战而致残废之军民,均予收容。出征军人因作战重伤致残,其家属继续享受应有之权利优待,至其子女成年为止,无子女者至其配偶死亡为止,无配偶及子女者至其父母死亡为止,等等。致残疾者,并享有年抚恤金之优待。

对于知识青年自愿从军者,除了其家属享受应有之优待外,其本人还享受如下一些优待:原任职于各级党政教育机关者,保留其职务,并按月照发薪金及其他给与;原从事于国营商业及公营商营事业者,由原机关保留其职务并照发其薪金及其他给与;原肄业于各级学校者,保留其学籍。①

第二,除役优待。军人退役安置方面。抗战前,陕西省按国民政府规定,军人退役安置工作由省、市县政府主办。全民族抗战爆发后,成立了陕西省军管区司令部,并设师管区,分辖若干团管区,协助管区内各级政府民政等有关部门办理军人复员安置。军人退役之后,可优先享受职业之介绍及安置。伤残退役军人,伤愈后仍能担任普通操作者,其本人及家属得享受优待至伤势痊愈为止。

对知识青年退役后的优待有如下诸端:党政教育机关及国营公营商营事业机关人员,得依本人志愿仍回本机关服务,该机关不得借任何理由,拒绝其复职,并须给予升迁之优先机会;学生得依本人志愿,仍回原校,其原系公费生、免费生及领有奖学金者,一并恢复,特许参加升级考试;凡参加留学考试及各种考试,应予以优先录取之机会;凡志愿参加国内外军事学校以及出国研究深造者,由政府择优优先保送之。②除此,一些市县还规定,退役后的知识青年毕业时可免试升学。

① 陕西省档案馆:《陕西省知识青年志愿从军优待办法》,档案号:9-4-1124-2。
② 陕西省档案馆:《陕西省知识青年志愿从军优待办法》,档案号:9-4-1124-2。

第三,阵亡褒恤。出征军人为国捐躯或受伤致残以后,国家对其厚恤重奖,以示隆典,不仅可告慰阵亡将士在天之英灵,还可激励仍在血战之官兵效命疆场的昂扬士气,更能鼓舞更多壮丁投身军旅,出征杀敌,使抗战早获胜利。为此,陕西省政府及各市县政府主要举办了公祭,建立先烈纪念堂及烈士公墓、忠烈祠,发放抚恤金等褒恤活动。

1937年9月18日,西安各界群众在革命公园隆重集会,纪念九一八事变6周年,工人、农民、市民、学生及政府机关人员6万余人臂戴黑纱,以志悲悼抗日阵亡将士。会后,举行了声势浩大的示威游行,沿途高呼口号,高唱抗战歌曲,群情激奋,斗志昂扬,充分表达了三秦儿女抗战的坚强意志。①后陕西省政府多次举行此项活动,以纪念为国捐躯的将士。1942年,陕西省通令民政厅执行国民政府军事委员会之规定,对死亡官兵之祭奠,定于每年7月1日陆军纪念日举行,1943年改为每年的9月3日。

1935年,陕籍国民政府委员刘守中力倡陕西省抚恤崇祀先烈事项,后在华山山下云台观旧址建立先烈纪念堂及烈士公墓。为便于工作,在西安市卧龙寺成立了筹备委员会办事机构,1936年5月开始办公。至1939年8月,省会及长安等26县先后设立了忠烈祠。对参加对日作战阵亡的官兵,按抚恤令入祀本籍忠烈祠。1941年,长安县将81名参加对日作战阵亡官兵的牌位供奉入本县忠烈祠。1943年3月29日,陕西省政府在西安革命公园举行革命忠烈入祠大典,3万余人参加致祭,入祠的革命忠烈有张自忠将军等38位。1944年5月,内政部函示陕西省29县呈报的抗敌阵亡伤亡官兵褒恤状况调查表所列殉难官兵,准入各该原籍忠烈祠。

陕西省抚恤伤亡官兵依照《陆军平战时抚恤暂行条例》办理。各市县依据国民政府及省政府的规定,分别分时对本辖境的人员进行了抚恤,如1941年,长安县政府依军委会颁发的抚恤令,对在上海、陕西、湖北、江苏等地参加对日作战而阵亡的81名本县籍官兵进行了抚恤。1942年,陕西省共转发恤令1588件,实发恤金756155元。同时,依照陕西省出征军人家属生活补助及临时抚恤办法,本省籍伤亡官兵,除按陆军抚恤条例给恤外,另由省政府加发临时恤金100元。1943年,宁强、礼泉、凤县、旬阳等22县依条例规定对515名抗日阵亡和病故官兵遗属核发了一次恤金和年恤金。至1946年底,有34县共呈报7352名,军事机关部队有

① 梁星亮:《抗战时期陕西军民抗日救国斗争纪略》,《西北大学学报(哲学社会科学版)》,1996年第3期,第69-73页。

73个单位送来3898名,后均由省政府分别议恤,按国民政府规定的标准和办法发给遗族一次性胜利恤金与抚慰金。[1]陕西全省1937年至1941年度的抚恤费分别支出:1937年45234.37元,1938年22580.05元,1939年35472.01元,1940年48415元,1941年45176.32元。另1937年军事恤金10073550元,1938年军事恤金70355元,1939年为99680元。[2]

四、抗战时期陕西的社会动员活动

(一)陕西报刊与抗战动员

全民族抗战爆发后,全国随之爆发了一股抗日怒潮,掀起了创办新闻报刊宣传抗战思想的风气,救亡图存成为全国报刊的主要创办思想,这种创办新闻报刊进行抗日救亡的热潮很快就传到了陕西省,陕西社会各界开始创办报刊,进行抗日宣传。相较于全民族抗战爆发前仅有的5份报刊,陕西报刊数量迅速上涨到78份,报刊类型也更多元化,涉及教育、抗日宣传、娱乐等多个方面,出现了许多优秀的报刊,有《抗战教育》《文化前锋》《察省青年》《反帝战线》《音乐战线》等。这些报刊从各个角度入手进行宣传与动员,提高大众觉悟,鼓励民众积极参加抗战,迅速掀起抗日救亡运动的热潮,主要努力有以下三个方面。

1.加强国家认同宣传

首先,各类报刊倡导"教育救国",从思想上增强国家认同观念。抗战时期《抗战教育》《文化前锋》等报刊通过报道教育改革,呼吁将传统教育转变为亢战教育。抗战教育使青年学生们在学习知识的同时,也在思想层面树立起民族国家意识,培养了学生的爱国主义精神。1938年赵绍西与郡差在《抗战教育》上发表《发扬抗战教育精神》一文,作者在文中写道:"读书应该有大国小我的思想,在抗战严重

---

① 陕西省地方志编纂委员会主编;谢伯华等编著:《陕西省志·第五十三卷·民政志》,陕西人民出版社1995年版,第174页。
② 陕西省档案馆:《陕西省最近六年岁出统计表》,档案号(永久):C20-53。

的关头奋斗,如此则一致,父告子,母告女,大家共同都有牺牲在国家民族利益上的精神,则国不言而自强,绝无汉奸的发生。"[1]1938年林父在《集中教学时间与动员教育人员》一文中写道:"三月三十日,在长安县举行教师座谈会,目的在于动员全长安教育界人士。发动力量,切合抗战需要,而同时,也可说是,如何使教育变为抗战的教育,以促起地方民众的觉醒,增高抗战意识,发挥抗战力量,含义之大,不言而喻。"[2]当时,教育界人士也充分意识到爱国意识的建立要从少年抓起,让少年成为救国兴邦的主力军。潘公展在《实施文武合一的抗战教育》中提倡抗战时期中国的教育应该学习古代中国文武皆修的模式,在重视文化知识学习的同时,也不应该放弃武学,由此打造文武皆优秀的中国少年,拯救当日之中国。并且,抗战时期国内社会动荡,无法保证教学活动按时顺利完成,甚至上课场所有时也无法固定,因此传统的教学课本已经无法适应抗战时期的校园教育。[3]很多新闻工作者也意识到了这一问题,他们利用自身的专业知识开始进行教学教材的改写以及教学方式的转变,期望以此能够使抗战时期校园教育不落于空壳,让学生在校园内能真正做到学有所成。

其次,报刊还谴责日军侵略罪行,报道抗战英雄事迹。全民族抗战爆发初期,国人抗战意识低迷,观战、不抵抗等思想盛行,部分民众面对日本侵略者的进攻麻木无措。报刊意识到此时最重要的就是要唤醒民众的抗战意识、反抗意识,假若国人意志低沉消极,国家也岌岌可危。因此,抗战时期报刊媒体报道了大量日本侵略者欺压国人、用非人的手段残害手无寸铁的中国普通百姓的新闻事实。李英奇在《五月与中国抗战》一文中写道:"以奴隶式的使用剥削中国工人,而对童工用惨无人道的劳动毁灭其生育,对于女工,除侮辱而外,还滥施以奸淫,对一般工人则任意杀戮,这些情景,映现出日本帝国主义压榨中国工人的一幅悲惨图画。"[4]日本侵略者的这种行为毫无良知与人性,一经报道,民众气愤不已。报刊通过这些新闻报道提示民众身处抗战,使民众感受到战争带来的是痛苦与死亡。日本侵略者残忍血腥的行径使中国民众明白抗战不仅仅是某一个人的事情,坐以待毙、怒不敢言只会让敌人变本加厉,总有一天这种非人的手段也会被用在自己身上。除此以外,报刊还报道了众

---

① 赵绍西、郡差:《发扬抗战教育精神》,《抗战教育》,1938年第8期,第6-8页。
② 林父:《集中教学时间与动员教育人员》,《抗战教育》,1938年第6期,第3-4页。
③ 潘公展:《实施文武合一的抗战教育(转载)》,《抗战教育》,1938年第4期,第7-8页。
④ 李英奇:《五月与中国抗战》,《反帝战线》,1941年第6卷第2期。

多抗日英雄。1941年张国柱在《察省青年》上发表《敬悼武勉之将军》,哀悼武勉之将军逝世:"抗战军兴后,将军前任陆军第一百五十九师长,率部转战华北战场,冲锋陷阵,无不身先士卒,克著奇勋,娘子关忻口各役,杀敌过万。"[1]同年刑汝功发表的《哭亡友高君璞》一文写道:"其英勇壮烈视死如归之精神,使草木含悲,风云变色……将军以身许国,早置生死于度外……"[2]这些新闻报道描写了抗日英雄的英勇事迹,使民众感受到中国抗日战士的勇敢无畏,也激励了民众的抗战决心。

最后,报刊发挥舆论作用,引导民众身份认同。1939年陈锡章在《文化前锋》上发表文章《"九一八"八周年》,他写道:"八年前的九月十八日是帝国主义第一次大举掠夺中国本部的尝试,侵略者的血手攫去了我东北四省,这严重而悲恸的日子是使中国人民最感痛苦而永远不能忘记的一天。悲壮的'九一八'事变,在历史上有着重大的意义。"[3]九一八事变作为抗战的起点,警示了中华儿女在面对国家民族生死存亡之时理应共御外敌,在民族危机感逐渐加重的过程中,民众的民族责任感也逐渐加强。继九一八事变后,日本侵略者加紧侵略中国,他们在东北地区进行殖民统治的同时,也不忘利用南京政府的不抵抗政策,把侵略魔爪伸向华北,民族危机进一步加深。随后发生的一二·九学生爱国运动得到了全国学生的回应和支持,形成了全国人民抗日民主运动的高潮,推动了抗日民族统一战线的建立。《反帝战线》发表文章《发扬"一二·九"运动的斗争精神》,文中写道:"伟大的'一二·九'运动是华北青年学生激于义愤而爆发起来的反日反汉奸反妥协投降的爱国运动。它可说是全民族抗战爆发的信号和民族解放战争的前奏曲,因为'一二·九'的学生救国运动是'五四'时代学生运动的更高的发展,它以崭新的战斗的姿态号召全中华人民对日本帝国主义施行肉搏的斗争。"[4]除《反帝战线》外,智建中和白澄分别在《文化前锋》1939年第1卷第3期上发表文章《一二·九运动与中国抗战》和《划时代的一二·九》,引导舆论导向。在七七事变四周年之际,新闻报刊纷纷开展报道,围绕爱国抗战主题,鼓励民众积极投身抗日救亡运动。1941年《反帝战线》第5卷第4期发表《"七七"抗战四周年纪念特辑:论抗战现势与当前急务》《"七七"抗战四周年纪念特辑:纪念抗战四周年》等文章,提醒民众勿忘国

---

① 张国柱:《敬悼武勉之将军》,《察省青年》,1942年第2卷第2期,第22—27页。
② 刑汝功:《哭亡友高君璞》,《察省青年》,1941年第2卷第2期,第22—23页。
③ 陈锡章:《"九一八"八周年》,《文化前锋》,1939年第1卷第1期,第38—40页。
④ 克:《发扬"一二·九"运动的斗争精神》,《反帝战线》,1941年第7卷第3期,第27页。

耻,铭记历史,抗战当前,要勇于抗战、积极抗战。因此,针对以上重大事件进行新闻报道,可以促使民众明了国难的真相,有效引导舆论向抗日民族统一战线发展。

报刊在进行新闻报道时大量使用了"中华民族""团结""国人""我军"等词语,其中《抗战教育》一刊最为显著。例如毅哉在《抗战教育》发表的新闻通讯《战况概述》,大量使用"我军"一词,将自我划为抗战军人同一阵营,拉近了民众与前线军人的距离。此外,陈锡章在《文化前锋》上发表文章《"九一八"八周年》,在这篇报道中作者大量使用"国人"一词,自动将遭受日军侵略的中国民众归为"国人",即一国之民众,增强了民众归属感。同时,"中华民族""团结"等词更是常常出现在各大陕西新闻报道之中,例如纯夫在《文化前锋》上发表的《湘北胜利的意义》、毅哉的《怎么才能叫做民众动员》和肃儒的《如斯抗战》等,均大量使用了"中华民族""团结"等词语,这些词语引导民众完成对自我身份的认同,即国内民众都是中华民族,面对外敌侵略理应统一抗战。

2. 全民族抗战的呼吁

抗日战争和每一个人都有着密切的关系,面对残忍的日本侵略者,民众必须同仇敌忾,抗战到底。抗战不是局部的、暂时的,而是全面的、持久的,不仅需要战争区域内民众的参与,还需要非战争区域内广大民众的支持。全民族抗战爆发后,国民党以民族主义为号召,动员民众组织起来,抵抗日本帝国主义对中国的侵略。事实充分证明,只有动员全民族的力量,才能粉碎敌人侵略的阴谋。当时中国有四万万民众,如果能把这四万万民众全都发动起来参加抗战,对于抗战来说将是一种取之不尽、用之不竭的力量。为了实现抗战的胜利,陕西各大报刊也将全民族抗战作为宣传的方向与目标,呼吁各界民众参与到抗战事业中来,主要工作内容有以下几个方面。

首先是积极动员妇女。全民族抗战爆发后,亡国灭种的危机摆在了每一个不甘心做亡国奴的中华儿女面前,我们每一个人的命运都与国家的命运紧紧联系在一起。当时的中国的四万万人中,有一半的妇女,如果妇女被动员起来了,那么大部分人民也会投入抗战事业中来。《西安晚报》也积极响应全国号召,动员妇女参加抗日救亡。为此,《西安晚报》专门成立了副刊《妇女阵线》,先后发表文章检讨抗战以来的妇女工作,告知妇女在抗战中的出路,等等,帮助妇女从封建压迫中解放出来,参加救亡团体,担负起救国的重任。1938年5月17日,《西安晚报》在其副刊《妇女阵线》上发表《妇女的出路》《抗战以来妇女工作的检讨》《中华民族的女儿们》等文章,这些文章认为:在民族求生存的关头,民族中的每一分子包括妇女在内都要踏上捍卫民族的道路;自抗战以来,妇女工作有了长足的发展,在慰劳、救护和征募工作中,妇女的成绩都很卓越。除了直接报道妇女工作外,《西安晚报》还充分利用母亲节、三八妇女节等重要节日,加大对妇女的动员。1938年5月24日,《西安晚报》发表了宋庆龄的《母亲节献词》,该文认为,抗战中为国家效命的忠勇将士,无不受到母亲的熏陶和鼓励。宋庆龄还特别称赞了当下的模范母亲——赵母,她以孱弱之身和百折不回的精神从事救国运动,值得广大妇女们敬佩与学习。

其次是动员青年参军参战。青年是抗战力量中重要的组成部分,各大报刊也开展积极宣传,鼓励青年参军入伍,到前线御敌。1938年3月25日,西北青年救国联合会主办《青年战线》旬刊,介绍抗战形势,宣传抗日民族统一战线理论,研究讨论青年抗战问题,成为鼓舞青年参加救亡活动的号角,被誉为西安出版界的主力。在西安出刊十二期后,《青年战线》被国民党无理查封,1938年10月编辑部迁往延安,1939年4月,又在延安创办《中国青年》,继续指导全国青年运动,交流救亡经验,并先后编印各种通俗书籍和小册子,以扩大抗战的宣传。1938年5月,《西安晚报》刊发《冯副委员长在中大一段讲演》,该文是时任国民政府军事委员会副委员长的冯玉祥在中华大学的演讲,在演讲中,冯玉祥自称是为国家负着一点责任的"丘八",学士是"丘九","丘八"和"丘九"是好兄弟,都是国家的主人,今日之"丘九",就是明日之"丘八",勉励青年学生准备抗战杀敌。

再次是动员农民。全民族抗战爆发后,全社会开始重视农民在抗战中的地位与作用。但彼时的农民对国对家都抱着一种"漠不关心"的态度,农村里到处充斥着"各扫门前雪休管他人瓦上霜"之类的论调,茶馆里都贴着"勿谈国事"的条子。尽管农民在抗日战争中有着举足轻重的作用,但当时还处于蒙昧状态中的农民表现出了"不团结""不爱国"的观念。只有转变这种观念,农民才能在战争中发挥出应有的作用。为了动员农民,陕西省各界抗敌后援会长安分会组织了各种农村工作团体,加强农村工作。长安分会还在《西安晚报》创办了一个副刊《长安民众》,在上面刊登各种有关农村工作的文章,开刊时间虽不长,但仍可以从中看出其为动员农民所作的努力。为了唤起农村民众的爱国热情,教育家、民俗学者李敷仁创办的《老百姓》报也在积极动员抗战,初期《老百姓》报有三条宗旨:第一,拥护领袖,服从政府,抗战到底;第二,先替老百姓说话,也叫老百姓自己说话;第三,宣传改良农村生活,组织民众、动员民众、军民合作、肃清汉奸。①这些报刊的宣传,提高了农民的知识水平,同时也为农民灌输了抗战观念,扩大了抗敌宣传。

最后,在中华民族生死攸关的时刻,榆林的热血青年也积极投入全国抗日救亡运动之中,为挽救祖国的危亡,奔走呼号。

榆林三校的学生在中共榆林地下党组织的策动下,率先走向街头,展开大规模宣传活动。在当时榆师、榆中、职中的共产党员、教师张明远、阎方听、唐凤都等人的直接领导下,组织了民族解放先锋队。为了宣传中国共产党抗日救国十大纲领和抗日民族统一战线政策,民先队还办起了《前哨周刊》,各校学生率先走向街头、深入农村,开展了宣传抗日和发动群众的活动。为了引导学生们了解中国共产党团结抗日的政策,搞好宣传活动,张明远和阎方听专门编写了抗日救亡宣传提纲。为了使广大群众了解国内新形势,特别是及时了解全国各个战区奋起抗日的军事动态,张明远和阎方听等组织学生每晚在收音机前记录抗战新闻,连夜编辑,写成快报,次日清晨就张贴街头,使人人关心战局,积极投入抗日救国的潮流之中去。

与此同时,社会各界还采取了多种形式,积极组织青年学生开展宣传活动。一是大唱抗日救亡歌曲。如田汉作词、聂耳作曲的《义勇军进行曲》,冼星海的《黄河大合唱》,还有《松花江上》《在太行山上》《毕业歌》等,以这些振奋人心的歌曲,唤起千千万万的民众拿起武器,奔赴前线,打击日本侵略者。二是组织街头演讲会。演讲的内容着重指出,中华民族到了最危险的时候,抗战则存,不战则亡。为了挽救民族危亡,必须全民总动员,有力的出力,有钱的出钱,做到人人支前,全民抗战。三是组织学生宣传队、歌咏队、话剧团等,编写剧本,大演抗日戏剧。张明远以蔡廷锴、蒋光鼐领导的第十九路军的松沪抗战为背景,以谢晋元团长坚持上海抗战为光辉典范,编写了《沪战一角》《血泪仇》两个小剧本,还选用外地传来的《放下你的鞭子》等优秀剧本,在校内外进行宣传演出,并以陶行知办学的合法形式,用"工学团"名义,到效区农村开展宣传活动,以激励群众的爱国热情。四是利用报刊多次发表文章,介绍抗战的形势和中国共产党的抗日方针政策。当时,由邓宝珊、高双成等将领资助创办的《前哨周刊》,前后出版了20多期。这些形式多

① 袁文伟编著:《抗战中的陕西民众》,太白文艺出版2018年版,第137页。

样的宣传活动,为抗日救亡开辟了第二条战线,收到了组织动员群众的良好效果。①

抗战时期,大后方有许多文化艺术界人士来榆林宣传抗日,其中不少人曾在榆林工作了一段时间,如画家张仃、陈小漪夫妇及进步青年沈求我、姚曾依等。当时在这里的进步人士还有《大公报》记者杨令德,民族革命通讯社绥蒙分社社长段复生等,还有文学家老舍等,邓宝珊热情接待了他们,鼓励他们开展抗日的文化活动,毛泽东的《论持久战》《新民主主义论》等也在榆林地区传播开来。

延安抗战剧团、八路军后方留守处的战地文工团曾先后到榆林、神木演出话剧和《黄河大合唱》等文艺节目,受到榆林军民的热烈欢迎。在邓宝珊的部队中,《义勇军进行曲》《大刀进行曲》《大路歌》《救国军歌》《打回老家去》等抗战歌曲被广为传唱,战士们尤其喜欢《游击队员之歌》。晋陕绥边区总司令部和第二十二军都成立了抗日宣传队,鼓舞了榆林军民的抗日情绪。②

3.抗战必胜信心的鼓舞

民族自信心在抗战时期尤为重要,只有民众坚信中国会在抗战中胜利,才能激发内在动力,积极投身于抗日救亡斗争。因此,如何增强民众的抗战信心成为抗日战争时期亟需解决的主要问题。抗战时期的报刊意识到这一点之后,便开始大量宣传日军厌战、败退的情况,同时报道抗战胜利的事实,期望通过这种方式增强民众的抗战信心。

首先,积极宣传日军厌战情绪,报道敌国经济困难,坚定"日军必败"的信念。1938年《西安晚报》发表中央社消息《敌兵站站长掘田武一投降我军》《敌军厌战相率自杀》等文章。1939年2月11日,《西安晚报》发表评论《倭国反战行动化》,该文声称:现在日本内外的反战思潮,已经日趋高涨,而且已经从思想发展到行动。在汉口的敌军,已经扩大组织,联合各方反战分子,准备进行暴动,甚至连陆军省的职员,也准备加入暴动。最后,这则评论认为,这些都是日军崩溃的征兆。1939年2月14日,《西安晚报》继续刊文《敌军班长之反战歌》,称反战情绪在日军中日益高涨。除此以外,还发表了《倭财政经济的依赖性》《日寇经济的危机》

① 梁金奎,宋耀祥:《榆林青年的抗日救亡活动》,《榆林文史(第四辑)》,中国人民政治协商会议陕西省榆林市委员会文史资料委员会内部印刷2004年版,23-25页。
② 王劲:《邓宝珊传(增订本)》,甘肃人民出版社2004年版,第194-197页。

《倭国的抢米风潮》《日本到经济破产的时候了》等文章,通过报道日本国内物资缺乏、人民生活困难、经济疲软等问题,使我国的民众了解到敌国经济困难,从而坚定"日军必败"的信念。

其次,报道我军胜利的消息和国际社会的援助,坚定"抗战必胜"的信念。1939年纯夫在《文化前锋》上发表文章《湘北胜利的意义》,他写道:"武汉会战,敌人死伤是旅顺战争的八倍,日本国内财政困难和经济危机比日俄战争时期还严重。"[1]这段文字告诉大众,日本在侵略中国的战争中很难坚持下去,由于日本军队死伤严重,日本国内民众反战情绪高涨。1940年,海涛在《陕西青年》期刊上发表《抗战、胜利、光明》一文,写道:"今年是胜利的一年,日本很窘迫,今年如此,之后更是如此,以日本现在的气数和日本人的愚昧无知,在日本方面还没有到心死的地步,但我们的同胞是能吃苦的牺牲的,我们终将胜利。"[2]《西安晚报》对外国的援助进行了积极的宣传,以使民众明白,得道多助,我国所进行的抗日战争,是正义的反侵略战争,赢得了国际社会的广大支持和帮助。报刊通过报道我军胜利和国际援助的新闻,鼓舞民众的抗战信心,让民众心中有所信仰。

(二)文艺、妇女界的抗战宣传

在战争年代,宣传工作具有鼓舞士气、振奋人心、提升民族凝聚力的重要作用。宣传工作参与主体,大致可以区分为文艺界与妇女界,这些形式各异的文艺宣传工作,在抗战中发挥了积极动员群众的作用,为战争的胜利作出了不可磨灭的贡献。

1.文艺界宣传抗战的多种形式

全民族抗战爆发后,陕西文艺界积极行动起来,纷纷成立抗日团体,大力宣传抗日民族统一战线的政策,开展抗日救亡运动,利用戏剧、电影、漫画、音乐等各种形式来宣传抗日,极大地鼓舞了群众抗日的热情,增强了抗日必胜的信心。文艺界主要的宣传载体又包括戏剧、影视与音乐、漫画这三大类。

在戏剧方面,为了适应抗战的需要,戏剧界也纷纷编排以反映现实生活和抗日救亡为主题的新剧目,不仅满足了群众文化娱乐的需求,还大大激发了群众的爱国主义热情。据统计,西安市共有剧院15家(其中京剧4家,秦腔5家,晋剧2

---

① 纯夫:《湘北大胜的意义》,《文化前锋》,1939年第1卷第2期,第2-3页。
② 海涛:《抗战、胜利、光明》,《陕西青年》,1940年第4-5期,第19-27页。

家,评剧2家),另有剧团7家。反映抗日的时装剧有《两兄弟》《从军行》《出征》《厚礼奉还》等,并有大型抗战戏《血战永济》《长江会战》《湘北大捷》《民族魂》《牧童艳遇》等,这些戏剧上演后轰动了古城,后5部戏被舆论称为"抗战五部曲"。陕西最著名的秦腔剧团——西安易俗社,在爱国戏剧家范紫东的主持下,创演了至今仍为范本的《三滴血》等传统剧目和《投笔从戎》《民族魂》《保卫祖国》《还我河山》等新编历史剧。当剧团在各地演出时,所到之处民众奔走相告,争相观看。20世纪三四十年代时,在抗日救亡的时代背景下,话剧迅速发展。在抗日战争时期,陕西的话剧演出更加活跃,尤以三原县最为兴盛。如泾阳青年剧社演出的大型话剧《万世师表》,反映的是抗日战争时期从沦陷区迁来的某大学教授克服重重困难,坚持培育新人的事迹。

在影视、音乐方面,陕西的电影行业是宣传抗日救亡的一支重要力量,抗战时期发展迅猛。1937年4月,陕西省教育厅电化教育服务处成立,下设有两个电教团,开始实施电影教育。同年5月,陕西省教育厅第一电教团在西京、户县、周至、眉县等地映出七天,放映的影片有《我们的首都》和风景片、卡通片等。1939年2月19日,陕西省电化教育施教团也为西安市民放映"新运"影片。此外,当时的西安城内还有阿房宫和民光两家影院,经常上映宣传抗日的影片。抗战时期,音乐也是鼓舞斗志、动员民众的重要途径。除陕甘宁边区军民创作的《军民进行曲》《黄河大合唱》《生产大合唱》等,还有韩国音乐家韩悠韩在西安创作的《战士歌》《正义之歌》等,都点燃了人们团结抗日的内心火焰。

漫画方面的宣传也卓有成效。1938年1月初,中华全国抗敌漫画木刻家协会(驻武汉,简称全国漫协)派张仃等与西安画家陈执中、刘铁华共同筹备中华全国抗敌漫画木刻家协会西安分会(简称西安漫协)。1月中旬,西安漫协在省民众教育馆主办首届抗敌漫画木刻展览会,展出作品二百多幅。参展作品有叶浅予的《松江车站被炸》、张仃的《收复失地,拯救东北同胞》和《全面抗战》、张乐平的《抗战人人有责》、陈执中的《东北回忆录》(连环漫画)、段干青的《引狼入室》等。西安漫协还特设供应组,为各抗日团体义务绘制各种形式的漫画、宣传画等,曾先后给山西抗敌决死三队、东北抗日救亡总会西安分会、基督教战地服务团、青年会救国军等绘制一百余幅作品,并将张仃创作的《军爱民》《民拥军》《蒙族人民》《保卫祖国》等四幅招贴漫画,用两色套版印制三千份,发送给前方部队及救亡团体。①

2.妇女界宣传抗战救国的主要活动

日本的侵略,民族的危机,使得陕西的广大妇女一步一步地觉醒,她们始终与祖国同呼吸共命运,她们以自己的行动表现出民族情绪的存在和力量。抗日战争期间,陕西各界妇女进行了大规模的总动员。妇女界的抗战活动涉及的范围十分广泛,直接参军、参战的不在少数,还有的参加陕西妇慰会、工合西北区办事处、基督教女青年会等,积极支援前线,为抗战胜利作出了应有的贡献。

1937年8月16日,陕西妇慰会在西安成立。陕西妇慰会成立后,在中共陕西组织的直接领导下,认真执行中国共产党坚决抗战和巩固扩大抗日民族统一战线的方针,发动组织全社会妇女做了大量工作,包括以下三个方面。第一,组织妇女活动,如建立支会、成立姊妹团、组织识字班、举办妇女游艺晚会。此外,还接待、介绍一批批进步女青年学生到八路军驻西安办事处,转赴延安或安吴青训班。第二,进行宣传教育。陕西妇慰会创办会刊《西北妇女》,刊载文章的主要内容有对妇女的动员,如《如何动员西北妇女》《妇女怎样保卫陕西》《妇女在抗战中的责任》《动员千百万妇女为保卫陕西而斗争》等;报道宣传抗战形势和时事,如《空袭在徐州》《半月时事述评》《中原会战的前夕》《时事问答》等;还报道一些各地妇女救亡工作动态,如《妇女救亡在湖南》《陕甘宁边区的姊妹妇女救亡工作》《各地妇女动态》,以及陕西各妇慰支会的工作情况;等等。该会还在电台创办专题广播,召开妇女座谈会,组织宣传队,内容围绕着保育儿童、优待抗属、动员家庭妇女、陕西妇女大团结、第三期抗战中陕西妇女的任务等。第三,积极支援前线。主动参加接待伤兵工作,组织难民妇女缝洗队、姊妹团、歌咏队和各种服务队,举办伤兵识字班、游艺会。

1938年,日军向武汉方面大举进犯,大批难民流亡到宝鸡。工合西北区办事处妇女部组织难民围绕生产自救、供应战时军需民用开展了一系列活动。第一,教育活动。成立儿童识字班,设立了工合小学三处,开办妇女识字班十二个、流动妇女识字班多处,创办了宝鸡工合小学、妇女职业训练班、女子职业学校等。第二,社会活动。于1941年三八妇女节在宝鸡召开纪念大会。《西北工合》专刊还登载了喻林炎写的《纪念三八节说到妇女问题》、方愉之写的《纪念三八节想到的两件事》、张琳写的《妇女问题的发生及其他》、刘克顿写的《三八与西北妇女》等文

① 袁文伟编著:《抗战中的陕西民众》,太白文艺出版社2018年版,第131-132页。

章,宣传妇女解放、抗日救国,以及动员妇女学习文化技术,参加劳动生产,劝导妇女放足、求学等。王涧堡工合新村的妇女工作也很活跃,妇女部帮助难胞妇女儿童、残废军人等恢复健康,接受教育,并逐渐走上发展生产的道路,办起了妇女识字班、工合小学、妇女缝纫生产合作社、纺毛站、妇女俱乐部、训练班等。工合西北区办事处还在凤翔、陇县和凤县双石铺设立了事务所,各事务所设有妇女股,负责妇女工作。双石铺妇女股在妇女部的协助下办起了妇女班、妇女纺织合作社、妇女俱乐部、纺织训练班、工合小学和附属幼稚园。[①]

1937年卢沟桥事变爆发后,大批难民涌入西安。基督教女青年会全国协会战时工作部开办了难民职业介绍所、难民识字班、难民诊所、纺织班、缝纫班等,为难民们解决了实际困难。1939年5月20日,在基督教女青年会全国协会战时工作部的基础上成立了西安市基督教女青年会。基督教女青年会全国协会战时工作部还会同其他四个妇女团体联合组织难童救济委员会,救济难童。西安市基督教女青年会的工作重心在以下三个方面。第一,进行军属优抚。重点做好出征抗日军人家属的优抚工作,对出征军人家属进行登记,发放优属证2500余份,并向社会募捐3000余元,用多种形式救济抗属。第二,成立西北合唱团,排练演唱抗日歌曲,与其他爱国团体联合举办音乐会,组织抗日救亡慰问演出。第三,举办时事报告会、座谈会,邀请爱国名人做抗日演讲,一般每周一次,有新鲜消息则一周两次,抗日军人家属积极参加;配合抗战时局需要,发动西安市民给出征将士写慰问信;和西安十团体联合组成慰问团奔赴河防前线,给抗日将士发放慰问品和慰问金;协助来自香港、澳门、厦门的女学生奔赴延安;等等。[②]

(三)劝募公债运动与抗日献金运动

战争消耗了大量的社会财富,政府采取了一系列措施以应对经济困难,同时民众也自发地在物质上贡献出大量的财力物力,支援国家抗战。劝募公债运动和抗日献金运动就是其中最具代表性的两个例子。

1.劝募公债运动与节约储蓄运动

全民族抗战期间,国民政府为解决财政经济困难,陆续发行了"救国公债""国

---

① 袁文伟编著:《抗战中的陕西民众》,太白文艺出版社2018年版,第244-245页。
② 袁文伟编著:《抗战中的陕西民众》,太白文艺出版社2018年版,第246-247页。

防公债""金融公债""赈济公债""同盟胜利公债"等19笔公债,共计2000万英镑、2亿美金、1亿元关金券和151.22亿元法币,总额为法币223.06亿元。①其中,仅在全民族抗战爆发的头两年,国民政府即连续发行救国公债、金融公债、金公债、国防公债、赈济公债等5次,发行额达16.77亿元法币。1939年,发行军需公债、建设公债各6亿元法币。1942年,发行建国同盟胜利公债和美金储蓄券各1亿元法币,同时发行同盟胜利国币公债10亿元。

1940年5月21日,四联总处拟定的《金融三年计划本年度实施方案》规定,在推销公债方面,由财政部会同各行局积极办理,期于当年内销售3亿元。②对于如何推销战时公债,战时公债劝募委员会决议采用劝募方式筹募,并以蒋介石所提出的"城市以公平摊派,乡村以劝导自动认购"为原则,对于公务员及其他薪给阶级,绝不强迫摊派,力求通过劝募与宣传,使一般民众了解到公债的意义与价值。一方固望富有者尽力认购,一方亦望大多数民众自动量力购买,最终达到"有钱出钱,有力出力"之目的。③

《西安晚报》站在国家和民族的高度对募集公债进行了积极的宣传。1941年,《西安晚报》刊出《战时公债劝募特刊》,发表了一系列文章,详细介绍所发行的战时公债,鼓励大家积极购买公债。这些文章论述了以下问题。第一,战时公债对于抗战胜利、民族存亡有重要意义。1941年5月6日,《西安晚报》发表的《为劝募战时公债告陕省各界》一文,指出"我们欲求个人的利益安全,就必须先求国族利益的安全,欲求国族利益之安全,就必须先求抗战之最后之胜利,欲求抗战之最后胜利,就必须先求军需供应之无愧、国防工业建设之及早完成,欲求军需供应之无愧、国防工业建设之及早完成,就必须每一个国民尽可能贡献其所有,以适应国家财政政策的要求"。第二,何为战时公债。1941年9月23日,《西安晚报》发表了《战时公债与抗战建国》《劝募战时公债告陕省各界》《劝募公债的种类及其经收债款机关与购买手续》等文章,除了介绍政府发行公债、国家购买公债的意义外,还向民众介绍了何为公债。此外,《西安晚报》还开辟"公债问答"专栏,以解答民众关于公债的任何疑问。

---

① 朱斯煌主编:《民国经济史》,银行学会、银行周报社1948年版,第421-422页。
② 中国银行总行、中国第二历史档案馆合编:《中国银行行史资料汇编·上编(1912—1949)》,档案出版社1991年版,第751页。
③ 中国第二历史档案馆编:《中华民国史档案资料汇编·第5辑·第2编·财政经济(2)》,江苏古籍出版社1998年版,第494-495页。

为达到吸收游资、弥补财政之目的,国民政府还通过开展节储运动竞赛、搭发储券及强制储蓄等方式提高劝储额。以开展节储运动竞赛为例,从1940年至1941年底,国民政府举行了两届节约建国储蓄运动竞赛,第一届自1940年9月18日始至1941年1月28日止,全国储金目标为2亿元,实际劝储11017万元;第二届从1941年3月始至1941年止,劝储目标为6.6亿元,实际劝储72542万元。陕西省劝募办法主要包括两个方面。第一,除依照中央颁布办法推行劝储外,参酌该省实际情形,订定各项补充办法。如《双十节竞赛运动推行办法》《陕西省节储团补充核奖办法》等,规定了各团体职员每人应储之最低数额以及各机关团体保管之公积金、保证金、基金等款项移作节储等。第二,改善筹募方式。在第一届节储运动竞赛中,陕西省政府常有不论贫富一律摊派的情形。在二届节储竞赛中,陕西省政府规定对民户的劝储应注意有钱者多储,出钱者持有储券或储折为原则,不得摊派或数户共执一券或一折。[①]1941年8月至1943年4月,陕西国统区民众认购国民政府发行的战时公债1029372元,购买同盟胜利公债和美元公债共计38000000元。在开展节约储蓄运动中,陕西民众自1940年至1943年6月,主动储蓄297187962元。[②]

2.抗日献金运动

日军的飞机轰炸和炮击,给陕西人民带来了巨大的生命财产损失,激起了全民的义愤。省政府方面、陕西国统区中共组织及陕西省各界抗敌后援会、中华民族解放先锋队等众多的救亡团体,利用各种形式进行抗日宣传,激发了群众性抗日救亡高潮的形成。在踊跃送子弟参军上前线、出丁支前、交付军粮的同时,社会各界团体和人民倾其所有开展募捐,慰劳前线的抗敌将士,为前线将士节衣缩食、捐献钱财、发展空军,支援抗战。

1937年7月中旬,在政府和救亡团体的组织下,陕西省内西安、宝鸡、咸阳、南郑、三原、渭南、榆林、安康等地的民众举行了声势浩大的集会游行,表达全民抗战的决心。政府和救亡团体以"捐献一日所得"、中小学生"一日一分"运动、"一元献机"运动、"鞋袜劳军"运动等活动,因势利导,动员民众捐钱献物,支援前线将士抗日。一时间,社会各界团体募捐义卖、为前线将士赶制寒衣、义务接送伤员的运动在全省各地普遍开展了起来。陕西省各界抗敌后援会组建了金银铜钱募集委员

---

① 屈秉基:《陕省推进战时节建储蓄概况》,《陕行汇刊》,1941年第5卷第6期,第1-5页。
② 陕西省委党史研究室编:《陕西省抗日战争时期人口伤亡和财产损失》,中共党史出版社2015年版,第114页。

会,设立募捐大队,负责为前线征集麻袋、铜铁工作,还组成了慰劳团,奔赴山西、河北、河南抗战前线及陕西省河防阵地慰劳前线抗日将士。到1937年11月,仅《西京日报》社代收各界为抗战将士的捐款共计8489.12元,西安市各私立学校在"一日一分"运动中捐款40.67元。战时经研会收到的西安各界捐款共计20226.59元,西安各女校学生则为医院伤兵缝制了棉衣3000余件,陕西三原一日募得劳军款达4000元,截至1937年底,咸阳民众为抗战将士捐大洋就达4749元。全民族抗战爆发以后,国民政府在陕西各地设有数十家伤兵医院,前线伤兵陆续被送往陕西境内各后方医院救治。1938年以后伤兵人数大增,陕西民众有钱出钱,有力出力,积极为伤兵服务,当年即成立了伤兵之友社,陕西民众积极响应,主动为该社捐钱捐物,陕西省还制定了《扩大征求伤兵之友运动捐款缴纳办法》,对个人和团体为伤兵捐钱捐物给予奖励。[1]1937年11月,陕西省伤兵慰劳委员会筹款1万元购大批布匹和棉花,咸阳县抗敌后援会募捐法币4648.55元、棉花12000余斤、铁1000余斤、布鞋2000双以及其他物品100余件。[2]陕西省各界抗敌后援会在工作期间,共收到各种捐款70余宗,总计219000余元;慰劳捐款176963.01元(其中支出总计为103483.98元,现存73479.03元);义卖献金共收入46654元,除支出存余46264元;鞋袜代金收入40711.1元,除支出存余40284.3元。

1938年10月,西安市商界向抗战将士捐助的寒衣总价10万元,西安市民向抗战将士捐助寒衣3万件。同年10月中旬,四联总处西安分处为抗战将士募捐寒衣1万件,价值2万元,每行承担2000余元。四行还为在长安车站筹建战地军官伤兵招待所捐款500元。[3]陕西耀县药王山的万居士发动男女信众为前方将士制作鞋袜、衣物近千件;淳化县居士刘洁捐银洋100元;陕西黎坪县殖管理局局长安汉个人为抗日捐献飞机1架。[4]中国工合西北办事处宝鸡工业合作社为前线将士承制军毯100万条。[5]

陕西省社会处曾对国统区84个县(含黄龙设置局)募捐和劳军的情况作过如下统计。1943年至1944年,西安市开展的统一募捐活动共筹集劳军款法币

---

① 陕西省委党史研究室编:《陕西省抗日战争时期人口伤亡和财产损失》,中共党史出版社2015年版,第113页。
② 陕西省委党史研究室编:《陕西省抗日战争时期人口伤亡和财产损失》,中共党史出版社2015年版,第113页。
③ 陕西省委党史研究室编:《陕西省抗日战争时期人口伤亡和财产损失》,中共党史出版社2015年版,第113页。
④ 陕西省委党史研究室编:《陕西省抗日战争时期人口伤亡和财产损失》,中共党史出版社2015年版,第114页。
⑤ 姜澄寰:《工合运动在西北》,中国工业合作协会西北区办事处1940年版。

4034000元。1944年1月至6月,陕西国统区各市县总共募集劳军鞋袜代金数为法币6673568.6元,募集鞋28494双、袜21404双。而自1937年7月至1942年6月,共募集慰劳、暑药、寒衣等代金,捐献各金共计法币1182600余元,收文化劳军款法币993974元。为前方抗日将士募集衣物棉背心44万余件、军服2000余套、裁衣(即龙须草所制雨衣)8000余件、毛耳套550双、线袜71932双、布鞋87572双,另募集劳军猪羊肉2200斤,肥皂3486条,毛巾3796条,制作纪念章3960枚,锦旗231面。[①]1937年至1941年,陕西境内民众会员飞机捐735450元,一元献机捐5120091元,滑翔机捐1656223元,公务员飞机捐137364元。1941年8月,中国航空协会在全国开展每人至少捐献一元钱购买飞机支援空军建设的"一元献机"运动,《西安晚报》也积极响应国家的号召,从1941年8月3日开始积极论述"一元献机"运动对抗战的重要意义,鼓励大家踊跃捐款。至1943年6月,陕西国统区84县共收"一元献机"款法币512091元。1942年10月至1943年6月,共募集滑翔机捐款1656223元。截至1943年6月公务员飞机捐共募集137364元。1937年9月至1943年6月航空协会会员共募集735450元。[②]

五、社会治理工作的重点实施

(一)粮食危机的应对

陕西是我国古代农业生产的发源地之一。到了近代,尤其是抗战前夕,在各种因素的影响下,陕西粮食生产却不能自给,陕西甚至成为我国严重的缺粮省份。据资料记载:1931—1936年,陕西粮食作物年均播种面积4159.8万亩,粮食总产年均63.1亿斤,人均每日消费约0.17斤。另据1934年陕西省建设厅的统计数据,43个县份中,粮食盈余的有16县,占37%,其中关中9县,陕北7县,而粮食不

---

① 陕西省委党史研究室编:《陕西省抗日战争时期人口伤亡和财产损失》,中共党史出版社2015年版,第114页。
② 陕西省委党史研究室编:《陕西省抗日战争时期人口伤亡和财产损失》,中共党史出版社2015年版,第114页。

足县份为26个,占到60%以上,关中16县,陕北10县。粮食的严重缺乏、民生的极度贫困、粮食交易的严重滞后,是战前陕西省粮食市场发展的真实概况。

同时,军队云集、难民涌入、学校与工厂迁陕,使得战时陕西人口迅速增加。有研究指出,1936年陕西人口9935818人,1945年为13717850人,比全民族抗战爆发前夕增加378万余人,年均增长率高达35.53‰。[1]大量人口迁入陕西,进一步增加了陕西省的粮食供应压力。"本省接近豫鄂晋各战区,军食供应日益浩繁,加之客岁豫灾奇重,该省灾黎扶老携幼避难来陕者络绎不绝,食粮消费日有增加。本省食粮更觉供不应求。"[2]而且,由于陕西地处前线,不仅要供应本省的军队,还要经常为邻近省区或部队代购粮食,这无疑又增大了陕西粮食供应的压力。粮食是国家的战略物资,是人民的生活必需品,在抗战时期的重要地位不言而喻。面对粮食供应的困境,陕西省也采取了一系列应对措施,大致可分为改进粮政机构、大力开展粮食增产运动、田赋征实这三个方面。

1.改进粮政机构

全民族抗战爆发前,陕西省粮食生产、征收和分配分别由建设厅和民政厅两个部门负责。建设厅主要负责粮食生产、粮食分配等工作,民政厅主要负责粮食储运和调剂等业务。随着抗战局势的变化,国民政府逐渐对全国经济物资实行战时统制管理,粮食这种重要物资自然被纳入统制范围内,政府开始建立从上而下的粮食管理机构体系。在国民政府的统一布置组建下,陕西省逐步建立了专门的粮政管理机构。究其粮政管理机构建立的全过程,大致经历了筹备、创建和完善三个发展阶段。

第一,筹备阶段(1937年7月7日—1940年10月15日)。全民族抗战爆发前,在"攘外必先安内"的政策指导下,南京国民政府对粮食问题并未特别重视,1937年8月18日颁布的《统制战时粮食管理条例》也未得到有效实施。全国并没有粮食管理的专门机构,粮政多由实业部、财政部等部门兼办。全民族抗战爆发后,国民政府组建了战时经济管理委员会,颁布了一系列战时经济统制政策和措施,并将一切物资纳入战争轨道。为了贯彻落实中央政府的指示,陕西省政府设置了战时粮食管理

---

① 路遇、滕泽之:《中国人口通史(下)》,山东人民出版社2000年版,第1027页。
② 《陕西省三十二年度粮食增产工作总报告》,中国第二历史档案馆藏,经济部档案,全宗号:4,目录号:1,案卷号:33687,转引自杨国山:《陕西省粮食问题研究(1937—1945)》,南京大学博士学位论文,2016年。

机构，由原国民经济建设运动委员会陕西省分会出面组织食粮、煤炭、卫生材料、通信器材、汽车材料五个准备委员会，[1]这五个准备委员会均隶属于陕西省政府战时经济设计委员会。其中陕西省食粮准备委员会主要负责粮食的供需调整、价格稳定，粮食调查统制及协助营运，进行粮商登记，核发购运证等项业务。同时又以官商合资形式直接购囤各种粮食，粮食问题开始被纳入政府工作视野。其组织成员涉及政、工、商业代表，覆盖较为广泛。其中陕西省政府的参议温天纬、华峰面粉公司经理刘海楼分别任正、副主任委员，省银行、长安商会、陇海路局、成丰面粉公司、食粮业公会、中国银行等代表分任委员。[2] 1939年11月，陕省粮价飞涨，为平抑粮价、稳定市场，西京市粮食公会组织食粮登记处，是为统制之先声，省建设厅先后颁布了《食粮义买义卖办法》和《取缔机制面粉囤积居奇标准暨处罚办法》，平抑粮价，稳定市场。在这段时期里，无论是陕西省食粮准备委员会还是西京市食粮登记处，都是筹建陕西粮食管理机构的初步尝试，为陕西粮政管理拉开了序幕。

第二，创建阶段（1940年10月16日—1941年9月30日）。全民族抗战爆发初期，因后方连年丰稔，粮价较为平稳，随着战争的扩大，后方粮价逐渐上涨，至1940年7月以后，粮价进入猛涨时期，粮食问题开始得到重视。1940年7月30日，行政院会议通过设置全国粮食管理局，并要求各省设立粮食管理局，各县成立粮食管理委员会。10月16日，陕西省食粮准备委员会被撤销，陕西省粮食管理局成立。12月，省政府颁布了《陕西省粮食管理局组织规程》，作为构建各级粮食管理机构的章程，依据章程，省粮食管理局作为独立机构直接隶属于省政府，并在中央粮食管理局的领导下指挥管理全省粮食工作。设有局长1人，由李志刚担任，综理局务，副局长1人或2人，由程孝恭担任，协助局长处理局务。局长以下设总务、管制、视察、会计4科室，负责具体管理事务。此外，另设10～20名视察员，指导和监督各地粮食管理情况。省粮食管理局的具体职责为：调查全省粮食产销，粮食征管、运输、调剂及军粮采购，积谷筹集，粮商登记，粮食市场与加工厂坊管理等事项。省粮食管理局的附属机关为临时仓库和各县粮食管理委员会，其中，临时仓库负责各项粮仓之保管、收拨等事宜。县粮食管理委员会设有委员9人，其中县长、县财务主管、县粮食主管人员及粮食同业公会主席为当然委员，下

① 陕西省银行经济研究室编：《十年来之陕西经济》，陕西省银行经济研究室1942年版，第175-178页。
② 西安市粮食志编纂委员会编：《西安市·粮食志》，西安市粮食志编纂委员会1942版，第23-24页。

设3个股,按照县的等级,分别配备6~12人,主要负责调查食粮、评定粮价、查缉查囤、登记粮商、增加粮食生产及处理本县粮食事宜和承办省粮食管理局交办的一切粮食行政事务。[1]之后,陕西省内除陕北大部分地区属陕甘宁边区政府管辖外,其余75县市设立县粮食管理委员会。[2]1941年4月,陕西省政府又出台了《陕西省粮食管理办法大纲》,共35条,提出加强粮食管理的各项具体措施,对粮食管理机构又作了进一步说明。至此,战时陕西粮食建立起一整套自上而下的组织严密的管理系统,各地方的粮政长官大多统一由行政长官兼任,从而为战时中央、省政府粮食政策的贯彻和执行提供了可靠的政策依据和有力的组织保障。

第三,完善阶段(1941年10月1日—1945年8月)。1941年7月,为了改变所有粮食机构软弱无力的状况,中央对各级粮政机构进行调整,以资统筹全国军粮民需,对粮食实行战时管理体制。陕西省粮政局于10月1日改组成立,并同民政厅、财政厅拟具各县粮政科及评论监察团体组织方案,呈由省府核定通令各县遵照,于1942年1月一律成立粮政科和征购粮食监察委员会,同时取消县粮食管理委员会。省粮政局内部组织机构基本保持不变,主要掌管全省粮食产销,负责军公粮征购、供应,管理粮食储存、运输和机制面粉加工等事项。县粮政科主要管理粮食征收、征购、采购、供应、调节、仓储、运输、加工和粮商登记、市场粮价等粮食行政事务。县征购粮食监察委员会由委员9~15人组成,主要任务是劝导粮户踊跃输纳,协助推进征购工作,评论征购纠纷,检举征购弊端。1941年8月,陕西省实行田赋征实后,田赋征收工作由省田赋管理处管理,其余各项粮食业务由省粮政局管理。省粮政局与省田赋管理处两个机构同时并存,但分属粮食和财政两个系统。[3]调整后的粮政机构基层组织在一定程度上得到了进一步的健全与完善,分工更细,权责更明确,为粮食管理法规与政令的制订与推行奠定了坚实的基础。1944年5月,田赋、粮食实行统一管理,并将省粮政局与省田赋管理处合并改组为省田赋粮食管理处,其任务扩大为管理粮食之征收、募集、采办、供应、调节、仓储、运输、加工,以及粮情调查、市场管理、粮价平准、粮荒救济、粮食节约等事宜。各县也相应将粮政科与田赋管理处合并改组为县田赋粮食管理处。[4]省、县粮政

① 陕西省档案馆:17-6-56,转引自王茜:《论抗战时期陕西国统区的粮食管理政策》,四川师范大学硕士学位论文,2010年。
② 陕西省地方志编纂委员会编:《陕西省志·粮食志》,陕西旅游出版社1995年版,第32-33页。
③ 陕西省地方志编纂委员会编:《陕西省志·粮食志》,陕西旅游出版社1995年版,第32-33页。
④ 陕西省档案馆:17-6-56,转引自王茜:《论抗战时期陕西国统区的粮食管理政策》,四川师范大学硕士学位论文,2010年。

管理体系的进一步调整和完善,为解决抗战最后阶段的粮食问题提供了有力的组织保证。

2.大力开展粮食增产运动

全民族抗战爆发后,国民政府对大后方农业表现出前所未有的关心和重视。1938年国民党临时全国代表大会宣言强调:"中国是农业国家,大多数人民皆为农民,故中国之经济基础在于农村。抗战期间,首宜谋农村经济之维持,更进而奖进,以谋生产力之发展。"[①]随后,国民政府在全国开展了粮食增产运动。陕西省国统区的粮食增产运动在省建设厅的主持下相继出台了一系列的政策措施,具体内容如下:

第一,加大政府投入,扩大农业生产。为扶持陕西落后的农业,国民政府和省政府在人力、物力、财力等方面给予了大力的支持。抗战期间,陕西省建立了各类农业教育院校和科研机构,为农业改良和农业新技术推广创造了必要条件。随着战事的扩大,大批沦陷区的农业科技人员纷纷涌入陕西,加强了陕西的农业教育和科技力量,如西北农学院教授沈学年、陕西农业改进所所长李国桢、陕西小麦增产总督导团副总督导蒋德麟等均参与了陕西小麦增产工作。另外,一批农业学校和科研机构相继建立,师资和设备得以加强,为粮食增产培养了大批农业科技人才。如1938年成立的西北农学院和陕西农业改进所,还有以小麦增产为主的农业机构金陵大学在陕西泾阳县建立的西北农事试验场、农林部在陕西武功设立的西北农业推广繁殖站、陕西农业改进所大荔试验场以及西北农学院农场,还有1939年成立的以水稻增产为主,兼办杂粮之试验的陕南农场,[②]都为推进粮食增产工作作出了积极的贡献。国民政府和省政府还进行了物力、财力的支援。国民政府设立专项资金,扩大农贷数额,推动全国增产运动。针对陕西农业落后、农业资金严重不足的实际情况,国民政府设立专项经费支持粮食增产工作的开展。1941年,国民政府举行全国粮食增产运动,陕西省也于同年办理粮食增产事宜,截至1941年10月,陕西省粮食增产工作以来,中央政府对食粮增产的专项补助

---

① 荣孟源主编:《中国国民党历次代表大会及中央全会资料(下)》,光明日报出版社1985年版,第470—471页。
② 陕西省档案馆:72-8-180,转引自王茜:《论抗战时期陕西国统区的粮食管理政策》,四川师范大学硕士学位论文,2010年。

费为 406600 元,经费拨付为 260000 元。①同时调整农贷政策,把扩大农贷、活跃农村金融、刺激农业生产作为支持大后方农业发展的重点。1938 年,政府相继出台了《战时合作农贷调整办法》《扩大农村贷款办法》《改进地方金融机构办法纲要》等办法,1940 年,四联总处颁行《二十九年度中央信托局、中国、交通、农民三银行及农本局农贷办法纲要》,进一步放宽贷款对象,扩大贷款种类。②根据陕西省政府编辑的《陕西省统计资料汇刊》第三期,1942 年陕西省用于农村合作事业的银行贷款就达到了 641469395 元,比当年后方各省政府的农贷总和 628805000 元还多。③

第二,推行增产节约运动。1941 年,农林部拟订《三十年度各省粮食增产计划大纲》,颁布各省,普遍实施,陕西省建设厅主持负责所有粮食增产事宜。1942 年陕西省成立了粮食增产督导团,由建设厅厅长孙绍宗兼总督导,技术工作由农业改进所负责办理,该所副所长霍席卿兼副总督导,西北农学院所有二年级学生共 151 人参加了增产工作,并担任了农业改进所的名誉指导员,④其具体增产措施主要有四步。一是开垦荒地,增加粮食耕地面积。1938 年,国民政府在后方设置赈务委员会和难民救济委员会,颁布非常时期难民垦殖规划,陕西省由建设厅、民政厅、财政厅、赈务委员会组成垦务委员会,为了安置来陕的战区难民,采用移垦就食的办法,先后开办黄龙山、黎坪、扶眉等农业垦区,开展生产自救。⑤其中,黄龙山垦区最为成功,从 1938 年 3 月成立至 1944 年 7 月的"六年又四个月时间内,总计招收垦民 58400 余人,垦荒面积计 331000 余市亩,收获作物产量计 761000 余市石,为西北及全国垦区之冠"⑥。据陕西省粮食增产督导团的专报表得知,至 1944 年,陕西所属的 40 个县预期垦荒 20 万亩,实际开垦荒地 20.6 万亩,共收获玉米、高粱、豆类、荞麦等作物 249670 市担。⑦耕地面积、粮食种类及粮食总量都有所增加。二是减种非必要作物,增加杂粮种植。

① 陕西省档案馆:72-8-68-5,转引自王茜《论抗战时期陕西国统区的粮食管理政策》,四川师范大学硕士学位论文,2010 年。
② 杨洪:《论国民党政府开发西北的政策与陕西近代农业的发展》,《西北大学学报(哲学社会科学版)》,2003 年第 4 期,第 71-75 页。
③ 财政部财政年鉴编纂处:《财政年鉴》(1944 年版,第 3 期),转引自王茜《论抗战时期陕西国统区的粮食管理政策》,四川师范大学硕士学位论文,2010 年。
④ 陕西省档案馆:72-8-68-5,转引自王茜《论抗战时期陕西国统区的粮食管理政策》,四川师范大学硕士学位论文,2010 年。
⑤ 陕西省地方志编纂委员会编:《陕西省志·农牧志》,陕西人民出版社 1993 年版,第 419-420 页。
⑥ 中华文化复兴与运动推行委员会:《中国近代现代史论集(第 26—27 编:对日抗战)》,商务印书馆 1986 年版。
⑦ 陆和健:《抗战时期西部农垦事业的发展》,《民国档案》,2005 年第 2 期,第 87-92 页。

1941年陕西省制定了《陕西省粮食生产计划办法》，并令各县督促保甲长负责指导农民遵行限制种植糯稻亩数，同时减少辣椒、烟草、莲藕、甜瓜、西瓜等非必要作物，增加籼稻和杂粮种植。1941年陕西省减少糯稻改种籼稻面积约5000市亩，利用冬夏季种植玉米、小米、糜子、豆类等约20万市亩。[①]三是推广新品种，增加粮食产量。小麦是陕西人民最喜爱的粮食，因此，小麦良种培育成为抗战期间陕西粮食增产的主要成果，共培育出"陕农七号""蓝芒麦"等十余个小麦良种，并在长安、渭南、咸阳、兴平、泾阳、三原、武功、扶风等关中各县和陕南地区大量推广，种植面积由1937年的1365万市亩增加到1945年的1947.2万市亩，[②]单位产量显著增加，"平均每亩增产量约计二斗之谱"[③]，总产量由1937年的942.9万市担增至1945年的1823.2万市担，[④]增产近一倍。四是兴修水利，改善农业生产条件。抗战时期，在政府资助下，陕西农田水利建设得到进一步发展，先后修建了梅惠渠、黑惠渠、沣惠渠、沣惠渠、涝惠渠等水利工程，可灌溉41666.7公顷农田，使陕西省的农业生产条件大为改善。

此外，在战时生产严重不足的情况下，厉行节约也是解决粮食问题的有效途径。为适应战时粮食消费与分配，以限制消耗为目标的粮食节约运动积极开展起来。1941年4月，陕西省政府颁布了《陕西省粮食节约办法》，其内容大致如下：(1)提倡减少糯稻改种和稻，糯稻种植面积不得超过其水田面积的1%，增加和稻种植面积以增加正粮生产；(2)规定稻米碾白程度不得超过五成白；(3)提倡食用统粉(即头二、三号面粉之混合粉)，并规定机制面粉厂之磨粉精度；(4)禁止以米麦饲养家畜家禽；(5)禁止以米麦、玉米、高粱酿酒；(6)提倡杂粮及马铃薯等。[⑤]

从生产督导机构的设立，到增产措施的实施，整个粮食增产节约运动，产生了积极的影响。表5-3是1937年与1945年粮食产量对比统计数据：

---

① 陕西省档案馆：9-2-850，转引自王茜：《论抗战时期陕西国统区的粮食管理政策》，四川师范大学硕士学位论文，2010年。

② 许道夫编：《中国近代农业生产及贸易统计资料》，上海人民出版社1983年版，第89-90页。

③ 陕西省档案馆，72-8-180，转引自王茜：《论抗战时期陕西国统区的粮食管理政策》，四川师范大学硕士学位论文，2010年。

④ 许道夫编：《中国近代农业生产及贸易统计资料》，上海人民出版社1983年版，第99-100页。

⑤ 陕西省档案馆，72-8-69，转引自王茜：《论抗战时期陕西国统区的粮食管理政策》，四川师范大学硕士学位论文，2010年。

表5-3　陕西省1937年与1945年主要粮食产量对比统计表[1]

类别	1937年		1945年	
	种植面积(万市亩)	产量(万市担)	种植面积(万市亩)	产量(万市担)
籼粳稻	103.2	263.8	89.1	223
糯稻	21.4	47.7	14.2	32.1
小麦	1365	942.9	1947.2	1823.2
玉米	287.7	525.1	304.9	420.2
大麦	267.9	199.7	264.8	258.5
燕麦	8	3.8	9.3	5.2
高粱	141.1	210.8	121.1	152.9
谷子	368.8	548.1	322.9	386.6
糜子	246.8	274.7	216.4	243.5
甘薯	30.1	349.7	35	253.8
豌豆	168.5	89.9	203	144.5
蚕豆	17.2	16.7	29.7	19.7
总计	3025.7	3472.9	3557.6	3963.2

3.田赋征实

国民政府出于充裕财政、供应军粮等考虑,将田赋由征收货币改为缴纳实物。1941年4月,为了解决日益严重的粮食问题,国民党五届八中全会通过"为适应战时需要拟将各省田赋暂归中央接管,以便统筹而资整理"的决议,7月,公布实施《战时各省田赋征收实物暂行通则》,从此,国统区战时粮食管理和征收迈入一个崭新阶段,即从1941年起全国实行田赋征实政策。田赋征实"并非倒转历史车轮,而是抗战时代的必需",它为抗日战争的胜利作出了卓越的贡献。陕西省于1941年8月成立各田赋管理处,标志着陕西田赋征实的开始,是全国第三个实行田赋征实的省份。

为保证田赋征实工作的顺利开展,陕西省政府本着"凡经征事项由经征机关负责,经收事项由粮食机关办理"的经征、经收划分精神,[2]特别注重田赋征实机构的建立与调整。陕西省田赋管理处作为省粮食经征机关组建成立后,各县田赋管理处与经征分处也随之成立,在长安等75县共设赋粮经收处307处,以利经收。为推进征

① 许道夫编:《中国近代农业生产及贸易统计资料》,上海人民出版社1983年版。
② 《抗日战争时期国民政府财政经济战略措施研究》课题组编著:《抗日战争时期国民政府财政经济战略措施研究》,西南财经大学出版社1988年版,第71—72页。

购工作的进行,各县还成立征购粮食监察委员会,主要负责征购粮食的宣传;劝导粮户踊跃输纳;协助征购机关推进征购工作;调查征购粮食纠纷事件;检查纠纷弊端;建议征购改进方法;等等。①至此,省田赋经收机构陕西省粮政局、各县粮政科、经收分处、征购监察委员会及仓库相继改组或成立了。这样一来,陕西国统区田赋征实管理与执行的职能建设业已就绪,对征实任务的完成起了组织保证的作用。

早在1940年,陕西省就制定了《田赋改征实物办法》,此办法将田赋按照某个时期的粮价,折合成货币征收(征收实物并未实行),实质上是一种变相的征实。这种政策为以后国民政府制定田赋征实政策提供了一定的依据。1941年,国民政府颁布的《战时各省田赋征收实物暂行通则》中规定:"各省田赋征收实物,依三十年省县田赋正附税总额每元折征稻谷二市斗,产麦区得征等价小麦,产杂粮区得征等价杂粮。"②此为1941年南京政府核定各省田赋征额及征收标准之根据。随后,陕西省制定了详细的《陕西省战时田赋征收实物实施办法》,内容涉及征收范围、征收品种、征收标准、征收价格、征收方法、征收程序等各方面。

陕西省政府通过以田赋征实为内容的一系列措施,不费巨额价款便控制了大量粮食。据估算,1941—1945年全省田赋征实共获得小麦9390452石,征购与征借5360274石,三征合计小麦14750726石,加上抢购与征实加罚、采购等,共征得约1513.7万市石。从人均负担来看,陕西省的人均负担是一般国民负担的2.7倍,相对较重。由此可见,抗战期间,陕西省广大农民在保障军需民食方面作出了巨大的贡献和牺牲。

(二)禁绝烟毒及其困境

在近代中国,鸦片就像一场不可遏止的瘟疫蔓延到全国各地,并泛滥100多年,给中华民族带来无限的痛苦与灾难。陕西的鸦片问题亦是如此,鸦片在陕西大面积地种植和吸食,严重影响了陕西人民的生活,使得他们的身心备受折磨,社会风气也因此恶化,农业大幅度减产,到处弥漫着腐朽颓废的气息,禁烟的艰巨任务历史性地摆在了南京国民政府面前。

---

① 陕西省档案馆:1-3-572,转引自王茜:《论抗战时期陕西国统区的粮食管理政策》,四川师范大学硕士学位论文,2010年。
② 郝银侠:《抗战时期陕西田赋征实之研究》,《兰台世界》,2007年第20期,第47-48页。

南京国民政府的禁政从总体上说经历了三个阶段。第一阶段为"寓禁于征"时期,这一时期的最大特点是以征税为其主要手段和目的。第二个阶段为"二年禁毒,六年禁烟"时期,在此阶段,南京国民政府调整禁政政策,逐渐转向以禁烟为主,采取渐禁的方式实施禁政,对禁烟机构和政策都做出了相应的调整。第三阶段为"善后肃清烟毒"时期。从20世纪40年代开始,南京国民政府的禁政进入"善后肃清烟毒"阶段,这一阶段中,所颁法令、法规更为周密,施禁手段更为严厉。总体而言,政府采取了一系列行动,包括设立禁烟机构,采取新思路、设立新法令,落实禁烟措施,但是烟毒在陕西省内却并未完全绝迹。

1.设立禁烟机构

陕西禁政组织机构,以1939年6月为界,大体可分为两种模式。1939年6月以前,"陕西的禁政问题是由禁烟总局负大部分的责任,民政厅和禁烟督察处,也各负一部分的责任"。1939年6月以后,"撤销禁烟总局及其所属各分局,于民政厅及各县政府之下,分别设置禁烟科。除征税及特货之运销及其查缉事项仍由禁烟督察处陕西分处负责办理外,禁烟科便是一般禁政的执行机关"。①

1939年7月,陕西省政府奉命裁撤了禁烟总局和各县分局,在民政厅内增设禁烟事务处,在各县另设禁烟事务分处,分别专司全省和各县禁烟事宜,与此同时,则继续保留了禁烟督察分处,并在各行政区设立缉私督察队(后改名禁烟查缉督察队),主要负责查缉违禁烟犯、督察保甲人员执行禁政情况等项事宜。1941年初,各县禁烟事务分处改称禁烟科,不久,该科又并入第二科。1941年8月,民政厅又下令恢复各县禁烟科,并规定该科职责为:(1)清烟毒之宣传、统计及督导事项;(2)种烟及查缉烟毒事项;(3)食烟毒人犯调验及已戒烟民管理事项;(4)清烟毒之考绩事项。②从上述有关规定可知,各县禁烟科的职责较为广泛,从查禁烟毒的种(制)、售、吸到奖惩官吏禁政功过,几乎无所不包,无所不管,据此可知,省民政厅禁烟事务处的职责亦必较为广泛。可见,与禁烟督察分处及其所属机构相比,禁烟事务处及其所属机构应为当时最主要的禁政机构。1943年1月,民政厅又将禁烟科与户政科合并为第五科,专司各县禁烟禁毒事宜。

① 李庆东:《烟毒祸陕述评》,陕西旅游出版社1992年版,第151页。
② 陕西省编制委员会、陕西省档案馆合编:《民国时期陕西省行政机构沿革(1927—1949)》,陕西人民教育出版社1991年版,第124-125页。

除了官方的禁政机构外,也产生不少民办机构。其大致情况是:全民族抗战爆发前,陕西民办的禁政机构主要是省、市县中华民国拒毒分会。全民族抗战爆发后,陕西省政府奉命设立了陕西省禁烟会、陕西省禁毒会及其分会等民间禁政机构。1939年12月,陕西省政府又奉命成立了省、市县各级禁烟委员会,作为对政府禁政机构起监督、建议作用的民办禁政机构。抗战胜利后,陕西省政府奉令将各级禁烟委员会改组为各级禁烟协会,仍系民办禁政机构。总之,以上民办禁政机构均系辅助、协办机构而非主管、主办机构,它们一无权力,二无经费,心有余而力不足,故其在陕西推行的渐禁中,始终未能发挥应有的作用。

　　2.新思路与新法令

　　在全民族抗战爆发前夕,陕西省政府颁布的法令法规多以税收为禁政的主要目的。第二阶段"二年禁毒,六年禁烟"时期所颁布的一系列法令法规体现了陕西省政府贯彻南京国民政府分期禁绝烟毒、法令渐趋严厉的要求。邵力子主政陕西后,陕西省政府在分析陕西烟禁实际情况的基础上,提出了分期禁种的措施,并公布了一系列法令法规,形成了陕西的渐禁方针,即以禁种为重点,禁种(制)、禁运、禁售、禁吸同时并举。政策方面,逐步由"寓禁于征"向"绝对不收烟款"发展。在执行方面,强调以军法军令、行政法规法令和其他辅助手段推行渐禁。

　　全民族抗战爆发后,陕西直接为南京政府所控制,颁布的各种法令法规日严,禁种更是如此。1938年4月,陕西省政府在一个禁种布告中警告说:"倘有不肖之徒貌视禁令,敢于以身试法,一经勘查确实,即行依照《禁烟治罪暂行条例》第三条之规定,处以死刑、无期徒刑或十年以上有期徒刑,并将种烟地亩一概充公,决不宽贷。"[1]可见其法令之森严,远超全民族抗战爆发之前。之后又颁布了一系列厉行禁政的更为周密、森严的法令法规,例如《陕西省禁烟禁毒治罪条例》《陕西省烟民限期自首办法》《陕西省公膏公营办法》《陕西省省会及各县保甲人员办理禁政缉私及奖惩办法》等。它们规定:从1939年10月1日开始,绝对施行《禁烟治罪暂行条例》,对各种烟犯一律从重处罚,其中偷种烟苗者处死刑。同时,重罚违禁公务员和私运私管鸦片毒品者,对于公务员吸食鸦片和毒品者科300元以上罚金,并处10年以上徒刑或死刑;私运私管鸦片和毒品者处5年以上徒刑并科3000元以下罚金,情节严重或屡犯者得处死刑。[2]

---

① 李庆东:《烟毒祸陕述评》,陕西旅游出版社1992年版,第159页。
② 《陕政》旬刊,第1卷第7期,第54页。

1940年初,南京政府下令各省最迟于6月底前全面肃清烟毒。为此,陕西省政府在1至6月一连公布了5个有关法规,重点禁吸,兼及禁运、禁售,但直至年底,烟禁情况仍未达到预期效果。于是从1941年开始,陕西省政府只得奉命厉行善后,陕西禁政转入"善后肃清烟毒"时期。这一阶段的法令法规的主要特点是采取保甲连坐和奖罚等措施。1942年2月,省政府通电各县:嗣后查获烟毒案件,务应讯究明白,绝对依法认真实行连带处罚,不得稍事宽假。这一时期的主要法令法规见表5-4。

表5-4　1940—1945年"善后肃清烟毒时期"颁布的法令法规[①]

法规名称	公布时间	公布者
陕西省消灭私存烟土及整饬各项禁烟工作检查办法	1940年7月	陕西省政府
陕西省政府规定处理登记待收民商存土办法	1940年7月	陕西省政府
陕西省会及长安县禁烟检查办法	1941年4月	陕西省政府
陕西省检查烟毒暂行办法	1941年6月	陕西省政府
xx县检举查缉烟毒运动周办法	1941年	陕西省政府
陕西省肃清烟毒纵横连带处罚办法	1941年10月	陕西省政府
陕西省政府缉获毒品鉴定请奖实施规则	1942年1月	陕西省政府
陕西省肃清烟毒调验补充办法	1942年4月	陕西省政府
陕西省关于公务员军警之妻室或同居家属犯有烟毒禁令者惩处其本人办法	1942年5月	陕西省政府
陕西省三十一年度禁烟善后实施计划	1942年	陕西省政府
陕西省各行政区烟毒检查所设置暂行办法	1943年	陕西省政府
陕西省各行政区烟毒检查所检查规则	1943年	陕西省政府
陕西省检举烟毒人犯及处理暂行办法	1943年	陕西省政府
修正陕西省肃清烟毒纵横连带处罚办法	1943年12月	陕西省政府
陕西省各县查缉走私原则六项	1944年	陕西省政府
陕西省查禁春烟办法	1944年	陕西省政府
陕西省查禁冬烟办法	1944年	陕西省政府
陕西省各区烟毒检查专员设置办法	1945年	陕西省政府
陕西省各县卫生院调验烟民实施办法	1945年4月	陕西省政府

① 马模贞主编:《中国禁毒史资料(1729年—1949年)》,天津人民出版社1998年版。

3.禁烟措施的实施

具体的禁烟措施又可分为禁种、禁吸、禁运禁售和宣传警示四个方面。

在禁种方面,首先,广泛组织党部、政府、禁烟委员会、军警宪兵、督察团、地方绅士等组成省会检查总队和长安县检查总队,省会总队分为11个分队,长安总队分为10个分队,由警察局局长和县长亲任总队长,先期对省会及长安各地的烟毒情况进行检查,历时半月,发现了不少问题,仅省会即查获烟案245起,长安县查获烟案131起。①接着又立即开展了对榆林、洛川、中部、宜川等40县的烟毒检查。之后,又规定每年除由各县局于平时厉行查缉外,责成各县不时组队进行定期不定期的检查,取得了一定成绩。1943年7月,礼泉县先后举行了两次总检查,共缉获烟案61起,烟犯13名。1943年12月18日至21日,陕、豫烟毒查禁专员周策在西安查获烟毒案件330起,其中人赃俱获者45起。②同时,严厉查毁罂粟种子,责令各县局督饬保甲及有关查缉人员重视对春烟和冬烟的查禁。1944年春,在凤县、佛坪、洋县、西乡、宁强、宁陕、山阳、陇县等县发现不少偷种烟苗,在岐山、凤翔等县发现一些遗生烟苗,在查禁冬烟时,又在南郑、商县、周至等县发现烟苗。缉获的烟毒涉案人员更多,仅1944年即达2300多人。③

在禁吸方面,自1939年后,陕西省政府采取登记烟民、分期戒绝的办法实行禁吸。登记工作从1939年10月1日开始,历时5个月,于1940年2月底结束。全省公开登记的烟民人数为180520人。④对于登记在册的烟民,主要采取传戒和勒令自戒等方法,限于1940年6月底前全部戒绝。⑤戒绝后的烟民要填具烟民戒绝决不复吸切结式,戒烟院所要出具烟民戒绝证明书,证明书还留有存根以备日后查对。⑥1942年12月,决定在全省设立烟毒检查所10个,并于1944年进一步在全省要冲如榆林、洛川、商县等地增设烟毒检查所11个。⑦但由于烟民的大量存在,陕西省政府被迫一再延长戒吸期限。即便这样,抗战胜利后,陕西城乡仍然存在大量烟民。

---

① 马模贞主编:《中国禁毒史资料(1729年—1949年)》,天津人民出版社1998年版,第1255页。
② 李庆东:《烟毒祸陕述评》,陕西旅游出版社1992年版,第166页。
③ 马模贞主编:《中国禁毒史资料(1729年—1949年)》,天津人民出版社1998年版,第1275页。
④ 李庆东:《烟毒祸陕述评》,陕西旅游出版社1992年版,第166页。
⑤ 李庆东:《烟毒祸陕述评》,陕西旅游出版社1992年版,第165页。
⑥ 陕西省档案馆:3-2-1257,转引自马小惠:《南京国民政府时期陕西的禁烟运动》,延安大学硕士学位论文,2010年。
⑦ 李庆东:《烟毒祸陕述评》,陕西旅游出版社1992年版,第167-168页。

除加强禁种、禁吸外,陕西省政府在禁运禁售方面也做出了努力,对鸦片和毒品的运售实行查禁,尤其重视查禁剧烈毒品之输入,对邮局包裹、铁路运输等检查都做出详细规定。省政府一方面令各行政区的缉私督察队赴各县查缉私运、私售烟毒情况,查出不少烟毒案,仅宜川一县,即查获持有及私吸、私售等案254起。另一方面奉命清理民存私土,企图堵塞运售来源。1939年11月至1940年3月,省政府采取定价收买和无偿没收等方法,基本上将全省民存私土变成官藏公膏。据记载:仅1939年10—12月,省政府即收买封存烟土65万余两,均交长安公膏厂制膏发售了。[1]1941年8月,严令军队和当地官吏切实查禁甘、晋、豫等省烟土运陕案件。同时,严厉查缉烈性毒品和烟毒走私,建立缉获毒品给奖办法,加大沿黄河各渡口及陇海铁路与其他交通要道经过路线的查缉力度,以防烟毒走私及各种烈性毒品的输入,并于1944年5至7月,在榆林、商县和周至等44县,查获运售烟毒案件334起。抗战胜利后,陕西烟毒私运、私售进一步发展成武装走私,故省政府不得不动用军队进行剿办和厉行奖惩缉私。

在严刑峻法、勉励查禁的同时,省政府还督促省厅和各县局利用各种集会,随时普遍宣传,并通过在交通要道、路口涂写各种禁烟标语,或制定永久性的标语,或通过各界"六三"纪念大会,广泛张贴如"今年是彻底禁绝烟毒之年""烟毒之祸甚于洪水猛兽""烟毒不禁足以亡国灭种"和"制运吸售毒品者处死刑"[2]等标语,广为宣传。同时,厉行奖惩,在这一时期,陕西省政府严厉处分了玩忽职守的韩城县县长王家宾等十多个官吏,给各级官员以很大的警示作用。

4.未能禁绝烟毒的原因

尽管政府出台了一系列措施,但最终还是未能解决陕西的烟毒问题,究其根本是因为政府禁政政策的自相矛盾。近代以来,鸦片是万恶之源,但同时也是金钱之源,正是因为鸦片的这一特性,各级政府在痛陈利弊,声称要严禁烟毒的同时,始终没有放弃过以之取利。南京政府成立后,一直坚持设立"特税",以烟税为财政政策,使烟毒遍地流行,其征收的各种烟税名目多达10余种;陕西省政府另外摊派的各种烟税,其名目亦不下10余种,主要有:禁烟罚款、烟灯捐、烟馆牌照捐、禁烟捐、拒毒捐、善后捐、保运捐、邮包落地捐、特种消费捐、烟膏营业捐、烟土

---

① 李庆东:《烟毒祸陕述评》,陕西旅游出版社1992年版,第166页。

② 陕西省档案馆:1-2-231,转引自马小惠:《南京国民政府时期陕西的禁烟运动》,延安大学硕士学位论文,2010年。

公卖税等,两项烟税合计,竟多达20多种。同时,各种烟税的数额也大得惊人。20世纪30年代,陕西烟款每年在2000万元以上,官吏从中渔利,人民所出恒倍于此数。[1]这大笔烟款,全靠各级官吏催收,这又为官吏的横征暴敛、营私舞弊创造了可乘之机,而使南京政府统治时期的吏治腐败现象,达到了民国时期的顶峰。加之国民政府也是边禁边在鸦片种植和交易中大捞好处,更导致了一些地方官吏觉得有机可乘,借故拖延,每年烟亩派款在2000万元左右。[2]可见,一方面说要禁烟,另一方面又想借之生财,政府在这种矛盾的心态下所实行的禁政政策自然也是自相矛盾,自欺欺人,禁政的效果自然也无从谈起了。据陕西省政府调查统计,1944年3—5月,陕西人民密报检举的官吏贪污违法案件多达418件,占密报检举案件总数911件的46%。[3]

此外,帝国主义侵略者对陕西地方政府禁政的干扰和破坏也是其烟毒未能禁绝的重要原因。尤其是日本帝国主义,在全民族抗战爆发前,为了达到灭亡中国的目的,已经开始大肆向我国推行鸦片政策,大量输入烟毒,干涉各省禁政。全民族抗战爆发后,日本更是积极在沦陷区推行毒化政策,并通过山西、绥远、河南、湖北等省向陕西大量走私烟毒,致使陕西烟毒的运售活动日益猖獗,竟形成了政府无法控制的局面。据《陕西省政府公报》和《陕西省政府工作报告》,1937年8月,蒋介石在一个训令中指出,陕、甘等省的商民仍在运售毒品,究其原因,主要是毒源未清,当局查禁不严。帝国主义侵略者除了私运、私贩烟毒入陕外,还通过为烟犯提供庇护以干扰禁政,对陕西的禁政造成了巨大的压力。

最后,陕西省特殊的省情导致禁烟工作阻力较大,是其烟毒未能禁绝的客观原因。近代陕西的民生状况导致烟毒种制吸食,泛滥成灾,积重难返。民国时期,陕西更是成为全国著名的鸦片产地之一,其种植面之广,产量之丰,在全国各省中属前,烟民曾多达30万人之多,位居全国第二。鸦片的种植、吸食对于近代的陕西人而言可谓司空见惯,几成风俗。严重的匪患也对禁政造成很大的干扰。在近代历史上,陕西因受反动政府和军阀的重税盘剥,匪患一直非常严重,到南京政府统治时期,陕西几乎无县无匪,匪患达到了顶峰,到20世纪30年代时,匪众竟多达10多万人。

---

[1] 李庆东:《烟毒祸陕述评》,陕西旅游出版社1992年版,第109页。
[2] 何挺杰:《陕西农村之破产及趋势》,《中国经济月刊》,1933年第4期,第201—312页。
[3] 《陕西省政府公报》,1944年6月11日,第13页。

40年代初,陕西大股土匪虽被政府军队先后剿灭,但小股土匪的抢劫活动仍然十分猖獗。他们纷纷躲进深山老林,伺机四处抢掠,还以武装保护鸦片的种植和贩卖,甚至经常与政府军队和地方民团发生武装冲突。[1]因为土匪手里都有枪,地方民团往往不是他们的对手,政府军队也往往是睁一只眼,闭一只眼。

(三)警政改良与城市治理

近代以来,陕西省在城市治理方面也有了很大的进步,其中新式警政制度的建立和发展是其最为重要的推动因素之一。陕西省的警察制度是在清末新政的刺激以及后续对西方体系的学习之下逐渐形成的,后经过不断的改良,这一体系日益完备,职能也愈发健全,抗战时期在维护社会治安、加强市政建设、改良社会风俗等方面发挥出很大的作用,是确保后方社会稳定和抗战胜利的重要因素。

1.警察制度的改良

1927—1937年,南京国民政府对北洋政府遗留下来的警察制度加以接收并进行了一定改造、强化,使之成为维护国民党一党专制和蒋介石个人独裁的重要工具,"剿共"成为这个时期警政的主要内容之一。抗日战争时期,警察制度在国统区继续推行,而且得到了较大程度的发展,逐渐向统一化、规范化、现代化方向迈进。1936年12月,根据国民政府的安排部署,陕西省会公安局更名为陕西省会警察局,隶属于陕西省民政厅。局内设秘书、督察处、总务科、行政科、司法科、卫生科、拘留所、警察训练所、医疗所、济良所、警捐经收所、消防队、保安警察总队、侦缉大队和7个分局、39个派出所。[2]1938年,由于战火不断向西蔓延,西安形势一度紧张。在这种情况下,省会警察局一方面调整驻防布局,取消分驻所设置,实行警管区制,另一方面积极干预城市公共事务,促进市政改善,最大程度保障战时状态下城市社会的稳定安宁。1940年,战事日趋平和,地方秩序恢复常态。为解决警力过度集中及城区与四关联系不便的问题,省会警察局增设第八、九、十分局及南关直属分驻所。在警察局内部,将卫生科裁撤,扩充户籍股,设置政训室、警犬室、指纹室、特务队,实行四班三九勤务制,不断提升警察履职效能。[3]1941年,增设兵役科,将市内壮丁征集、兵

---

① 李庆东:《烟毒祸陕述评》,陕西旅游出版社1992年版,第106页。

② 西安市地方志编纂委员会编:《西安市志·第五卷·政治军事》,西安出版社2000年版,第670页。

③ 刘汉东:《一年来陕西省会警政之概述》,《西北研究》,1941年第4卷第3期,第11-17页。

役讲解、军官登记管理等事宜纳入警察日常工作范畴。1943年,西安国民兵团和征购委员会划归省会警察局管辖,警察接管全市范围内征兵、征粮工作。同年,结合社会形势的变化,警察局对各科业务进行了略微调整,进一步明确了警察在保安正俗、交通卫生、营造建筑等城市事务方面所负有的责任,统一了事权,并将第九、十分局和南关直属分驻所一并裁撤。①

2.维护社会治安

抗日战争时期,国内外形势骤变,政治、军事上的较量导致原有的社会状态无序失衡,人民生命财产失去保障,地方秩序趋于困顿。许多不逞之徒,纷纷铤而走险,乘机抢劫,掠财害命,成为盗匪,严重妨害了西安的社会治安。在所有盗窃活动中,尤以井盖失窃最为严重。为防止井盖再度被窃,警察局结合自身情况,对井盖保护做了力所能及的努力和尝试。一方面函请西京市建设委员会对大号窨井盖系以铁链,加置锁轮,提高井盖安全系数;另一方面责成管辖区各保甲长通知住户,要求对附近井盖加以爱护,以免遗失,并且禁止市内各店铺收购专项盖,对私自收购者拘局罚办等。在引入惩戒措施的同时,警察还对各街窨井盖保护办法做了详细的解释说明。办法规定:各街商民有义务对街窨井盖施以保护;各街岗警及其他巡逻警对井盖须随时视察;各级保长及所属分局对遗失井盖负有追究赔偿之责;考询属实的窃犯,除交还原物或勒令赔偿外,还需接受治安处罚;对于私自售卖街窨井盖的行为,与主动行窃同罪论处,没收赃物,处以罚金。②保护与处罚并重的治理策略,一定程度上改善了井盖频繁失窃的状况,对社会治安的维护大有裨益。另外,警察局还经常组织警员进行防奸捕盗演习,在提升警员缉捕技能的同时,达到了向公众传播防护知识的目的。③

---

① 西安市地方志编纂委员会编:《西安市志·第五卷·政治军事》,西安出版社2000年版,第670页。
② 西安市档案馆:西京市政建设委员会,全宗号:M003,目录号:1,转引自屈欣《南京国民政府时期西安警政研究(1927—1949)》,西北大学硕士学位论文,2020年。
③ 《现阶段之西安警政》,《西北研究》,1940年第7期,转引自屈欣《南京国民政府时期西安警政研究(1927—1949)》,西北大学硕士学位论文,2020年。

西安街头的为盗者大多无组织、无计划，"时而为民，时而为贼"的社会乱象使得警察必须对全市户籍进行清查，以期牢固下层基础。1938年，时任省会警察局局长孙谋在原有制度基础上改进了户籍管理办法。根据新的办法，警士每日需要调查户口20～30户，警长抽查20～30户，巡官隔日抽查20～30户，避免因人事动荡造成户口遗漏。调查内容一般包括户主姓名、年龄、籍贯、性别、职业、户内人口、特长、受教育程度、居住年月等。[①]1940年，在陕西省民政厅的督促下，警察在举行户口清查时特别将有犯罪前科的嫌疑户口及军政领属、防御工事、军需粮仓附近的居民户口区分开来，以期严密。1943年，在西安市政处、省会警察局的协同合作下，全市试行制发居民身份证。市区常住居民，无论男女老幼，均需在警察分局或直辖分驻所依法登记户籍。[②]户口清，则良莠明。户政管理是一切施政的前提和指南，警察对户口清查的重视，不但可以明晰辖区情形，做到"知人之明"，而且有利于"防祸于未萌，消患于无形"，在打击违法犯罪、保障社会安宁方面所起的作用不可估量。

3.加强市政建设

西安警察作为城市力量的典型代表，积极参与市政工作，承担市政责任，在征工筑路、便道清理、清洁卫生等事务中扮演了重要角色，成为西安城市现代化转型的有力推动者。

在此之前，西安对城内马路虽有设计，但因经费太少，不能如计划实行。即使是新修的东、西、南、北四大街，也都是"雨天成为染缸，晴天成为香炉"，泥泞难行。为夯实路基，便利民众出行，省会警察局电请政府各关系机关，对原有道路进行改造与修缮。在路政建设的具体事务中，警察根据各街道交通情形对道路进行勘探、分级，按重要程度设定施工程序，视工程大小确定征工人数，并与市内各工厂接洽，办理筑路所需的煤屑、煤渣等材料。[③]施工过程中，警察局不仅派员征工监修，参加工事，而且关注工地及其周围秩序的维持，对妨碍工程、影响工期的行为

① 李士珍：《战时警察业务》，商务印书馆1938年版，第145页。
② 西安市档案馆：陕西省西安市政处，全宗号：M017，目录号：1，转引自屈欣：《南京国民政府时期西安警政研究（1927—1949）》，西北大学硕士学位论文，2020年。
③ 西安市档案馆：西京市政建设委员会，全宗号：M003，目录号：1，转引自屈欣：《南京国民政府时期西安警政研究（1927—1949）》，西北大学硕士学位论文，2020年。

严加制止,悉行罚办。①此外,为了美化市容,提升城市品质,在道路修筑完成后,警察局通常还会联合市政处工务局于新修马路路中、两旁栽植花木,张贴标语,为城市发展增添了不少生机。②

除修筑、翻新市内主干道路外,西安警察还特别注意对公路便道的清理整顿。全民族抗战爆发后,山东、江苏、河南、山西等地难民纷纷来陕避难,在火车站一带私自搭建席棚,或经营小商业,或留作自居。中正门至陇海车站一带原本就属于城市要街,是中外旅客往返西安的必经之地,况且该处道路狭窄,通行尚且困难,小商、茶肆又在两旁人行道上支设席棚,毗连成片,对市民交通大有妨碍。对此,西安警察本着“行人道禁止摊贩”的原则,对境内侵占人行便道的行为进行了整治。西安警察一方面将难民私自搭建的棚户悉行拆除或改建出租,另一方面在本地附近另辟场所,新建铺房,对难民进行易地搬迁,有效缓解了市容建设与难民生计之间的矛盾。③

和路政管理一样,西安警察在市政建设过程中对城市的清洁卫生也十分重视。在城市卫生方面,公共厕所似乎也是一个广受关注的问题。在此时期,西安市虽有公厕多处,但均系旧式建筑,又因年久损坏甚多,内外均无灯光,行人多不敢涉足入内,在厕所内外任意便溺成为常态,对市容与卫生实有妨碍。针对该项问题,警察局对清除队整理公厕事宜做了严格、明确的规定,要求各公厕每日派值勤队丁1名,负责管理及扫除;不论天气如何,每日须清除一次;每晨出勤时,需检查清除设备是否完好,以免中途破裂,遗漏尿便;清除结束后需在厕内散布石灰,借资消毒而重卫生;制定公厕查勤表,分队长、班长负责分段督饬,检查公厕是否清洁,大队长不定时对公厕卫生进行抽查;等等。④除了对公厕卫生采取措施外,警察还做了其他保持卫生以利观瞻的努力。例如,要求城市内不许喂猪、牛、羊等家畜,屠宰生意须迁到郊外的公共屠宰场进行,以远杀生而重清洁;菜市场歇业后,菜贩、棚户要将地面秽物立即清除,不得拖延;严禁市民随地张贴宣传广告;等等。

① 西安市档案馆:陕西省西安市政处,全宗号:M017,目录号:2,转引自屈欣《南京国民政府时期西安警政研究(1927—1949)》,西北大学硕士学位论文,2020年。
② 西安市档案馆:陕西省西安市政处,全宗号:M017,目录号:6,转引自屈欣《南京国民政府时期西安警政研究(1927—1949)》,西北大学硕士学位论文,2020年。
③ 西安市档案馆:西京市政建设委员会,全宗号:M003,目录号:1,转引自屈欣《南京国民政府时期西安警政研究(1927—1949)》,西北大学硕士学位论文,2020年。
④ 西安市档案馆:西安市政府,全宗号:M001,目录号:1.2,转引自屈欣《南京国民政府时期西安警政研究(1927—1949)》,西北大学硕士学位论文,2020年。

4.改良社会风俗

新生活运动为蒋介石于1934年在南昌"剿匪"时提出的以变革社会风气和生活习性为主题的改良运动,其口号和基本准则是"守规矩、尚清洁、明礼义、知廉耻、负责任、守纪律""整齐、清洁、简单、朴素、迅速、确实"。抗战时期的新生活运动,其意是假新生活运动之名而实行抗战之实。"要提高国民的知识道德,以奠定精神的基础,巩固精神的国防。"①蒋介石曾私下对蒋梦麟、张伯苓等人透露:"新生活运动,要请你们在北方的同志们好好的推动,我有一个深意藏在这新生活运动的里边,我想发动全国人民,利用新生活运动来发动全国人民,来作抗日运动。"②新生活运动"就是要使全国国民的生活能够彻底军事化,能够养成勇敢、迅速、刻苦耐劳,尤其是共同一致的习性和本能,能随时为国牺牲"③。

全民族抗战爆发后,陕西省政府也积极响应号召,大力推行新生活运动,改良社会风俗,营造良好社会风气。其中,西安市的推行效果尤为显著,西安市警察局功不可没。西安市警察局按照新促会的要求,对城区人们的衣食住行进行整顿,厉行节约,对不节约者给予了惩处。"陕西省新生活运动促进会自奉令办理节约运动以来……凡妇女烫发者,除当面警告外,并公布姓名(妓女与理发馆由本会函请警察局制裁)。"④"取缔烫发,业已厉行,本市各理发店,均已遵令办理,惟有南院门美容理发馆于前(十三)日公然烫发,殊违反节约运动之意义,昨(十四)日已转请省会警察局予以惩处。"⑤

省会警察局还加大对不健康、不文明的现象和行为的整顿。"省会警察局奉省府令,以近来电影广告及小型报纸,为适合低级趣味之心理,不惜作各种诲淫诲盗文字图书及此类电影广告,严加取缔,以资纠正。"⑥"陕西省会警察局以本市广告公布各栏,早经统筹规划,深切勘定,近查各大街小巷之墙壁、电杆上之各种印刷品,任便滥贴,有碍观瞻,随处皆是……极应严加取缔,以资纠正。昨(十)日特通令各分局,迅即督饬各所在地商住户,将墙壁电杆上旧有之印刷品,一律洗刷干净

---

① 黄季陆主编:《革命文献》第53辑,(台北)"中央"文物供应社1971年版,第178页。
② 蒋梦麟:《新生活运动之基本精神》,《新运导报》,1948年第121期,第13-15页。
③ 肖继宗主编:《革命文献》第68辑,中国国民党党史委员会1975年版,第22页。
④ 《国风日报》,1939年3月10日,第3版。
⑤ 《工商日报·西安》,1939年4月15日,第2版。
⑥ 《秦风·工商日报联合版》,1937年8月22日,第2版,转引自张庆:《论抗战时期西安警察行政与城市社会控制》,西北大学硕士学位论文,2007年。

不得任令滥贴，并饬附近岗警随时注意。"[1]

严厉禁止赌博，违反军民一律法办。"西安军警联合办事处，为彻底禁赌起见，故特派队分在各处明密巡查，连日拘获赌徒约达五十余名，均施行询问告诫，轻犯者当即释放，较重之赌徒，均已转送省会公安局拘押，以期彻底悔过革新。"[2]

娼妓作为不文明的旧风俗，是警局整顿的重点。西安对娼妓业采取了调查、征税、定点营业、设立专门警察所、定点开办济良所、对妓女身体定期做健康检查等专门措施，这体现了当局对于这一社会顽疾由放任自流到集中管理的理念。"民国21年6月，西安市警察局布告：凡挂灯娼妓乐户一律迁入中山大街、开元寺内营业，不得再租居民房。"一直到国民党败退台湾，这一带都是西安市有名的红灯区。"民国十五年省会警察局在开元寺专设警察所，以控制该地社会治安，抗战时期仍然设立，直到民国38年才撤销。""民国26年省会警察局规定：对妓女实施卫生检查，由卫生保健股组织实施，每一月一次。民国31年又规定：上等妓女每月检查一次，二等妓女每半月检查一次，身体健康者发给'桃花证'，凡佩戴桃花证的妓女方允接客。一旦查出有花柳病者，即刻收回桃花证，并责令治病。每月初十为开元寺妓女健康检查日，由分驻所警察和老板率领，去北院门卫生院接受检查。"[3]

小结

全民族抗战爆发前夕，陕西就笼罩在战争阴云之中，社会生产、生活秩序受到强烈冲击。此间，不甘屈服的陕西民众展现出强大的民族韧性和民族凝聚力，抗日救亡团体纷纷涌现，爱国民众踊跃加入，新闻界、文艺界与妇女界发起劝募公债运动和抗日献金运动等，都掀起了全民族抗战的热潮，对各阶层做了广泛而有力的社会动员。这是陕西能和全国各地区一道，赢得抗战胜利的重要前提。全民族抗战爆发后，

---

[1] 《工商日报·西安》，1938年1月11日，第3版。
[2] 《工商日报·西安》，1937年2月25日，第3版。
[3] 逯茂怀、张庆：《清末民国陕西警察简志》（未刊本），2006年10月，第107页。

陕西社会遭遇的困难更加严峻,头绪之纷乱、局势之险恶,与沦陷区情形近似。诸如难民涌入、人口激增、粮食短缺、军属优抚、烟毒泛滥、治安恶化等问题十分棘手,但陕西官民持定抗战必胜之信心,众志成城,披荆斩棘,探索出许多行之有效的办法,在社会救济和社会治理方面积累了丰富经验,移民安置、警政改良、禁止烟毒过程中的许多措施相对其他大后方地区,有特别称道之处。这些举措维持了全省的社会安定和农业、工业生产的良性运转,同时也为持久抗战提供了人、财、物的有力保障,是中华民族赢得抗战全局胜利的必不可少的因素。

同时,经由救亡运动所洗礼的民众精神面貌和战争当中积累的社会救济与社会治理之经验,也是战后陕西社会实现重建并走向现代化的重要力量,直至今天都是鼓舞三秦儿女雪洗民族耻辱、实现民族复兴的强大动力和宝贵财富。

第六章

全民族抗战时期的陕西教科文卫

▲▲▲

九一八事变后,东北沦陷,西北作为抗战大后方的重要性日益凸现,其特殊战略地位引起了国民政府的重视,1932年西安被定为陪都后,国民政府开始着手部署西北的高等教育。国立西北农林专科学校的成立,填补了这一时期陕西高等教育的空白。但全民族抗战爆发前,陕西教育无论在数量上还是质量上都比较落后。全民族抗战时期陕西省的科教文卫事业有较大的发展,教育方面随着内迁高校的增多,高等教育有了长足发展,中等和初等教育也随着受教育群体的增加而有所发展;科技水平方面则在工业、农业、国防等领域迅猛提升,为战后陕西省相关产业发展奠定了基础;文化方面持续繁荣,特别是戏曲随着京剧、豫剧等代表人物内迁,演出活动大为增加;医疗卫生方面也随着抗战内迁以来机构的增加而有显著进步。本章从高等教育机构迁陕、教育事业发展、科技文艺繁荣等几个方面展示战时陕西省科教文卫事业的基本情况,进而分析其与战争的关系。

一、高等院校迁陕及高等教育发展

全民族抗战爆发以后,平津地区以及山西的部分高校及师生陆续迁往陕西。这些高校的内迁一方面避免了日军的摧残,保证了我国高等教育的续存;另一方面促进了西北地区高等教育事业的发展。本节主要聚焦高等教育机构的内迁以及内迁后的发展变迁。

(一)高校内迁陕西

1.全民族抗战爆发前陕西高等教育的情况

全民族抗战爆发前,陕西的高等教育发展十分缓慢。西北大学、三秦公学等高等院校时兴时废,少有建树。仅1934年建立的国立西北农林专科学校独树一帜。近代以来,有两大源泉支撑着陕西高等教育的发展:陕源和京源。顾名思义,陕源是陕西省内自办的高校,京源指抗战以来从京津等地迁陕的高校。

作为陕源高等教育代表的西北大学在全民族抗战爆发以前经历了一个曲折发展的过程。清光绪二十八年(1902年),咸阳、长安两县的考院旧址被改建为陕西大学堂,这是陕西历史上第一所高等学府,到1905年改为陕西高等学校。西北大学创建的另一个基础是陕西省法政学堂,这是民国前培养政府官吏及法、商人才的学校。此外还有陕西农业学堂和实业学堂等校。1911年,以陕西农业学堂为基础,创办了三秦公学。[①]在此基础上,1912年西北大学正式开始创建。西北大学总共经历了三次建校、两次停办。第一次为民国初年陕西都督张凤翙创办的西北大学,仅三年余时间(1912—1915年),就被军阀陆建章所破坏。第二次是刘镇华统治西北时再次开办的西北大学(1923—1927年),由于政治动乱和经济匮乏,学校再次停办。1927年2月利用西北大学的校址和设备创立的西安中山学院,在不到5个月的时间里,培养了一批政治、军事和群众运动方面的骨干。第三次是全民族抗战爆发之初,国立北平大学、国立北平师范大学、国立北洋工学院在西安联合组建"国立西安临时大学",后改为"国立西北联合大学",又改为"国立西北大学"。[②]

在全民族抗战爆发以前,陕西还没有省立的大学,国立西北农林专科学校也只有在校学生300余人。陕西省的学生要想接受高等教育只能出陕求学,整体而言,省内高等教育水平比较低下。全民族抗战爆发以后,1937年10月,国立西安临时大学成立,1938年3月西安临时大学奉命迁到陕西汉中地区,当年4月初在汉中改称国立西北联合大学,并把其农学院与工学院独立设置。1938年6月,由国立西北联合大学析出的国立西北农学院、河南大学畜牧系、国立西北农林专科学校合并为国立西北农学院。国立西北联合大学,共有学生1700余人。[③]就受高等教育的人数而言,在当时,全国平均每百万人口中的学生人数为93人,陕西省每百万人口中的学生人数为31人,占全国第20位。[④]可见陕西省受高等教育的人数较少。

陕西省的高等教育虽然不及平津等高校,但不能忽视时人对陕西高等教育的关注和支持。比如,1924年西北大学校长傅铜在刘镇华的支持下,开办了"暑期学校",邀请当时各界名流到陕讲学。新文化支持者鲁迅先生,北京大学前理学院

① 西北大学校史编写组编:《西北大学校史稿》,西北大学出版社1987年版,第3页。
② 西北大学校史编写组编:《西北大学校史稿》,西北大学出版社1987年版,第1页。
③ 西北研究社编:《抗战中的陕西》,西北研究社1940年版,第148页。
④ 党彦虹:《抗日战争时期的陕西高等教育探析》,《长春理工大学学报》,2012年第3期,第34-35页。

院长夏元瑮,北京师范大学教授王桐龄、林砺儒,南开大学教授蒋廷黻、陈定谟,东南大学教授陈钟凡、刘文海及《北京晨报》记者孙伏园、《京报》记者王小隐等人均曾到校讲学。根据《暑期学校简章》,"暑期学校"从7月20日开始,以利用暑期介绍新学术为宗旨,凡现任中小学教职员及具有相当资格者,均得入校听讲,每日来校听讲时,须交听讲证并签到,在听讲期间,对于一科始终出席并无缺席早退者,给予该科证明书。在诸位先生的演讲题目中,鲁迅的讲题是"中国小说之历史变迁",王桐龄的讲题是"陕西在中国史上之位置",林砺儒的讲题是"新教育之哲学的根据",刘文海的讲题是"近代世界变迁史",蒋廷黻的讲题是"法兰西革命史"和"欧洲近世史",陈定谟的讲题是"行为论",陈钟凡的讲题是"中国国文教学法""中国文字演进之顺序""读古书的途径",夏元瑮的讲题是"物理学最近之进步"。从这些讲授的题目来看,均为有研究专长的著名学者的具有一定影响力的学术成果。"暑期学校"虽然时间短,但是给陕西高等教育带来了较大影响,它的开办无疑打开了陕西高等教育与外界沟通的一扇门。

2.全民族抗战爆发后高校迁陕

全民族抗战爆发以前,时任陕西省政府主席邵力子为促进陕西省的高等教育发展,向国民政府行政院呈函称,"西北自中央主持以来,物资建设成效渐显,惟教育一端依然落后,诚以陕甘宁青新等省,人口总数在二千万以上,乃竟无一大学作高深之培养,实不足以应事实之需要",故而建议"查北平一隅,国立大学居四所之多,实嫌供过于求,似可酌迁一所入陕,易名为西北大学,即以旧有图书、仪器、教材作新校基础,中央但筹购地暨建筑校舍之费,预计为数不过一百万元左右,如财力艰难尚可分期拨给。以此办法,全国学区既免畸轻畸重之弊,西北方面亦省另起炉灶之劳,一举两利,莫过于此"。①由邵力子的函件可以知道,当时陕西高等教育落后于东部地区,并力图通过舒缓平津高校供过于求的状况,建议高校西迁。然而,还未等有所施行,卢沟桥事变爆发了。

不到1个月时间,平津相继沦陷。国立北平师范大学数理学院和文学院被日军强占,成为其警备司令部和空军司令部。日军进攻天津之时,炮轰八里台,南开大学校舍全毁,国立北洋工学院也被占领,图书、仪器和校舍几乎被毁殆尽。随着

---

① 中国社会科学院近代史研究所《近代史资料》编辑部、中国第二历史档案馆合编:《抗战时期西北开发档案史料选编》,中国社会科学出版社2009年版,第26—27页。

日军南下侵略,华东主要城市也面临着日军威胁。为保存近代教育资源,使中华民族的教育能以存续,各大高校师生不得不内迁。

根据相关研究,在全民族抗战期间,内迁高校主要有四个中心区:第一中心区是以重庆、成都、昆明、贵阳为中心的西南地区,这是内迁高校的主要集中地,共接收高校60余所;第二中心区是以广西、湘西、湘南、粤北、粤西为中心的中南山区,共接收37所内迁高校;第三中心区是以浙江内部山区、赣中南和福建内陆山区为主的华中南丘陵地区,共有33所高校迁至此区;第四中心区即为以陕南、关中为中心的陕甘地区,内迁高校10所,虽然数目远远不及前面三个中心区,但该区有平津三校组成的国立西安临时大学,其中西安和陕南城固是战时陕西文教发展的核心地带。[①]迁陕的高校分别是:东北大学、国立北平大学、国立北平师范大学、国立北洋工学院、省立山西大学、省立河北女子师范学院、省立河南大学、私立焦作工学院、山西工农专科学院、私立川至医学专科学校、铭贤学院等。

然而,实际上的内迁远远比字面上的迁建更为残酷和困难。比如,校舍和必要的教学设备难以解决,国立西安临时大学在多方努力下,才暂时在西安找到栖身之所,全校被分别安置在三个地方:城隍庙后街四号、东北大学原西安校址、北大街通济坊。国立西安临时大学于1937年11月1日正式开学,然而因未得到国民政府的财政支持,无法建设新的校舍,师生分居三地。学生住的宿舍是大通间,上下铺的架子床,这些学生连衣服和被褥都成问题。教师则是自己找民房分散居住在全市,有的教师暂住在西安西京招待所和北京饭店,有的则需要步行一二十公里到校上课。教学设备和经费更是难上加难,甚至没有图书馆、体育场等相关必备设施。[②]

(二)迁陕高校的继续发展

首先,迁陕的高校当中,国立西安临时大学(国立西北联合大学)的筹建及运行最为重要。平津沦陷之后,国民政府教育部立即下令,将国立北平大学,国立北平师范大学,国立北洋工学院和国立北平研究院(最后未加入)在西安组建为国立西安临时大学。面对战场混乱、日军炮火的威胁及路途遥远等问题,三校的师生

---

① 党彦虹:《抗战时期高校内迁与陕西高等教育的发展》,西北大学硕士学位论文,2004年。
② 西北大学校史编写组编:《西北大学校史稿》,西北大学出版社1987年版,第29页。

要想安全、按时抵达西安并非易事。到1937年12月10日,原平津各院校的师生才陆续抵达西安上课,由于迁建的特殊原因,国立西安临时大学第一学期的时间持续到1938年2月底。

随着侵华日军沿同蒲铁路南下抵达山陕交界的黄河风陵渡口一带,陕西的门户潼关危急。在此情况下,国立西安临时大学又被迫迁往汉中。1938年3月16日,国立西安临时大学正式迁离西安,前往汉中,全体师生不畏辛苦,按照行军编制,在校常委、原国立北平大学校长徐诵明带领下,由西安出发坐火车至宝鸡,然后下车按预定计划徒步往南前行。为了保证行军安全,常委会做了大量准备和组织工作。行军顺序按中队次序,逐日连续出发一个中队,每中队行进行列按设营组、侦察班、中队队伍、医务组、运输组、收容班的顺序前进。从宝鸡至汉中,一共有10站,拨给每个中队胶皮大车15辆,作为载粮食及随身行李之用。给养由膳食委员会在各站布置,每个中队携带给养两天,由运输组给养班负责保管、押运和分配。全校教职工和学生从3月中旬出发,经过渭河,越秦岭,渡柴关,涉凤岭,行军500多里。虽然山峦起伏,道路崎岖,但大家仍然以前方战士流血牺牲的爱国精神鼓励自己,团结自助,克服困难。在行军过程中,学生们时刻关心着前方战场的情况,虽然没有固定的居所,交通和通信更是难上加难,但每到一地,各队就将收音机里听到的前方战况用大纸书写出来,供同学们阅读。全校师生共克时艰,经过半个月左右的时间,达到目的地汉中。

国立西安临时大学时期,有如下院系:文理学院,下设国文系、历史系、外国语文系、数学系、物理系、化学系、生物系、地理系;法商学院,下设法律系、政经系、商学系;教育学院,下设教育系、体育系、家政系;农学院,下设农学系、林学系、农业化学系;工学院,下设土木工程系、矿冶系、机械系、电机系、化工系、纺织系;以及医学院。由于处在全民族抗战爆发之际,京津三校迁到西安时的教学设备和图书几乎没有,院系同样分为三处设置。第一处在城隍庙后街四号,设为校本部,国文系、历史学、外语系、家政系在此上课,第二处在东北大学原西安校址,数学系、物理系、化学系、体育系、工学院在此上课,第三处设在北大街通济坊,法商学院三系、农学院三系、医学院和教育系、生物系、地理系等在此上课。此时国立西安临时大学有一个特点,那就是推行战时状态教学。为了适应战时需要,学校特别定制了以抗日为中心的军事、政治、救护、技术等课外训练,并由教授指导学生组队下乡宣传,"尽瘁此临时教育事业,以挽救当前民族之大危机。否则,吾人将成为亡国士夫"①。虽然国立西安临时大学在历史上存续的时间不长,但不仅延续了京津三校的办学传统,也彰显了面对民族危机,师生勇于匡扶国难的精神。

与迁至汉中时间差不多,1938年4月3日,国民政府教育部下发《平津沪地区专科以上学校整理方案》,令国立西安临时大学更名为"国立西北联合大学"。1938年5月2日,国立西北联合大学正式开学。有校委这样说过:"本校现改名为国立西北联合大学,其意义一方面是要负起开发西北教育的使命,一方面是表示原由三校合组而成。"② 1939年,考虑到内迁高校在地域上分布不均,且院校内专业设置的问题,国民政府教育部又发布新的命令,"农工两学院应与国立西北农林专科学校,国民东北大学工学院及私立焦作工学院,分别合并改组为国立西北农学院及国立西北工学院"。③

1939年8月8日,国民政府又决定改国立西北联合大学为国立西北大学,医学院单独设置,又在原国立北平师范大学的基础上,创设国立西北师范学院。④根据彼时必须有三个以上的学院才可成为大学的规定,西北大学遂将原文理学院分为文、理两院,连同法商学院共三院十二系(含医学院),继承国立西北联合大学的教学体制,仍为西北地区的最高学府。

根据《西北大学校史稿》记载,造成当时国立西北联合大学分解的主要原因是国民政府意图完全把控国立西北联合大学,加强对高等院校的统治。国立西北联合大学迁到陕南,让统治陕南的鄂陕边区警备司令部司令祝绍周等人无时无刻不感觉到大学抗日革命进步势力的影响。比如,一批全国知名教授在联大讲台上讲授马克思主义观点的课程;学校民先队和剧团活跃在陕南城乡宣传抗日救国;中共联大地下党组织在陕南活动;全校大小学潮不停;等等。当局采取解聘进步教授、逮捕和开除学生、加紧复兴社等反动势力渗入等措施,然而并不十分见效,只有进一步分解联大,采取分而治之。趁着1939年暑假不少师生不在校的机会,当局宣布将国立西北联合大学改为国立西北大学,并将原师范学院、医学院独立设

---

① 西北大学校史编写组编:《西北大学校史稿》,西北大学出版社1987年版,第33页。
② 西北大学校史编写组编:《西北大学校史稿》,西北大学出版社1987年版,第45页。
③ 姚远主编:《西北联大史料汇编》,西北大学出版社2012年版,第698页。
④ 尚季芳:《抗战时期内迁高校与西北地区现代化——以国立西北师范学院为中心的考察》,《西北师大学报(社会科学版)》,2012年第5期,第15-23页。

置。①如此，国立西北联合大学分立成为五校：国立西北农学院、国立西北工学院、国立西北大学、国立西北师范学院、国立西北医学院。

1939年9月，国立西北大学正式开学，全校学生共851人，教职工216人。这一时期的教学基本沿袭联大文、理、法、商各学院的传统。最为突出的变化就是国民党加强了对学生的控制，增加了国民党党化教育的比重。在教育方针方面，按照蒋介石在全国第三次教育会议上提出的以"三民主义"为教育的最高准则的要求，加强对学生的党化教育。比如，在1941年，教育部令将"三民主义"课列入大学共同必修课，课时为一年，主要讲授蒋介石的"中国之命运""心理建设""伦理建设"及国民党党史等。在培养目标方面，教育部根据国民党的《抗战建国纲领》，提出"大学教育应为研究高深学术，培养能治学治事治人创业之通才与专才之教育"。由于抗战的具体需要，学生多报考工学院和经济系、商学系，对于文理学科则不是很青睐。在课程设置方面，根据1944年9月修订的《西北大学学则》，"全校课程分为当然必修课、公共必修课、分系必修课及分系选修课4种"，当然必修课包括体育、军训，这两类课不计入学分；分系必修课及分系选修课都根据课程标准而定；只公共必修课根据学院不同，要求的学分数就不同，文学院和法商学院要求52~56学分，理学院46~54学分，商学系48~56学分。②

其次，作为西北的一所师范院校，国立西北师范学院在抗战时期的发展也值得关注。1938年，根据当时国民政府教育部在《战时教育实施方案》中关于"师范学院应独立设置，或将大学教育学院改称"的规定，国立西北联合大学教育学院改称师范学院，原国立北平师范大学校长、国立西北联合大学校务委员会常委兼教育学院院长李蒸兼任师范学院院长。

从国立西北大学独立出来之后，国立西北师范学院先在城固建立校址，但由于地处陕西南部，位置偏僻，学校发展和招生都受到限制。此时，甘肃教育厅和省临时参议多次向国民政府提出将国立西北师范学院迁到兰州。1940年4月，国民政府教育部命令国立西北师范学院迁至兰州。从1941年起，城固本院旧生陆续毕业，不再招收新生，而兰州分院则每年招收新生。本院学生每毕业一批，就腾出一批人员和设备，迁往兰州。1942年，国立西北师范学院本院由城固迁往兰

---

① 西北大学校史编写组编：《西北大学校史稿》，西北大学出版社1987年版，第89-90页。
② 西北大学校史编写组编：《西北大学校史稿》，西北大学出版社1987年版，第105-106页。

州,城固本院改称分院,兰州分院改称本院,1944年底全校迁完,城固分院宣布撤销。国立西北师范学院后来改称为西北师范学院,发展为甘肃师范大学即今天的西北师范大学。

在城固时期,国立西北师范学院承继了国立西北联合大学师范学院时期的国文、英语、史地、数学、理化、教育、体育、家政八系和劳作专修科,又新设师范研究所、公民训育系和博物系,全校共十系一科。按规定,本科学生修完全部规定科目,经考试合格并实习一年期满,经证实教学成功者,给予学士学位,后又创设"第二部",招收非师范学生和现任中学教员,只要通过教育专业训练,同样可以获得毕业证。虽然第二部招收学生很少,但教育实训程度高,具有研究生性质。在兰州时期,国立西北师范学院除了原来的十系一科并继续招收先修班外,又设立了国文、史地、理化、国语、体育五个专修科,还有劳作师资训练班、优良小学教师训练班、师范研究所的工作也有了发展。此时,在校学生1010人,教师159人,职工66人。[1]

在教学方面,当时国立西北师范学院规定,本院的课程分普通基本科目、教育基本科目、分系专门科目和专业训练科目四类。按今天的说法,前三类科目可以对应为公共必修课、专业必修课和专业选修课。普通基本科目52学分,教育基本科目22学分,分系专门科目72学分,专业训练科目24学分(其中分科教材教法研究8学分,教学实习16学分),另按照科目表实施要点需增加12学分,共计182学分。学生在各科学习中,5年内必须修满这些学分,加上其他条件(比如毕业论文、实习成绩、训导证明等),认为合格者,则准予毕业。普通基本科目的课程有"三民主义""国文""英语""体育"等。文科各系学生还要修"中国文化史""西洋文化史""哲学概论"等课程。此外,按当时规定,文科各系学生还必须修一门自然学科课程,物理、化学、生物、人类学等任选一种。[2]对照今天的大学的课程设置,可以说当时国立西北师范学院的师范教育已经与现在有很大相似之处了。

在1939年至1949年的十年间,国立西北师范学院除了地处西北边陲,资源匮乏以外,还面临着巨大的经费压力。截至1941年10月,国民政府教育部在已经核定的限额内欠发师院各种费用共计22万元,其中有生活补助费、薪金、房膳

① 西北师范大学校史编写组编:《西北师范大学校史(1939—1989)》,青海人民出版社1989年版,第7-9页。
② 西北师范大学校史编写组编:《西北师范大学校史(1939—1989)》,青海人民出版社1989年版,第12-13页。

津贴、学生生活费等。迁建费用更是不足，1941年初拨给兰州分院创建费7万元，基本用于购买地皮，而计划修建百余间校舍则只能修建24间。在生活方面，师院师生也过得相当艰苦。在城固时期，1939年入学的全体新生合住在原来作为风雨操场的大草棚里，后来住进了新宿舍，新宿舍也是板筑土墙、稻草盖顶、檐下漏风的茅草屋。[①]

同时立足于陕西和甘肃的国立西北师范学院在开发西北、启迪民智中起到了重要的作用。校长李蒸曾说："本院为西北地区师范教育最高学府，其使命实不仅限于课室教学，及狭义的师资培植，必须致力民族文化之发扬，国民道德之树立。换言之，本院实有参加整个西北文化建设工作之任务。所谓西北文化建设工作，要而言之，分为：（一）恢复民族固有道德，（二）提高社会生活水准，（三）推进各省公民教育，（四）供给人民精神食粮。"[②]秉持这种精神，国立西北师范学院在抗战时期既肩负着培养师资的任务，也担任着地区社会教育的责任。1941年1月在邯留乡举行了首次民众教育。学校举行了盛大的开幕典礼，在会场和农村布满了标语、漫画及各种壁画，内容都是与民众切身利益相关的问题。比如"念书识字可以写信看信""有病的请到施教区诊所去""要知打仗的消息快到施教区看报去"；也用新颖的、通俗的词句和生动的笔调编写了一些文章，如《农民认识自己的伟大力量》《抗战救国大鼓书》《老百姓怎样救国？》等。[③]

再次，关于其他迁陕高校的情况。东北大学在全民族抗战爆发前，由沈阳迁至北平，1936年在西安成立分校。1937年6月，东北大学开封校本部及文学院、法学院迁往西安，与西安分校及由北平来西安的师生会合。全民族抗战爆发后，东北大学于1938年3月迁往四川三台，1946年春迁回诞生地。相对而言，东北大学在陕西的时间较短。省立山西大学于1939年12月迁往陕西三原，1941年11月迁陕北宜川，1943年2月又迁往晋南吉县，7月迁回宜川。省立河北女子师范学院，抗战爆发后该院部分学生前往西安，1938年转入国立西安临时大学。省立河南大学是抗战胜利前夕的1945年春天才迁到陕西宝鸡。私立焦作工学院，原址在河南焦作，于1937年10月迁至陕西，后又迁至天水，1938年7月并入国立西北工学院。在山西太谷办

---

① 西北师范大学校史编写组编：《西北师范大学校史（1939—1989）》，青海人民出版社1989年版，第10页。
② 李溪桥主编：《李蒸纪念文集》，中国社会科学出版社1996年版，第186页。
③ 尚季芳：《开发西北教育的急先锋——抗战时期国立西北师范学院的创办和业绩》，《教育史研究》创刊二十周年暨中国教育史研究六十年学术研讨会，第1134-1135页。

学的铭传学校,1938年1月迁至西安,11月迁至陕南勉县,1939年3月迁至四川金堂,1943年8月扩充为私立铭贤学院。私立川至医学专科学校在全民族抗战爆发后先是迁到山西新绛,后迁至陕西三原,再迁至陕北宜川,1940年3月并入山西大学。国立西北工学院由国立北平大学工学院、东北大学工学院、国立北洋工学院及私立焦作工学院合并而成,1938年7月脱离国立西安联合大学而独立。国立西北农学院由国立西北农林沌河学校、西北大学农学院和河南大学农学院畜牧系合并而成,于1938年7月正式在陕西武功成立,该学院是新中国成立前我国高等农业教育的一个标志和典范。国立西北医学院由内迁的国立北平大学医学院组成,先附属于国立西安临时大学及后来的国立西北联合大学,于1939年8月更名为国立西北医学院,建址汉中,抗战胜利后迁入西安。[①]

通过整理全民族抗战时期内迁至陕西的高等学校的情况,可以得出以下结论:第一,全民族抗战时期内迁至陕西的高等学校数量明显低于西南地区;第二,内迁至陕西的高等学校几乎都是从华北而来,比如平津、山西等地,东部沿海的高校则主要迁至西南大后方地区;第三,迁陕高校内在发展动力不足,这主要是由于迁陕高校本身的教育及科研水平并不突出,在迁陕之后又面临着选址困难、生源不足、日军扫荡等威胁;第四,促进了以西安为原点的西北地区的教育水平的发展,对延续教育资源、培养人才、开启民智、支援抗战、服务地方社会等作出了突出贡献。

二、中等及初级教育事业的发展

(一)中等教育事业的发展

全民族抗战爆发后至1940年,陕西省的中等教育学校包括省立、联立、县立、私立在内,共有67所,学生总人数为1.7万至2万人,其中女生约占10%。[②]这些

---

① 党彦虹:《抗战时期高校内迁与陕西高等教育的发展》,西北大学硕士学位论文,2004年。
② 西北研究社编:《抗战中的陕西》,西北研究社1940年版,第148页。

中等学校中省立28所,联立1所,县立11所,私立27所,主要分布在关中区44所,241班;汉中区16所,107班;陕北区7所,41班。这当中,有14～15所是在全民族抗战爆发后建立的。属于省立的有兴国中学、米脂中学、陇县中学、朝邑师范、富县师范、乾县中学等,属于县立的有朝中、周陵及神木中学等,属于私立的有竞存中学、大华中学、上大中学、黎明中学、力行中学等。就数量而言,抗战后比抗战前增加了20%。①

全民族抗战时期陕西的中等教育,按类别可以分为中学教育、师范教育和职业教育,按地域可以分为陕西本地学校和迁入学校。

在中学教学方面,国民政府教育部结合抗战需要,于1937年颁布了《陕西省中等学校战时教育实施纲要》,其中指出,"为适应抗战之需要,现有课程内容,应尽量与抗战发生关系,每周授课时间,得酌情减少,使学生有参加后方服务之机会",在实施教育的目标方面,要求"应侧重意识训练,生活训练,技术训练,以养成学生认识国家民族的危机。觉悟自身所负的责任,提高文化水准,努力保护民族的生存,国家的独立"。②中学教育所学的主要课程有公民、国文、算学、英语、物理、化学、动物、植物、历史、地理、卫生、童子军、军训、伦理、体育、劳作、图画、音乐等。③由此可以看出,中等教育科目众多,培养了中学生广泛的学习兴趣,同时也注重促进学生对民族危机的认识,为民族觉醒奠定后备力量。

师范教育在全民族抗战时期也取得了较大发展。1938年5月7日,国民政府制定并颁布《确定师范教育设施方案》,规定"二十七年度应即划定师范区,每区至少设师范学校或乡村师范学校一所",其中汉中区6所:汉中师范、汉中女师、兴安师范、西安师范、西乡师范和汉阴师范;关中区5所:户县师范、同州师范、凤翔师范、彬州师范和渭南师范;陕北区3所:复延师范、绥德师范和榆林师范。共计14所中等教育师范学校。④在课程设置上,开设公民、国文、算学、地理、历史、卫生、化学、物理、美术、音乐等文化课程,还有普通心理学、黑板书法、教育史、教育制度、学校管理、教授实习等技能课程。在教育内容上,贯彻"三民主义"思想,开设

---

① 陕西省教育厅《陕西教育志》编纂办公室编:《陕西教育志资料选编:下卷》,陕西人民出版社1988年版,第188页。
② 陕西省地方志编纂委员会编:《陕西省志:教育志》,陕西人民出版社2001年版,第169页。
③ 童盟、杜海斌:《抗战时期陕西国统区教育发展状况研究》,《内蒙古师范大学学报(哲学社会科学汉文版)》,2016年第3期,第69-73页。
④ 陕西省地方志编纂委员会编:《陕西省志:教育志》,陕西人民出版社2001年版,第19页。

党义、公民,宣传"四维""八德",即宣传忠勇为爱国之本,孝顺为齐家之本,仁爱为接物之本,信义为仁爱之本,节约为治事之本,整洁为强身之本,助人为快乐之本,服务为责任之本,学问为济世之本,有恒为成功之本。[①]从课程设置和开设课程来看,全民族抗战时期的师范教育既考虑到了基础文化知识的学习,也注重培养师范学生的职业技能,对中国传统道德的教习也颇为重视。

与中等教育和师范教育相比,全民族抗战时期的职业教育就显得更具实践意义。就学校数量而言,到1941年陕西国统区的职业教育学校有29所,其中初高合办的有10所,高级职业学校有12所,初级职业学校有7所,在校学生共计5514人。[②]但从数字上看,这一时期的职业教育并不如前面两种教育那么多,但是其实践意义更为突出。因为全民族抗战时期的职业教育已经超脱了个人谋生计的目的,更多的在于为适应抗战需要和服务地方社会,培养大量的专业性人才。

全民族抗战时期,外来迁陕的中学大致有以下四种情况。第一,同乡会创办的中学。如1940年,山西同乡会在西安创办晋兴中学,浙江同乡会创办东南中学;1941年,东北旅陕同乡会创办东望中学;1943年,河南同乡会创办西北中学,江苏同乡会创办新苏中学;1945年,山西同乡会又创办并州中学。第二,为了收容流入陕西的师生,国民政府建立的中学。比如1938年5月在安康创办的陕西中学。第三,陕西地方名士出资建校。如1939年4月,乾县人张润泉在乾县建立陕西省立乾县中学;1945年,高凤山创办西安私立文汇中学。第四,外迁而来的中学。在商洛地区,1940年建立了陕西私立岭南中学;在宝鸡地区,东北竞存中学由西安迁至凤翔地区,扶轮铁路中学由河南郑州迁入宝鸡,1942年又迁往蔡家坡的龙泉寺;在汉中地区,河南战时第一中学迁入汉中,后改称为国立汉中中学。[③]

从普及程度上看,全民族抗战时期陕西的中等学校几乎覆盖了全省。按当时陕西的行政区划,全省80个市县,除了府谷、甘泉、宁陕、镇平、佛坪、麟游等7个县外,其余各市县均有中等学校,普及率为91.25%。从表6-1可以看出,各行政督察区之间和各市县之间的差距较大。从学校数量上看,第十行政督察区最多,

---

① 童盟、杜海斌:《抗战时期陕西国统区教育发展状况研究》,《内蒙古师范大学学报哲学社会科学汉文版》,2016年第3期,第69-73页。

② 童盟、杜海斌:《抗战时期陕西国统区教育发展状况研究》,《内蒙古师范大学学报哲学社会科学汉文版》,2016年第3期,第69-73页。

③ 王为:《抗战时期陕西国统区中学教育研究》,西北大学硕士学位论文,2021年。

第三行政督察区最少。第十行政督察区与排名第二的第六行政督察区总共有102所中等学校,占全省总数192所的53.13%。第三行政督察区与第二行政督察区为全省倒数,共9所,占全省总数的4.69%。从学校所在地域看,西安市最多,南郑、城固、三原紧随其后。

表6-1 全民族抗战时期各行政督察区中等学校数量及学生人数(加注)

行政督察区	所含地区	学生总数(人)	学校总数(所)
第一区	榆林、神木、米脂、府谷、横山	1863	6
第二区	宜君、同官、旬邑、淳化、耀县	2481	5
第三区	洛川、中部(黄陵)、宜川、甘泉	1108	4
第四区	商县、洛南、商南、镇安、山阳、柞水	2879	11
第五区	宁陕、安康、白河、镇平、汉阴、旬阳、平利、岚皋、紫阳、石泉	4497	11
第六区	南郑、城固、西乡、洋县、勉县、镇巴、褒城、宁强、佛坪、留坝、略阳、凤县	10475	34
第七区	彬县、乾县、永寿、礼泉、长武	2979	8
第八区	渭南、华阴、华县、潼关、平民、朝邑、合阳、韩城、大荔、澄城、蒲城、白水	9174	25
第九区	凤翔、陇县、千阳、宝鸡、岐山、扶风、武功、眉县、周至、麟游	7716	20
第十区	西安、长安、咸阳、富平、三原、泾阳、高陵、兴平、临潼、蓝田、户县	22257	68

可以说,全民族抗战时期陕西省中等教育的区域发展不均衡特点比较明显,但学校及学生数量的猛增表明了中等教育得到了突飞猛进的发展,特别是以西安、南郑、城固为中心的地区的学校起了支撑作用。就类别而言,中等教育在全省的教育事业中处于重要地位,对推进陕西省基础教育事业、普及教育资源、启迪民智、开化民风等起了重要作用。

（二）初等教育的发展

全民族抗战时期，以完全小学、中心小学及保立小学等为主的陕西省初等教育有一定的发展。1935年8月，陕西开始推行义务教育，从数量上看，1935年陕西全省有353所完全小学，平均每县3.8所，全民族抗战爆发后，陕西全省完全小学是413所，加上省立的22个完全小学在内，比1935年增加了82所完全小学，平均每县是4.9所。各县完全小学比1935年前增加了28.95%，平均每县增加了1所完全小学。[①]投入经费从1935年的1926300元增加至1937年的2628178元。[②]

在课程学科设置上，主要有公民训练、国语、社会、自然、算术、劳作、美术、体育、音乐等课程。教学方式上，有的学校受西方教学方法的影响，继承和发展了"启发式教学"的模式。教学内容上，以"三民主义"为基本内容，实行党化教育，要求学生做到"整洁、秩序、诚实、互助、勇敢、健康、功德、节约、爱国、敏捷、劳动、勤勉、合作、生产、仁爱、雪耻、谦和、负责"等。

不难看出，全民族抗战时期陕西省的初等教育学校分布范围较广并且发展迅速，学生人数逐渐增加，学生受教育的内容泛且广，对减少陕西省学龄儿童、适龄儿童文盲数量有促进作用。

三、科学技术的进步

全民族抗战时期是陕西省近代历史上科技蓬勃发展的关键期，从九一八事变之后"开发西北"的呼声，到七七事变后东部高校、工厂、科研院所内迁，现代化的科学技术在陕西省内扎下了根，点燃了火种。当时的陕西是重要的抗战物资供应基地，而且西安地区也是全国科技文化发展的中心之一。[③]

---

① 陕西省教育厅《陕西教育志》编纂办公室编：《陕西教育志资料选编：下卷》，陕西人民出版社1988年版，第192页。
② 童盟、杜海斌：《抗战时期陕西国统区教育发展状况研究》，《内蒙古师范大学学报哲学社会科学汉文版》，2016年第3期，第69-73页。
③ 陕西省地方志编纂委员会编：《陕西省志·第六十四卷·科学技术志》，中国科学技术出版社1995年版，第11页。

(一)战时科技活动概况

全民族抗战爆发前的1932年12月,陇海铁路正式修通到潼关,1934年7月通车渭南,同年12月通车西安,1937年3月连通宝鸡。由此,陇海铁路贯通陕境,关中交通条件得到彻底改善。[①]随着陕西交通状况的改善,陕西省内经济、科学技术的发展有了质的提升。

全民族抗战爆发后,陕西省内科学技术是伴随着各个行业的发展而发展的,这种发展也是在战争背景下的自给自足。如申新纺织厂在配件困难的情况下附设了铁工厂,"除修理还自行制造机器设备,并用自制工具设备修理损坏的纱布机和其它机器,又用自制机床制造纱锭、罗拉、钢领圈及锭盘等"[②]。同时,一些机构也建立起科学研究机构。如1936年成立的工业试验所直属于陕西省建设厅。工业试验所设主任1人,秉承工合西北区办事处与陕西省建设厅之意旨掌管该所化验、制造及行政等一切事宜。主任以下设工业、化验两股,各设股长1人,分管工业、化验等事务。股长之下设技士2人,技佐4人,负责具体的技术工作。工业试验所曾经化验农产品100余种,检验工商品60余种,同时专注于硬水软化、味精制造、土壤改善、防毒水配制、防毒面具研制等工业技术研究。该所搬迁至凤县双石铺后,主要对煤、铁等矿物进行化验,同时致力于制革业、制糖业、甘蔗栽培、漂染业、榨油业、造纸业等技术改良。[③]

总的来看,这一时期陕西的电力、煤炭、机械、纺织、化工、建材等工业生产技术都有较大发展。机械修配制造技术方面,初步形成了技术门类比较齐全的规模技术群,有汽车和火车修配,纺织机械、电力机械和通用机械的修造,已能生产通用车床、万能钻床、动力机、纺织机、面粉机、造纸机和汽车常用易损零部件等。纺织技术方面,在西安—宝鸡一线形成了纺织工业基地,已有棉、毛、丝纺织及印染整理和纺织机械修造。其他相关工业技术方面,如制革、造纸、硅酸盐等也有一定发展。[④]

除了随着经济发展而提升的科学技术外,全民族抗战时期陕西省内的基础科

① 陕西省地方志办公室编;黄留珠主编:《陕西故事》,三秦出版社2018年版,第345页。
② 谢玮:《西北地区早期工业化与民生设计研究》,南京艺术学院博士学位论文,2019年。
③ 袁航:《抗战时期宝鸡工业合作运动研究》,苏州科技大学硕士学位论文,2016年。
④ 陕西省地方志编纂委员会编:《陕西省志·第六十四卷·科学技术志》,中国科学技术出版社1995年版,第11-12页。

研同样发展迅速,如数学、物理学等。以国立西北联合大学为例,为了"研讨学术,融合东西文化,扬民族精神",1943年11月创办了《西北学术》,至1944年2月共出版4期,每期均有数学、物理学等学术论文。1944年10月,在国立西北大学召开的中国物理学会第十二届年会上,不仅宣读了物理系教授的研究论文,还宣读了数学系教授的研究论文,即赵进义关于"太阳黑点""宇宙射线",杨永芳关于"抽象空间"等的研究成果。

同时,为了弥补地区偏僻、设备简陋的问题,西北联大还定期举办学术会议和学术演讲。这一时期,学术演讲大多围绕国防科学、文学与艺术以及西洋文化及历史、地理、资源等内容,特别注重西方文化科学的传播。各院也因此敦请校内外专家学者做公开讲演,特别是理科、工程学推行教员公开演讲之举。1942年牛顿诞辰纪念日,西北大学数学学会与物理学会联合举办专题演讲会,倡导学生进行学术之研究,学习科学研究之精神与方法。1945年9月,英国著名科学史专家李约瑟来华访问,在西北联大的大礼堂作"科学与民主主义"的学术报告。[1]

除了工业科技、基础科学的研究与传承外,全民族抗战时期陕西省最为重要的科研活动是农业方面的。自九一八事变以后,东北沦陷、华北危急,因而部分国人提出了开发西北的建议。陕西的农业科技发展也肇始于此。

近代陕西的农业科研起始于清末的新政,到全民族抗战爆发时,相关机构不断发展和健全,工作的主要内容从引进优良品种到自主培育新良种、向农民宣传农业科学知识,再到推广应用新品种。就农业科研机构而言,可以分为三个层级。一是政府层面建立的农业科研机构,如陕西省农业改进所,1938年由陕西省政府成立,主要从事农事试验研究和农业改良推广工作。1939年,行政院农产促进委员会与陕西省农业改进所合作,在陕西建立了12个县级农业推广所。1940年行政院又资助陕西省成立了棉花增产督导团和小麦增产督导团(1942年改为粮食督导团),协助农业改进所进行棉花和小麦的良种推广工作。[2]

相关的政府机构还有很多,如各种实验场所。1941年,国民政府农林部在陕西省武功县设立改良品种繁殖场,并于高陵设置分场。同年,中央农业实验所棉作系在西安设立中农所陕西工作站,主要任务是积极引进"斯字棉",进行示范种

① 李晓霞:《近代西北科学教育史研究——以西北联大为例》,西北大学博士学位论文,2013年。
② 马建昌、张颖:《抗战时期国民政府西北农业科技活动述略》,《甘肃科技》2004年第7期,第26-28页。

植。1942年，陕西省政府在眉县开办役马繁殖场，主要任务是对关中中型役马进行试验研究，以达到改良繁殖的目的。同年，农林部在宝鸡设立第七耕牛繁殖场。总的来看，全民族抗战时期官方层面所设置的农业、牧业相关研究机构较多，分布也较为广泛。(如表6-2)

表6-2　陕西省改良农场计划表[①]

年份	肥料发展目标	农场建设目标
1943年	推广夏季绿肥40000亩，陕南冬季绿肥120000亩，陕南树芽绿肥50000亩，陕南、关中及陕北堆肥100000亩，陕南及关中骨肥18000亩，并在长安设立骨粉厂1处	在第三、四、五行政区各设立模范农场1处
1944年	推广夏季绿肥4000亩，冬季绿肥120000亩，树芽绿肥100000亩，堆肥130000亩，骨肥6000亩，并在南郑设立骨粉厂分厂	在第八、九、十行政区各设立模范农场1处
1945年	推广夏季绿肥6000亩，冬季绿肥120000亩，树芽绿肥12000亩，堆肥160000亩，骨肥120000亩	在第一、七行政区各设立模范农场1处

　　二是民间机构，民间科研机构既有社会团体兴办，也有私人创办，如西北农事试验场的创建。1931年，金陵大学乔启明教授到陕西参与农村经济调查，提出成立西北农事试验场，但未能如愿。1932年，金陵大学农学院李德毅、孙仲逸随同陕西实业考察团来到西安，再次提到合作的事情。1933年，西北农事试验场正式成立。私人创办的机构较为典型的是于右任于1932年7月创办的斗口农事试验场，主要以棉麦试验为主，园艺栽培是其特色。此外，私人开办的农事实验场还有王子元在高陵县创办的康桥马园艺场，朱子桥在扶风县召公镇创办的聚粮寺农场。[②]

　　在农事研究实践方面，主要分为引进、实验新品种和推广新品种。1934年陕西省曾引进"德字棉"和"斯字棉"，大面积推广"4号斯字棉"，随后曾培养出本土品种"泾阳棉"。全民族抗战时期陕西省的各农事试验机构对棉、麦、稻等农业品种进行了实验，其中以棉、麦实验最为重要。截至1942年，陕西省棉、麦逐年实验工作情形如表6-3、6-4：

---

①　郭钰豪：《陕西省肥料事业的推广与发展研究(1937—1947)》，陕西师范大学硕士学位论文，2020年。
②　唐建育：《抗日战争时期陕西农业科研机构研究》，西北大学硕士学位论文，2018年。

表6-3　1937年至1942年陕西省小麦良种试验情况表①

年度	试验或研究名称	试验或研究结果
1937—1938年度	小麦品种比较试验	产量以旱八斗为最高，品质以红杆和尚为最佳
1938—1939年度	穗行试验	泾阳农场决选一六八系，大荔农场决选一九六系
	高级试验	以前农事试验场之十、十四、十五、八诸系为佳
	品种比较试验	产量以大荔黄麦为最高
1939—1940年度	穗行试验	决选三五六系
	二行试验	决选七二系
	品种比较试验	产量以Nahawa为第一，陕农七号为第二
1940—1942年度	二行试验	决选一三三系
	品种比较试验（甲）	以大荔旱八斗为佳
	品种比较试验（乙）	以大荔老来变产量为最高
	品种比较试验（丙）	以陕农七号小麦产量为最高
	陕豫甘宁小麦区域试验	（大荔）以金大泾阳六十号及三九号产量为最高
	陕豫甘宁小麦区域试验	（陕南）以武功一二三号、一四四号为最佳
	品种栽培试验	陕农七号小麦产量高于红和尚及四川白

表6-4　1937年至1942年陕西省棉花良种试验情况表②

年度	试验或研究名称	试验或研究结果
1938年	单行选种	选得四号斯字棉三百系，七一九号德字棉一二四系，五三一号德字棉二八系
	株行	四号斯字棉决选一九九系，德字棉一一〇系
	二行	决选四号斯字棉三一号
	五行	决选四号斯字棉一七系
	美棉品种比较试验	产量以四号斯字棉为最高

---

① 零勉之：《陕西省之农业建设》，《中农月刊》，1943年第4卷第1期，第11-12页。
② 零勉之：《陕西省之农业建设》，《中农月刊》，1943年第4卷第1期，第12-13页。

年度	试验或研究名称	试验或研究结果
1938年	浸种防病试验	以沸水播种旋即浸入冷水中二十四小时为最佳
	十行试验	决选八系
1939年	高级试验	决选六系
	品种比较试验	斯字棉产量优于一切
	氮肥种期行距灌溉品种联合试验	以旱播及用氮肥为最佳
1940年	中美棉杂交试验	交配三千铃结实十五铃
	棉与粮食作物轮栽试验	1.棉田宜及时下种,故冬季以休闲为宜;2.棉田播冬作以大麦为宜
	铃行试验	决选五〇〇系
1941—1942年度	栽培因子联合试验	以旱播密植产量为最高
	棉花食粮轮栽试验	以四年连栽之棉田产量为最高,连栽之恶果或尚未出现

总的来看,全民族抗战时期陕西省由于科技机构增多,科技力量增强,加快了农业科学技术发展的步伐,试验范围拓宽,并向深度发展,近代科学技术开始在农业生产中得到应用。棉花、小麦的引种和选种,是陕西近代农业科学技术的起点,其成就在国内居领先地位。[①]

(二)科技教育的繁盛

科技教育既是教育教学的重要组成部分,也是科技传承、科技人才培养的重要手段。正如前文所言,全民族抗战时期外来高校的迁入使得陕西省高等教育质量有了巨大提升,由此也延续和发展了陕西省的科技教育。其中特别是国立西北联合大学的创立和后续发展,为陕西的科技教育奠定了基础。

西北联合大学的科学教育主要集中在数学、物理学、化学、生物学、地理地质学等基础学科领域。以数学为例,学制五年,开设有必修课程:微分方程、方程式论、高等分析或高等微积分学、高等解析几何学、射影几何学、近世代数学、复变数函数论、微分几何学、普通物理学、普通化学、理论力学、第二外国文等。这一时

---

① 陕西省地方志编纂委员会编:《陕西省志·第六十四卷·科学技术志》,中国科学技术出版社1995年版,第12页。

期,西北联大的数学系教授有曾炯、傅种孙、赵进义、杨永芳、刘亦珩、张德馨等,均为留学西欧的硕士或博士。

西北联合大学物理学科是由国立北平大学、国立北平师范大学、北洋工学院三院校的物理学科合并构建而成,学制为五年,开设有普通物理学、普通力学及物理、电磁学及无线电学、光学、热学等必修课,并附带相关实验课程。物理系初建时期有岳劼恒、张贻惠、杨立奎、林晓等在此任教,西北联合大学分为五个学校后,蔡钟瀛、王象复、谭文炳、吴锐、王普、龙际云、张佩瑚等在相关院校任教。

此时,化学教育也是西北联合大学科学教育的重点内容。化学教育的特点在于分散在文理学院、师范学院、农学院、工学院等,开设的主要科目有普通化学、定性分析化学、工业分析化学、有机分析化学实验、普通化学实验、工学化学、专题研究、高等无机化学、化学教学法、有机分析化学、热力学、理论化学实验、毒气化学、原子构造等。化学系主任是刘拓教授,其余有赵学海、周名崇、陈之霖、朱有宣、张贻侗等教授。[①]

虽然西北联合大学在数学、物理、化学、生物、地理地质等学科教学方面有诸多延续和发展,但它毕竟仅存续了一年零四个月,到1939年8月即分设为西北大学、西北工学院、西北农学院、西北师范学院、西北医学院等五校。[②]由此,科学教育在各高校内分别进行。

独立建校后,西北大学设立的理学院包括数学系、物理学系、化学系、生物学系、地质地理学系等5个系,全院教师人数最多时达54人,最少时38人。其中数学系主任由赵进义和刘亦珩兼任,傅种孙、张德馨、段子美、杨永芳、刘书琴、魏庚人、赵桢等任教授。全系学生一般在35~40人,必修科目有微分方程、方程式论、高等分析或高等微积分学、高等解析几何学、射影几何学、近世代数学、复变数函数论、微分几何学、普通物理学、普通化学、理论力学、第二外国文等。物理系由张贻惠、岳劼恒兼任系主任,有杨立奎、蔡钟瀛、谭文炳、吴锐、王普、龙际云、张佩瑚等教授,必修科目有普通物理学、电磁学、理论力学、热力学、光学、无线电学原理、电工原理、物理教学法、无线电实验、近世物理、理论物理、物性及声学、电磁学实验、物理实验、光学实验等。化学系主任先后由刘拓、张贻侗兼任,有赵学海、朱有

① 李晓霞:《近代西北科学教育史研究——以西北联大为例》,西北大学博士学位论文,2013年。
② 赵弘毅:《国立西北联合大学与陕西高等教育发展》,《西北大学学报(哲学社会科学版)》,2012年第3期,第25-30页。

宣、李家光、王毓琦、唐尧衢、徐甘新、赵永昌、苏弗第、曹居久等先后在该系任教。必修科目有普通化学、普通化学实验、化学教学法、理论化学实验、定性分析化学、工学化学、有机分析化学、毒气化学、工业分析化学、专题研究等。生物学系主任先后由雍克昌和刘汝强兼任，专任教师有余凤早、许庆祥、郑勉、董爽秋、汪堃仁、嵇联晋、李中宪、王振中、陈蕙芳、王伟烈等，专业课程有生物学、组织学、植物生理学、动物生理学、种子植物分类学、无脊椎动物学、无脊椎动物学实验、脊椎动物比较解剖学、脊椎动物比较解剖学实验、脊椎动物胚胎学、脊椎动物胚胎学实验、植物解剖学、植物解剖学实验、植物形态学、植物形态学实验、生物教学法等。地质地理学系主任先后由黄国璋和殷祖英兼任，专职教师有谌业达、杨曾威、郁士元、董绍良、王华隆、张伯声、李善棠、何作霖、王庆昌、李式金、王均衡等，开设有地理学、地理通论、地质学实习、矿物学、测量学、测量实习、地形学、气象学、北美地理、非澳两极地志、中国区域地理、澳洲地理、政治地理学原理、地理教授法与教材研究等。[①]

　　1939年4月在武功办学的西北农学院与由国立西北联合大学析出的国立西北农学院合并的新的西北农学院在武功杨陵镇成立，设立有农艺学、森林学、园艺学、农田水利学、畜牧兽医学和农业化学等6个系。其中农艺学系包括农艺、植物病虫害、农业经济3个组。1940年，扩充农艺组、植物病虫害组、农业经济组为3个系，全校合计为8个系。1941年增设农业科学研究所农田水利学部，1946年增设农业机械学系和农产制造学系。全校教师人数由1939年的103人增加到了1945年的137人。(如表6-5)

表6-5　西北农学院1939—1945年教师人数表

年度	教师人数 （人）	教授（人）	副教授（人）	讲师（人）	助教（人）	其他（人）
1939年	103	40	13	4	39	7
1942年	114	46	13	29	22	4
1943年	132	50	14	28	40	/
1944年	137	60	15	25	37	/
1945年	137	48	15	26	48	/

---

① 西北大学校史编写组编：《西北大学校史稿》，西北大学出版社1987年版，第128、130、131-133页。

农艺学系、森林学系、园艺学系等有7门共同课程：地质学、土壤学、气象学、植物形态学、植物分类学、植物生理学、植物病理学。其中以农艺学系为例，其课程包括了现代化农艺专门人才所必需学习的课程：定量分析化学、农艺分析化学、有机化学、农业微生物学、经济昆虫学、肥料学、遗传学、育种学、作物学、食用作物学、棉作学、稻作学、麦作学、制丝学、农业经济学、旱农学、农具学、灌溉管理学、生物统计、农村合作、农场管理、田间技术等。[①]

综上所述，全民族抗战爆发后大批科技专家、学者随着各个高校内迁到陕西，他们在从事教学的同时，还因陋就简开展了诸如理论数学、胶体化学、分析化学、植物分类学、昆虫学、地质学和地理学等方面的研究，不仅培养了大批科技人才，而且为基础科学在陕西的发展奠定了初步基础。[②]

四、文艺活动的兴盛

全民族抗战时期，在因战争内迁的机构、人口等因素的影响之下，陕西的文化事业有了突破性的发展。戏剧戏曲业因各种流派相互影响、融合，创作了诸多新剧目；文艺演出、图书出版、艺术教育等活动也因抗战宣传的需要而走向一个顶峰。

（一）战时戏剧与戏曲

戏剧、戏曲是传统时代最为重要的娱乐形式，全民族抗战爆发后，戏剧戏曲业也在延续和发展。据1943年的相关统计，西安市共有剧院15家，其中京剧4家、秦腔5家、晋剧2家、评剧2家；另有剧团7家，其中话剧5家、豫剧2家。[③]其中易俗社、长庆班、榛苓社、化民社、三意班（长庆剧社）、正俗班、正艺班、光艺班、尚友班、建国社等戏剧社活动频繁，比较著名，大部分延续到战后甚至新中国成立之后。

---

① 关联芳主编：《西北农业大学校史（1934—1984）》，陕西人民出版社1986年版，第15、17、18、36页。
② 陕西省地方志编纂委员会编：《陕西省志·第六十四卷·科学技术志》，中国科学技术出版社1995年版，第13页。
③ 李振民：《陕西通史·民国卷》，陕西师范大学出版社1997年版，第261页。

易俗社是整个民国时期闻名三秦的戏剧社团，其在全民族抗战时期也适时地改良和新编剧目。易俗社全名为易俗伶学社，成立于1912年，主要目的在于"移风易俗，俾久压于专制之民，程度骤高，而有共和之实焉"①。易俗社成立后，当年10月即开始在西安招收学生，并邀请名伶陈雨农、李云亭等人担任教练。在易俗社的戏剧改革中，有两点最为关键：一是废弃了"江湖班子"的单一体制，建立了以艺术教育、排练、演出、创作、研究为一体的新型学社体制，并实施民主管理制度；二是废弃了班社中的师徒制。在易俗社的影响下，到1936年，陕西省内掀起了戏剧改革、创建新式秦腔的热潮，谱写并演出了许多体现爱国主义、民主主义的剧目。②

九一八事变后，社长封至模编写了《水淹下邳》《还我河山》《山河破碎》等剧目，范紫东编写了《颐和园》《秋风秋雨》《关中书院》等一大批反映爱国主义和民族主义的历史剧，题材涉及从春秋到明清历史上抗击外侮的英雄人物故事，鼓舞民众救亡图存。③抗日战争全面爆发后，高培支于1938年开始担任社长，其间提出了"一月一本新戏"的要求，动员范紫东、李约祉、王绍猷等写戏。其中范紫东编写了《盗虎符》《光复汉业》《金川门》《烈女传》等剧本，张镇中编写了《民族之光》，淡栖山编写了《民族英雄》《孟丽君》等剧本，"这些剧本演出后，对鼓舞国人的抗战斗志，收到良好的效果"④。其中特别是樊仰山编写的《血战永济》《长江会战》《湘北大捷》《民族魂》《牧童艳遇》等5部戏，当时被称为"抗战五部曲"。随后，"抗战五部曲"由于右任、熊斌、丁玲、邵力子等题字题诗推荐印刷，先后印了3版，发行达5万册。⑤根据统计，全民族抗战时期易俗社新编、改编了46部剧，其中以唤起民众抗战激情、弘扬爱国主义精神的占了80%，其余也多为具有激发爱国情怀的改良剧目。⑥

全民族抗战时期陕西省内不仅有以易俗社为代表的秦腔戏剧，也有诸多内迁到陕西的戏剧社团。

河南与陕西接壤，两省戏剧交流较多，战时豫剧社团、豫剧名家内迁陕西者众多。根据统计，抗战期间内迁西安的豫剧社有狮吼剧团、冠英剧社、河声剧场、战

① 纪念西安易俗社成立七十周年办公室编辑组：《西安易俗社七十周年资料汇编(1912—1982)》，纪念西安易俗社成立七十周年办公室编辑组1982年版，第3页。
② 张海轩：《近代陕西城市文化教育变迁研究》，西安工程大学硕士学位论文，2016年。
③ 张妍：《民国时期的易俗社与西安城市文化》，兰州大学硕士学位论文，2016年。
④ 张应超：《抗战时期陕西文化艺术界爱国人士的贡献》，《陕西社会主义学院学报》，2006年第1期，第43—44页。
⑤ 李振民：《陕西通史·民国卷》，陕西师范大学出版社1997年版，第260页。
⑥ 孙萌洋：《抗战时期西安的艺术活动及艺术传播》，陕西科技大学硕士学位论文，2017年。

声剧社、狮吼儿童剧团等,到达陕西的豫剧艺人有陈素真、常香玉、杨素贞、马双枝、汤兰香、崔兰田、汤凤英、李兰菊、张凤云、王水泉、聂良卿、王素琴、车兰玉、曹子道、许树云、杨金玉、常年来、赵锡铭、杜奎兴、朱全来、赵义庭、马天德、常警惕、常香玲、牛得草、魏进福、龚奎玉等。

1940年8月,樊粹庭率领狮吼剧团到达西安,主要演员有陈素真、赵义庭等。此后,狮吼剧团先后在山陕剧场、易俗社露天剧场等地上演了《女贞花》《三上轿》《涤耻血》等剧。在西安期间,樊粹庭编写了《江汉女》《孙悟空大闹花灯》《席永平》等新戏,受到了西安本地观众的喜爱。此外,狮吼剧团从1942年开始在西安招收流浪难童为学徒,这些学徒后来多成为全国各地剧团的骨干。

全民族抗战时期活跃在陕西的豫剧名家除了樊粹庭,还有"豫剧皇后"常香玉。1938年常香玉到达陕西,首先在陕甘地区巡回演出,此后又在西安、汉中、宝鸡等地巡回表演。其间,常香玉在西安先后上演了《黄鹤楼》《麒麟烛》《白玉楼讨饭》《齐天大圣》《慈云庵》《三女侠》《花园赠剑》等经典之作。1941年,常香玉与樊粹庭合作,演出了樊粹庭编剧的《齿痕记》《邵巧云》等剧目。常香玉在西安的这段时期是其表演艺术走向顶峰的时期,也在一定程度上代表了这一时期陕西省内的戏剧、戏曲水平。

除秦腔、豫剧之外,由于西安为省会城市,交通相对便利,还有诸如评剧、蒲剧、京剧等诸多戏剧种类在西安附近落户、演出。抗战时期西安形成了四大评剧班社——新声社、明星社、新民社、得育社,演出剧目达到100多个。西安鼓乐则是传统竹笛吹打类乐曲,主要流行于陕西,尤其在长安、周至和蓝田等地较为盛行。西安鼓乐班社按照成员结构,可以分为俗、道、僧3个流派。俗派鼓乐社团以何家营、西仓、南集贤等鼓乐社为代表,其中南集贤鼓乐社是周至县南集贤村传承下来的鼓乐班社。20世纪40年代,该社在社长安来绪的主持下成立了专门传习鼓乐的音乐研究会,一时求学者甚众。①

全民族抗战时期陕西省内戏剧、戏曲发展除了呈现上述的多样化特点外,另一个特点就是相互交融。早在20世纪30年代,易俗社即受到军政界人士的邀请,远赴北京、天津等地交流、演出。全民族抗战爆发后,随着内迁西安的剧团增多,一方面戏剧、戏曲业成立了专门的行业公会,另一方面社团之间彼此借鉴、合

---

① 戴俊超:《20世纪上半叶中国音乐社团概论》,中国音乐学院博士学位论文,2010年。

作。如20世纪30年代在西安抗敌救援会的领导下各话剧、戏曲团体通力合作，多次举办抗战游艺大会，上演宣传爱国主义和民族主义的戏目。1938年丁玲率领西北战地服务团前来西安开展宣传演出时，易俗社社长高培支向该团提供了场地、道具，学生们为服务团演员化装贴鬓。①1940年樊粹庭率领狮吼剧团到达西安之后，也受到了易俗社社长高培支等人的欢迎和支持。

（二）战时的文学、话剧与电影

1937年陇海铁路通车宝鸡之后，交通更加便利，此时许多文人墨客和巨贾政要纷纷造访西安，带动了城内文化的进一步繁荣。傅增湘、易君左、齐白石、张大千、关山月、张恨水等人先后来到西安游历考察。本地文化界人士张寒杉、党晴梵等人设立西京金石书画协会，并邀请邵力子、杨虎城等人担任理事长，加强了西安与外部的文化交流。②全民族抗战时期先后活动在西安的艺术家有张寒晖、关筑声、周善同、郎毓秀、俞以先、翟立中、吴晓邦、盛婕、游惠海、伍依文、樊粹庭、常香玉、崔兰田、徐碧云、马最良、关丽卿、齐艳、赵望云、张仃、黄胄、赵春翔、范里、田汉、王子云、何正璜等人。总体看来，全民族抗战时期陕西省与全国其他地区的文化交流较为频繁，文化艺术活动并不局限于戏剧、戏曲，还有现代化的文学、话语、电影、音乐等活动。

就现代文学而言，郑伯奇两次回西安及其相关活动较为重要。郑伯奇是长安县人，1921年动议、筹备创造社，1930年中国"左翼作家联盟"成立，郑伯奇为发起人并任常务理事。全民族抗战爆发后，郑伯奇于1937年10月偕妻子、儿女回到西安，同年11月与八路军驻西安办事处代表谢华共同创办《救亡》周刊。与此同时，西安文化界协会成立，推选郑伯奇、叶以群、陈翰伯、史群、周伯勋5人为常委。③

1938年6月，蒋鼎文出任陕西省政府主席，此后陕西"政治空气比文艺空气浓厚的多"，1939年，郑伯奇被迫前往重庆。1943年，郑伯奇应陕西省立师范专科学校校长郝耀东之邀，回到西安，在该校任国文科主任，讲授"历代散文选""文学概

<hr />

① 张妍：《民国时期的易俗社与西安城市文化》，兰州大学硕士学位论文，2016年。
② 张妍：《民国时期的易俗社与西安城市文化》，兰州大学硕士学位论文，2016年。
③ 张萌：《郑伯奇研究（1937—1951）》，陕西师范大学硕士学位论文，2020年。

论""各文体习作""读书指导"等课程,同时还与西安文学群体建立联系,促进了《高原》《流火》《时代文艺》《骆驼文丛》《雍华图文杂志》等刊物的创办。1945年7月,郑伯奇与李尤白、阎栋材等共同发起成立新风文艺社。[1]

除文学活动外,战时陕西开展得更多的是抗战话剧宣传。1937年,刘光黎、武志新等流亡西安的爱国青年组织了西京铁血剧团,从事抗日救亡宣传。同时,在中共陕西省委西安学生工作委员会的领导下,西安部分中学、师范校的中共党员、共青团员于1937年夏组织成立西北青年文艺工作者协会。这些青年组织的各种剧团在西安、咸阳、三原、泾阳等地演出了《无名之卒》《卢沟桥之战》《放下你的鞭子》《察东之夜》等抗日话剧、歌曲。[2]

与此同时,各种官方机构也积极组织宣传机构并进行演出。如1944年4月陕西省第二保育院组织的"吴晓邦、盛婕舞蹈欣赏会",演出了《网中人》《木偶舞》和《蠢鹅》等舞蹈。陕西省民众教育馆同样积极组织相关活动,根据《陕西省立民众教育馆暂行规程》,"艺术部,负责休闲教育之推行、编辑画报、歌咏队、话剧团、组织美术教育研究会、电影放映队及播音教育等项目"[3]。在实际运作中,民众教育馆艺术部曾经在西安市各个学校选拔学生组成歌咏队,推广实施音乐教育。同时,该馆附设有小剧场,由学生组成演出队,先后上演了《放下你的鞭子》《最后一课》等话剧,《中国人不打中国人》《团结就是力量》《松花江上》《义勇军进行曲》等歌曲。[4]

这一时期,中国共产党组织的宣传队同样参与到了陕西省内国统区的抗战宣传中,丁玲率领的西北战地服务团即是典型。1937年8月西北战地服务团在延安成立,丁玲任主任。1938年3月,丁玲率领服务团到达西安。在西安期间,服务团先后组织了三次话剧演出,用以鼓励、宣传抗战。其中第一次演出了话剧《突击》,第二次以大众曲艺节目为主,第三次演出了京剧《忠烈图》和秦腔《烈妇殉国》。[5]

战时陕西省的漫画宣传抗敌活动同样较为活跃,卢沟桥事变爆发后,叶浅予、张乐平等人发起组织了中华全国漫画作家协会。1938年春,中华全国漫画作家

① 张萌:《郑伯奇研究(1937—1951)》,陕西师范大学硕士学位论文,2020年。
② 张应超:《抗战时期陕西文化艺术界爱国人士的贡献》,《陕西社会主义学院学报》,2006年第1期,第43-44页。
③ 《陕西省立民众教育馆暂行规程》,《新陕西月刊》,1932年第2卷第1期,第110-111页。
④ 张应超:《抗战时期陕西文化艺术界爱国人士的贡献》,《陕西社会主义学院学报》2006年第1期,第43-44页。
⑤ 刘宁:《抗战时期丁玲西安文化活动考论》,《华中学术》,2019年第1期,第115-123页。

协会西北分会成立,并主办了"首届抗敌漫画展览会"。此次展出的主要内容为宣传抗战,"有歌颂前方战士英雄事迹的,有揭露日本侵略者烧、杀、抢、掠罪恶行径的,有嘲笑鞭挞汉奸走狗们卖国求荣丑恶嘴脸的,有反映全国人民踊跃支前、慰劳将士的"[1]。

同年6月,抗日艺术队举办了木刻版画与漫画展览。此次展览先在西安举办,随后又在咸阳、礼泉、乾县、渭南、华阴、华县等县分别展出。1938年秋天,陕西省民众教育馆也举办了漫画和木刻版画展览,这次展览共有200多幅作品,作者除了著名画家外,也包含青年作者。[2]

除上述外,电影业也是全面抗战时期重要的文化内容。早在20世纪30年代初,西安、宝鸡、南郑等地就陆续建立了电影放映场所。西安市内先后出现了国民电影院、先声电影院、秦光电影院、世界电影院、国民大戏院、阿房宫大戏院等电影放映场所。全民族抗战爆发后,陕西省内的电影事业并未因战争而走向衰落,反而随着抗战宣传的增多而日益受到重视。

首先,电影放映机构的增多。1937年4月,陕西省教育厅组建了电化教育服务处,下设两个电影施教团,同时将全省划分为三个电化教育施教区:关中区41个县,陕南区28个县,陕北区23个县。这一时期除了陕西省政府组织的相关放映队伍外,国民政府的军队或军官学校同样组织有电影播放队伍,这些队伍都是以抗日宣传为主的。如1940年1月,国民政府军事委员会政治部第三厅的电影放映队第六队在西安、榆林等地播放了《八百壮士》《保卫我们的土地》等影片。国民党军官学校第七分校电影队、国民党战地服务团第四总队等机关也在西安、户县、长安等地播放了相关宣传影片。[3]

其次,电影行业的联合与规范化。1937年8月,陕西省各界抗敌后援会西安市电影戏剧业支会成立,任务是慰劳前方抗战将士,救济后方贫困难民,进行抗日宣传,等等。1940年春,改为陕西省动员委员会西安市电影业戏剧业支会,同年9月撤销,同月又单独成立西安市戏剧电影业同业公会,参加该会的集体会员有阿房宫、民光、明星三家电影院。[4]此后,该会为电影业、戏剧业的行会组织,独立运作。

① 陕西省地方志编纂委员会编:《陕西省志·第65卷·文化艺术志》,陕西人民出版社2005年版,第403页。
② 孙萌洋:《抗战时期西安的艺术活动及艺术传播》,陕西科技大学硕士学位论文,2017年。
③ 陕西省地方志编纂委员会编:《陕西省志·第65卷·文化艺术志》,陕西人民出版社2005年版,第475页。
④ 张海轩:《近代陕西城市文化教育变迁研究》,西安工程大学硕士学位论文,2016年。

（三）艺术教育

全民族抗战时期陕西省内的艺术教育主要可以分为三类：一是学校教育；二是师徒制的科班训练；三是临时培训。

1.艺术学校的专业训练

全民族抗战时期陕西省内陆续办起了夏声戏曲学校、陕西省戏剧学校、乾县晓钟剧校、彬县戏曲学校、上林剧校等专门培养戏剧人才的艺术学校，这些学校为陕西培养了大量戏剧人才，也推动了陕西戏剧的改革。[①]

私立西北音乐院由赵梅伯倡导创立，1944年底获教育部批准备案并于当年秋季招生并开学上课，1945年申请改为独立学院并迁往北平，但因各种因素而未获准，1945年秋停办。学院设五年制专修科和三年制师范科，专修科有声乐、理论作曲、钢琴、弦乐和民乐等5个专业。在授课教师的安排上，由马思琚教授钢琴和大提琴，马思逊教授长笛，关筑声教授小提琴，王绍先教授二胡和琵琶，马革顺教授视唱练耳，何其超教授乐理和和声等音乐理论课，声乐和合唱由赵梅伯亲自教授。[②]办学期间，学院还注重音乐推广，在西安城内举办多场音乐演出。1944年为迎接英国访华团，曾专门安排音乐会演出。

夏声戏曲学校由易俗社前任社长封至模、戏剧名流韩绀青等联合流亡到西安的刘仲秋、任桂林、郭建英等人于1938年7月组织筹建。正式组建前，先成立了筹备会，由封至模任会长，集资2300余元。因中国古称华夏，故戏曲艺术称为"夏声"。[③]学校办学目标明确，即"利用京剧艺术为抗日救国呐喊"，并以"振兴民族艺术，传扬华夏之声"为宗旨。[④]学生培养方面，注意学生之戏剧知识、戏剧技术、戏剧道德、公民训练、体格锻炼、合作精神及创造精神的培养，并将其归纳为五个目标：(1)陶冶公民道德；(2)锻炼强健体格；(3)发扬民族文化；(4)培养剧运干部；(5)辅助社会教育。[⑤]1938年计划招收学员30人，实际只有难童26人报考，故全部招录。学员学习课程有国文、算术、地理、历史、常识、英文、戏曲选读、戏剧概

① 赵林林：《戏曲改良与近代陕西民众思想变迁：以秦腔改良为例》，延安大学硕士学位论文，2012年。
② 高阳：《赵梅伯对创建西北音乐院所作贡献研究》，《戏剧之家》，2022年第15期，第90-92页。
③ 孙萌洋：《抗战时期西安的艺术活动及艺术传播》，陕西科技大学硕士学位论文，2017年。
④ 王保易：《振兴戏曲忆前贤——怀念封至模先生》，《戏曲艺术》，1986年第3期，第59-65页。
⑤ 若痴：《刘仲秋与夏声戏剧学校——为纪念戏曲教育家刘仲秋同志逝世十周年而作》，《戏曲艺术》，1982年4期，第12-20页。

论、音乐、曲牌、步伐械舞、毯子功、戏剧习演等。1941年招收第二批学生36名，由校长刘仲秋改编剧本后在西安、汉中等地实习演出。1943年由刘仲秋、郭建英带领前往重庆，战后迁驻上海。

陕西省戏剧学校由王捷三、封至模于1941年5月在西安创立，最初名为陕西省戏剧专修科，附设于陕西省巡回歌咏队。学校设有教务、剧务、编辑3组，学制6年，其中训练3年、实习3年。1947年与晓钟剧社、上林剧院合并，改名为陕西省戏剧学校。[①]

2.师徒制的科班训练

易俗社是全民族抗战时期乃至整个近代陕西省内最重要的戏曲人才培训机构，在人才培养方面既坚持传统的师徒制，又更具创新性。理念方面，易俗社坚持"救济贫寒子弟""提高伶界人格"，注重戏曲演艺与文化课学习并重，戏曲训练有姿势、做工、道白、声调、武艺、化装、锣鼓、表情，文化课分为高小班与初小班两种，高小班主要教授知识学科(三民主义、国文、算术、历史、地理、习字)和艺术学科(修养学、戏剧学、服装学、心理学)，初小班主要教授基础课程，包括三民主义、国语、算术、常识、习字、修养等。[②]同时，易俗社改革了排演制度，一般的戏曲班社演员多不识字，排演时剧目台词由教练口传。易俗社演员则根据剧本，由教练边口传边与剧本(角单)照应，从而拿到自己饰演角色的台词，记忆背诵。上演新戏以前，教练以及管理者有时还为演员"讲戏"，并且规定每年的新编剧目必须彩排。[③]易俗社先后招生16期，训练600余名戏曲演员，其中不少人成为家喻户晓的名演员和艺术骨干。

此外，各种戏曲社团大多设有教习部或科班，较早且有名的有：鸣盛学社教习部、秦中社、榛苓社学员队、三意社科班、正俗社科班、文化社科班、醒民学社科班、艺华科班、化民社科班、通俗社科班、林文社科班、新声学社科班、顺德社科班、觉民社科班、大同社科班等，全民族抗战时期又有正音剧社科班、狮吼剧团学生队等，这些科班、学员队大多采取传统的师徒制形式，边学边演。

---

① 陕西省地方志编纂委员会编：《陕西省志·第65卷·文化艺术志》，陕西人民出版社2005年版，第845页。
② 张妍：《民国时期的易俗社与西安城市文化》，兰州大学硕士学位论文，2015年。
③ 鱼讯闻，薛增禄：《不断改革前进的易俗社》，《戏剧艺术》1981年第2期，第128-134页。

3.临时培训类

临时培训班是全民族抗战时期陕西省内进行艺术教育的第三种形式,开设这种临时培训的机构很多,既有民间的也有官方的。

1938年,中华全国漫画作家协会派著名漫画家张仃等来陕西筹备成立中华全国漫画作家协会西北分会。同年1月,该会在陕西省民众教育馆主办了第一期抗战漫画木刻训练班,授课教师有陈执中、刘铁华、张仃、吴君奋、殷干青、陶今也等。同年5月,举办第二期训练班,更名为战时漫画木刻研究班。新增教师赖少其、朱天马、刘韵波、力群、罗工柳等。[1]1939年2月至6月举办了第三期。中华全国漫画作家协会西北分会的3期培训,每一期学员多则七八十人,少则四五十人,大多来自各阶层的爱好者,在漫画界影响较大。[2]

官方组织的临时艺术培训则以西安民众教育馆的活动为主。如西安民众教育馆在全民族抗战时期举办补习教育和职业训练班,组织通俗讲演,进行化装宣传,创设教育巡回工作站,编辑民众教材,举办有关展览,辅导各县民教馆,等等,其中大部分具有临时培训意义。

(四)图书出版与图书馆

整个民国时期陕西省的印刷、出版、图书管理等机构大多集中于西安,虽然大部分小县城也有小手工作坊,但设备简陋,印刷品多以历书等为主。

陕西省印刷局是陕西省内规模最大、历史最长的官办印刷机构,1896年开业,1938年拨归陕西省银行,改名为陕西省银行启新印书馆,1946年又改名为陕西省银行印刷所,直至1949年解放后改组为西安新华印刷厂。

公益书局是陕西省内最早的私营印刷机构,成立于1905年,此后长期经营。全民族抗战时期私人印刷事业发展迅速,1940年,毛虞岑、徐滋叔两人凭借德泰祥银号和泰华实业公司筹办泰华印刷厂,该厂于1941年正式开业,主要印刷账表、单据。1940年,雍兴公司也在西安开设印刷厂,主要也是为解决中国银行、雍兴公司及所属各单位印刷品供应问题,同时承接社会印刷,聘请在陕西省银行经营秦岭印刷厂的杨集生为经理,拥有当时西安最精良的印刷设备。

---

① 陕西省地方志编纂委员会编:《陕西省志·第65卷·文化艺术志》,陕西人民出版社2065年版,第403页。
② 孙萌洋:《抗战时期西安的艺术活动及艺术传播》,陕西科技大学硕士学位论文,2017年。

据统计,民国时期陕西省内的出版机构,以"出版社"命名的有新中国文化出版社、西北出版社等15家,以"印书馆"命名的有克兴印书馆、西京印书馆等9家,以"书店"命名的有英华书店、长安书店等12家,以"书局"命名的有公益书局、大东书局等15家。这还不包括一些前店后厂的小型书刊编印作坊,也有一些以"图书社""教育用品社""印字社"等为名的出版经营机构。①就印刷机构而言,据1943年统计,西安市有书店54家,其中资本1000元以上者30余家。有印刷所70家,其中资本10万元以上1家,1万元以上5家,5000元以上6家,1000元以上22家,余均在1000元以下。杂志社能经常出版者共15家。出版社有10家。南郑有书店8家,印刷所8家,出版物2种。城固有书店8家,印刷所9家,出版物5种。宝鸡有书店7家,印刷所11家。三原有书店4家,印刷所6家。渭南有书店6家,印刷所3家。②

除了出版书刊之外,全民族抗战时期也是陕西省内图书管理机构增长和完善的重要阶段。虽然早在1909年陕西图书馆就正式成立,其后也逐步完善,但陕西省内的图书管理机构并未因此而有较大发展。除了富平、榆林、洛川、城固、陇县、宁强等县在民国初年设置有县图书馆外,其余各县都未设立。1936年陕西省教育厅颁布《陕西省各县县立图书馆暂定实施方案》,要求各县均设立图书馆。1937年,临潼、蓝田、宝鸡、华县等25个县成立了26所图书馆。③1942年12月,西安市政府还筹备组建了国立西安图书馆。

此外,一些机构也附设有图书馆或图书室。据1937年统计,陕西全省有县立民众教育馆18所,其中部分附设有图书阅览室或管理室。同时,各个学校也附设有图书馆,西北大学于1940年12月正式成立图书馆,西北农林专科学校于1935年成立图书馆,西北医学院于1939年成立图书馆。尧山中学、西巷中学、岚皋中学等学校都曾附设图书馆。

私人图书馆也是全民族抗战时期陕西省图书事业的重要特色,在西安市内有马士瑞的正卿图书馆、知行图书馆,在高陵的泾野图书馆、乾县的敬业图书馆等均较为有名。此外,捐书也是重要的社会风气,1944年大荔县的冯超如、纪仁轩就联合建立创化图书馆,捐书1万余册。④

① 陆三强:《近代陕西的图书出版》,《中国出版史研究》2018年第3期,第99-111页。
② 李振民:《陕西通史·民国卷》,陕西师范大学出版社1997年版,第260-265页。
③ 杨向华:《近代陕西图书馆发展历程及其启示》,《河北科技图苑》,2021年第1期,第87-92页。
④ 陕西省地方志编纂委员会编:《陕西省志·第65卷·文化艺术志》,陕西人民出版社2005年版,第599-602页。

五、医疗卫生事业的发展

20世纪上半叶,战争频仍,伴随而来的是自然灾害及传染病肆虐等,为了应对这些问题,陕西现代医疗技术的传播及普及速度也加快了。20世纪20年代,相关医疗机构数量相对较少、传播较为缓慢,但进入30年代之后,陕西省内部分地区的现代医疗、机构数量出现爆发式增长。特别是抗日战争全面爆发后,现代医疗机构的数量增长尤为迅速,并取得了一些显著成效。

(一)公共卫生管理

所谓公共卫生,并非简单的环境优美、事物整洁,而是旨在预防疾病、延长寿命,应通过有组织的社会共同努力改善环境卫生,从而促进人的健康发展。近代以来,随着现代医学的传入,中国一般民众开始接受并实践现代性的公共卫生观念。对于地处内陆的陕西省而言,公共卫生问题引起足够重视与20世纪二三十年代的流行病大爆发有关。

1.公共卫生机构的建立

近代以来,陕西省曾爆发数次大规模的疫情。其中影响较大的一次即从1928年开始发生的瘟疫。此处疫情在1930年达到高峰,高峰时期感染者的死亡率达到"十分之五六"。1931年陕北10县又出现鼠疫,次年延及14县市。同时,霍乱继续在潼关爆发,3个月内迅速蔓延至陕西全境。此次大爆发预计患病人数约为50万人,死亡20余万人。[①]据1933年《西京医药》记载,对全省35市县的不完全统计,患霍乱者有254857人,死亡102243人。

抗日战争全面爆发后,陕西作为抗战大后方的重要省份之一,接纳了众多内迁机构和人员,但此时陕西省内的流行性疾病并未消失。如天花,1938年至1945年,陕西省内发现天花2799例,死亡170例;白喉,1939年全省发现273例,1945年全省发现126例,死亡4例;疟疾,1942年至1946年全省发现22455例,死亡26

---

① 黄留珠主编:《西安通史(第四卷)》,陕西人民出版社2016年版,第185页。

例。①总体来看,1938年至1946年,陕西省急性传染病死亡人数为天花2799人,伤寒7549人,斑疹伤寒4823人,痢疾27001人,猩红热641人,白喉681人,脑膜炎836人,回归热19820人,疟疾37122人,黑热病1357人。

烈性传染病的肆虐,对以农业为主的陕西省造成的打击是巨大的。一方面,农民对流行性疾病并不了解,有恐慌情绪,从而造成生产迟缓、田园荒芜;另一方面,传染病的流行也使得人的身体遭受打击,如疟疾、伤寒等会直接使劳动者丧失劳力,甚至死亡,由此造成原有的社会秩序失衡。正因如此,流行病防治及公共卫生管理逐渐受到重视。

实际上,加强公共卫生也是包括陕西省在内的近代中国所应当重视的事务之一。著名公共医学专家李廷安就认为,中国"人口众多,世界闻名,但量多质弱,健壮无病合乎健全体格标准者寥寥无几"②。李廷安的这种说法并非空穴来风,在抗日战争全面爆发之前的国民政府空军招募时,历次应征者的体格检查合格率极低,按当时的标准体格要求,应征者中仅有万分之一合格,这种极低的合格率使得国民政府从1946年开始在成都设立空军幼年学校,从小培养飞行人才。③烈性传染病肆虐、学界对流行病防治的宣传等因素使得陕西省政府逐渐开始重视对传染病的防治,因此全民族抗战爆发后,随着内迁医疗机构、人员的增多,陕西省的公共卫生事业有了新的突破。

公共卫生是现代医学概念,自传入中国后,即在各种层面上有所表现。早在清末的新政中,陕西省即成立了各种公共卫生机构。南京国民政府建立后,陕西省于1927年被纳入其统治,并于同年建立了省政府。陕西省政府成立后,设置有民政厅,其中下设的第二科掌管卫生行政事务。因1929年底开始陕西出现鼠疫,后又有霍乱,故陕西省政府在1932年成立了直属的防疫处。1934年5月,全国经济委员会西北卫生组主任姚寻源等3人由南京抵达陕西,指导、协助陕西省政府处理公共卫生的相关事务。随后,在该卫生组的帮助下,陕西省政府成立了陕西健康教育委员会、陕西省立助产学校,同时在三原、华县、榆林等3个县成立县级卫生院。

---

① 张瑞彬:《国民政府时期陕西公共卫生事业研究》,西北大学硕士学位论文,2011年。
② 李廷安:《什么是"公共卫生"?》,《中国卫生杂志》,1931年第30期,"栏页"第1—5页。
③ 张瑞彬:《国民政府时期陕西公共卫生事业研究》,西北大学硕士学位论文,2011年。

抗日战争全面爆发后,随着对公共卫生事务需求的增加,1934年陕西省政府设立陕西省卫生委员会,1935年1月正式成立,有技术人员17人、行政人员7人。1937年为适应抗战需要,省政府将卫生委员会改组为陕西省卫生处,直属省政府,统筹全省医疗卫生事业。[1]省卫生处下设秘书科、行政总务科、医务保健科、防疫检验科等科,分别从事公共卫生事务的行政工作,同时,又设西医牙医审查、营养改进、卫生教育3个委员会。陕西省卫生处成立后,又下设陕西省卫生事务所,该所于1940年由中央设在西安的卫生总队改组而成,专门负责西安卫生事务,并设医务保健、防疫统计、社会卫生、总务等4科。1944年西安市政府成立后,该所改组为西安市卫生事务所。

2.公共卫生工作的推进

全民族抗战时期,陕西省政府为应对公共卫生问题,推出了一系列举措,将流行病的防治作为所有工作的重点,以此推进公共卫生事务。

首先是传染病的防治。陕西省在1932年发生了霍乱大规模流行事件,经过3个月的防治,直到9月才基本得到控制。此次霍乱流行也使得现代医学在陕西省内开始得到重视。此后,陕西省政府对传染病的防治逐步展开。对于传染性强、死亡率高的天花病毒,陕西省制定五年扑灭的计划,1932年开始进行大规模的种痘活动。据统计,1932年春季种痘6678人,1935年开始自制牛痘疫苗,1938年达到21107剂的规模,到1946年时全省接种牛痘人数达到1224500人。[2]此外,全民族抗战时期及其后,陕西省政府对全省民众进行了霍乱、伤寒、白喉、猩红热等急性传染病的预防接种。

在推行疫苗接种的同时,陕西省政府还积极推动疫苗生产。前述1932年成立的陕西省防疫处于1939年4月改组为陕西省卫生试验所,所内设有生物学制造、化学试验、病理学检查3科及1个事务室,其工作是负责痘苗、疫苗的制造。此外,各民间药品厂也致力于疫苗的生产,如西北化学制药厂。在陕西省卫生实验所及相关药品制造机构的努力下,全民族抗战时期陕西省内的疫苗生产量达到了新高度。(如表6-6)

---

① 杨叔吉:《陕西省卫生事业之进展》,《陕政》,1941年第70、71、72期,第660页。
② 陕西省卫生厅、陕西省卫生防疫站、陕西卫生志编委会办公室编:《陕西省预防医学简史》,陕西人民出版社1992年版,第307页。

表6-6　陕西省自制流行病疫苗情况

种类	1938年	1939年	1945年
天花	60000(打)	21107(打)	67651(打)
霍乱	49000(瓶)	9505(瓶)	79600(瓶)
伤寒	/	/	3410(瓶)
霍乱伤寒混合	7139(瓶)	54702(瓶)	/
赤痢	/	169(瓶)	33295(瓶)
狂犬	1590(支)	1134(支)	265(盒)
百日咳	/	253(瓶)	/

　　此外,为及时了解疫情动态,战时陕西省政府还组织建立了疫情防控网。1943年8月,陕西省卫生处将全省分为10个防疫区,各区互通消息。与此同时,军事委员会水陆交通统一检查处西安分处也建立有疫情报告制度,并将辖区分为西安、宝鸡、三原、双石铺、褒城、华阴等6个检查所。疫情报告制度的实施使得传染病防治得到有效施行,1944年6月靖边县发生疫情后即报告一区专署及榆林卫生院,使得疫情得到控制。

　　其次是环境卫生的整改与建设。1940年陕西省政府制定《陕西省各县环境卫生改进推行实施计划》,其中对环境卫生,特别是对与人有直接关系的饮用水进行了质量规范。与此同时,省政府还在各县积极推行夏令卫生运动。夏令卫生运动除进行井水消毒、厕所消毒外,还包括疫苗注射、打扫清洁、扑灭苍蝇等活动。以西安市为例,1941年至1947年,西安市共举行夏令卫生运动7次。

　　再次是卫生知识宣传。自1932年霍乱流行之后,1933年至1935年陕西省防疫处举办了3届卫生展览,每次连续开展3日。省卫生处成立后,为继续开展相关工作而专门设置了卫生展览会,该会由总务、设计、布置、指导、纠察、宣传、保管、救护等8股组成。1934年至1942年,陕西省卫生展览会共计举办了8次展览。这些展览会的规模大小不一,但都集中于疾病预防。据统计,在1939年至1940年开办的卫生展览会上,家庭访视有1098次,示范2186次,共计发散宣传品16682张,参与人数达109881人。此外,该会还利用电影院举办幻灯片宣传5355次,举办电台演讲7次、提灯大会1次,以及卫生宣传游艺会3次等。[①]

———————————
① 吕强、杨明悦:《全面抗战时期内陆城市的疫病流行与社会应对——以1939年西安霍乱防治为例》,《延安大学学报(社会科学版)》,2021年第5期,第99-107页。

在进行展览宣传、街头宣传的同时,陕西省政府还创办了多种医疗卫生杂志,用以宣传卫生常识。1935年将《防疫周刊》更名为《陕西卫生月刊》,1940年1月陕西省卫生处创办《陕卫》杂志,作为其机关刊物,宣传法令及公共卫生研究成果。此外,为宣传公共卫生知识,陕西省内各县卫生院也积极推广国民卫生教育,践行国民卫生公约运动,各县卫生院制定了一系列医疗卫生准则,引导民众养成积极健康的生活习惯。

当然,在乡村中,公共卫生除了由各级政府、卫生院推进外,乡村卫生助理员同样至关重要。全民族抗战时期,卫生助理员制度的建立对陕西省的公共卫生宣传起到了良好作用。"卫生助理员们利用庙会、学校等场合,采取宣讲和现身说法等各种方式宣传防疫知识。平常时节就采取走街串巷宣传接种,如每到一个村庄,先选择一户人家门外的石墩子,放置唱机(戏匣子)和种痘图片及器械,先放一段戏,吸引大伙前来看热闹,趁人们热闹之际,中止放戏,乘机宣讲种痘原理和防病知识。"[1]

(二)医疗机构变迁

正如前所述,20世纪30年代初的疫情使得陕西省军政当局开始重视公共卫生事务,省级医疗机构也由此开始建立和完善。

1931年3月,杨虎城改组西北陆军医院为陕西省立医院,王季陶为首任院长。同年秋,王季陶改任第十七路军军医处长,石正邦被任命为院长。石正邦就职后对陕西省立医院进行了较大的改革,并得到了杨虎城的认可。陕西省立医院成立之初设有外科、内科、皮肤花柳科、眼科、产妇人科、耳鼻咽喉科等6科,此外有调剂室、制药室、检查室,以及文候、庶务、会计等科室,担任各科医药师者均为国内外专门大学毕业者。陕西省立医院成立后,陆续隶属于不同直管机构,在经费方面得到相应的保障。1936年省专列卫生经费281445元,其中省立医院经费占30000元。[2]

根据中华医学会的相关统计,到1935年,陕西省只有健全的医院5家,但国联交通运输组组长哈斯在参观了陕西省立医院之后,还是认为包括陕西省在内的

---

① 刘俊凤:《民国时期陕西创建公共卫生体系活动探析》,《咸阳师范学院学报》,2008年第5期,第59-64页。
② 刘富民:《南京国民政府时期省立医院研究(1927—1937)》,湖南师范大学硕士学位论文,2020年。

中国医疗卫生事业有突破性发展，这种发展"实因近年以来，关于公共卫生各项机关，均隶属于一个组织之下，而由专家主持领导、有以致之"[1]。

陕西省立医院成立后，除了接诊军政人员外，一般居民也可就诊，甚至还制定有针对贫民患者的优惠措施，"门诊免费，挂号诊费、药费、手术费等一律免收"，赤贫者如需住院治疗，经院长审批后"得免收其医药房饭金之一部或全部"。[2]从1931年3月成立到1932年2月的一年间，医院共诊疗病人31324人，1936年各科接诊病人共约14万人。（如表6-7）

表6-7　陕西省立医院部分年份诊疗人数表[3]

时间	外科（人）	内科（人）	眼科（人）	皮肤花柳科（人）	耳鼻喉科（人）	妇产科（人）	合计（人）
1931年3月—1932年2月	9458	5709	7242	5397	2540	978	31324
1935	30732	11941	19814	20069	11503	2851	96910
1936	35443	15419	38128	29424	16239	4295	138948

全民族抗战爆发后，陕西省立医院继续从事医疗诊断工作，并配合了抗日战争的需要。1937年随着日军逼近，西安一度极为接近战区。省立医院人员对撤入西安城的难民、伤兵进行了现场救护和免费治疗，并对死者赠棺掩埋。在敌机轰炸西安时，医院组织了救护队、担架队等，对受难同胞进行救护。据统计，1937年战斗期间省立医院共收治官兵1428人、难民304人，掩埋难民尸体138具。同时，针对日本以医药方式侵略中国的行径，院长石正邦决定不再进口日本药品，成立注射剂制造室，自行研究制造药品。

陕西省立医院仅是省级医疗机构，在成立陕西省立医院的同时，陕西省政府也加大了公共卫生的建设和投入，现代性的医疗机构及相关活动也逐步延伸到各县。根据1935年陕西省政府拟定的相关计划，"每县应设县卫生院一所……按一二三等县，分期创办，限六年完成"[4]。此后，陕西省政府得到战时西北卫生计划工作的支持，省卫生处每月得到2万元经费保障，到1942年相关经费达到1501401元。

---

① 《国际联合会交通运输组组长哈斯来华考察技术合作报告》，《全国经济委员会报告汇编》，全国经济委员会1936年版，第8页。
② 《陕西省立医院章则》，《新陕西月刊》，1932年第2卷第2期，第115—116页。
③ 刘富民：《南京国民政府时期省立医院研究(1927—1937)》，湖南师范大学硕士学位论文，2020年。
④ 叔吉：《陕西县地方卫生行政之计画》，《陕西卫生月刊》，1935年第1卷第2期，第2-3页。

以此为基础,陕西省各县的医疗机构得到迅速发展,1938年全县有医院7所,病床263张;1942年全省有各级卫生院所54处,其中西安成立卫生总队部并附设5个分队,宝鸡成立了宝鸡实验卫生院,等等。[1]次年,全省各县卫生院增加到73处,乡镇卫生所39个。从广义的现代医学的角度看,这一时期陕西省各县市成立的医疗机构较之前要多很多,根据李明慧的统计,20世纪30年代和40年代的增长是明显的,具体如表6-8:

表6-8　陕西省各县市医疗机构数量统计表(20世纪30年代至40年代)[2]

20世纪30年代				20世纪40年代			
地点	数量(个)	地点	数量(个)	地点	数量(个)	地点	数量(个)
西安	61	安塞	1	西安	95	安塞	4
临潼	1	富县	5	临潼	2	富县	4
户县	1	洛川	0	户县	5	洛川	1
蓝田	4	榆林	6	蓝田	14	榆林	7
周至	7	府谷	2	周至	17	府谷	2
高陵	2	神木	1	高陵	7	神木	2
宝鸡	11	靖边	1	宝鸡	36	靖边	3
眉县	2	吴堡	0	眉县	2	吴堡	5
凤翔	4	米脂	1	凤翔	9	米脂	4
扶风	3	绥德	6	扶风	38	绥德	9
岐山	7	定边	6	岐山	26	定边	8
千阳	7	清涧	4	千阳	13	清涧	5
凤县	4	南郑	60	凤县	14	南郑	76
陇县	7	城固	6	陇县	24	城固	21
咸阳	12	洋县	15	咸阳	14	洋县	9
三原	15	勉县	2	三原	27	勉县	4
兴平	8	西乡	13	兴平	11	西乡	13
武功	2	宁羌	4	武功	2	宁强	8

---

[1] 牛桂晓:《边疆·卫生·抗战:全面抗战时期西北地区医疗卫生建设述论》,《日本侵华南京大屠杀研究》,2019年第1期,第100—109、142页。

[2] 本表整理参考李明慧:《近代陕西中西医交流与社会变迁》,陕西师范大学硕士学位论文,2016年。

续表

20世纪30年代				20世纪40年代			
地点	数量（个）	地点	数量（个）	地点	数量（个）	地点	数量（个）
礼泉	1	略阳	1	礼泉	1	略阳	4
乾县	1	镇巴	1	乾县	2	镇巴	4
泾阳	15	留坝	2	泾阳	44	留坝	3
彬县	3	安康	18	彬县	6	安康	26
长武	1	石泉	4	长武	12	石泉	7
淳化	0	汉阴	/	淳化	7	汉阴	7
同官	/	旬阳	2	同官	7	旬阳	2
耀县	3	平利	1	耀县	15	平利	3
韩城	1	镇坪	0	韩城	11	镇坪	1
渭南	5	岚皋	1	渭南	9	岚皋	5
华阴	2	白河	3	华阴	5	白河	5
富平	1	商县	9	富平	13	商县	14
澄城	3	洛南	2	澄城	18	洛南	3
大荔	3	丹凤	1	大荔	16	丹凤	11
朝邑	1	商南	1	朝邑	1	商南	6
潼关	11	山阳	0	潼关	27	山阳	2
白水	4	甘泉	1	白水	7	太白	3
蒲城	4	中部	1	蒲城	5	麟游	10
合阳	1			合阳	25	旬邑	6
华县	2			华县	21	永寿	3
延安	9			延安	39	平民	1
宜川	1			宜川	3	横山	1
黄龙	1			黄龙	2	佳县	1
子长	2			子长	1	佛坪	1
延长	0			延长	1	宁陕	1
延川	1			延川	1	柞水	1
镇安	2			镇安	2	黄陵	4
吴起	1			吴起	1		

从上表可以看出,20世纪30年代至40年代陕西省的现代医疗机构发展较快,其中30年代的机构主要包括:防疫机构、医院、诊所、西药房、戒烟所等,1932年霍乱冲击和1937年抗日战争全面爆发后,陕西省一些地方还出现了医学类的大专院校、卫生院所、军队医院与参与战争救援工作的医疗队伍。到40年代,现代医疗机构在陕西主要为一般医院、诊所、西药房、医学院校、防疫机构、卫生院所、铁路和煤矿职工医院等。其中医院有很大部分是随军作战的驻军医院、后方医院,以及内迁医院。此外,随着医疗机构的内迁及增多,陕西省出现了医学教育兴盛的局面,病理学也在本地萌芽。[①]

除上述公立医院外,全民族抗战时期西安市还曾出现过私人办医热,到1945年私人诊所和医院近百家,但这些诊所和医院因经费和其他因素的影响而不稳定。当然,这些分布在省内的教会医院以及西安地区的私立医院,作为医疗资源的有益补充,对公共卫生事业的发展也起到了重要作用。其中,全民族抗战时期西安重要的私立医院如表6-9:

表6-9　全民族抗战爆发后西安市内成立的私立医院统计表[②]

名称	成立时间	地址	院长	医师
大同医院	1937年	/	杨健峰	菊清池
北洋医院	1938年	东大街	王玉顺	王世链、李景轼
健华医院	1941年	东大街230号	李更章	孙武侯
晨光医院	1941年	南院门93号	扈蔚东	李绍襟
大陆医院	1942年	东木头市34号	张义为	医师2人
中正医院	1942年	/	薛健	医师12人
怀仁医院	1944年	西大街13号	张思铨	张士铨

与其他地区一样,陕西省内出现最早的现代医疗机构是教会所组建的。1901年英国基督教浸礼会正式设立英华医院(1916年改名广仁医院),到全民族抗战爆发后,外国传教士在陕西开设的医疗机构有大荔天主教广慈医院,周至天主堂广济医院,南郑天主堂医院,宝鸡天主堂本笃医院、安多医院、英华医院,西关

---

① 李明慧:《近代陕西中西医交流与社会变迁》,陕西师范大学硕士学位论文,2016年。
② 本表数据来源于陈小卡:《西方医学传入中国史》,中山大学出版社2020年版,第395-396页。

天主堂诊所,东关若瑟诊所、玛丽诊所,等等。①这些医院的经费和人事均由教会独立负责,其工作主要是在传教之余开展医疗活动。

公私立医疗机构的发展,使得陕西省内从事医疗事业的人员与日俱增,据统计,全民族抗战时期在陕西省登记执业资格的各项医疗人员共799人,具体如表6-10:

表6-10 全民族抗战时期陕西省医疗人员统计表

年度	医师(人)	药师(人)	牙医师(人)	西临医(人)	牙医生(人)	助产士(人)	中医(人)	镶牙(人)	合计(人)
1939年	9	1	0	0	0	1	38	0	49
1940年	36	1	2	1	0	3	180	0	223
1941年	20	0	0	37	8	3	58	14	140
1942年	15	1	1	32	0	1	43	4	97
1943年	25	0	0	8	1	6	108	5	153
1944年	38	0	0	0	1	6	50	4	99
1945年	9	0	0	0	0	3	26	0	38

从事医疗的专业人才增多,使得各县市的医疗水平有了极大提高。据统计,1942年各县市的门诊治疗病人共10余万人,其中住院114人,巡回治疗1228次,施行种痘人数402145人,灭虱治疗464次。②

(三)医学教育与培训

正如前文所述,陕西的现代医疗事业发展早先较为缓慢,直到20世纪30年代初才被当局所重视,并大规模地推进相关工作。同样,医学教育与培训也相对迟缓,直到全民族抗战爆发后陕西省内的现代医学教育才有了长足的发展。

1.高等医疗教育

全民族抗战时期陕西省关于医疗的高等学校主要有三所:国立西北医学院、

---

① 张瑞彬:《国民政府时期陕西公共卫生事业研究》,西北大学硕士学位论文,2011年。
② 李振民:《陕西通史·民国卷》,陕西师范大学出版社1997年版,第266-267页。

陕西省立医学专科学校、西北药学专科学校。其中第一个是高校内迁后改建,第二个是陕西省政府自设,第三个是私立办学。

(1)国立西北医学院。抗日战争全面爆发后,国立北平大学医学院师生在院长吴祥凤的率领下辗转到达西安,其后改名为西安临时大学医学院,同年11月初复课。1938年3月,该院迁往南郑,同年4月西安临时大学改组为国立西北联合大学,该院隶属之,7月改名为国立西北联合大学医学院。1939年初,医学院再次迁往南郑东郊,同年8月8日医学院独立办学,改名为国立西北医学院。

该校在南郑办学期间规模相对较小,1943年时有副教授15人,讲师10人,助教14人。[1]学生方面,除原北平大学医学院内迁的数十名学生外,还有南通医学院、河南大学医学院借读的学生共104名。1942年该校在校学生达到229名,到1948年共毕业六年制学生9期292人,三年制护士20人。

整个抗战时期,西北医学院的师生因陋就简,除教师讲、学生听记外,实验实习很少。但该院并未因此降低办学质量,按照当时医学生的培养准则,主要课程基本都开齐,建立了解剖、生化、药理、生理实验室等。1945年该院由南郑迁回西安,次年与西北大学合并。

(2)陕西省立医学专科学校。为满足战时医疗人才需求,陕西省政府于1938年成立了陕西省立医学专科学校。该校成立当年12月迁往南郑,次年又迁回西安,1941年固定办学位置于西安城隍庙后街。该校设有秘书、教务主任、训导主任、总务主任、注册主任、会计主任及军事教官等。课程开设方面,有系统解剖学、显微镜解剖学、解剖学实习、胚胎学、局部解剖学、生理学、细菌学及免疫学、卫生学(含公共卫生学)、药理学及处方学、病理总论、病理各论及其实习、法医学、诊断学、内科学、临床讲义、外来临床讲义、外科总论、外科学各总论、手术实习、妇人科学、产科学、眼科学、耳鼻喉科学、皮肤科及性病学、泌尿科学、精神病学等。1943年至1948年,该校毕业7个班,其中五年制149名,四年制100名,两年制80名,药剂师120名。

(3)私立西北药学专科学校。1937年西北化学制药厂决定投资兴办药学专科学校,该校最初计划名为西北高级药剂职业学校,并将入学资格规定为初级中学毕业者为限,学制3年。1940年学校经国民政府教育部批准立案,命名为私立

---

① 陈小卡编著:《西方医学传入中国史》,中山大学出版社2020年版,第396页。

西北药学专科学校,并更改入学资格为高级中学毕业,学制4年,其中半年在该厂实习。至1947年该校共毕业四年制学生6期111名,高级药剂职业5个班87名。[1]

该校办学目标明确——培养制药高级专业人才,因而在教学中加强了基本功的训练,不但强调数、理、化一体化发展,掌握基本药学知识及药学新进展,并安排有关的实验内容以加强操作训练。在课程设置上,该校开设有语文、数学、物理、无机化学、有机化学、物理化学、工业化学、裁判化学、制药化学、生理学、解剖学、药理学、药物学、调剂学、制剂学、生药学、制图学、德语和日语等。[2]

2.中等医学教育

高等院校培养期长、见效慢,而在战争背景下各地又急需医疗卫生的专门人才,因此,陕西省内出现了公私立的中等医学院校,其中比较重要的有陕西省立助产学校、私立广仁医院附设护士学校、西安红十字会护士学校等。

这些学校中,陕西省立助产学校的影响最大。该校创建于1934年,成立之初名为私立西京助产学校,同年8月划归陕西省教育厅管辖,改名为陕西省高级助产职业学校。1935年附设助产院,由陈桂云兼任院长。1938年迁往南郑,次年迁回西安。学校专门培训助产人员,其中助产士专业三年制,护士专业三年制,调剂师专业两年制。

除陕西省立助产学校外,抗战时期的私立广仁医院附设护士学校也具有相当的影响力。该校由梅卓然兼任校长,1938年更名为私立广仁高级护士职业学校。学制4年,半工半读形式,1938年后改为三年半制,每年招生20名,至1949年共毕业学术17期200名。

3.医疗技术与公共卫生的培训

高等、中等医学教育主要针对的是专业型人才的培养,医疗技术的培训则是针对一些临时性的需求。全民族抗战爆发前后,陕西省内各种公私立医学相关机构都曾开设培训班。

开设培训班较早的是陕西省防疫处。该处为应对1932年及其后的流行病,

---

[1] 杨帅:《近代西安城市医疗地理初步研究》,陕西师范大学硕士学位论文,2016年。
[2] 《民国时期陕西的药品生产及药学教育》,《药事管理研究三十年:杨世民师生论文集(上)》,西安交通大学出版社2015年版,第95页。

先后举办了种痘传习班、防疫人员训练班、卫生稽查警察训练班、公共卫生护士训练班等不同名目的训练班。其中,种痘传习班1期37人,防疫人员训练班3期117人,卫生稽查警察训练班5期141人,公共卫生护士训练班3期87人,护产训练班3期123人,医护进修班1期32人,初级人员训练班2期220人。此外,作为专门负责传染病研究的陕西省卫生试验所也开设有相关培训班。该所病理学检查科除训导自身工作人员外,也对外来团体及个人进行专门训练。①

除公立机关的培训外,民间团体也积极推进相关工作。1942年西安市新药业同业公会委托西北药学专科学校开办调剂生培训班。该班招收西安市内各药房选派的调剂员30余人,为其开设化学、药物学、调剂学等课程,并安排了实验课。②

虽然培训班属于临时性的,但一些机构逐渐将其发展为定期、长效的行动。如陕西省立医院也曾单独举办针对护士的训练班,并逐渐定期化。从1932年4月开始,该训练班男女兼收,1934年续招第三期女护士15名,修业期限从数月改为2年。抗战胜利后,陕西省立医院的培训并未停止,1946年招新生2期,三年制,半天上课,半天病房操作;1949年春又招1期。③陕西省立医学专科学校则更是将其作为一个独立工作加以开展,其办理的培训班更倾向于一种学历培训。自1945年至1949年5月,该校共招收了初中毕业生三届。第一、二届学生毕业,第三届学生未毕业即停办。④

上述所有培训都针对的是从事医疗卫生工作的相关人员,在推行公共卫生工作时,以西安为代表的城市还开展了针对茶房杂役、理发师、保甲长、摊贩等的卫生培训。1941年,陕西省卫生事务所颁布《夏令卫生运动各业茶役调训办法》,规定凡酒菜、饭馆、旅社客店、理发店、浴室、影剧院、冷食店、牛奶店、屠宰场、肉食店、食品商店、乐户等各业茶役,均得依照该办法之规定,按时参加受训,在此后每年的夏令卫生运动中,西安市政府及其下的各级政府即依此组织相关人员进行了训练。

---

① 张瑞彬:《国民政府时期陕西公共卫生事业研究》,西北大学硕士学位论文,2011年。
② 《民国时期陕西的药品生产及药学教育》,《药事管理研究三十年:杨世民师生论文集(上)》,西安交通大学出版社2015年版,第96页。
③ 杨帅:《近代西安城市医疗地理初步研究》,陕西师范大学硕士学位论文,2016年。
④ 《民国时期陕西的药品生产及药学教育》,《药事管理研究三十年:杨世民师生论文集(上)》,西安交通大学出版社2015年版,第96页。

小结

随着近代以来各种现代生产、生活方式的传入，陕西省内的科教文卫事业也持续向前发展。截至1937年7月抗日战争全面爆发前，陕西省的教育、科技、文化、医疗等事业有了现代化的基础和因素，但囿于地处内陆而发展缓慢。

抗日战争全面爆发后，随着内迁文化、教育机构的增多，陕西省内教育事业有了较大改善，兴办了一批学校，特别是高校的内迁和兴办，奠定了之后陕西省高等教育的基础。伴随着高等教育的迅速发展，文化、科技方面也有了较大突破，形成了文化繁荣、科技进步的局面。同时，医疗卫生工作也在战前已有基础上有了较大幅度的改善。

总体而言，全民族抗战时期陕西省内教科文卫事业较快发展，取得了较大的成绩。这些发展和成绩的取得除了靠陕西省内人士的不懈努力外，更是基于全民族抗战爆发后各种机构、学校的内迁。当然，这些成果为陕西省支援抗战、保卫疆土做出了重要贡献，也为日后陕西省的社会建设事业奠定了坚实的基础。

第七章

陕甘宁边区的形成及其对
抗战的作用

1935年10月中央红军长征到陕北后,先后进行东征和西征,将陕甘概据地(亦称西北革命根据地)扩大为陕甘宁根据地。1935年12月,中共召开瓦窑堡会议,确立了建立抗日民族统一战线的方针,并促成国共第二次合作。1937年2月,口华苏维埃共和国西北办事处改为陕甘宁边区政府。抗日战争的陕甘宁边区是人民抗战的政治指导中心和总后方。中共从苏维埃民主制度转变为议会民主制度,在陕甘宁边区逐渐确立起普选制度,团结了多数民众,在政权上实行"三三制",适应了抗战的需要。在抗日战争相持阶段,日军加紧对敌后根据地进攻,国民党亦对中共领导的敌后抗日根据地实行包围封锁,陕甘宁边区遭遇极大的财政经济困难。为了解决财政困难,在经济上,陕甘宁边区军民掀起大生产运动,既保障了自给,解决了边区军、民、学生的吃饭问题,渡过了粮食危机,也摆脱了因国民党封锁和停发军饷带来的经济困境。在政治上,实行精兵简政,出现了兵精质高、政简民便的局面。此外,减租减息是抗战时期中共在陕甘宁边区解决农民问题的基本政策,也是战胜经济困难的一项基本政策。通过减租减息,中共减轻了封建剥削,也团结了一切可能团结的力量。

一、陕甘宁边区政府的建立

陕甘宁边区位于陕西北部、甘肃东部、宁夏东南部。北起府谷、横山,南达淳亿、旬邑,西至固原、豫旺,东濒黄河与山西隔河相望。南北长约450公里,东西长约400公里。[①]

陕甘宁边区是在土地革命时期中国共产党创建的陕甘边和陕北两块革命根据地的基础上形成和发展起来的。抗日战争全面爆发后,先后改为陕甘宁特区和陕甘宁边区。土地革命时期,中国共产党在陕西先后发动了清涧起义、渭华起义、旬邑起义等农民斗争,并在1931—1935年,先后创建了陕甘边根据地和陕北根据地,后发展成为陕甘宁根据地。中共中央和中央红军到陕北后,为了统一和加强

---

① 星光、张杨主编:《抗日战争时期陕甘宁边区财政经济史稿》,长江文艺出版社2016年版,绪论第1页。

对西北革命根据地的领导,1935年11月,决定设立中华苏维埃共和国中央政府驻西北办事处,作为陕甘宁根据地的最高政权机构,办事处设主席团,博古任办事处主席。1935年12月,中国共产党召开了瓦窑堡会议,确立了建立抗日民族统一战线的方针。1936年红军东征结束后变"反蒋抗日"为"逼蒋抗日",极力促成抗日民族统一战线的形成。1937年2月,中共中央致电国民党五届三中全会,向国民党提出停止内战、一致抗日的五项要求,并提出四项保证,包括"(一)在全国范围内停止推翻国民党政府之武装暴动方针;(二)苏维埃政府改名为中华民国特区政府,红军改名为国民革命军,直接受南京中央政府与军事委员会之指导;(三)在特区政府区域内实施普选的彻底的民主政策;(四)停止没收地主土地之政策,坚决执行抗日民族统一战线之共同纲领"①。2月24日,中共中央政治局会议决定,由林伯渠主持政府工作,着手筹备苏维埃政府更名改制等事宜。所谓更名就是将西北办事处改名为陕甘宁边区政府,改制就是将工农民主制改为议会民主制。3月8日,周恩来、叶剑英与顾祝同、贺衷寒、张冲等就陕甘宁边区的地位和红军相关问题在西安会谈,周恩来将双方1个月来的谈判内容写成总结,送蒋介石做最后决定,关于陕甘宁根据地的内容为"取消苏维埃政府及其制度,将目前红军驻在地区改为陕甘宁行政区,执行国民政府统一法令与民选制度,其行政人员经民选推荐,由国民政府任命;行政经费由行政院及省政府规定"②。后周恩来与蒋介石方面在杭州、庐山、南京等地多次就苏区改制后的名称、辖区和行政长官人选等问题进行谈判。6月25日,根据中共中央书记处对谈判问题讨论的情况,周恩来起草了关于谈判的新提案,提出:陕甘宁边区于7月实行民主选举,在张继、宋子文、于右任三人中选择一个人作为行政长官,林伯渠作为副长官。③

1937年2月,中央政治局常委决定,由林伯渠负责,开始筹备苏区的更名改制工作。3月,中共中央正式宣布取消两个政权的敌对状态,从苏维埃制度改变为民主共和制度。4月,中华苏维埃共和国临时中央政府西北办事处召开会议,决定成立4个专门委员会研究政治、经济、文化教育等方面政策的转变。5月12日,西北办事处通过了《陕甘宁边区议会及行政组织纲要》《陕甘宁边区选举条

① 《中共中央致国民党三中全会电》,《建党以来重要文献选编(一九二一——一九四九)(第十四册)》,中央文献出版社2011年版,第38—39页。
② 中共中央文献研究室编:《周恩来年谱(1898—1949)(修订本)》,中央文献出版社2020年版,第355页。
③ 中共中央文献研究室编:《周恩来年谱(1898—1949)(修订本)》,中央文献出版社2020年版,第366页。

例》等法规,开始使用"陕甘宁边区"的名称,正式确定了边区民主共和国的政治制度。《陕甘宁边区议会及行政组织纲要》规定,"陕甘宁边区为争取中华民族独立解放,在全国范围内,首先实行最适合于抗战的彻底民主制度","各级议会议员,由选民直接选举。各级行政长官——乡长、区长、县长、边区主席,由各级议会选举","各级政府直接对各级议会负责","选民对所选代表认为不称职时,得随时撤换改选之"。①《陕甘宁边区选举条例》首先对选举资格进行规定:除了汉奸、经法院判决被剥夺公民权者和精神病患者外,"凡居住陕甘宁边区区域的人民,在选举之日,年满十六岁的,无男女、宗教、民族、财产、文化的区别,都有选举权和被选举权"②。《陕甘宁边区选举条例》重新认定了选举人和被选举人的资格,扩大了选民范围。1931年的《中华苏维埃共和国宪法大纲》规定,军阀、官僚、地主、豪绅、资本家、富农、僧侣及一切剥削人的人和反革命分子"是没有选派代表参加政权和政治上自由的权利的"③。而新选举法摒弃了旧的以阶级成分为原则来规定选民资格的制度,除汉奸、经法院判决被剥夺公民权者、精神病患者外,"都是边区的公民"④,大大扩大了选举法的基础,由此奠定了陕甘宁边区的普选制度,为陕甘宁边区由苏维埃民主制度转变为普选的议会民主制度,提供了法律依据。其次,对于各级议会选举人与所选代表的比例做了明确规定:乡代表会,每居民20人选代表1人;区议会,每居民50人选举参议员1人;县议会,每居民200人选参议员1人;边区议会,每居民1500人选举参议员1人;其人数在法定半数以下的,选举候补参议员1人。各级选举按照当选人数,选出1/3的候补参议员。乡长、区长、县长、边区长官、边区法院院长由各级议会选举,但须得到出席参议员总人数的2/3以上同意。再次,实行候选人竞选制度,由各级政党及各职业团体提出候选人名单,进行竞选活动,在不妨害选举秩序下,选举委员会不加以任何阻止。⑤1937年7月,陕甘宁特区党委发出关于选举问题的指示信,指出"苏维埃中央政府已规定从七月十五开始,到十一月十五日完成乡到边区议会的选举。这次选举从本身讲是由工农民主转到一般的民主,由宝塔式的选举转到直接选举。政权形式也是由苏维埃

---

① 西北五省区编纂领导小组、中央档案馆编:《陕甘宁边区抗日民主根据地(文献卷·上)》,中共党史资料出版社1990年版,第184-195页。
② 《陕甘宁边区选举条例》,《新中华报》,1937年第359期,第2-3版。
③ 《中华苏维埃共和国宪法大纲》,《苏维埃中国》,中国现代史资料编辑委员会1957年版,第17-18页。
④ 谢觉哉:《陕甘宁边区的选举法与议会制度》,《新中华报》,1940年7月16日,第4版。
⑤ 《陕甘宁边区选举条例》,《新中华报》,1937年第359期,第2-3版。

转到民主共和的形式"①,规定了选举中的基本工作包括成立选举委员会,登记选民、提出选举纲领、推出候选人名单,在各级选举中,各级苏维埃都要向选民做工作报告等。

陕甘宁边区普选制度的确立具有十分重要的意义。《陕甘宁边区选举条例》突出体现了普遍、直接、平等等特点。第一,普选制度适应了抗日民族统一战线的需要。由于《陕甘宁边区选举条例》规定除了汉奸、经法院判决被剥夺公民权者和精神病患者外,都是边区的公民,都有选举权和被选举权,大大扩大了选举的范围,使得过去被排斥在选举权之外的地主、富农、绅士、资本家等剥削阶级也具有选举权和被选举权,从而给予一切愿意抗日的党派、阶级、阶层和社会团体以参政自由,团结大多数抗日,扩大了抗日民族统一战线的基础,"适合于各阶级联盟的民主制度,适合于各党派及全体人民的要求"②。第二,普选的议会民主制度把苏维埃的民主制度的"多层次的宝塔式"的选举形式改变为普遍、直接、自由、平等的选举形式,这更有利于保障各阶级各阶层人民的最基本政治权利的实现。③总之,陕甘宁边区实行普选的议会民主制度,适应了团结多数民众、建立广泛的抗日民族统一战线的需要。

1937年2月,为适应边区政府改制工作的需要,中共中央决定成立中共陕甘宁特区委员会,中共中央指定郭洪涛、高岗、林伯渠、吴亮平、王达成、刘长胜、李坚贞为特委常委,以郭洪涛为书记。5月15日,陕甘宁边区第一次代表大会在延安召开。经过与会代表充分讨论,投票选举出正式执行委员17人,分别为高岗、林伯渠、吴亮平、马明方、李富春、周兴、李坚贞、郭洪涛、王达成、习仲勋、白治民、刘长胜、崔田民、张秀山、刘景范、崔田夫、罗迈等;候补执行委员6人,包括罗梓铭、蔡畅、马锡五、王世泰、张邦英、马佩勋。其中郭洪涛为特委书记,王达成为组织部部长,吴亮平为宣传部部长(后为王若飞),王涛为统战部部长,高克林为秘书长。自此,中共陕甘宁特区委员会开始办公。后陕甘宁特区改为陕甘宁边区,边区特委亦相应改称为边区党委。

1937年卢沟桥事变后,国共继续谈判。国民党以蒋介石、张冲、邵力子为代

① 《陕甘宁特区党委关于选举运动的指示信》,《中共陕甘宁边区党委文件汇集(一九三七年——一九三九年)》,中央档案馆、陕西省档案馆内部馆存本1994年版,第18页。
② 林伯渠:《由苏维埃到民主共和制度》,《陕甘宁边区参议会(资料选辑)》,中共中央党校科研办公室1985年版,第42页。
③ 中共甘肃省委党史研究室著:《陕甘边革命根据地史》,中共党史出版社2019年,第421页。

表,中国共产党以周恩来、博古、林伯渠为代表。7月18日,中共将所拟定谈判的十二条意见提交给蒋介石,包括"应许各报刊载《中共中央为公布国共合作宣言》……迅速发表陕甘宁边区政府名义,从张继、宋子文、于右任三人中择一人担任正职,由林伯渠任副职,其范围包括现在所辖十八县,其疆界请国民政府行政院和边区政府划定"[1]等。庐山会谈中,国民党承认了陕甘宁边区政权存在的合法性。

9月6日,根据国共两党的协定,中共中央决定将西北办事处正式更名为陕甘宁边区政府,各级苏维埃政府(包括特区)也一律更名为抗日民主政府。9月20日,陕甘宁边区政府正式成立,边区政府主席为林伯渠,副主席为张国焘,首府设在延安。1937年10月12日国民政府行政院第333次会议通过决议,承认陕甘宁边区直属行政院领导,由行政院任命行政长官,并确定了边区的管辖范围包括延安等18个县。12月,中国共产党在与国民党签呈的文件中说:陕甘宁边区政府除管辖上述18个县外,又增加清涧、米脂、绥德、吴堡、佳县。至此,陕甘宁边区共辖23个县。后来,由蒋介石指定,国民军事委员会将甘肃镇原、环县及宁夏豫旺3个县划给八路军作为募补区。这样,陕甘宁边区政府管辖区及八路军募补区共计26县,总面积12.96万平方公里,人口200万人。[2]

虽然,国民政府同意陕甘宁边区政府管辖26个县,但是并未予以明文规定,甚至还出尔反尔,拒不兑现承诺,后来竟然多次对边区发动进攻,占领了部分区县,迫使边区政府统辖范围及所属人口不断发生变化。在很长的一段时间内,陕甘宁边区管辖范围除保安、安塞、盐池等几个县外,均出现两个代表不同利益的领导机构同时存在于边区境内的现象,即一是边区政府委派的县长和政府工作人员,一是国民政府委派的县长和政府官员,这种局面习惯性地被称为统一战线区。[3]另外,在绥德地区,陕西省政府还委派了一个行政督察专员——何绍南,他被毛泽东当面斥责为"摩擦专家",他在表面上团结中共,暗地里策划了一系列阴谋活动,企图迫使八路军撤出该地区。[4]这些统一战线区的国民政府委派县长、专员及官员均为国民党顽固派人员,是搞"反共摩擦"的专家,一直到1940年才被边

① 中共中央文献研究室编:《周恩来年谱(1898—1949)(修订本)》,中央文献出版社2020年版,第371页。文中所讲十八县包括陕西的延安、甘泉、富县、延长、延川、安塞、安定、保定、靖边、定边、淳化、旬邑;甘肃的正宁、宁县、庆阳、合水、环县;宁夏的盐池。
② 中共甘肃省党史研究室著:《陕甘边革命根据地史》,中央党史出版社2019年版,第422页。
③ 孟俭红:《抗战时期陕甘宁边区双重政权的消除》,《党史博采》(上),2022年第6期。
④ 曹兴琳:《1940年之前陕甘宁边区政府与国民政府的关系研究》,延安大学未刊硕士论文,2015年。

区政府"礼送"处境,存在3年多的"双重政权"最终结束。

1937年7月,陕甘宁边区开始乡、区、县级的选举,选出各级代表和参议员,组织成立了代表会议和乡、区、县三级参议会,由代表会议及参议会选举出各级政府和行政长官,基本在10月底完成了选举工作。[①]1937年11月,国民政府将陕甘宁边区政府改成陕甘宁特区政府。11月10日,边区政府发出通令,决定陕甘宁边区政府改名为陕甘宁特区政府。陕甘宁特区党委根据《抗日救国十大纲领》,颁布了《陕甘宁特区政府施政纲领》,提出要实行民主普选制度,发扬前在苏维埃下已经实行的各种民主措施,保证工农群众已经得到的各种权利。[②]同月,《陕甘宁特区党委关于进行特区政府民主选举运动的指示》指出"各乡、区、县政府的民主选举,在基本上是已经完成了它的任务,现在又决定于明年一月五日召开全特区的代表大会,产生特区政府的领导机关,立刻就要开始特区政府的民主选举运动了"。指示提出边区选举总的方针是"要使特区成为抗战与民主的模范区域"。对于选举和未来政府的组织,指示明确提出"为了建立抗日民族统一战线,把苏维埃民主制度改为普选的民主制……在政府的组织上,仍应保持民主集中的制度,没有必要完全采用资产阶级把行政、立法、司法三权分立的议会制度,并且在名称上也决定将各级议会改称为各级人民代表大会;各级代表大会主席及政府首长统称主席,废除在历史上带有腐朽和反动意味的议会、议员、乡长、区长、县长等名称"。指示还要求"保证百分之百的选民,无论男女,无论阶级,除汉奸、卖国贼、犯人及神经病者,都要自动的踊跃参加选民大会"。为了保证边区选举会议顺利进行,指示强调"反对党包办提案的现象……选民大会的开会,须普遍的采取以村为单位来进行选举,好吸收多的群众参加选举。选举的结果,可经过区的计算,到县总结后公布。被选代表应尽量收集和采纳选举人的意见,与群众取得经常的密切的联系"。[③]陕甘宁特区党委的指示为第一届议会的召开指明了方向。

1939年1月17日至2月4日,陕甘宁边区第一届参议会在延安召开。出席会议的参议员146名,包括中国共产党、国民党、无党派人士、工人阶级、农民、小资

---

① 《陕甘宁特区党委关于过去选举工作的检查》,《中共陕甘宁边区党委文件汇集(一九三七年——一九三九年)》,中央档案馆、陕西省档案馆内部馆存本1994年版,第97页。

② 《陕甘宁特区党委在民主的普选运动中所提出的特区政府施政纲领》,《中共陕甘宁边区党委文件汇集(一九三七年——一九三九年)》,中央档案馆、陕西省档案馆内部馆存本1994年版,第70页。

③ 《陕甘宁特区党委关于进行特区政府民主选举运动的指示》,《中共陕甘宁边区党委文件汇集(一九三七年——一九三九年)》,中央档案馆、陕西省档案馆内部馆存本1994年版,第81—85页。

产阶级、商人,以及地主、富农代表等。会议议程主要有三项,第一,由林伯渠致开幕词和做边区政府报告。报告分为三部分:其一,保卫和巩固陕甘宁边区是全边区和全中国人民的共同任务,指出目前的抗战形势和边区所处的环境,指出边区在抗战中的重要性,故"坚持边区的存在,保卫边区,是争取抗战胜利、建立三民主义新中国的重要环节"[1];其二,总结了两年来边区政府在保卫边区和全国的抗战中所做的工作,包括抗战动员、巩固后方、帮助前线、巩固与扩大统一战线、抗日民主制度的实施、经济建设等;其三,抗战新阶段中陕甘宁边区政府的任务,包括加强抗战动员,坚持巩固和扩大统一战线,贯彻民主精神,扩大生产运动,加强国防文化教育,实行正确的干部政策,动员一切人力、物力、财力和智力,进行长期抗战。[2]会议通过了《陕甘宁边区第一届参议会对陕甘宁边区政府工作报告的决议》。

会议讨论通过了《陕甘宁边区抗战时期施政纲领》和12个提案及《陕甘宁边区各级参议会组织条例》《陕甘宁边区选举条例》《陕甘宁边区政府组织条例》《陕甘宁边区婚姻条例》等。《陕甘宁边区抗战时期施政纲领》是"三民主义"在边区的具体实施,在民族主义方面,要求"坚持巩固与扩大抗日民族统一战线,团结全边区人民与党派,动员一切人力、物力、财力、智力,为保卫边区、保卫西北、保卫中国、收复一切失地而战"等,在民权主义方面,要求"发扬民主政治,采用直接、普遍、平等、不记名的选举制,健全民主集中制的政治机构,增强人民之自治能力"等,在民生主义方面,要求"确定私人财产所有权,保护边区人民由土地改革所得之利益"等《陕甘宁边区抗战时期施政纲领》是"边区一切工作之准绳"。[3]选举产生了边区参议会和边区政府领导人员。第一届参议会选举高岗为议长,张邦英为副议长。大会最后选出林伯渠、雷经天、王世泰、刘景范、周扬等7人为边区常务委员。其中高自立为边区政府副主席,曹力如兼边区政府秘书长,高自立兼民政厅厅长,张慕尧代理财政厅厅长,周扬兼教育厅厅长,刘景范兼建设厅厅长,高岗为边区保安司令。随后,在边区参议会议长高岗的监督下,边区政府委员会正式

---

①　林伯渠:《陕甘宁边区政府对边区第一届参议会的工作报告》,《陕甘宁边区政府文件选编(第一辑)》,陕西人民教育出版社2013年版,第79页。

②　林伯渠:《陕甘宁边区政府对边区第一届参议会的工作报告》,《陕甘宁边区政府文件选编(第一辑)》,陕西人民教育出版社2013年,第79-98页。

③　《陕甘宁边区抗战时期施政纲领》,《陕甘宁革命根据地史料选辑(第一辑)》,甘肃人民出版社1981年版,第25-27页。

宣誓就职，宣告边区第一届民选政府正式成立。边区将选出的边区政府主席和行政委员名单呈请国民政府。1939年4月4日，陕甘宁边区政府公布了边区第一届参议会通过的《陕甘宁边区抗战时期施政纲领》，这是中共延安时期局部执政的方案之一。

经过民主选举，陕甘宁边区建立起新的政权机关。这是陕甘宁边区第一次民主选举运动，它在陕甘宁边区内完成了由工农苏维埃民主制向抗日的民主共和国更名改制的转变。此前，边区政府领导人员名单是由中共陕甘宁边区委员会提出，由中共中央批准，并未经过相关法律程序，虽然代表边区人民的利益和要求，但是在民主程序方面存在明显缺陷。民选政府的产生，使得边区民主政治从形式到内容都体现出来，为抗日的民主政治制度奠定了坚实的基础。[①]

二、"三三制"抗日民主政权的确立

1937年3月，中共中央和中华苏维埃共和国中央政府正式宣布改苏维埃制度为民主共和制度，改陕甘宁苏区为陕甘宁特区，为国民政府统辖下的地方政府。[②]为实现这种转变，5月，中共颁布了《陕甘宁边区议会及行政组织纲要》和《陕甘宁边区选举法条例》。《陕甘宁边区选举法条例》的核心是重新认定了选举人和被选举人的资格。在原来苏维埃国家体制中，军阀、官僚、地主、豪绅、资本家、富农、僧侣及一切剥削人的人和反革命分子"是没有选派代表参加政权和政治上自由的权利的"[③]。而新选举法摒弃了旧的以阶级成分为原则来规定选民资格的做法，规定"凡居住陕甘宁边区区域的人民，在选举之日，年满十六岁的，无男女、宗教、民族、财产、文化的区别，都有选举权和被选举权"[④]。除汉奸、经法院判决被剥夺公民权

① 雷云峰编著：《陕甘宁边区史：抗日战争时期（上）》，西安地图出版社1993年版，第85-86页。
② 《中国共产党编年史》编委会编：《中国共产党编年史(3)》，山西人民出版社、中共党史出版社2002年版，第920页。
③ 《中华苏维埃共和国宪法大纲》，《苏维埃中国》，中国现代史资料编辑委员会1957年版，第17-18页。
④ 《陕甘宁边区选举条例》，《新中华报》，1937年第359期，第2-3版。

者和精神病患者外,"都是边区的公民"①。该法颁布后,有的逃离根据地的地主、富农、有产者回到了自己原来的村庄,而且获得了公民权,有了选举权和被选举权,有的还当选为参议员或参加政府工作,在政权机关任职。②

《陕甘宁边区议会及行政组织纲要》确立了改革后的政体,取消原苏维埃制度,实行议会民主制,即各级议会参议员由选民直接选举产生,各级行政长官——乡长、区长、县长、边区政府主席由各级参议员选举产生,各级政府直接对同级议会负责;边区法院院长由边区参议员选举产生。③还废止了苏维埃时期的一些法律制度,取消了对资本家、富农经营生产事业的各种限制;承认土地私有制,"凡地主土地在苏维埃时代未被没收的,不再没收,土地所有权仍属地主……出租土地给农民,只要地租不苛刻,政府不加以任何干涉"④。政府构成也相应地进行了改革,林伯渠指出:"转变到民主共和制度之政权机关组织形式,必须加以整理,并加强其工作能力。因此苏维埃政权形式有改变的必要。"⑤司法制度方面,"准备采纳国民政府的统一司法制度"⑥。可以看出,此次改革是全面的,而且是比较彻底的。

1937年5月,陕甘宁边区确立议会民主制以后,即在边区开展了广泛的民主选举,选举产生了各级政府。11月进行了边区议员的选举。由于抗战局势紧张,原定在1938年1月召开的陕甘宁边区议会不得不一再延期举行。1938年11月25日,边区政府向各分区、县发出训令,根据国民政府《省参议会组织条例》,改边区议会为边区参议会。1939年1月,边区第一届参议会召开,标志着肇始于1937年4月的各种改制的完成。这次会议通过了12项提案,公布了《陕甘宁边区政府抗战时期施政纲领》,颁布了《陕甘宁边区政府组织条例》《陕甘宁边区选举条例》《陕甘宁边区各级参议会组织条例》《陕甘宁边区土地条例》《陕甘宁边区高等法院组织条例》等单行法,完善了转变后政权的制度设计。这次体制改革的完成对中共来说有重要的意义,正如毛泽东所言:"首先在西北广大地区,实施抗战和普选的

---

① 谢觉哉:《陕甘宁边区的选举法与议会制度》,《新中华报》,1940年7月16日,第4版。

② 林伯渠:《陕甘宁边区政府对边区第一届参议会的工作报告》,《陕甘宁边区政府文件选编(第一辑)》,档案出版社1986年版,第131页。

③ 《陕甘宁边区议会及行政组织纲要》,《新中华报》,1937年第359期,第3页。

④ 林伯渠:《陕甘宁边区政府对边区第一届参议会的工作报告》,《陕甘宁边区政府文件选编(第一辑)》,档案出版社1986年版,第130-131页。

⑤ 林伯渠:《由苏维埃到民主共和制度》,《解放》,1937年第1卷第5期,第12页。

⑥ 舒湮:《边区实录》,国际书店1941年版,第44页。

民主政治,作全国民主政治之先导。特区的大会开幕将更进一步推动全国的民主力量,围绕在特区政府的周围,在活的榜样之下,为实现全国的民主制度而努力,为救亡图存而抗战到底。特区民主政治的实施,在巩固和开展全国统一战线的基础上,这是国共合作迅速走上新的阶段的推力。"①

1940年1月,毛泽东又做了进一步解释,他说新民主主义政权是"几个革命阶级联合"的政权,即"在今天的中国,这种新民主主义的国家形式,就是抗日统一战线的形式。它是抗日的,反对帝国主义的;又是几个革命阶级联合的,统一战线的"②。2月,他再次强调:"什么是新民主主义的宪政呢? 就是几个革命阶级联合起来对于汉奸反动派的专政。"③7月,在纪念全民族抗战爆发三周年时,毛泽东再次强调:"在政权问题上,我们主张统一战线政权,既不赞成别的党派的一党专政,也不主张共产党的一党专政,而主张各党、各派、各界、各军的联合专政,这即是统一战线政权。"④从毛泽东的论述来看,中共领导的抗日民主政权就是新民主主义政权,它的统一战线性质决定了既不能是资产阶级专政,也不能是无产阶级专政,而应当是几个革命阶级联合专政。但抗战初期中共在根据地建立的政权显然不具备毛泽东所提出的"几个革命阶级联合"的政权构成。

如何实现几个革命阶级联合专政? 1940年3月6日,毛泽东在起草的一份党内指示中指出:在抗日民主政权的"人员分配上,应规定共产党员占三分之一,非党的左派进步分子占三分之一,不左不右的中间派占三分之一","必须使党外进步分子占三分之一,因为他们联系着广大的小资产阶级群众。我们这样做,对于争取小资产阶级将有很大的影响","给中间派以三分之一的位置,目的在于争取中等资产阶级和开明绅士。这些阶层的争取,是孤立顽固派的一个重要的步骤"。⑤这就是"三三制"政权改革方案。3月11日,在中共高级干部会议上,毛泽东明确了该方案:"在政权的人员分配上,应该是:共产党员占三分之一,他们代表无产阶级和贫农;左派进步分子占三分之一,他们代表小资产阶级;中间分子

① 毛泽东:《关于八路军应积极参加特区大会选举问题的指示(1937年11月13日)》,《中共中央文件选集(10)》,中共中央党校出版社1985年版,第379页。

② 毛泽东:《新民主主义论》,《解放》,1940年第98、99期合刊,第21-39页。

③ 毛泽东:《新民主主义的宪政(1940年2月20日)》,《解放》,1940年第101期,第7-10页。

④ 毛泽东:《团结到底》,《新中华报》,1940年7月5日,第5版。

⑤ 毛泽东:《抗日根据地的政权问题(1940年3月6日)》,《建党以来重要文献选编(一九二一——一九四九)(第十七册)》,中央文献出版社2011年版,第170页。

及其他分子占三分之一,他们代表中等资产阶级和开明绅士。"①7月,毛泽东撰文指出在敌后建立的新政权,应该采取"三三制","不论政府人员中或民意机关中,共产党员只占三分之一,而使其他主张抗日民主的党派和无党派人士占三分之二"②。年底,他在一份党内指示中再次强调:"必须坚决执行'三三制',共产党员在政权机关中只占三分之一。"③"这种人数的大体上的规定是必要的,否则就不能保证抗日民族统一战线政权的原则。这种人员分配的政策是我们党的真实政策,必须认真执行,不能敷衍塞责。"④在提出与党外进步人士、中间派合作的同时,毛泽东还强调了中共在改革后政权中的主导作用,"必须保证共产党员在政权中占领导地位,因此,必须使占三分之一的共产党员在质量上具有优越的条件"⑤。该方案的核心是根据地政权的人员构成中,必须让出三分之二的名额给党外小资产阶级和中间派,同时必须保证党在政权中的领导地位。

"三三制"政权改革提出后,首先在新建立政权的县、乡做了改革试点。1940年春,中共在甘肃庆阳、镇原、合水和陕北绥德、清涧、吴堡、富县建立了新政权,这里没有经历土地革命,地主、商人与有产者阶层很有势力,也对中共心存恐惧。⑥为了消除士绅阶层的恐惧心理与取得上层士绅阶层的支持,中共要求以"三三制"模式组建新区政权,"各级参议员与政府委员,必须包括各阶级、各抗日党派与无党派之成分,以符合各阶级、各党派、无党派之统一战线原则","无论任何一政党之党员,所占议员或委员之总数量不得超过三分之一"。⑦在民主选举时,担心"有些开明绅士不能入选",又按照国民政府参议会组织条例"由地方政府聘请若干人以资弥补"。⑧1940年的试点取得的成就包括:第一,新区县、乡比较早地实现了"三三制"政权模式;第二,以聘请的方式使当地有名望的上层人士进入参议会和政府。这种经验说明"三三制"政权制度,"不仅能运用于政权的上层机关,而且能

---

① 毛泽东:《目前抗日统一战线中的策略问题》,《毛泽东选集卷3》,东北书店1948年版,第480页。
② 毛泽东:《团结到底》,《新中华报》,1940年7月5日,第5版。
③ 毛泽东:《论政策(1940年12月25日)》,《毛泽东选集第二卷》,人民出版社1991年版,第766页。
④ 毛泽东:《目前抗日统一战线中的策略问题》,《毛泽东选集卷3》,东北书店1948年版,第480页。
⑤ 毛泽东:《抗日根据地的政权问题(1940年3月6日)》,《建党以来重要文献选编(一九二一一一九四九)(第十七册)》,中央文献出版社2011年版,第170页。
⑥ 谢觉哉:《陕甘宁边区的选举与议会制度(续)》,《新中华报》,1940年7月19日,第4版。
⑦ 《陕甘宁边区政府关于新区行政工作之决定(1940年4月4日)》,《陕甘宁边区政府文件选编(第二辑)》,档案出版社1987年版,第154页。
⑧ 谢觉哉:《陕甘宁边区的选举与议会制度(续)》,《新中华报》,1940年7月19日,第4版。

适用于政权的最下层组织——乡村政权,同时也完全证明'三三制'不仅能适用于议会,也完全能适用于行政机关"①。

在试点有了初步成绩后,党内人士对"三三制"政权改革逐渐有了回应。中共西北工作委员会秘书长罗迈(李维汉)发表文章指出,"自党中央提出政权上的三三制以后,党所领导的抗日根据地都已开始实行,晋察冀边区已作出成绩,陕甘宁边区之陇东分区及绥德分区也获得初步成绩";肯定了"三三制"政权改革已经取得的成绩。他同时指出,要真正地推行"三三制"就必须遵守这样的原则:"任何党派,只要不投降不反共的,赞成抗日与民主的,即应使其在抗日政权下,有存在与活动之权,而在选举运动时,有自由竞选之权。"在实行"三三制"过程中,共产党人应该做什么?"要使这个政策执行得好,就靠共产党人自己在平日有充分的统一战线工作,多交朋友,并熟悉各党、各派、各军、各界及无党派的人士,而不是在选举时临渴掘井。"②李维汉的文章强调了"三三制"在抗日民族统一战线政权建设中的重要性,以支持毛泽东提出的"三三制"改革方案,这也是毛泽东提出"三三制"改革方案后第一位中央高层公开发表支持的文章。

1941年边区第二次普选,中共以此为契机,试图通过此次选举普遍实现"三三制"政权改革。1940年9月,中央政治局决定在陕甘宁边区党委的基础上组成陕甘宁边区中央局,负责边区各部门工作和军队的日常工作。1941年1月30日,边区中央局(5月,与西北工作委员会合并为中共中央西北局)要求在选举运动中"以真正建立新民主主义的模范政权,为我们党的中心任务",并对过去施行的政策进行检查,"合乎'三三制'的则要求政府加以立法的承认,否则加以修正",不能用过去选举的观点来看"今年的选举",最主要的是"纠正党的包办",做到各阶层人民都能"重视选举,参加选举工作,争取选举与被选举的权利"。③5月1日,毛泽东亲自起草并修改,由中共边区中央局提出并经政治局会议讨论的《陕甘宁边区施政纲领》颁布,宣布"本党愿与各党各派及一切群众团体进行选举联盟,并在候选名单中确定共产党员只占三分之一,以便各党各派及无党无派人士均能参加边区民意机关之活动与边区行政管理。在共产党员被选为某一行政机关之主

① 陈正人:《在实行三三制的政权政策中延安中区五乡征粮委员会的创造及其意义(1941年3月14日)》,《抗日战争时期陕甘宁边区统一战线和三三制》,陕西人民出版社1989年版,第426页。
② 罗迈:《关于政权的三三制》,《共产党人》,1940年第11期,第10-17页。
③ 《陕甘宁边区中央局关于彻底实行"三三制"的选举运动给各级党委的指示》,《新中华报》,1941年2月2日,第1版。

管人员时,应保证该机关之职员有三分之二为党外人士充任。共产党员应与这些党外人士实行民主合作,不得一意孤行,把持包办"[1]。"三三制"成为边区的一项施政方针。在普选中西北局提出的非党候选人落选后,西北局认为是各级党组织落实"三三制"不力的结果,"这次边区级参议员选举运动中,由于各县党委领导的不够,以致本局所提候选名单中的非党候选人很多未能当选,这不能不是这次选举运动的重大缺点,这不能不妨碍各党各派及无党派进步人士之参加边区民意机关之活动与边区行政之管理",因此,要求边区政府采取补救措施,决定"聘请落选的非党候选人为边区参议会正式议员",要求"各县党委须指定专人代表边区政府将此决定转达各非党候选人",并给予相当礼遇。[2]为实现"三三制"政权改革,西北局采取直接干涉措施,聘请落选非党人士为边区参议会正式参议员,表达了党实行"三三制"的决心和诚意。

1941年10月,普选结束,据《解放日报》报道,"普遍实行了三三制"[3]。随后在11月召开第二届参议会,边区政府主席林伯渠在政府工作报告中说"以政权的组织成分来说,已大体实行了三三制,各党派、各阶级、各民族共同建立了统一战线的政权"[4]。但新闻报道和政府工作报告与实际情况有较大的距离,如关中分区各县、乡政权中,"共产党员在县议员中占50%席,在县政府委员中占55%,在乡议员中占30%,在乡政府委员中占32%。而乡政府委员中除同宜耀外,各县共产党员的百分比都超过50%,只有同宜耀占10%。因此这次选举,在数量上做到共产党员真正占三分之一的只有乡一级政权中"[5]。吴堡、华池、曲子、甘泉4县的统计显示,中共党员在科长以上的干部中占71.8%,在科员一级的干部中占72.2%。就边区整体而言,从参议会全体议员看,"非党人士还只占2%";从边区一级各厅、处、院、行的全体干部看,"共产党员仍占多数,如科长以上干部共产党员占91.3%强,科员一级干部,共产党员占76.86%"。在县级,县政府委员或常驻议员、县参议会中"大部分县还没有做到'三三制',甚至有的县政府委员完全是共产党员"。

---

① 《陕甘宁边区施政纲领(1941年5月1日)》,《抗战以来重要文件汇集》,光明书店1946年版,第227页。

② 《西北局通知(第二十六号)——为边区政府聘请非党人士为参议员事(1941年10月15日)》,《中共中央西北局文件汇集(1941年)》,中央档案馆、陕西省档案馆内部馆存本1994年版,第195页。

③ 《边区政府委员会讨论乡选初步总结》,《解放日报》,1941年10月14日,第4版。

④ 林伯渠:《边区政府工作报告》,《陕甘宁边区参议会文献汇辑》,科学出版社1958年版,第87页。

⑤ 《关中分区实行三三制民主政权的概况(1944年11月)》,《抗日战争时期陕甘宁边区统一战线和三三制》,陕西人民出版社1989年版,第522页。

在乡级,经过土地革命的地区,"乡长、乡政府委员、乡议员,绝大多数是共产党员";未经过土地革命的地区,"有些区的保长(等于乡长)、保政府委员或保议员中,国民党员与无党派人士占优势,甚至有的一个共产党员也没有的"。[①]就全边区而言,"三三制"政权改革在"新的区域,三三制做得好一些,甚至不仅共产党员只够三分之一,有的国民党员当选人数比共产党员还多。乡市三三制又做得比区县级好。老边区的县乡两级很多没做到实际的三三制,有的离得很远"[②]。也就是说,实际上各级政权都不同程度地存在与"三三制"要求不符的情况,通过普选普遍实现"三三制"的意图并没有完全实现。

1942年进行了"乡的改选和县的补选",主要是以中共党员退出政府委员或参议会员来解决问题,"一部分党员退出了,自此以后才符合'三三制'"[③]。关中分区在1941年的选举中,"大部分的县议会县政府中,还是共产党占居半数的位置,不合乎三三制的原则"。次年四五月间,"各县又实行补选议员,超过数量的共产党员议席自动退出来,由党外人士递补。这样使县级政权也符合共产党员只占三分之一的原则了"。[④]通过改选或共产党员的自动退出与非党人士的补充等方式,边区大部分县、乡政权在人员结构上实行了"三三制"。1944年,中外记者参观团考察延安时,有记者也不得不说:"许多人怀疑共产党对于三三制的诚意,以为他们干这一套只是掩人耳目的把戏。这是错的,我可以说,共产党施行三三制,并非假的,因为依它的力量,它本来可以包办,而今确然有不少党外人士参加行政工作,例如'边区政府'中,副主席李鼎铭,是米脂富绅,建设厅长霍子乐,教育厅长柳湜,副厅长贺连城,参议会副议长安文钦,都是有名的党外人物。这不能不算是共产党对于自己的约束。"[⑤]如此至少从形式上实现了"三三制"的目标。

① 《陕甘边区一年来"三三制"实行的材料》,《陕甘宁边区时期陇东民主政权建设》,甘肃人民出版社1990年版,第617、618页。
② 谢觉哉:《三三制的理论与实际》,《解放日报》,1942年3月27日,第3版。
③ 《合水县"三三制"工作总结报告》,《陕甘宁边区时期陇东民主政权建设》,甘肃人民出版社1990年版,第634页。
④ 《关中分区实行三三制民主政权的概况(1944年11月)》,《抗日战争时期陕甘宁边区统一战线和三三制》,陕西人民出版社1989年版,第520页。
⑤ 赵超构:《延安一月》,南京新民报社,1944年11月,第226页。

三、大生产运动的开展

大生产运动的兴起与边区的粮食供应、边区的财政陷入危机有直接的关系。抗日战争进入战略相持阶段后，日军加紧对敌后抗日根据地进攻，国民党对日抗战日趋消极，对中共领导的敌后抗日根据地实行军事包围和经济封锁，1941—1942年，陕甘宁边区和敌后抗日根据地遭遇极大的财政经济困难，有下列原因。第一，国民党封锁边区，停发抗日经费。武汉失守后，国共军事摩擦频繁，国民党对边区的经济封锁加强，边区与国统区的货物流通几乎全部停止，除了消耗品，任何必需品如布匹、棉花、医药、铁器等被禁止运往边区，边区的土特产如皮毛、甘草、毛织品等也很难运出。由于国民党的经济封锁，必需品很难进入边区，因此只有边区自己生产，自力更生，才能渡过难关。第二，陕甘宁边区财政收入有一个很大的弱点，就是依赖外援。外援（包括海外华侨的捐款、国内民主人士和抗日团体的捐助、国民党给八路军的军饷等）在边区财政收入中所占比例极大。[①]皖南事变后，国民政府给八路军的军饷彻底停发，同时海外华侨及后方进步人士的捐款、捐物因封锁而停止汇兑和调拨。为了弥补因国民政府停发八路军军饷所带来的财政危机，边区开始征收救国公粮，但是依然出现粮荒。加之1938年开始，陕甘宁边区党政军脱产人员人数大增，粮食需求增加。为了解决了粮荒，春夏之交动员大批干部向民众借粮，频繁的借粮形成严重的扰民现象。[②]粮食问题成为中共亟待解决的问题，开展生产运动是解决粮荒的主要途径。正如毛泽东所言："在我们陕甘宁边区，则更由于部队和机关的人数和边区人口比较，所占比例数太大，如果不自己生产，则势将饿饭；如果取之于民太多，则人民负担不起，人民也势将饿饭。因此，我们决定开展大规模的生产运动。"[③]第三，1940—1943年边区连年遭受自然灾害。据不完全统计，1940年全区遭受水、旱、风、雹灾的侵袭，受灾面积4298312亩，损失粮食235850石，受灾人口515145人；1941年受灾面积603558亩，损失粮食47035石；1942年，受灾面积856185亩，损失粮食79720石，受灾人

① 李维汉：《回忆与研究（下）》，中共党史资料出版社1986年版，第501页。
② 西北经济办事处：《抗战以来陕甘宁边区财政概况》，《工商税收资料选编》（第7册），第130页。
③ 毛泽东：《必须学会做经济工作》，《毛泽东选集第三卷》，人民出版社1960年版，第1017页。

口352922人。[1]国民党封锁加剧,外援断绝,灾荒严重,导致陕甘宁边区面临前所未有的经济困难。毛泽东曾经说过:"我们曾经弄到几乎没有衣穿,没有油吃,没有纸,没有菜,战士没有鞋袜,工作人员在冬天没有被盖。国民党用停发经费和经济封锁来对待我们,企图把我们困死,我们的困难真是大极了。"[2]为了克服困难,坚持持久抗战,边区实行发展生产、自力更生的方针,开展了大生产运动。

1938年,由于大后方及海外进步青年大批来到边区,脱产人员猛增,需粮增多。军队给养发生困难,每个指战员每天只有5分菜金,1斤半粮食,有时连粮食供给也发生困难,经常发生吃不饱饭的问题,部队穿衣也成问题,导致一些战士的信心动摇。中央军委指示留守部队在训练之余,从事种菜、养猪、打柴、做鞋等工作,改善了部队生活。毛泽东要求推广到留守兵团的所有部队,并多次提倡机关部队进行生产。12月8日,毛泽东在后方干部会议做总结报告时说:"生产就是农民种粮,工人做工,现在我们钱虽少,还是有的,饭不好,但还有小米饭。以后有那么一天,票子不值钱了,那怎么办? 只有一条路是饿死,第二个办法是解散,第三个办法,不饿死不解散就得要生产。来一个大动员,我们几万人大家来一个决心,自己弄饭吃,自己搞衣服穿。"[3]毛泽东多次在各种场合讲到生产运动的问题。1938年12月20日,《新中华报》刊登了题为《广泛开展生产运动》的社论,为边区开展大规模的生产运动进行了宣传动员,拉开了1939年生产运动的序幕。

1939年1月,边区第一届参议会上,毛泽东在代表中共中央讲话时,向边区广大群众、部队、机关和学校发出了"发展生产,自力更生"的口号。林伯渠所作政府工作报告中,提出了边区扩大生产运动的政策,包括七个方面的内容:第一,扩大耕地面积,1939年应该扩大耕地面积60万亩;第二,发动一切机关学校和后方部队实行自己耕种,以达到粮食蔬菜自给;第三,广泛发展畜牧,以达到牲畜数目增加一倍;第四,发展手工业和近代工业;第五,发展公营企业;第六,加强对石油、煤矿的管理;第七,发展生产和消费的合作事业。[4]2月4日,边区党委、政府发出关于发展生产的紧急通知,提出了发展生产的目标,"中共中央为着在长期抗战中,

---

① 边区政府民政厅:《陕甘宁边区救济事业概述》,1939—1942年灾情统计表。
② 李维汉:《回忆与研究(下)》,中共党史资料出版社1986年版,第500页。
③ 顾龙生编著:《毛泽东经济年谱》,中共中央党校出版社1993年版,第130-134页。
④ 林伯渠:《陕甘宁边区政府对边区第一届参议会的工作报告》,《陕甘宁边区政府文件选编(第一辑)》,陕西人民教育出版社2013年版,第97-98页。

保证抗战供给,改善人民及工作人员的生活起见,特号召全边区人民及各机关部队工作人员广泛发展生产运动,以达到财政经济上的能自给自足",可见发展生产运动的目标是实现自给自足。"全边区要于本年内增开荒地六十万亩,并同时增加施肥、锄草、改良耕种方法、发展水利,以达到本年农产收成能比去年增加百分之二十的收获",要求边区以内党、政、军、民、学校各级人员,每人应保证从当年秋收后,蔬菜粮食完全由自己生产自给自足。从当年7月起,减发菜钱两分,从秋季起不再发粮食;各县由县府、县委、县抗敌会、保安队共同组织生存委员会,领导全县生产运动。①在延安党政军生产动员大会上,毛泽东曾指出,在严重的困难面前是"饿死呢? 解散呢? 还是自己动手呢?","我们是确信我们能够解决经济困难的,我们对于在这方面的一切问题的回答就是'自力更生'四个字",提出"陕甘宁边区有二百万居民,还有四万脱离生产的工作人员,要解决这二百零四万人的穿衣吃饭问题,就要进行生产运动。生产运动还包含一个新的工农商学兵团结起来的意义。这二百零四万人中,有学生、军人、老百姓等,今年都要种田、种菜、喂猪,这是农;要办工厂,织袜做鞋等,这是工;要办合作社,这是商……"②边区以自给自足为目标的大生产运动由此开展起来。

1939年3月,陕甘宁边区政府发布通告,要求各地报告生产运动的情况,各机关及民众生产运动的情形,人数多少,种地多少,已开发多少,而且要求以后每5天报告一次。③边区政府对开展生产运动的过程非常关注,可以看出边区政府对生产运动的重视程度。4月15日,边区通报了生产运动的初步检查情况,各县都已经进行了初步动员,各县开垦荒地达到82万亩以上。延安、安塞两县已经完成了开荒任务的50%左右;在延安、安塞的机关、部队和学校,已经在4月初完成了全部的开荒任务;中共中央和八路军后方机关和学校,有的已经超额完成了任务。边区也通报了前期检查出现的问题,主要是"有的县份还没有把生产运动看成为目前的中心任务","有的只忙于自己本身生产自给,因而忽视了对全县广大人民的生产运动的领导","有的虽然注意了县对区、区对乡的督促,但是没有推动各种基本组织,因而也就不

---

① 《陕甘宁边区党委、边区政府等关于发展生产运动的紧急通知》,《建党以来重要文献选编(一九二一——一九四九)(第十六册)》,中央文献出版社2011年版,第88页。
② 中共中央文献研究室编:《毛泽东年谱(1893—1949)(中卷)》,人民出版社、中央文献出版社1993年版,第110—111页。
③ 《陕甘宁边区政府关于发动植树运动及报告生产运动情况的通令》,《陕甘宁边区政府文件选编(第一辑)》,陕西人民教育出版社2013年版,第134页。

能很快的造成为群众的生产运动","有的在领导方面,还很空洞","有的县份,各组织对于生产运动的领导,还未取得一致的动员,甚至还有视为生产运动只是政府的责任","有许多县份提出了创造劳动英雄,感觉到劳动英雄的作用,而另外有些县份却没有提到这点","有些县份虽然计划了开荒,但没有说明今年应扩大耕地面积,以及多施肥,多除草",还指出有的县采用群众代耕机关的生产等。①这份通报为后面大生产运动中问题的克服指明了方向。6月10日,毛泽东在延安高级干部会议上,强调"吃饭是第一个问题",发出"自力更生克服困难"的号召。

为了推动大生产运动,边区政府颁布了一系列法令和政策,1939年颁布了《陕甘宁边区劳动互助社暂行组织规程》《陕甘宁边区人民生产奖励条例》《督导民众生产运动奖励条例》《机关、部队、学校人员生产运动奖励条例》,对生产运动表现突出的民众、机关、部队、学校人员以及民众团体、政府负责人等,按照成绩予以劳动奖状、奖章或者日用品、现金等多种形式的奖励。边区对辖区内各县的生产运动,除了函电督促外,还派巡视员到一些县进行检查,例如1939年5月对关中分区三、四月的生产情况进行了批评,认为该地机关和群众生产报告数目离目标很远,需要把生产和日常工作相联系,齐头并进。②

在边区政府的积极鼓励和推动下,边区民众和机关、部队、学校开展生产运动的积极性有很大提高,掀起了第一次生产运动高潮,第一阶段成效显著。1939年7月《新中华报》刊载高自立在总结开荒大会上的讲话,高度评价了边区的垦荒工作,"我们已经胜利的超过了开荒任务。中国共产党和我们伟大领袖毛泽东同志的生产运动号召,是要我们每人种三垧地以自给,要不失农时的来完成任务,现在根据这一指示来总结我们的生产运动第一步任务的时候,刚我们已经顺利的完成与超过了"③。

12月,中共陕甘宁边区第二次代表大会,总结了抗战以来边区经济建设的经验,通过了《关于发展边区经济改善人民生活的决议》,要求"继续发展边区经济,使边区全体人民足衣足食,使边区能在抗战建国的艰苦过程中奠定克服困难与自足自给的基础"④。

---

① 《边区生产运动的初步检查》,《陕甘宁边区政府文件选编(第一辑)》,陕西人民教育出版社2013年版,第158-160页。
② 《陕甘宁边区政府指令——对关中分区三、四两月份生产运动报告的指示》,《陕甘宁边区政府文件选编(第一辑)》,陕西人民教育出版社2013年版,第175页。
③ 《高自立在边区一级机关工作人员总结开荒大会上的讲话》,《新中华报》,1939年7月18日。
④ 《关于发展边区经济改善人民生活的决议》,《抗日战争时期陕甘宁边区财政经济史料摘编·第九编·人民生活》,长江文艺出版社2016年版,第18页。

从1940年开始,陕甘宁边区遭到更大的困难。同年11月,边区中央局作出《关于开展边区经济建设的决定》,后又发出《对财政经济政策的指示》,指出转到自力更生自给自足的政策,是陕甘宁边区目前财政政策的新方向。关于发展原则,其中之一是"边区的经济建设,目前,要以发展农业生产为第一位,除提高粮食畜牲的生产外,应以边区工业的需要发展边区的农产原料"。在具体内容方面,农业:(1)继续发动人民开荒,特别着重于生产事业上的改进,帮助与教育人民改良种子耕具、施肥耕种方案,并兴修水利;(2)增加粮食生产,多种棉花及榨油植物;(3)发展畜牧,特别是牛羊鸡兔;(4)奖励移民开荒。①随后,《新中华报》发表题为《做到边区经济的自给自足》的社论,指出"一九四一年,陕甘宁边区要在经济上做到自给自足。这是边区今后经济建设中心的艰巨任务",并提出边区进行自给自足经济建设的可能性是:第一,边区有共产党的正确领导;第二,边区的农业三年来已有大大的发展,人民生活改善,国民经济得到发展;第三,自给自足的经济建设运动的开展,完全不是孤立的,而是党政军民学和200万人民联合一直进行的,它有着广大的群众基础,这就有了广泛动员人力、大量积累资本的先决条件。②

大生产运动的主要内容之一是动员边区军民开垦荒地,主要为了解决粮食问题,中共中央号召根据地的军队、机关、学校等开垦荒地。毛泽东指出,"不但要组织农民生产,而且要组织部队和机关一齐生产","除有特殊情形者外,一切部队、机关,在战斗、训练和工作的间隙里,一律参加生产"。③1939年大生产运动开始后,中共中央,八路军留守部队,边区政府所属机关、学校、团体,以及各分区等,开垦荒地11.5万亩,收获细粮9572石。④1941年开始,部队分别在南泥湾、槐树庄、张村驿、大凤川、小凤川、豹子湾等地垦荒。在边区留守部队中,尤以八路军359旅的生产自给搞得最好。南泥湾位于延安东南部黄龙山地区,清末这里是荒无人烟之地,有可耕地100余万亩。1941年3月,359旅进驻南泥湾。在大生产中广大指战员开展劳动竞赛,涌现出数百名劳动模范,当年开垦11000亩荒地,每人平均种植粮食、蔬菜6亩。但是因为初到南泥湾,"耕种误了农时,缺少工具,没有

① 《陕甘宁边区中央局对财政经济的指示(1940年11月23日)》,《陕甘宁革命根据地工商税收史料选编(第一册)》,陕西人民出版社1985年版,第337-343页。
② 《做到边区经济的自给自足》,《新中华报》,1940年11月24日。
③ 毛泽东:《必须学会做经济工作》,《毛泽东选集第三卷》,人民出版社1960年版,第1017-1018页。
④ 李易方、姬也力:《陕甘宁边区的农业》,《陕甘宁边区抗日民主根据地(回忆录卷)》,中共党史资料出版社1990年版,第212页。

经验,南泥湾早寒,把山沟山腰里的庄稼未成熟就冻死了。这一年的粮食只够一个月吃"[1]。1942年,359旅总结了前一年的经验,配备了足够的农具,配置了专门生产的干部,开荒25000亩,种粮食20000亩,种菜5000亩;还改良土壤,开垦了水田,试验水稻取得成功。1941年垦荒11200亩,1942年增加到26800亩,1943年为10万亩,1944年为26.1万亩。[2]此外,还种植了旱烟、麻等经济作物,做到了粮食自给3个月和全部蔬菜自给。还利用南泥湾草木茂盛的有利条件,饲养了牛、羊、鸡、鸭、猪、兔等家畜、家禽。1941年全旅养猪2000余头,1942年发展到每个连队有二三十头猪,保证了每人每月3斤肉。南泥湾的面貌也为之一变,从荒无人烟的烂泥湾变成了"到处是庄稼,遍地是牛羊的"盛景。359旅开荒南泥湾创造了以"艰苦奋斗、自力更生"为核心的南泥湾精神,并在边区发扬光大,受到中央领导的多次表扬,成为陕甘宁边区自力更生的一面旗帜。

为了鼓励民间开荒,边区出台了一系列政策。在发放农业贷款时,把开荒放在重要地位。毛泽东要求:"贷款应放给荒地多的区域内有劳动力而缺乏耕牛农具或缺乏粮食接济的新旧移民及老户贫农以及土地种得多而无钱雇人锄草的农家。"[3]为了解决开垦荒地劳动力不足的问题,边区制定一系列优惠政策,鼓励难民、灾民到边区开荒;颁布了《陕甘宁边区移民垦殖暂行办法》,组织移民垦殖委员会,调查登记公私荒地,调查各地人口、劳动力,统一筹划,划定招募区,筹划经费,组织开垦,等等。[4]1942年颁布的《陕甘宁边区优待移民实施办法》规定,把延安、甘泉、华池、志丹、靖边、富县、曲子等县作为移民开垦区,在绥德、陇东和关中3个专员公署以及安定、靖边、富县设立移民站。被划定为移民区域的各级政府,要帮助移民解决荒地、粮食、籽种、农具等问题,帮助移民向银行取得耕牛贷款,各级政府和移民站在生活上要给予移民最大限度的帮助。[5]1943年颁布的《陕甘宁边区优待移民难民垦荒条例》规定,凡是移民、难民从事垦荒的,不论自己耕种或者雇人耕种,都享受一系列优待,如开垦之荒地,所有权归移民或难民,三年内免收公

---

① 继昌:《359旅的生产创造》,《解放日报》,1945年1月8日。
② 任勇编著:《南泥湾》,陕西人民出版社1999年版,第24页。
③ 毛泽东:《财政问题与经济问题》,《毛泽东选集第五卷》,人民出版社1960年版,第774页。
④ 《陕甘宁边区移民垦殖暂行办法》,《抗日战争时期陕甘宁边区财政经济史料摘编·第二编·农业》,长江文艺出版社2016年版,第480-481页。
⑤ 《陕甘宁边区优待移民实施办法》,《陕甘宁边区政府文件选编(第五辑)》,陕西人民教育出版社2015年版,第171-173页。

粮、三年免收地租;移民、难民如种菜、种料需要少许熟地,区乡政府可予以调剂;移民、难民无力自打窑洞,或者未打好窑洞前,县政府就当地公私窑洞或者房屋予以调剂;移民、难民无力购买耕牛、农具、籽种,或者缺乏粮食的,由政府优先以农贷帮助;移民、难民参加运输公盐、公粮及修路等义务劳动,第一年予以免除,第二年、第三年如果生活苦难的,仍可以免除。①这些优待政策吸引了大量移民、难民到边区参加垦荒运动。从1937—1945年,有63850户2666619人移民到边区,占1944年边区总人口的18.7%。②这些移民、难民大多被安置在延属、关中、陇东、三边等可耕地较多地区,在垦荒运动中发挥了主要作用,从1938—1942年,边区共扩大了240多万亩耕地,其中200万亩是靠移民、难民的力量开垦增加的。

由于广泛的动员,陕甘宁根据地开展大规模的垦荒运动,取得了显著的成效。首先是耕地面积和粮食总产量都有所增加,边区的党政军学部分地解决了吃饭问题,改善了军民生活,渡过了粮食危机,摆脱了因国民党封锁和停发军饷带来的经济困境。其次通过垦荒,民众负担有所降低。

大生产运动的另一个重要内容就是广泛开展纺线织布,解决穿衣问题。国民党封锁根据地后,棉花、布匹等被禁止输入,导致根据地的棉布和棉纱价格上涨厉害,使得军民的穿衣成为很困难的事情。为解决边区居民和党政军机关的穿衣问题,发展纺织成为边区工业建设的主要内容,也成为大生产运动的内容之一。1941年边区提出计划,"政府大量收集羊毛与棉花,并广泛发动妇女纺纱,以供给各合作社及工厂之用。务求提高生产量,至5月能织土布6000匹以上。边区难民纺织厂及绥德难民纺织厂同样以织为主,发动民间妇女与机关人员纺纱,以供给其生产,以便提高产量,求得1941年最低限度能出产布14000匹,毛呢3000匹,毛毯两万床,并改进质地,减低成本费"③。1939—1941年,主要创办公营纺织业,因洋纱缺乏,工厂织布需纱,政府提倡民间纺纱。由于没有普遍发动群众纺纱的积极性,3年之内纱布产量虽然有所增加,但是离布匹全面自给相差甚远。按照

① 《陕甘宁边区优待移民难民垦荒条例》,《抗日战争时期陕甘宁边区财政经济史料摘编·第二编·农业》,长江文艺出版社2016年版,第481-483页。
② 《陕甘宁边区社会救济事业概述》,《抗日战争时期陕甘宁边区财政经济史料摘编·第九编·人民生活》,长江文艺出版社2016年版,第400页。据边区民政厅统计,1944年人口为1424786人。
③ 《陕甘宁边区三十一年经济建设计划》,《抗日战争时期陕甘宁边区财政经济史料摘编·第三编·工业交通》,长江文艺出版社2016年版,第20页。

当时的布匹消费量,全边区需要大布25万匹,1941年仅能自给75%,[1]为此,边区在纺织运动中,大力发展公营纺织业,积极提倡民间妇女纺织,以及大力发展合作社纺织业。

边区的公营纺织业开始于1938年政府创办的难民工厂,有8架纺机和10个工人,到1942年,对公营纺织厂实行合并,工厂数目减少到22家,职工2219人,年产大布22000匹,已达部队、机关人员所需量的一半。到1943年,边区的公营纺织厂有21家,职工1357人,有织机449架,产量提高到32969匹,可达部队、机关、学校人员所需量的70%。[2]

边区的纺织工业合作社开始于1939年,在中国工合西北办事处延安事务所的帮助下,边区创办了延安和安塞两个纺织合作社。边区采取各种措施鼓励和动员,皖南事变后,边区纺织合作社迅速发展。1941年边区合作社30家,其中纺织合作社22家;1942年27家;1943增加到38家,有纺织机176台;到1945年,边区纺织合作社发展到90家,从业人员2926人,月产值43750元边币。[3]

公营纺织业和纺织合作社的发展,带动了民间纺织业的发展。边区还在部队、机关、学校开展了轰轰烈烈的纺织运动。1941年1月,边区政府生产委员会制定了《边府纺纱劳动规则》,要求13岁以上50岁以下的智力劳动人员不分男女必须参加纺纱线,每日纺纱1两;体力劳动人员(如伙夫、马夫、理发员)等参加半劳动,每日纺纱半两。[4]

通过部队、机关、学校和民间的纺纱运动,边区解决了因国民党封锁导致的穿衣困难问题。如359旅已经能做到"每个战士每年两套军装,一套棉衣,两双袜子,一双棉鞋,两双军鞋,有的还可以每人发到一件毛衣或者羊毛背心"[5]。

发展盐业也是陕甘宁边区克服经济困难的一个重要手段。边区的盐池、绥德、定边等地盛产盐。盐对于边区物价的稳定、出入口贸易的平衡都有重要的作

① 《陕甘宁边区民间纺织业》,《抗日战争时期陕甘宁边区财政经济史料摘编·第三编·工业交通》,长江文艺出版社2016年版,第422页。

② 西北局调查研究室:《边区经济情况简况》,《抗日战争时期陕甘宁边区财政经济史料摘编·第三编·工业交通》,长江文艺出版社2016年版,第121页。

③ 《中国工业合作协会西北办事处延安事务所工作概况与今后计划报告》,《抗日战争时期陕甘宁边区财政经济史料摘编·第三编·工业交通》,长江文艺出版社2016年版,第485—486页。

④ 《边府纺纱劳动规则》,《抗日战争时期陕甘宁边区财政经济史料摘编·第三编·工业交通》,长江文艺出版社2016年版,第546页。

⑤ 王向立:《三五九旅是怎样做到自给的》,《八路军军政杂志》,1941年第3卷第11期。

用。1941到1942年经济困难时期,盐是用来交换外货、平衡出入的主要产品。1940年边区成立了盐务局,归八路军后勤部管理,1942年改归边区财政厅管理后,采取各种措施增加食盐产量。一是组织军队生产盐。1940年边区发生盐荒后,盐务局制定了"以军队生产为主,盐民产盐为辅"的生产计划,1942年、1943年,边区组织部队、机关三四千人参与食盐生产。[①]二是组织盐民生产。成立产盐委员会,作为产盐的基层组织,由各乡乡长担任主任委员,督促各盐户生产,帮助盐户制定计划,负责发放贷款,等等。1942年发放了无息贷款10.3万元,包括工具贷款和现金贷款,组织盐民改进生产技术和方法,还动员移民、难民参与生产,给予他们房屋、粮食、生产工具及贷款的帮助。三是组织盐业合作社。1943年,老池、苟池、莲花池、滥泥池等地相继成立了盐业合作社。合作社一般20人左右,设有理事、常务理事、主任等负责管理,包括制定计划、组织生产等。通过有效组织,食盐生产呈迅速增长的趋势。据边区盐务局统计,1941年食盐产量为62万驮,1942年为271617驮,1943年则达到52万驮,1944年为265262驮,1945年略有回落,为242528驮。[②]

边区从1941年开始实行食盐公卖政策,加强对食盐的管理。1942年又改为盐业贸易专卖和统销,颁布《食盐专卖计划纲要》,加强对食盐的专卖。专卖的原则为"内地自由买卖,对外统一推销",专卖的价格由政府制定,在盐池、西华池、驿马关、绥德等地设立11个一等公司,在甘泉、马栏、三岔等地设立6个二等公司,还设立若干三等公司,进行食盐专卖。盐业专卖和统销有效地调节了边区内外军民的使用,对于边区经济发展意义重大。首先取消了盐业贸易中的各种中间盘剥,减轻了民众的负担;其次对于缩小边区贸易中的出入口差距,发挥了重要作用。如1943年,边区食盐出口贸易额15.7亿元,占出口总额的62%以上,1944年则达到59.2亿元,占出口总额的64%以上。[③]此外,这一系列举措对于稳定边区金融也发挥了重要作用。盐业公司出口的食盐所换取的外汇,支持了银行的外汇基金,有效地稳定了金融市场。

---

① 盐务局:《产盐工作》,《陕甘宁革命根据地工商税收史料选编(第五册)》,陕西人民出版社1987年版,第48-49页。
② 黄正林:《抗战时期陕甘宁边区的盐业》,《抗日战争研究》,1999年第4期,第120-137页,一驮为50斤。
③ 中国抗日战争史学会、中国人民抗日战争纪念馆编:《抗日战争时期的陕甘宁边区》,北京出版社1995年版,第489页。

四、精兵简政政策的实施

抗日战争进入战略相持阶段后，边区财政非常困难。除了国民党的封锁、停发八路军军饷、外援中断外，边区非生产人口剧增，消耗增大，导致百姓负担增加。1937年，边区脱产人口仅有14000人，1938年为16000人，1939年增加到49686人，1940年增加到61441人，到1941年高达73117人，占边区总人口的5.37%。[1]脱产人口急剧增加，导致群众公粮负担年年加重。1937年边区征收救国公粮负担是13895石，占边区粮食收获量的1.32%，人均负担2升；1938年征收救国公粮负担为15972石，占边区粮食总量的1.32%，边区人均负担1升2合；1939年征收救国公粮负担为52550石，占全年收获量的2.92%，人均负担达到4升多；1940年征收救国公粮负担97354石，占全年收获量的6.35%，人均负担7升多；1941年征收救国公粮负担200000石，占到全年收获量的12.76%，人均负担1斗5升。[2]边区本来经济条件落后，群众的负担加重，产生了一些不满情绪，使边区政府认识到公粮征收过多，已经引起群众的反感。非生产人口的急剧增加，不但加重了民众负担，也加重了边区的财政困难。除了征收救国公粮，边区需要动用财政资金拨款购粮。例如1938年购粮款6.8万元，占全年财政收入的8.3%；1939年购粮款52.4万元，占全年财政收入的8%；1940年购粮款达到183.5万元，占全年财政收入的比重高达18.86%，比1938年增加了约26倍。[3]

如何度过这个困难，毛泽东说："我们必须克服这个困难，我们的重要的办法之一就是精兵简政。"

1941年11月，在边区召开的第二届参议会上，李鼎铭等11人提出名为《政府应彻底计划经济，实行精兵简政主义，避免入不敷出，经济紊乱之现象案》的议案，提出"惟有政府彻底计划经济，实行精兵简政主义，量入为出，制定预算，以求得相依相助，平衡发展之效果。……在财政经济力量范围内和不妨碍抗战力量条件下，对于军事应实行精兵主义加强战斗力，以兵皆能战，战必能胜为原则，避免老

---

[1] 雷云峰总编：《陕甘宁边区史：抗日战争时期（中下篇）》，西安地图出版社1993年版，第61页。

[2] 每石为300斤，每升为3斤。每斗为10升，每升为10合。

[3] 张晓彪、萧绍良、司俊编著：《陕甘宁边区财政经济史》，中国财政经济出版社2017年版，第145页。

弱病残废滥竽充数等现象。对于政府应实行简政主义,充实政府机构,以人少事精,胜任职责为原则,避免机关庞大,冗员充塞,浪费人力、财力等现象"[1]。这一提案得到了多数与会代表的赞同并通过,"交政府速办"。毛泽东对此的批示是:"这个办法很好,恰恰是改造我们的机会主义、官僚主义、形式主义的对症药。"[2]

抗日战争时期,边区共进行三次规模不等的精兵简政。

第一次从1941年11月到1942年4月。

第一届参议会后,边区政府很快就把精兵简政当作一件大事来做。11月27日,林伯渠召开第一次政务会议,重点讨论如何实施精兵简政问题。会议决定成立边区整编委员会,由刘景范、高自立、周文、周兴、南汉宸等5人组成,负责边区各级行政机构的精简、裁并,拟定人员编制和整编计划。陕甘宁边区的第一次精兵简政自此开始。

1941年12月3日,陕甘宁边区政府发出训令,指出精兵简政是今后彻底实现五一施政纲领的最大保证。认为当前边区政府工作存在两大弱点,第一是头重脚轻,上级组织庞大,人浮于事,下级人员缺乏,事务烦琐,常有不能完全或者彻底执行的现象;第二,正规制度没有完全建立起来,工作松懈,责任划分不严格,关系混乱。而精兵简政是补救上述弱点的主要方案。边区政府产生一个编整委员会,确定边区一级各机关,应减去人员三分之一到四分之一。[3]12月4日,边区政府为实行精兵简政给各县发出指示信,指出边区是抗日民主的模范根据地,是坚持全民族抗战的堡垒,它的任务是非常重大的,要真正更有效地完成这伟大的任务,就要更加健全行政机构,彻底地使制度正规化。精兵简政以"精干、灵活"为原则,至于调整的人员如何安排,指示信中也提出了安排原则:凡是有文化程度、有能力、能工作的干部,尽量下移,以加强县、区、乡机构;凡是须继续培养、加以深造的干部,送延安的学校学习;凡是身体有疾病、无法工作的干部,进行休养;凡是身体比较强壮的杂务人员,送到建设厅的工厂,参加生产劳动;凡是落后分子,以及老弱的杂务人员,回家务农。[4]12月6日《解放日报》发表《精兵简政》的社论,认为抗战进

① 《陕甘宁边区第二届参议会提案》,《陕甘宁边区的精兵简政(资料选辑)》,求实出版社1982年版,第7-8页。
② 李维汉:《陕甘宁边区政府回顾》,《陕甘宁边区抗日民主根据地(回忆录卷)》,中共党史资料出版社1986年版,第4页。
③ 《陕甘宁边区政府训令》,《陕甘宁边区的精兵简政(资料选辑)》,求实出版社1982年版,第11-12页。
④ 《陕甘宁边区政府为实行精兵简政给各县的指示信》,《陕甘宁边区的精兵简政(资料选辑)》,求实出版社1982年版,第14-15页。

入新阶段,敌我斗争发生了很大的变化,并对这样的情况下实行精兵简政的必要性进行了阐述,"我们在军事编制上就不能不把正规军与地方军有恰当的比例;一方面使正规部队更能完成自己的战斗任务;另一方面更广泛的建立地方军与不脱离生产的人民武装,以开展最广泛的群众游击战争,以反对敌寇对我之蚕食政策。而我们的政治机构,也不能不更加精干机动。这即是说:在敌后方,我们的兵,不能不精,我们的政,不能不简",对实行精兵简政的意义进行了说明,认为精兵简政政策对于提高战斗力、提高行政机关的效率意义重大。①

12月上旬,八路军留守兵团拟定了精兵计划,将3000人转到生产战线(不脱离部队),积极提高部队的质量。②边区政府召开了第二次政务会议,具体讨论边区整编委员会拟定的简政实施方案。这个方案的具体内容是:边区政府一级各厅、处、院原有1000多人,缩编1/3;各处附属机构7000余人,缩编后不超过6300余人;各专署、县、区由4021人缩编为3396人;警卫部队缩编500人;自卫军指战员1000余人,全部由脱产人员改为不脱产人员;边区的群众团体由1100余人缩编为600余人。③

整编工作首先在边区政府部门展开。经过动员和部署,边区秘书处,包括正、副主席,法制室,少数民族事务委员会减少70人,缩减40%;民政厅由91人减少为31人,缩减66%;财政厅由96人减少为48人,缩减50%;建设厅改设三科,人员缩减45人;保卫处的部改为科,人员缩减1/3,保卫团缩减18%,警政学校缩减44%。④

虽然对于整编,边区进行了广泛的宣传,但是缺乏具体的方案,各县在具体整编中还是遇到一些疑惑。例如安塞县12月22日给边区写信,说该县县级工作人员43人,"如果缩编应如何缩编法?及县数人数究竟多少?常驻议员是否算在政府人员之内?"⑤ 固临县政府也对于如何整编存在疑惑,"我们尚不知该科该减几个及区政府如何减少,仓库管草员如何配备"⑥。安塞县、固临县的问题反映了各县在具体执行中普遍存在的问题。边区经过研究,在1942年1月5日回信,安塞县的编制为"县长1人,秘书1人,一科3人,二科2人,三科2人,四科6人,五科2

① 《精兵简政》,《陕甘宁边区的精兵简政(资料选辑)》,求实出版社1982年版,第17-18页。
② 《留守兵团实行精兵简政》,《解放日报》,1941年12月8日,第4版。
③ 《边区整编委员会拟定整编计划,缩减脱离生产工作人员,加强区乡下层行政机构》,《解放日报》,1941年12月13日,第4版。
④ 雷云峰总编:《陕甘宁边区史:抗日战争时期(中下篇)》,西安地图出版社1993年版,第68页。
⑤ 《安塞县政府缩编工作人员办法的呈文》,《陕甘宁边区政府文件选编(第五辑)》,陕西人民教育出版社2015年版,第13页。
⑥ 《固临县关于整编规定人员之呈请》,《陕甘宁边区政府文件选编(第五辑)》,陕西人民教育出版社2015年版,第29页。

人,保安科5人,司法处2人,审计员1人,文书兼收发1人,事务员7人,县参议员常驻议员,其编制不属于县政府人员之内",按照边区的回复,安塞县编制缩减为33人。同时常驻议员的编制问题得到解答。还有一些地区提出要求增加编制,边区都坚决予以制止。例如关中分区表示"职区距离延安较远,在工作上独立性比较多些,经职等再四思维,工作人员势非多些不可",认为边区规定的18人不够,需要至少配备22人,边区对此的答复是"按照该令所规定足额编制,不得随意增加"。①针对关中分区提出的加强警卫队工作,把警卫队人数由33名扩充到60名的申请予以驳回。②针对合水县增加配备1名科员的要求也予以驳回。③

为了促成各县、区、乡更有效地实行精简整编,边区研究商议了全区各地的情况,制定了基本原则和标准。1942年1月6日,边区政府下达了各级行政区等级及人员编制名额,按照人口、地理位置、经济状况、自然与政治环境等,对边区所辖分区、县、区公署、乡政府进行等级划分,核定政府人员编制。将绥德、陇东划分为甲等专员公署,将关中分区划分为乙等专员公署,将三边分区划分为丙等专员公署。除了自然与经济条件,按照人口把县划分为三个等级。将人口在8万人以上的绥德、清涧、延安、延川、庆阳、定边等6县划分为甲等县;将人口在4万人以上的富县、靖边、安塞、环县、曲子、新宁、神府、镇原、合水、吴堡、淳耀、延长、安定、志丹及延安市等14县1市为乙等县;将人口在4万人以下的新正、固临、甘泉、盐池、华池、赤水、同宜耀等7县划为丙等县。此外按照人口对全边区的区公署划分等级。人口在7000人以上的划分为甲等;人口在4000～7000人的划分为乙等;人口在4000人以下,面积纵横不超过60里的划分为丙等。对乡政府的划分则是:人口不超过1500人,面积纵横不超过10里的划分为甲等乡;人口不超过1000人,面积纵横不超过20里的为乙等乡;人口不超过1000人,面积纵横不超过30里的划分为丙等乡。边区要求十日内各专署、各县重新完成编制。④

① 《关中专署关于编制问题的呈请》与《陕甘宁边区政府指令——为驳回关中专署呈请编制增员事》,《陕甘宁边区政府文件选编(第五辑)》,陕西人民教育出版社2015年版,第27-28页。该令指1942年1月6日的37号通令。
② 《关中分区专署为警卫队编整的呈文》与《陕甘宁边区政府批答——关中专署警卫队人数不能增加》,《陕甘宁边区政府文件选编(第五辑)》,陕西人民教育出版社2015年版,第197页。
③ 《合水县为呈报新编制干部配备情形的呈请》与《陕甘宁边区政府关于合水县政府呈请——第三科增加科员一名不能照准的批答》,《陕甘宁边区政府文件选编(第五辑)》,陕西人民教育出版社2015年版,第228-229页。
④ 《陕甘宁边区政府通令——关于各级行政区划等级及人员编制名额》,《陕甘宁边区政府文件选编(第五辑)》,陕西人民教育出版社2015年版,第13-14页。

这次整编,重点是缩编人员,截至1942年3月,全区共精简了1598人,其中300多人下移到县、区机构工作,其余送去学习或转入生产事业。[1]同时缩编了一些机构,例如1942年1月28日发文,各分区专署所设的民政、财政、教育、粮食等处,一律改为科,[2]还裁并了一些机构。1942年4月,第一次精简整编告一段落,边区在工作总结中,认为精兵简政还存在不足,并没有彻底地被贯彻到全部工作中去,因此在组织机构上还显得头重脚轻,干部没有适当调整,工作制度尚未正规……形成了上下不通气和工作脱节拖沓的现象,[3]还需要进行第二次整编。

　　第二次从1942年4月到8月。

　　1942年4月10日,陕甘宁边区政府第二次会议通过了《为更进一步实行"精兵简政",以加强行政干部机构,提高行政效率案》,该议案的通过,标志着边区的精兵简政进入第二个阶段。这次会议对前一阶段的精兵简政进行了总结,认为前一阶段的精兵简政"只是做到了'编',还没做到切实的'整',机构还未臻完善,人员也未达到充分合理的调剂。下级政府的质量还未提高,尤其值得注意的是,一般工作人员对于'精简'的意义,还未普遍的深刻的了解,工作关系还有很多地方感到繁琐,政令的推行还感到某些繁杂,公文还太多,工作团、调查团之类还太多,下级政府及人民都还感到许多不便,因此要贯彻'精兵简政',还得更进一步实施整编的必要"[4]。会议指出要提高县、区、乡政府的质量,将上级人员切实下移,以半年为期,对各级政府机构进行更完善的调整,减少一切不必要的动员。决议还决定请中共中央、西北局、军委共同组织扩大的整编委员会,在三个月内详细研究出具体方案,进行有计划的调整。

　　这一时期,有人认为第一阶段部队的精兵简政没有真正执行,部队的整编更为必要。"党的这种政策宣布以后,各地都执行的非常之差,部队仍想扩充,单位多而不充实,机关仍非常庞大,人多而不做事,譬如以执行好的较好的陕甘宁边区来

① 林伯渠:《陕甘宁边区政府五个月工作报告》,《陕甘宁边区政府文件选编(第五辑)》,陕西人民教育出版社2015年版,第294页。

② 《陕甘宁边区政府命令——专署下所设各处改科》,《陕甘宁边区政府文件选编(第五辑)》,陕西人民教育出版社2015年版,第100页。

③ 《陕甘宁边区政府委员会第二次会议关于政府工作的决议》,《陕甘宁边区政府文件选编(第五辑)》,陕西人民教育出版社2015年版,第342页。

④ 《陕甘宁边区政府为执行第二次政府委员会决议案的命令》,《陕甘宁边区的精兵简政(资料选辑)》,求实出版社1982年版,第28-29页。

说,只取消了乡自卫队指导员,其他取消了一些浮额。"[1]5月,边区成立由林伯渠、李鼎铭、李富春、叶剑英、谢觉哉、陈正人、萧劲光等7人组成的总整编委员会。当年6月通过了《陕甘宁边区系统第二次精兵简政方案》,分为三个部分:

第一部分:精兵简政的方向。提出:(1)要建立必要的、符合边区实际情况的行政工作制度;(2)提高干部与适当配备干部,加强在职干部的学习,普遍提高干部的办事能力和文化程度;(3)要加强县政府的权限;(4)密切党、政、民的工作配合;(5)实行合署办公。

第二部分:调整政府机构的原则。按照工作性质进行分类调整:(1)行政工作的领导机关,如各厅、保安处和法院,这类机关要以短小精干、宁缺毋滥为原则;(2)事业专管机关,如卫生处、粮食局、税务局、贸易局、通信站、银行等,这类单位可以裁局并科,减少伙食,对于可有可无的,如林务局、贸易局,应当取消,其工作并在其他部门内兼管;(3)技术事务机构,如秘书处、总务科、文书科、收发室、生产科等,这类单位,可以几个人的工作合并一个人做,减少人员。合并机关,减少独立单位,第二十六次政务会议对于可以减少的单位列表如下:

表7-1　机关单位整编前后情况表

整编前机关单位	整编后机关单位
秘书处 财政厅 教育厅 建设厅	合署办公,五机关为一单位,总称边区政府
卫生处	仍旧
粮食局	仍旧
税务局	仍旧
禁烟督察处	仍旧
农业局	合并建设厅,改为第一科
工业局	合并建设厅,改为第二科
林务局	合并建设厅,改为第一科
合作指导局	合并建设厅,改为第四科

---

① 　陶铸:《论精兵简政》,《陕甘宁边区的精兵简政(资料选辑)》,求实出版社1982年版,第30-31页。

整编前机关单位	整编后机关单位
贸易局	合并光华商店，只有名义
交际处	仍旧
抗属工业社	取消，抗属部分介绍归家，部分安置参加生产
保安处	仍旧
高等法院	仍旧
交通运输局	合并建设厅，改为第三科
农场（包括奶场）	仍旧

第三部分：实施办法。(1)组织5～10人的组织委员会，帮助起草和修正各种条规，建立和改进各种制度；(2)目前能裁并的机关即行裁并；(3)能抽出的干部，即日由民政厅分派到县上，充实下级；(4)秘书处筹备合署办公，8月开始合署办公；(5)由民政厅拟定附属机关的整编计划交政务会议通过，接着拟定县、区、乡的精兵简政方案。①

同时边区还颁布了《陕甘宁边区政府第二次精兵简政实施方案纲要》，进一步对精兵简政提出了要求，特别是对如何完善边区的工作制度，提出了其基本任务是"了解情况，掌握政策，督导行政，培养干部"。对其具体要求是第一，实行合署办公，改善本身的工作与对下级的领导。实行民政、财政、教育、建设等厅与秘书处的合署办公。第二，政务与事务分开。第三，加强下级工作，首先加强县政府的独立工作能力。第四，边区各厅处等机构的原则为"紧缩上级，加强下级，政事分开，合署办公"。各厅、处的具体编制为：秘书处52～54人，民政厅23人，财政厅17人，教育厅22人，建设厅19～26人，高等法院共36人，民族事务委员会、文化工作委员会可设1～3人，文工会、防疫共8人。②

由此也可以看出，第二次精兵简政是在第一次基础上的继续，在缩减机构和人员的同时，更着重建立边区政府的工作制度和加强下级县、区、乡的机关工作。边区政府所属各单位分别进行了内部的整编工作，调整机构，精简人员，8月开始合署办公。边区下派200多名干部，到县、区政府工作。但第二次精兵简政主要是建立和健全制度，实际精简人员不多。

---

① 《陕甘宁边区系统第二次精兵简政方案》，《陕甘宁边区的精兵简政（资料选辑）》，求实出版社1982年版，第42-49页。
② 《陕甘宁边区政府第二次精兵简政实施方案纲要》，《陕甘宁边区的精兵简政（资料选辑）》，求实出版社1982年版，第50-57页。

经过第一次和第二次精兵简政,裁并了机构百余处,缩减人员数千名,建立了合署办公制度,实行政务和事务分开,既改变了领导作风,也提高了工作效率。但同时也存在一些问题,如1942年8月23日《解放日报》指出的"还有一些地区和工作部门,对于这一政策的执行,是很勉强的、被动的,因而也就没有普遍贯彻。甚至还有很少数的地方不管中央如何决定,仍然是'原封不动','我行我素',把自己的地区或工作部门看成是'例外'。产生这种不能贯彻执行精兵简政和把自己看成是'例外'的原因,我们认为是一个认识问题,是由于对党中央所提出的精兵简政的意义认识不够"①。社论重申边区实行精兵简政的原因,对形形色色关于精兵简政的片面的错误认识进行了批判,强调"精兵简政实为目前各根据地整个工作的中心一环,必须把这一任务的实现,贯彻到各方面的工作中去"②。社论为边区第三次精兵简政做了舆论的动员和准备。

第三次从1942年9月到1943年底。

1942年9月1日,边区政务会议通过了《陕甘宁边区精兵简政纲领(草案)》,指出,"统一、少而精,提高效率,是陕甘宁边区精兵简政的全部意义",认为前两次对于精兵简政的宣传不够,只强调缩编,没有提出精简工作的全部纲领。《陕甘宁边区精兵简政纲领(草案)》对第三次精简整编提出了具体的要求:脱离生产的部队不应超过边区人民总数的2%,脱离生产的政府工作人员,不应超过边区人民总数的1%。关于精兵方面,要淘汰老弱,确定枪兵比例,统一与充实编制。组织整军委员会具体拟定与实施精兵计划。关于简政方面,做到精干上层,充实下层;缩编机构,精选人员;确定职责,建立制度。确定专署、县政府及区、乡政府的职权与责任;办事迅速,减少文牍,提高业务知识和技能。强调要加强宣传,"边府要把精兵简政意义和实施方法,经过报纸,经过各级政军的宣传机关,经过各种会议,广为解释宣传,使大众懂得,起来拥护,然后精简才能彻底"③。9月7日,毛泽东为《解放日报》所写社论《一个极其重要的政策》,阐释了中共中央提出精兵简政政策的根本原因,指出,"各抗日根据地的全体同志必须认识,今后的物质困难必然更

---

① 《精兵简政当前工作的中心环节》,《陕甘宁边区的精兵简政(资料选辑)》,求实出版社1982年版,第59页。
② 《精兵简政当前工作的中心环节》,《陕甘宁边区的精兵简政(资料选辑)》,求实出版社1982年版,第63页。
③ 《陕甘宁边区精兵简政纲领(草案)》,《陕甘宁边区的精兵简政(资料选辑)》,求实出版社1982年版,第65-69页。

甚于目前,我们必须克服这个困难,我们重要的办法之一就是精兵简政"①。随后,《解放日报》再次发表《简政要从思想上贯彻》的社论,提出要扫除思想的障碍,保证精兵简政的顺利实施。②

9月10日,边区政府召开精兵简政动员大会,林伯渠作动员报告。边区政府多次召开会议,总结前期的精简工作,检查边区的组织机构、工作制度、干部配备、领导关系和工作计划等,分析存在的问题等。经过自下而上的检查,总整编委员会还召开多次座谈会,分析讨论了专署及各级机关的简政问题,提出了改进意见。通过一系列的检查、座谈工作,大家进一步明确了精简的意义,消除了顾虑,提高了认识,为第三次精兵简政做了思想和组织上的准备。

1942年11月4日,在中共中央西北局召开的陕甘宁边区高级干部会议上,林伯渠作了《简政整政问题》的报告,提出了关于简政整政的八个重要问题。第一,目前政府工作要集中于两大任务:发展生产和增强干部教育、军队教育;第二,发展民主集中制度,统一领导;第三,改善领导作风,提高工作效能;第四,加强乡政权,巩固乡政权同人民的关系;第五,要巩固"三三制";第六,要率领人民积极拥护军队;第七,政权中的共产党员,要绝对服从党的领导;第八,改造干部的思想作风,以达简政整政目的。③林伯渠所作《简政整政问题》的报告,是边区第三次精兵简政的指导方针,对广大干部做了思想的动员。毛泽东在这次陕甘宁边区高级干部会议上作了《经济问题和财政问题》的报告,指出"这次陕甘宁高级干部会议以后,我们就要实行'精兵简政'。这一次精兵简政,必须是严格的,彻底的,普遍的,而不是敷衍的,不痛不痒的,局部的。在这次精兵简政中,必须达到精简、统一、效能、节约和反对官僚主义五项目的。这五项,对于我们的经济工作和财政工作,关系极大"④。毛泽东的讲话从财政经济的角度,对精简提出了要求。谢觉哉作了《提高政府工作效能》的报告,着重对边区政权建设存在的问题进行了总结,包括:"百废俱举"的观念;调查研究不够;计划多检查少,不会总结经验;干部分配不合

① 毛泽东:《一个极其重要的政策》,《建党以来重要文献选编(一九二一——一九四九)(第十九册)》,中央文献出版社2011年版,第445页。
② 《简政要从思想上贯彻》,《陕甘宁边区的精兵简政(资料选辑)》,求实出版社1982年版,第70-73页。
③ 林伯渠:《简政整政问题》,《陕甘宁边区的精兵简政(资料选辑)》,求实出版社1982年版,第74-84页。
④ 毛泽东:《抗日时期的经济问题和财政问题》,《建党以来重要文献选编(一九二一——一九四九)(第十九册)》,中央文献出版社2011年版,第619-620页。

适;领导作风、领导思想统一行动不够。①同一时期,《解放日报》再次发表社论,阐释整编中干部离开原来岗位,加强下级工作或者转入生产的必要性和意义,指出,"边区党政领导机关慎重处理干部的计划,必能得到正确的执行。每个干部在新的工作岗位上,必能做到人尽其材,材尽其用"②。

通过广泛的宣传、讨论,边区政府、民众对于精兵简政有了更深入的认识,推动了第三次精兵简政的顺利实施。1942年12月,边区政府会议通过了《陕甘宁边区简政实施纲要》(以下简称《纲要》),主要内容包括以下方面。(1)此次简政的目的,是要使政权工作达到精简、统一、高效、节约和反对官僚主义五项要求。(2)划定职权,审定业务。依据各级政府的任务和民主集中制的原则,重新划分和审定了其职责和业务,规定边区政府是边区政权的首脑,以掌握干部、组织和领导政策之执行,为自己的基本业务,而首先重要的是政策的掌握与贯彻;各厅、保卫处和高等法院,同样是以掌握和贯彻政策为首要的任务。县政府是边区各级政权的枢纽,区公署是县政府的助理机关,乡政权是边区政权的基层组织。(3)加强乡政权。除了要实行第二届参议会增设乡文书的决议外,还要改造乡政权,贯彻乡政权的民主集中制原则,重新审查并调整乡政权的机构和制度,改造乡政权的工作方式,总结乡政权的经验。(4)区以上须精简机构,精简人员。精简机构和人员的共同原则是少而精。要求边区政府脱产人员从11500名继续精简至7500名,减少35%。要重新修改区公署、县政府、专员公署的组织条例。尽量减少人员编制中杂务勤务人员的比例。各级人员精简的主要处理方法为加强下级,转入生产战线。(5)简政的目的:坚持民主集中制,统一领导,整饬政纪。(6)改善领导作风。首先要改善高级机关的领导作风,其次是贯彻政策。(7)统一干部管理,调整和提高干部。(8)拥护军队。(9)巩固"三三制"。(10)厉行节约。(11)从组织上贯彻,从思想上贯彻,《纲要》指出,"这次简政工作涉及了政策问题,制度问题,业务问题,机构问题,干部问题,民主集中问题,领导作风问题,以及拥军问题,三三制问题等等。由此可以明白,简政工作是一序列的组织问题,又是一序列的思想问题,而且许多的组织问题,从里面来看也是许多的思想问题。在简政工作中,诚然要在制度、机构、人事等问题上提出许多具体的方案,以实现精简的目的;但同时又必须

---

① 谢觉哉:《提高政府工作效能》,《陕甘宁边区的精兵简政(资料选辑)》,求实出版社1982年版,第88-91页。

② 《人尽其材,材尽其用》,《陕甘宁边区的精兵简政(资料选辑)》,求实出版社1982年版,第85-87页。

在思想上求得一致,组织上才能畅行无阻",强调了思想上贯彻精兵简政的重要性。[①]《纲要》对简政的方法提出了要求:要把简政和整风学习结合,用实事求是的整风精神进行简政,同时要把简政和检查工作结合,政务人员要检查思想,政府系统要检查工作,用思想来指导行动,又用行动来贯彻思想,要求必须在1943年上半年彻底完成简政工作与检查工作。

1943年3月陕甘宁边区政府公布了《纲要》后,专门召开政务会议,讨论并通过《各级政府及参议会整编办法》,对各级政府的整编制定了新的具体方案。(1)边区本部:特设政府办公厅,逐渐做到合署办公。办公厅下设秘书处、交际处、总务处、研究室。对民政厅、财政厅、教育厅、建设厅的科室进行裁并。对高等法院、保安处、边区参议会、民族事务委员会、文化工作委员会也进行了调整和裁处。经过整编,原有552人整编为416人,减少136人,缩编24.6%。(2)边区各厅、院、处的附属机关的人员,从1140人整编为911人,减少229人,缩编20.1%。(3)各分区专署原有之秘书室一、二、三、四、五及保安科等组织,均有改变。经过机构合并、合署办公等,人员从101人增加到148人,增加47人,增加46.5%,主要是增加了两个专署。(4)各县(市)取消秘书室,改设政务、事务秘书,原有科室合并,一些科处变更。各县(市)干部,根据甲、乙、丙三个等级,分别配备,各县(市)政府及县参议会,由1188人整编为791人,减少397人,缩减33.4%。(5)区公署共计213个,由1250人整编为955人,减少295人,缩减23.6%;(6)各乡(市)政府,增设文书1人。总的来说,边区、专署、县府、区署、乡政府原有人员5489人,整编为5737人,较前增加248人。[②]人数虽然有所增加,但是配备更加合理,克服了"头重脚轻"的现象,提高了工作效率。

边区关于各级政府的整编办法颁布后,很快发布了关于迅速整编的命令,下发了《各县人员编制表》和《延安市党政军民整编对照表》,要求各地迅速展开整编,限当年4月底前完成。[③]由于有边区具体的编制方案和数额指标,各县区开展整编工作有了更具操作性的参考,整编迅速开展起来。

---

① 《陕甘宁边区政府公布简政实施纲要的命令(战字第680号)》,《陕甘宁边区的精兵简政(资料选辑)》,求实出版社1982年,第93-116页。
② 《各级政府及参议会整编办法》,《陕甘宁边区的精兵简政(资料选辑)》,求实出版社1982年版,第126-130页。
③ 《陕甘宁边区政府关于迅速进行整编的命令(战字第718号)》,《陕甘宁边区的精兵简政(资料选辑)》,求实出版社1982年版,第122-123页。

与此同时，八路军留守部队举行动员大会，号召贯彻精兵简政，直属部队裁减1400人，转到生产战线及下层，到农场、运输队、商店去等。例如，残疾军人刘福祥被安置后说："在部队里我们是战士，在生产中我们是好劳力，回家去我们是好公民。我们有一份力量，就要把这份力量贡献给革命，无论在什么地方，我们都不会忘记革命。"①当年6月，边区政府和八路军留守兵团司令部先后发布了关于编会人员的处理原则，指出敌后抗日根据地和延安各机关学校实行精简后，编余人员过多，不能都留在延安，为了便于教育与管理，应分散到各分区，由当地政府和军队共同负责处理。处理原则：有病的组织临时休养所；要求退伍归农的可给土地、农具、房舍等生活物资，由政府予以帮扶；无论休养或退伍，均应照顾周到，不许随意处置。②在补充规定中，更是明确"同时应注重其思想教育，继续为革命服务之精神，说明他们现在因体力等之限制，不能在前方抗战，但也应秉'有一分热发一分光'之精神，为抗战为建设自己的家务，亦即建设边区事业而工作"。对退伍人员，鼓励其务农，安置在较中心地区，退伍后享有公民权利，并享有免缴一切捐税、3年免缴地租的权利。同时对休养人员和家属的安置及办理手续都做了明确规定，③使得部队整编人员能够得到较好的安置，保障了他们的权益，提高了他们投入后方生产的积极性。

经过三次整编，1943年底，精兵简政的任务基本完成，出现了兵精质高、政简民便的局面。首先，精兵方面，根据兵贵在精而不在多的原则，暂停正规军的发展，用加强地方武装和不脱产民兵的办法，达到了部队人数不超过边区总人数2%的要求。裁并了一些机构，一部分人充实到战斗岗位，一部分人被送到学校深造，一些老弱病残被转到生产战线和地方，得到合适的安置。八路军留守团第一次精兵简政时，精简了3000人，转入生产战线；1943年，留守兵团又缩减1400人。与此同时，部队加强军事政治训练和思想教育，这样，部队没有因为人员减少而削弱力量，反而更加灵活精干，易于适应战争环境的变化，战斗力得到了加强。其次，简政方面，基本达到了精简、统一、效能、节约和反对官僚主义五个方面的目的。④

① 《留直举行动员大会，号召贯彻精兵简政，直属队裁减1400人》，《解放日报》，1943年3月11日，第2版。
② 《陕甘宁边区政府、八路军留守兵团司令部关于编余人员送分区安置处理原则的规定的训令》，《陕甘宁边区的精兵简政（资料选辑）》，求实出版社1982年版，第131—132页。
③ 《陕甘宁边区政府、八路军留守兵团司令部关于执行"编余人员送分区安置处理训令"之补充办法》，《陕甘宁边区的精兵简政（资料选辑）》，求实出版社1982年版，第133—135页。
④ 李维汉：《回忆与研究（下）》，中央党史资料出版社1986年版，第506页。

1943年西北局关于简政的总结中提到：(1)效率提高了；(2)领导作风的转变；(3)不良现象减少；(4)干部对精简认识的加强。[1]

但是，这次精兵简政也存在一些问题。第一，精简不足和精简过头的问题。"有不足，如家属等未妥善处理，使不属于正式编制而继续吃公粮的，仅边区一级还有1000多人，浪费现象还比较严重。"也有过头，即过分集中的倾向，如对小学、部队采取合并的办法，放大了不适合农村环境的"集中办小学"的缺点。第二，一些地区在精简整编运动后，没能很好保持成果，出现了反弹现象。"但也有单位时过境迁，又走回头路。比如机构又有增设，人员又有膨胀，制度又有废弛，统一又有削弱，效能又有下降。"[2]1944年边区对简政工作进行总结时，指出："我们还应该从精简、统一、效能、节约与反官僚主义五方面，做我们尚未做得彻底的工作。"[3]

五、减租减息政策的推行

减租减息是中共在抗日战争时期解决农民土地问题的基本政策，也是战胜经济困难的一项基本政策。1937年8月中共在洛川会议上，决定以减租减息作为抗战时期解决农民土地问题的基本政策，一方面要求地主减租减息，改善农民生活，调动农民抗日和生产的积极性；另一方面又要求农民交租交息，照顾地主利益，争取和团结地主站在人民一面，扩大和巩固抗日民族统一战线。陕甘宁边区的减租减息大致分为三个阶段。

第一个阶段从1937年洛川会议到1940年，是宣传阶段。

陕甘宁边区土地阶级关系集中体现在两种不同区域，一是已分配土地区域，二是未分配土地区域。陕甘宁边区政府建立初期，主要在未经土地改革的区域实行减租减息。未分配土地的区域有：绥德分区的米脂、绥德、佳县的大部分；陇东分区的庆阳、合水、镇原等县；关中分区的淳耀、赤水、新宁、新正等县的一部分；延

---

① 《中共中央西北局关于简政工作的总结》，《陕甘宁边区的精兵简政（资料选辑）》，求实出版社1982年版，第148-149页。
② 李维汉：《回忆与研究（下）》，中央党史资料出版社1986年版，第508页。
③ 《陕甘宁边区政府简政总结》，《陕甘宁边区的精兵简政（资料选辑）》，求实出版社1982年版，第167页。

属分区的延安市及富县等地。①陇东分区宣传"三七"减租,关中分区宣传对半减租。但这一时期的减租并未真正实行,主要是这些区域的土地大多在地主手中,加之这些区域属于所谓的"统战区",还有双重政权(如庆阳、合水、绥德、米脂),何绍南公开反对减租,担心因为减租得罪了地主,妨碍了统一战线,因此没有真正实行减租。

第二阶段从1940年到1942年。

1940年,边区打退了国民党第一次反共高潮后,赶跑了顽固派,边区再次实现统一,各分区都召开过参议会,通过了减租斗争案。例如陇东通过了"三七"减租,关中分区政府下了命令要全部对半减租。但是由于认识不足,大部分地区都没实行。1940年,毛泽东在《论政策》中,讲道:"关于土地政策。必须向党员和农民说明,目前不是实行彻底的土地革命的时期,过去土地革命时期的一套办法不能适用于现在。现在的政策,一方面,应该规定地主实行减租减息,方能发动基本农民群众的抗日积极性,但也不要减得太多。地租,一般以实行二五减租为原则;到群众要求增高时,可以实行倒四六分,或倒三七分,但不要超过此限度。利息,不要减到超过社会经济借贷关系所许可的程度。另一方面,要规定农民交租息,土地所有权和财产所有权仍属于地主。"②1941年,边区第二届参议会通过了《陕甘宁边区施政纲领》,也提出实行减租减息和交租交息的政策,但是也并没有提减租减息的可行性方案。

1942年是抗日根据地最为困难的一年。当年1月,中共中央发布《关于抗日根据地土地政策的决定》,指出抗战后减租减息在各地执行不平衡,影响到抗日根据地的巩固,"抗战以来,我党在各抗日根据地实行的土地政策,是抗日民族统一战线的土地政策,也就是一方面减租减息一方面交租交息的土地政策。这一政策,在各根据地实行以后,曾经获得了广大群众的拥护,团结了各阶层的人民,支持了敌后的抗战。凡在比较普遍比较认真比较彻底的实行了减租减息,同时又保障交租交息的地方,当地群众参加抗日斗争与民主建设的积极性就比较高……但是这一政策,在许多根据地内还没有普遍的认真的彻底的实行。在有些根据地

① 星光、张杨主编:《抗日战争时期陕甘宁边区财政经济史稿》,长江文艺出版社2016年版,第34页。
② 中共中央党史和文献研究院、中共重庆市委编:《中国共产党关于抗战大后方工作文献选编(一)》,重庆出版社2019年版,第453页。

内,还只在一部分地方实行了减租减息,而在另一部分地方,或则还只把减租减息当作一种宣传口号,既未发布法令,更未动手实行。或则虽已由政府发布了法令,形式上减了租息,实际并未认真去做,发生了明减暗不减的现象"[1]。这一决定明确了减租减息的三条基本原则。(1)承认农民是抗日与生产的基本力量,党的政策是扶持农民,实行减租减息,保证农民的人权、政权、地权、财权,借以改善农民的生活,提高农民抗日生产的积极性。(2)承认地主的大多数是有抗日要求的,一部分开明绅士是赞成民主改革的。故党的政策是扶持农民减轻封建剥削,而不是消灭封建剥削,更不是打击赞成民主改革的开明绅士。故于实行减租减息之后,又须实行交租交息,于保障农民的人权、政权、地权、财权之后,又须保障地主的人权、政权、地权、财权,借以联合地主阶级一致抗日。(3)富农是农村中的资产阶级,是抗日与生产的一个不可缺少的力量。小资产阶级、民族资产阶级与富农,不但有抗日要求,而且有民主要求。故在农村中实行减租减息时,对富农的租息也必须照减。在对富农减租减息后,同时须实行交租交息,并保障富农的人权、政权、地权、财权。[2]对于减租政策如何执行,中共中央也做了明确规定:"一切尚未实行减租的地区,其租额以减低原租百分之二十五(二五减租)为原则,即照抗战前租额减低百分之二十五,不论公地、私地、租佃地、伙种地,不宜一律规定为依地主所得不得超过十分之四或十分之六,应以业佃双方所出劳动力,牛力,农具,肥料,种子及食粮之多寡,按原来租额比例,减低百分之二十五。"[3]这是抗战以来中共首次对减租减息的原则以及如何执行作了较为详细的规定,使得各地减租减息具有了可操作性的纲领性指导,推动了陕甘宁边区减租减息运动的发展。但是1942年也执行了一部分,大部分没有执行。主要原因,"主观领导上,党提出'三三制'政权,同时又公布了施政纲领,有些地方的地主对我们的减租表示不满意,有些地主对我们的政权还在动摇不定……群众在反何斗争后,没有得到及时的发动,相反的被批评为过'左'了,加之又把农会取消了,因此群众情绪降低了……那时什么工作是中心呢? 我们以民选为中心忘记了减租,因此到处和地主拉关系,搞三三

① 《中共中央关于抗日根据地土地政策的决定》,《建党以来重要文献选编(一九二一——一九四九)(第十九册)》,中央文献出版社2011年版,第19页。
② 《中共中央关于抗日根据地土地政策的决定》,《建党以来重要文献选编(一九二一——一九四九)(第十九册)》,中央文献出版社2011年版,第20-21页。
③ 《中共中央关于抗日根据地土地政策决定的附件》,《解放日报》,1942年2月6日。

制,没有把减租当为中心。……我们提出减租是可以的,有些地方是实行了,但大多还是采取行政和干部去强迫减租的,或者是恩赐的观点出发。这时候有些群众起来斗争,减了些租,但不久又被地主的反抗阻碍住了"[1]。

从1942年秋季开始,未分配土地区域的减租减息工作普遍开展。1942年12月,陕甘宁边区颁布了《土地租佃条例草案》,对不同租佃形式的租额做了具体的规定,规定在1943年边区各地减租实施中,凡有佃租关系者,都应依照条例之规定的减租额收租或交租,土地出租人不得多收或法外增租。例如"定租(死租)依照当地减租法令或当地现行减租额给租。在未经分配土地区域,一般减租率,不得低于二五","活租(指地分粮)按原租额减百分之二十五至四十,减租之后,出租人所得最多不得超过收获量百分之三十。土地副产物,皆归承租人","伙种按原租额减百分之十至二十,减租之后,出租人所得最多不得超过收获量百分之四十","安庄稼,按原租额减租百分之十至二十,减租之后,出租人所得最多不得超过收获量百分之四十五。土地副产物亦随正产物,由双方按成分配"[2]。该文件为边区的减租活动提供了法律保障。绥德分区的减租减息运动开展得广泛而深入。佳县开创了发动群众,向地主进行斗争来退租。但是由于多数地区未普遍发动群众参与减租运动,一些地方地主的租子出现了明减暗不减,以及地主夺佃现象。

由于佃权关系脆弱,一旦租户提出减租,地主就利用撤佃打击佃农,因此,边区在减租中出现了很多佃权纠纷。地主通过各种手段撤佃,破坏减租运动。如1940—1942年冬天是绥德分区"地主撤佃倒佃最凶的时候,虽经临参会明文限止,但法不灵验,仍未抑制下去"[3]。一些地主用"假典假卖等方法,收回租地或典地;有的故意把租典地收回自己种,把另一块自种地租给别人"[4]。佳县刘木瓜沟地主将减了租的租户土地"收回自己自种一年,再另租给别人"[5],地主撤佃,给佃农的生活带来极大的影响。为了保证减租顺利进行,中共从制度上限制地主随意

① 贾拓夫:《关于边区土地政策的报告(1945年3月15日)》,《抗日战争时期陕甘宁边区财政经济史料摘编·第二编·农业》,长江文艺出版社2016年版,第169-170页。
② 《陕甘宁边区土地租佃条例草案》,《陕甘宁边区政府文件选编(第六辑)》,陕西人民教育出版社2015年版,第253-254页。
③ 西北局调查组:《关于边区减租运动的研究》,《中共中央西北局文件汇集1943年(二)》,中共陕西省委党校印刷厂1994年版(内部资料),第249页。
④ 《绥德专署令各县认真实行减租交租》,《解放日报》,1942年10月15日。
⑤ 《刘木瓜沟减租斗争——佳县店镇区减租斗争调查之三》,《解放日报》,1943年10月16日。

收回土地。1942年10月,西北局颁布了《关于彻底实行减租的指示》和《关于减租实施的补充办法》(以下简称《补充办法》),认为"过去减租达令没有保护佃权的具体办法,是减租不能贯彻的重要关键之一","出租人不能随年收回租地",对出租人收回土地情况作了限制,"出租人口称收回租地自种,但是暗中出租或是以另一块地出租,或是收回租地不种,任凭荒芜,或是假典假卖,应当受到处罚","租地出卖或出典之后,卖地或典地的人若不是自种,原承租人有照原约继续承租权","若是因为收回租地或者典卖租地而严重影响到承租人生活的时候,政府可以召集双方调停办理","不得承租人同意,不准租出人把租种改成活租,更不准借此收回租地","租地出卖出典的时候原承租人以同样条件有买地典地的优先权,原出租人不许故意抬高价格,原承租人也不许故意压低价格"。《补充办法》还对地主做了其他限制,如"禁止预收地租、禁止转租,从中牟利……禁止于正租外一切额外需索,如杂租、送礼、送工、无酬劳动、大斗收租等","故意破坏政府法令或是屡诚不听的,按情节的轻重由政府处罚,并且使他赔偿对方因此所受的损失;有使用欺诈威胁等不正当手段的,依刑法治罪"。[①]该《补充办法》的核心内容是护佃,尤其是保护佃农的佃权不被地主侵害,其颁布使保护佃权有了法律上的依据,对于推进减租运动意义重大。

第三个阶段从1943年到1944年,是边区减租减息的高峰。

1943年边区高干会精神在各地传达后,边区的减租运动进行到一个群众性的减租运动阶段。当年9月,边区公布了《陕甘宁边区土地登记试行办法》《陕甘宁边区土地典当纠纷处理原则及旧债纠纷处理原则》等。10月,中共中央政治局通过了《关于减租生产和拥政爱民运动及宣传十大政策的指示》,指出秋收已到,各根据地的领导机关必须责成各级党政机关检查减租政策的执行情况,凡未认真实行减租的,必须于该年一律减租,减而不彻底的,必须于该年彻底减租。[②]中共中央的指示,加之群众运动的高涨,使边区的减租运动取得了明显的成效。减租运动中充分发动组织了群众,各地成立了名称不一的农民减租组织,如租户会、减租会、减租保地会、伙子会、农会、检查小组等。绥德分区结合反奸,斗争顽固地主,1943年10月到12月

---

① 西北局调查组:《关于减租实施的补充办法》,《中共中央西北局文件汇集1942年(二)》,中共陕西省委党校印刷厂1994年版(内部资料),第245-248页。

② 《中共中央政治局关于减租生产拥政爱民及宣传十大政策的指示》,《建党以来重要文献选编(一九二一——一九四九)》(第二十册)》,中央文献出版社2011年版,第582页。

达到高潮。仅绥德6个区,米脂3个区,子洲5个区,清涧3个半乡,佳县个别村的统计材料,除按条例减租外,勾欠31732.82石,退租1842.73石,并抽约换约,同时进行土地回赎,广大农民以边币及其他廉价方法将租给地主的土地抽回。陇东分区实行减租的庆阳27个乡,合水13个乡,共退租、勾欠10213.22石。关中分区发起较迟,1944年春,淳耀勾欠退租1535石,换约953户;赤水勾欠、退租1280.23石;新宁县自1941年至1943年共退租499.02石。①

通过减租减息,封建剥削减轻,地租一般都限制在37.5%以下,利息限制在1分半以下。许多农民获得了土地,极大地改善了生产与生活条件,提高了积极性。米脂县民丰区第三乡后吕家岭是贫雇农占多数的村庄,全村耕地860余垧,21户地主、富农和中农即占500余垧,减租前贫雇农经常挖野菜充饥,减租3年后,农民从外村地主手里典买土地70余垧。另外本村富农的土地也有23垧转到贫农和中农手里,挨饿和挖野菜充饥的事实在该村绝迹了。②

在减租减息后,又贯彻了交租交息。1944年2月8日中共中央转发的《西北局关于减租的批示》中提出:"(一)……向所有应当实行减租而未贯彻的地区的农民进行广泛深入的宣传,并于春耕前,一律普遍彻底减租。(二)凡已发动群众起来彻底减租的地区,应即注意对地主的团结。在彻底实行减租后,对地主一般的不是继续斗争,而是注意团结他们,稳定他们,使他不但不离开我们,且不得不靠近我们。(三)在减租斗争中,应防止对地主采取过左的政策。如不看具体对象,一律退回三四年长收的租子,及对地主过多的罚款等。甚至个别地方已经发生要求没收地主的土地。这些都是不对的。"③由于坚持了地主减租减息,农民交租交息,使地主能够生活,维护了抗日民族统一战线。但是减租减息也存在如下问题。第一,不平衡不彻底。绥德分区减租运动发展普遍,贯彻彻底,但是陇东分区发动群众不够,有41个乡未实行减租减息,且机械执行二五减租。关中发动较迟,效果也差。第二,1944年和1945年因忙于组织生产,劳模运动,召开公代、合作、文教等大会,进行干部冬训和选举,等等,放松了对减租的检查,故有不少地主又进行假典、假卖,倒地夺佃,明减暗不减的违法活动,庆阳驿马关5个乡,104户地主中

---

① 星光、张杨主编:《抗日战争时期陕甘宁边区财政经济史稿》,长江文艺出版社2016年版,第305页。
② 星光、张杨主编:《抗日战争时期陕甘宁边区财政经济史稿》,长江文艺出版社2016年版,第305页。
③ 《中共中央关于转发西北局减租指示的通知》,《建党以来重要文献选编(一九二一—一九四九)(第二十一册)》,中央文献出版社2011年版,第47—48页。

有43户明减暗不减,绥德延家岔28户佃户,有18户被夺佃。[①]在未分配土地地区,继续存在一定的土地问题。

陕甘宁边区的减租运动实际上是一次根据地乡村社会经济与政治秩序的重组过程,使得边区未经过土地分配的地区,地主的地权发生了较大规模的转移。一是1940年中共建立了抗日民主政权,并开始宣传减租政策,一些富农、地主担心将来也会分土地,有学者称之为"预见性"卖土地。在陕甘宁边区颁布《陕甘宁边区土地租佃条例》前,一些地主在1941年、1942年春集中出卖土地,"一九四一年冬一九四二年春这一时期,据当地农民说是一二十年来土地买卖关系最多的一年……象高庙山的常彦丞,在一九四一年以前几十年从来没有买卖过土地,而一九四一年冬出卖了一八零八垧。常又文同样在一九四〇以前,几十年从来没有卖土地,而一九四〇年卖了二十五垧,一九四一年就卖了一百零五垧"。二是在减租清算中也出现大量地权转移。在减租运动中,农民在各种减租组织的领导下,清算地主多收的地租,在减租清算中,地主感觉到"租子吃不成了,今年四六减,明年三七减,后年二八减,地不能倒动,又要照出公粮,地要变成害了"[②]。在这样的情况下,地主觉得无利可图,大量典卖土地。如绥德杨家塔13户地主4年中卖出土地619亩,占全部土地的37%。与此同时,农民则大量买进土地,如减租运动前,米脂印斗三乡某村41户农民,只有3户有土地130垧,其余38户都是租户。减租运动后,1943年、1944年,买入土地140垧,每人都增地四五倍;另一村32户农民有370垧土地,原来只有10%的土地是自己的,到1944年租地减少70垧,大部分土地转移到农民手中,81.1%的土地属于农民自己。[③]

---

① 《陕甘宁边区土地问题》,《抗日战争时期陕甘宁边区财政经济史料摘编·第二编·农业》,长江文艺出版社2016年版,171页。

② 西北调查组:《关于减租斗争的调查材料(1943年9月10日)》,《中共中央西北局文件汇集1943年(二)》,中共陕西省委党校印刷厂1994年版(内部资料),第154页。

③ 贾拓夫:《关于边区土地政策的报告》,《抗日战争时期陕甘宁边区财政经济史料摘编·第二编·农业》,长江文艺出版社2016年版,第348页。

六、陕甘宁边区在抗战中的历史地位

　　陕甘宁边区是全民族抗战时期中国共产党领导的、国民政府承认其合法存在的、地位最为稳固、政策最为连贯和完善、最具有示范作用的抗日民主根据地。中共中央直接领导陕甘宁边区全面实施了新民主主义革命的纲领和政策，在政治、经济、文化和社会建设等方面取得了显著成绩。总的看来，抗战时期，陕甘宁边区具有独特的历史地位。

　　第一，陕甘宁边区是八路军抗战的出发点，也是中国共产党推动全民族抗战的出发点。

　　毛泽东曾在多种场合讲到陕甘宁边区的地位问题。1945年毛泽东在中共七大预备会议上讲道："有人说，陕北这地方不好，地瘠民贫。但是我说，没有陕北那就不得下地。我说陕北是两点，一个落脚点，一个出发点。"[①]在《时局问题及其他》一文中，他又提道："陕甘宁边区的作用非常大，我说它是中国革命的一个枢纽，中国革命的起承转合点。长征结束以后，起是从这个地方起的，转也是从这个地点转的……我们不是要永远住在这里，这个地方是落脚点，同时又是出发点。"[②]毛泽东所讲的落脚点是指红军长征的落脚点，出发点则是指全民族抗战的出发点。

　　红军长征到达陕北的时候，当时中国共产党最紧迫的任务是推动抗日战争的全面发动，挽救民族危亡。中共中央认为，中央红军到达陕北，"将开始以中国工农红军为主力的民族革命战争的新的历史阶段"[③]。为了推动民族革命战争这个新的历史阶段的到来，1935年11月13日，中共中央发布落脚陕北后的第一个对外宣言即《为日本帝国主义并吞华北及蒋介石出卖华北出卖中国宣言》，11月28日，毛泽东、朱德联名发布了《中华苏维埃共和国中央政府、中国工农红军革命军事委员会抗日救国宣言》，12月20日，毛泽东以中央政府主席名义发布了《中华苏维埃中央政府对内蒙古人民宣言》，表明了抗日反蒋的政治立场。12月，中共中央召开了瓦窑堡会议，讨论并确定了抗日民族统一战线的策略方针，解决了中共

---

① 《毛泽东选集第三卷》，人民出版社1996年版，第297页。
② 《毛泽东选集第三卷》，人民出版社1996年版，第265页。
③ 中共中央文献研究室编：《毛泽东年谱（1893—1949）（上卷）》，人民出版社、中央文献出版社1993年版，第488页。

的政治路线问题。中共通过大量工作,和杨虎城的第十七路军和张学良的东北军建立了三位一体西北抗战局面,1936年,西安事变爆发后,在中共的帮助下,蒋介石放弃"攘外必先安内"的政策,联共抗日,促成了抗日民族统一战线的初步形成。

抗日战争全面爆发后,陕甘宁苏维埃政权更名改制为陕甘宁边区。1937年8月25日,红军正式改编为国民革命军第八路军(简称八路军)。1937年8月至10月初,八路军主力陆续从陕西韩城芝川镇东渡黄河,出师华北抗日前线,对日作战。中共中央以陕甘宁边区为指挥中心和战略总后方,派出由红军改编的八路军,挺进华北敌后,开展广泛的抗日游击战争,同时指导南方红军游击队改编为国民革命军新编第四军,开创了华中敌后抗日的新局面。当中国革命面临生死存亡的重大历史关头,中共是以陕甘宁革命根据地为依托,在这里制定抗日战争的路线、方针和政策,指挥各根据地军民的抗日斗争;在这里培养了成千上万的各级各类干部,陆续派往各地去开展工作。抗战时期,革命力量发展到19块根据地,120万正规军,280万民兵,121万党员,为抗日战争后中国共产党领导中国革命的胜利,打下了坚实的基础。

中国抗日战争是一场全民共同奋起御侮的人民战争。在中国共产党倡导建立的抗日民族统一战线的旗帜下,实现了全民族共同抗战的崭新局面。中共中央在陕甘宁边区制定了全面抗战的路线,促成了以国共合作为基础的抗日民族统一战线的形成,提出了持久战的战略总方针、游击战争的战略战术,放手发动群众,开展游击战争,开辟了逐渐成为抗日主战场的敌后抗日根据地,指挥分散在华北、华中、华南的抗日根据地,牵制了大量的日军,阻止了敌人的战略进攻,为抗战的胜利奠定了基础。

第二,陕甘宁边区是全民族抗战的稳固后方。

陕甘宁边区是中共中央和中共中央军委所在地。全民族抗战期间,中共中央在陕甘宁边区制定了指导抗日根据地各项建设的基本政策,中央军委制定了大量作战指示和命令,这些方针政策都是通过陕甘宁边区传达到各个根据地,给中国人民指明了革命的方向和道路。

陕甘宁边区是人民抗战的政治指导中心和敌后抗日民主根据地的总后方。正如任弼时所说,边区"对于全国,甚至全世界来说,是处在一种中央发言人的地位"①。许多重大方针政策,如精兵简政、整顿三风、生产建设等,不仅在这里施行,而且总结经验后推行到全国的抗日根据地。如(1)培养革命干部。陕甘宁边区曾经是中共为全国培养革命干部的主要基地。在这里,中共中央和边区先后创办了抗大、陕公、鲁艺、中央党校、延大等二三十所干部学校,培养了数十万革命干部。抗大从1936年6月开办到1939年秋总校迁往华北,毕业的学员就有22649人(含3个分校);陕公、延大培养的干部也在万名以上。这些学员除一部分留边区工作外,绝大多数被分配到八路军、新四军和其他根据地去工作,有的被派往国统区工作。抗战期间,边区为其他根据地输送的政治、军事干部总数在十万以上,文化技术干部总数也在数千人。在战事紧张、经济困难的情况下,陕甘宁边区能这样重视干部培养,在全国也是罕见的。1945年,边区财政厅在一个报告中说:"在目前的中国甚至在全世界还找不到任何一个政权能像今天边区政府这样,用它的经费的25%以上的钱来从事教育事业。"②可以说,中共在陕甘宁边区和延安所培养和造就的干部,不仅为夺取全国政权,而且也为新中国成立后进行建设做了干部上的准备。(2)保证供给,支援前方。抗战期间,边区财政支出的大部分是为了保障中共中央和八路军,尤其是1940年以后,由于外援几乎全部断绝,中共中央和八路军的供给,除通过生产自给部分以外,全部依靠边区。中共中央和八路军在边区的人口,经常在10万人左右,1944年则多达11万余人,约占边区总人口的8.93%。毛泽东赞扬说:"仅有人口150万的边区,却养活了15万公家人而民不伤。"③在外援断绝的情况下,他们的供给靠边区,这对地瘠、人稀、经济落后的边区来说,无疑是个艰巨的任务。仅以吃粮为例,10万人一年需20多万石。不仅如此,边区还经常向前方运送粮食、被服、医药及其他物资。据1941年至1945年5月数据,共征粮835000余石。最困难的1941年还发行500万元的抗日公债,也都超额完成。抗战期间,边区还安置退伍残废军人1.5万余人,优待军属7.97万余人。抗战前后,边区动员了3万多名青壮年参加了八路军。正如边区政府的指示中指出的:"陕甘宁边区是八路军的出生地。"边区又是干部的策源地。林伯渠

---

① 任弼时:《关于几个问题的意见(1943年1月8日至11日在陕甘宁边区高干会上的演说)》,《抗日战争时期陕甘宁边区财政经济史料摘编·第一编·总论》,长江文艺出版社2016年版,第60页。

② 陕甘宁边区财政经济史编写组:《抗日战争时期陕甘宁边区财政经济史料摘编(第6编)》,陕西人民出版社1981年版,第473页。

③ 中央档案馆:《中共中央文件选集(第15册)》,中共中央党校出版社1991年版,第84页。

在边区政府工作报告中指出,全民族抗战期间,边区为其他解放区训练了4万名以上的政治、军事干部,及成千的文化和技术干部。[1]这些干部,在领导敌后抗战和开辟敌后抗日根据地的过程中,起了先锋作用、模范作用和骨干作用。边区对中共中央在物质上和政治上的切实保障,是边区作为敌后战场战略总后方的最大功劳和最重大的贡献。

第三,陕甘宁边区是全国抗日民主根据地建设的典范。

1938年7月,毛泽东在同世界学联代表团的谈话中讲道:"边区的作用,就在做出一个榜样给全国人民看,使他们懂得这种制度是最于抗战救国有利的,是抗日救国唯一正确的道路,这就是边区在全国的意义和作用。"[2]"陕甘宁边区对于华北、华中各抗日根据地说来,是处于一种领袖的地位,即根据地的领袖地位。这个区域里的一切重要设施,对于其他根据地有一种先导的模范的作用,要为其他根据地所效法。"[3]中共在陕甘宁边区成功地进行了新民主主义的政治、经济、军事和文化建设,边区各级政府在构成上推行"三三制"原则,边区政府大力开展经济建设,实行减租减息,组织农民变工互助,发展生产。开展大生产运动,边区部队基本实现了生产自给。工业从无到有,建立大小工厂120多个,日用品实现自给和半自给。文化、教育、卫生事业也得到了很大发展。为巩固抗日民主政权,支持敌后战场的作战,争取抗日战争胜利,在极端困难的条件下,中共中央把贫穷、闭塞、落后的边区建设成了举世称誉的模范的抗日民主根据地。

1937年2月下旬,开始在苏区内部实施由工农民主制度向抗日民主制度的转变。1937年4月,中华苏维埃共和国临时中央政府西北办事处开会,设立了政治、经济、文化、教育4个专门委员会,讨论将苏维埃工农民主政府更名改制为特区政府的问题。5月,西北办事处会议通过了《陕甘宁边区议会及行政组织纲要》,正式确立了边区民主共和国的政治制度。7月,陕甘宁边区第一次选举运动自下而上逐步展开。11月,在完成乡选、县选的基础上开始了边区议会的选举。12月,选出了500名边区代表,进而组成了陕甘宁边区政府。自此,在陕甘宁边区将普遍的选举制、议行合一的参议会制和权力机关的"三三制"3个方面作为抗日民主

---

① 中央档案馆编:《中共中央文件选集(第10册)》,中共中央党校出版社1991年版,第21页。

② 《毛泽东选集第二卷》,人民出版社1996年版,第131页。

③ 任弼时:《关于几个问题的意见(1943年1月8日至11日在陕甘宁边区高干会上的演说)》,《抗日战争时期陕甘宁边区财政经济史料摘编·第一编·总论》,长江文艺出版社2016年版,第59页。

政权建设的重要内容。1937年5月上中旬,中共中央在延安召开苏区代表会议,规定中共在当前的总任务是"为抗日民族统一战线和民主共和国而斗争"。要建立统一战线,就必须修正限于阶级对象的民主,扩大民主的范围。为能聚集一切力量共同打击日本侵略者,中共审时度势地放弃带有强烈阶级性的苏维埃模式,实现普遍的公民权。1939年的《陕甘宁边区选举条例》明确列入了无阶级区别的条款,采取了"普遍、直接、平等、无记名之投票选举制",选民直接选举从市、乡到边区的各级参议员,各级参议员再选出同级政府。这种使选举的民主性得到了充分体现的民主制度,使陕甘宁边区成为全国最民主、最自由的区域,成为全国抗战与民主的模范区域,进而影响了国民政府及旧式军队的改造,建成了全民族抗战的统一战线。

陕甘宁边区创造了民主政治的蓝本。1937年2月,中共中央致电国民党五届三中全会,提出要把陕甘宁边区建设为全国民主模范区。陕甘宁边区政权由参议会、政府和法院三部分组成,分边区、县、乡三级,在边区和县之间设置行政督察专员公署,县和乡之间设置区公署。边区各级政权机关都通过民主选举产生。为把陕甘宁边区建成各敌后根据地的战略后方和指导中心,陕甘宁边区率先实行了普遍的民主选举运动。1940年3月,中共中央颁布了《抗日根据地的政权问题》,第一次提出了"三三制"的政权原则。此后,为取得执行"三三制"的经验,陕甘宁边区在绥德、陇东两个分区先后试行"三三制",1940年12月,陕甘宁边区政府委员会决定在全边区贯彻"三三制"政策,实行第二次普选。在选举边区参议会的过程中,中共陕甘宁边区中央局向边区人民提出了《陕甘宁边区施政纲领》的竞选纲领,纲领的基本精神是"团结、抗战、救中国",明确规定了"三三制"的政权组建原则。之后,陕甘宁边区第二届参议会第一次会议在延安召开。"三三制"不仅实行于参议会中,而且实行于政府中。"三三制"的实行,使边区新民主主义的政权建设发展到了一个新阶段,使中共在各根据地得到了来自各阶层人士的拥护,也为中国其他地区树立了建设民主政治的良好榜样。

陕甘宁边区是发扬民主的模范。陕甘宁边区是全国第一个彻底推行民主的区域。1937年2月,陕甘宁根据地政权由工农苏维埃制度改为抗日民主制度。1941年,边区进行第二次普选,并在议会和政府机关中实行了"三三制"。这些民主策略对推动全国民主运动的发展产生了重要影响。

陕甘宁边区是经济建设的模范。抗日战争爆发初期，边区在实行争取外援的政策同时，在农业、工业、商业等方面实行了一整套行之有效的经济政策，使农村经济得到了迅速发展。陕甘宁边区成为中共中央、其他根据地在困难时期物资的主要供给地。

第四，陕甘宁边区是中国新民主主义的"试验区"。

新民主主义革命的目的，是建立新民主主义的社会。抗日战争时期，中国共产党在延安集中研究和解决了事关中国革命事业发展前途的重大理论问题和实践问题，开始新民主主义建设，中共中央和毛泽东把陕甘宁边区作为在全国进行新民主主义建设的实验地。毛泽东说："陕北已成为我们一切工作的试验区，我们的一切工作在这里先行试验。"[①]抗战时期，毛泽东进行了艰苦的理论创造，1939年到1940年他相继发表《〈共产党人〉发刊词》《中国革命和中国共产党》《新民主主义论》等著作，建立了新民主主义理论体系。这一理论由新民主主义革命理论和新民主主义社会理论构成，完整地回答了什么是中国革命、怎样革命，以及革命的前途问题，形成完整的革命建国理论。新民主主义理论提出后，毛泽东思考着把边区作为一个实验地，将新民主主义的政治、经济、文化的基本原则具体化。1940年，他在边区党政联席会议讲话中说："现在全国要办新民主主义，有没有一个样子呢？我讲已经有了，陕甘宁边区就是模范。"[②]谢觉哉提道："毛主席粗枝大叶的新民主主义论，在边区就要把它细针密缕起来。""这不是一件易事，要求中央更加注意边区，要求在边区工作的同志更加努力。"[③]1941年，由边区中央局拟订，经中共中央政治局批准的《陕甘宁边区施政纲领》，全面系统地规定了在边区贯彻实施新民主主义的方针和政策。

边区实施了新民主主义的政治、经济和文化教育的纲领和政策，奠定了新民主政治、经济和文化教育的基础，是全国最进步的地方，成为新民主主义中国的雏形。中国共产党的各项新民主主义纲领和政策都是首先在陕甘宁边区试行，然后才在其他根据地推广的。陕甘宁边区成为全国新民主主义建设的"试验区。"

---

① 中央档案馆编：《中共中央文件选集(第15册)》，中共中央党校出版社1991年版，第103页。
② 毛泽东：1940年3月在边区党政联席会议上的讲话。
③ 谢觉哉著：《谢觉哉日记(上)》，人民出版社1984年版，第310页。

小结

　　陕甘宁边区是中国人民抗日战争的政治指导中心和中国人民解放斗争的总后方。首先，陕甘宁边区是中共中央所在地，中国共产党在这里召开了一系列对抗日战争有重大影响的会议，研究制定了抗日战争的总路线和总战略以及政治、经济、文化、社会等方面的总方针和政策，发出了八路军、新四军对日作战的无数命令和指示，是中国共产党推动全民族抗战的出发点。中共中央在陕甘宁边区制定了全面抗战的人民抗战路线，促成了以国共合作为基础的抗日民族统一战线的形成。其次，陕甘宁边区不仅为中国革命和建设培养了大量的干部，成为中国革命的总后方，还是全国抗日根据地建设的典范。中国共产党在陕甘宁边区成功地进行了新民主主义的政治、经济、军事和文化建设，为巩固抗日民主政权、支持敌后战场的作战、争取抗日战争胜利奠定了重要的物质基础，奠定了新民主主义政治、经济和文化教育的基础，成为新民主主义中国的雏形。

结语

陕西是西部地区为数不多的既是后方又是前线的省份,因此,无论从政治、军事战略位置来看,还是从人力、资源等方面的供给来看,其在抗战中的地位及贡献,均应予以梳理及肯定。1938年6月任国民党陕西省政府主席兼省党部主任的蒋鼎文曾讲到,西北不仅是二期抗战的支撑点,而且是民族复兴的根据地,西北的得失,关系于整个抗战前途,故欲争取最后胜利,必先保卫西北,保卫西北,必先保卫西北的门户——陕西。

全民族抗战爆发后,陕西的军事战略地位日益凸显,尤其是在日军占领山西大部之后,陕西既成为扼守西北的咽喉,也成为拱卫西南,连接抗战西部国际大通道,支援华北、中原战区和敌后战场对日作战的战略要地。因此,保卫陕西,抗日御敌,成为陕西军民的重要任务。为此,国民政府在陕西先后组建西安行营和天水行营,以加强北方各战区的联系。与此同时,由杨虎城所辖第十七路军改编的国民革命军第三十八军和高桂滋兼师长的国民党军第十七军第八十四师等部将士积极奔赴抗日前线,成为陕军英勇抗日的典范。"兵民是胜利之本",全面抗日战争期间,陕西一省所提供的兵员竟达120万余人之多,若按其全省人口来计算,则是不到9人中就有1人出征,并且,仅在1939—1941年,陕西省被应征的军用民夫即达73万余人。

战时,陕西省通过整顿财税、铺设西北金融网、优化工业布局、开垦荒地等措施,推动了该省经济的持续发展,有力地支援了抗日战争。在整个抗战期间,陕西省在开垦荒地,安抚战区难民及灾民,实行垦殖增产的同时,充分利用战前良种培育的基础优势,推广改良棉种、麦种,实现技术改良与农业增产。该省供应的粮食约占全国五分之一,除了负担在陕人数众多的军人粮食外,还供应了邻近的湖北、河北等省区的民食之所需。该省亦大量种植棉花,使当时之陕西成为中国军队被服供应的重点基地。全民族抗战爆发后,伴随大量厂矿企业以及技术人员的迁入,陕西迎来了一个工业发展的高峰期,在积极扶持内迁工矿企业重建、复工的基础上,亦创办了一批纺织厂、面粉厂、制革厂、制药厂、化工厂等机器工业,陕西省逐步发展成为西北工业的中心区域。陕西省也因此逐步发展成为整个大后方仅次于四川的经济"模范省份"。

战时，在抗日民族统一战线旗帜的指引下，陕西省的爱国民众通过各种方式抗击日本的侵略，迅速掀起了抗日救亡运动的热潮。抗日救亡民众团体如雨后春笋般蓬勃兴起，积极动员群众、宣传抗日，增强了人民坚持抗战的信心和勇气。随着战事蔓延，大量难民涌入陕西，国民党陕西省政府和陕甘宁边区政府及社会各方面，开展了有效的社会救济工作，其意义不仅局限于对难民实施救济，为其提供生活救济和医疗救助，维持其生命，稳定了社会秩序，而且在于通过"积极救助"，使很多难民能够自给自足，增加了大后方的物资生产，为抗战输送了后备力量。另外，陕西积极开展军事优抚，为前线将士免除了后顾之忧，提振了军队士气。总之，战时，陕西省民众通过各种方式抗击日本的侵略，为国家的独立和民族的解放做出了巨大贡献。

战时，随着内迁文化、教育机构的增多，陕西省内的教育事业有较大发展，兴办了一批学校，其中特别是高校的内迁和兴办，奠定了之后陕西省高等教育的基础。伴随着高等教育的迅速发展，文化、科技也有了较大突破，形成了文化繁荣、科技进步的局面。同时，医疗卫生工作也在战前已有基础上有了较大幅度的改善。这些成果为陕西省支援抗战、保卫疆土做出了重要贡献，也为日后陕西省的社会建设事业奠定了坚实的基础。

全民族抗战爆发后，为了促成抗日民族统一战线的形成及国共合作抗日，中国共产党在局部执政的陕甘宁边区推行广泛的民主制度，逐渐确立起普选制度，团结了多数民众，在政权上实行"三三制"，适应了广泛的抗日民族统一战线抗战的需要，成为模范的抗日民主根据地。在抗日战争相持阶段，日军加紧对敌后根据地进攻，国民党亦对中共领导的敌后抗日根据地实行军事包围和经济封锁，陕甘宁边区遭遇极大的财政经济困难。为了解决财政困难，在经济上，陕甘宁边区军民掀起大生产运动，既保障了自给，解决了边区军、民、学生的吃饭问题，渡过了粮食危机，也摆脱了因国民党封锁和停发军饷带来的经济困境；在政治上，实行精兵简政，出现了兵精质高、政简民便的局面。中国共产党在陕甘宁边区成功地进行了新民主主义的政治、经济、军事和文化建设，既巩固了抗日民主政权，支持了敌后战场的作战，为争取抗日战争胜利奠定了重要的物质基础，又奠定了新民主主义政治、经济和文化教育的基础，成为新民主主义中国的雏形。

概言之,纵观战时陕西省的政治、军事、经济、社会、教育、文化等方面的基本情况,可以肯定,陕西省是战时西北抗战大后方的重要组成部分,为中国抗日战争的胜利做出了重要贡献,同时,这段历史也在陕西省发展的历史长卷中留下了浓墨重彩的一笔。

后　记

2012年初,西南大学中国抗战大后方研究中心启动了《中国抗战大后方分省研究丛书》编写计划,邀请西部各兄弟院校的专家们一起完成这一丛书的编写任务,希望借此较为全面地、系统地梳理抗战时期大后方地区各省的贡献及历史地位。《抗战大后方的陕西》一书是该系列丛书中的重要组成部分,于2022年底完成书稿撰写工作,历时整整十年,其间不无难处和曲折故事,但是,经过集体努力,终于成书。

《中国抗战大后方分省研究丛书》是西南大学中国抗战大后方研究中心力推的一项重要学术成果,它不仅得到了重庆市社科规划项目抗战专项项目的经费支持,亦被列入国家出版基金资助支持名单。

与其他几卷书略有不同,《抗战大后方的陕西》是一项集体攻关的成果,最初由西南民族大学的建红英副教授、武警成都指挥学院的杜乐秀副教授撰写,由于多方面的原因,该书稿未能按预期的目标完成,2022年初,经丛书编委会研究,决定重组研究力量,争取在较短时间完成书稿的编写工作。《中国抗战大后方分省研究丛书》主编、西南大学潘洵教授多次参与书稿提纲的讨论并审阅书稿;陕西师范大学的黄正林教授鼎力相助,他不仅介绍陕西师范大学的温艳教授加入编写团队,而且也审读了《抗战大后方的陕西》一书的文稿。

本书稿内容的具体编写分工如下：主编，赵国壮；副主编，建红英、杜乐秀、陈志刚；第一章一、二、三节由西南大学历史文化学院赵国壮教授负责撰写；第一章第四节、第二章第一节由西南大学中共党史党建研究院郭亮副研究员负责撰写；第二章第二、三节新县制由西南大学历史文化学院邹佳良博士后负责撰写；第三章由西南大学历史文化学院陈志刚副教授负责撰写；第四章由西南大学历史文化学院马振波讲师负责撰写；第五章第一、二节由西南大学历史文化学院杨宇翔讲师负责撰写；第五章第三节由杜乐秀副教授、建红英副教授负责撰写；第五章第四、五节由西南大学历史文化学院王刚副教授负责撰写；第六章第一节由西南大学历史文化学院左春梅讲师和西南大学马克思主义学院谢健讲师负责撰写；第六章第二节由左春梅讲师负责撰写；第六章第三、四、五节由谢健讲师负责撰写；第七章由陕西师范大学历史文化学院温艳教授撰写。另外，前言、结语及通稿工作由赵国壮教授负责完成。

　　在审校过程中，西南大学中国抗战大后方研究中心的刘志英教授、张守广教授、谭刚教授、李军讲师等均予以审稿，提出了宝贵意见，西南大学出版社黄璜、段小佳、张昊越辛苦编辑书稿，一并致以诚挚谢忱。

赵国壮

于英国剑桥李约瑟研究所

2022 年 12 月 12 日